Délivré de Dieu

Itinéraire d'un évangéliste
devenu militant de l'athéisme

Collection « Autre chose à penser »

Titre original :
Godless
How an Evangelical Preacher Became
One of America's Leading Atheists

Editeur original : Ulysses Press

ISBN 978-2-84547-226-6
ISSN 2106-4067

DAN BARKER

DÉLIVRÉ DE DIEU

Itinéraire d'un évangéliste
devenu militant de l'athéisme

traduit de l'anglais (USA)
par Zoé Carle

H&O

À la belle Annie Laurie

Préface

Il n'est pas difficile de voir que les fondamentalistes sont dans l'illusion — ces gens qui pensent que l'univers tout entier est né après la révolution agraire, ces gens qui croient littéralement qu'un serpent, dans un hébreu parfait, a incité à pécher un homme façonné dans l'argile et une femme née de lui comme une repousse : des gens pour qui il va de soi que le mythe originel qui a par hasard dominé leur propre enfance l'emporte sur les centaines d'autres mythes, jaillis de tous les autres « temps du rêve » mondiaux[1]. C'est une chose que de savoir que ces bigots ont tort. C'en est une autre que de parvenir à les convaincre simplement en leur parlant d'une voix calme et ferme pour exposer les preuves pourtant évidentes aux yeux de tous. Ce n'est pas si facile. Avant de pouvoir leur parler, nous devons lutter pour les comprendre ; lutter pour pénétrer leur esprit étroit et se mettre à leur place. Comment peut-on être endoctriné au point de croire en toute sincérité à des absurdités patentes — croire en elles de toutes les fibres de son être ?

Tout comme Helen Keller a réussi à nous raconter de l'intérieur ce que c'était que d'être aveugle et sourd, il existe quelques individus qui ont brisé les chaînes de la doctrine fondamentaliste et qui sont également dotés de talents de conteur. Quelques-uns de ces récits sont très prometteurs mais finissent toujours par être décevants. Le livre de Ed Husain, *The Islamist*, est une bonne illustration du

---

1. Dans la culture aborigène, le « temps du rêve » désigne la période qui précède le temps, où tout n'était que spirituel et immatériel. Le monde est la création du Premier Être qui l'a façonné en rêve.

parcours d'un jeune homme correct, progressivement happé par la spirale de l'islamisme radical. Mais Husain ne nous fait pas partager de l'intérieur cette expérience qui consiste à croire passionnément en l'arbitraire et l'absurde. Même à la fin de son histoire, lorsqu'il échappe au djihadisme, c'est uniquement l'extrémisme politique qu'il rejette : même à ce point, il ne semble pas s'être débarrassé de sa croyance enfantine dans l'islam lui-même. Sa foi est toujours vive, et l'on craint que l'auteur ne reste vulnérable. Le livre d'Ayaan Hirsi Ali, *L'Infidèle*, est un compte rendu fascinant et émouvant de sa libération de cette oppression qui est le lot des femmes sous l'islam (et « sous » est le mot juste) et notamment de cette indicible barbarie qu'est la mutilation génitale. Mais même à son point le plus haut de dévotion, elle n'a jamais été le genre de zélote qui prêche à tout va, cherchant activement de nouvelles victimes à convertir. À nouveau, son livre n'aide pas le lecteur à comprendre la possession mentale de l'illusion religieuse. Le témoin le plus éloquent de cette illusion intérieure — un rescapé triomphant, souriant, du monde irréel et grotesque du protestantisme fondamentaliste américain —, c'est Dan Barker.

Barker est à présent l'un des tribuns les plus talentueux et efficaces de la laïcité américaine — avec sa délicieuse partenaire (à tous les sens du terme) Annie Laurie Gaylor. Dan, pour le dire avec diplomatie, n'a pas toujours été cet homme. Il a un formidable récit à nous faire partager : son histoire personnelle et sa libération des terres maudites du fondamentalisme religieux. Il a depuis toujours baigné dans ce monde. Dan n'était pas uniquement un prédicateur, il était de ceux dont « vous ne voudriez pas à côté de vous dans le bus ». Il faisait partie de ces fous de Dieu qui démarchent de parfaits inconnus dans la rue en leur demandant s'ils veulent être sauvés, ceux qui font du porte-à-porte et sur qui vous êtes tentés de lâcher vos chiens. Dan sait intimement ce que c'est que d'être un réac, un bigot, un illuminé, une grenouille de bénitier, d'être plein de chansons pieuses et de glossolalies. Il peut nous amener — en provoquant à la fois le rire et l'effroi — dans le monde de ces êtres et même susciter en nous la pitié. Mais il connaît aussi le plaisir inédit qu'il y a à commencer à penser par soi-même, sans l'aide de personne et en dépit de l'opposition rencontrée dans ce qui avait été jusque-là son seul monde social. L'habitude, inacceptable socialement, de *penser* l'a alors conduit à se rendre compte que toute sa vie n'avait été qu'une illusion. Tout seul, il a repris ses esprits — c'est le cas de le dire. Ce qui est exceptionnel, c'est qu'il possède les qualités littéraires, l'intelligence et la sensibilité nécessaire pour nous faire partager toute son histoire et tout son parcours, douloureux et pourtant enivrant.

Le récit de son endoctrinement dans la secte fondamentaliste de ses parents alors qu'il n'était qu'un enfant, de sa foi inconditionnelle dans la vérité de chacun des mots de celle-ci, sa facilité déconcertante à « sauver » des âmes, sa brillante carrière de prédicateur, de musicien et de compositeur pour Jésus, est captivant. Plus fascinant encore : la façon dont le doute s'est insinué et a progressivement grandi dans cet esprit intelligent, mais encore jeune et naïf. Il y a ensuite l'émotion avec laquelle il raconte la période d'interrègne pendant laquelle il était déjà un athée convaincu, tout en ne pouvant pas se résoudre à quitter la paroisse dont il était le pasteur — en grande partie parce que c'était la seule vie qu'il connaissait et qu'il redoutait d'affronter le monde extérieur ou de confronter sa famille à la vérité. Et comme bien souvent, là où il y a du pathos, la comédie n'est pas loin : c'est une sorte de comédie lugubre qui se joue dans les réponses de ses amis religieux à la profession d'athéisme de Dan. Parmi les nombreuses lettres qu'il a reçues, aucune n'offre le début d'une *raison* montrant que les propositions athées peuvent en réalité être fausses. L'exemple le plus comique est sans doute celui du Révérend Milton Barfoot, qui a demandé au frère de Dan, apparemment avec une sincère perplexité : « Mais, Dan n'a donc pas peur de l'enfer ? » Non, Révérend. Dan ne croit plus à l'enfer désormais, ce sont des choses qui arrivent quand on devient athée.

L'hésitation de Dan à quitter son ministère alors qu'il était déjà athée nous laisse penser qu'il y a bien d'autres prêtres qui ont entrepris la même aventure que Dan mais qui n'ont pas pu sauter le pas :

des pasteurs athées qui n'osent pas abandonner le seul mode de vie qu'ils connaissent, qui n'osent pas renoncer au respect qu'ils ont acquis dans les petites sociétés où ils évoluent — une grosse canne à pêche dans une toute petite mare. Comme cela doit être dur de renoncer à tout cela. Il est fascinant de constater que, depuis la publication de son premier livre, *Losing Faith in Faith*, Dan Barker est devenu en quelque sorte le point de ralliement secret d'un grand nombre d'hommes d'églises devenus athées mais encore timorés. Comme une sorte de confesseur athée, Dan attire les membres du clergé ayant perdu leurs illusions. En bon confesseur, il ne trahit pas les confidences de ceux qui s'en remettent à lui, mais rien ne l'empêche de raconter leur histoire à grands traits où, encore une fois, la comédie le dispute à la tragédie.

Quant au confesseur de Dan Barker lui-même, c'est le lecteur de ce livre, et il est difficile de ne pas avoir ce rôle. Il est difficile de nier que l'on ressent une certaine exultation à le voir briser ses chaînes ; à voir aussi comment il est rejoint dans sa non-croyance par ses parents qui sont responsables de sa ferveur religieuse initiale et par l'un de ses frères. Ce n'est pas qu'il a utilisé ses talents de prêcheur à l'inverse sur sa famille et qu'il a travaillé dur pour les déconvertir. C'est plutôt que, pour la première fois, cette famille a envisagé l'athéisme comme une option possible ; cela ne leur était *jamais* arrivé. Dès qu'ils ont eu l'exemple de Dan sous les yeux, qui leur a montré qu'une bonne personne pouvait également ne pas croire en dieu, ils ont commencé à penser par eux-mêmes et ils en sont vite arrivés à cette conclusion évidente. Dans le cas de sa mère, cela ne lui a pris que quelques semaines pour se rendre compte que « la religion est un ramassis d'idioties » et, un peu plus tard, elle a pu joyeusement dire : « Je n'ai plus à haïr désormais. » Le père de Dan et l'un de ses deux frères lui ont emboîté le pas. L'autre reste un chrétien « né à nouveau ». Peut-être pourra-t-il lui aussi voir la lumière un jour ?

Les histoires de déconversion occupent donc les premiers chapitres de ce livre. Tout comme la jeunesse endoctrinée de Dan a laissé place à une maturité accomplie, les chapitres suivants offrent les généreuses réflexions d'un athée parvenu à l'âge adulte. Le chemin de Damas de Dan Barker sera, je le prédis, emprunté par bien d'autres à l'avenir et ce livre est destiné à devenir un classique dans son genre.

Richard Dawkins

www.RichardDawkinsFoundation.org

www.RichardDawkins.net

Introduction

La toute première fois que j'ai parlé de mon athéisme en public, c'était dans l'émission d'Oprah Winfrey *AM Chicago*. C'était en 1984 ; moins de neuf mois plus tôt j'étais encore en train de prêcher les évangiles devant un public attentif. À présent j'étais là, prêt à attaquer tout ce que j'avais professé par le passé. J'étais nerveux. J'étais déjà passé à la télévision, en tant que compositeur de musique chrétienne mais, là, c'était différent.

La première partie de l'émission avait été centrée sur Anne et Annie Laurie Gaylor de la Freedom from Religion Foundation, qui avaient exposé leurs vues sur l'athéisme. Après la publicité, la caméra s'est tournée vers moi et les lumières se sont allumées.

« C'est un ancien pasteur qui nous rejoint maintenant, a déclaré Oprah. Ordonné prêtre depuis dix-sept ans, il a abandonné la religion. Voici Dan Barker. Alors, racontez-moi votre histoire, Dan, monsieur l'ex-révérend. »

J'ai commencé mon histoire : « J'étais l'un de ces gars qui vous abordent dans la rue pour vous parler de Jésus Christ, et qui vous convainquent de réciter la prière des pécheurs, qui vous dit que vous êtes un pécheur méritant la damnation, qui vous parle de l'amour de Jésus, vous lit la bible et prie avec des gens comme vous. J'étais un évangéliste, j'adorais les Évangiles et ma vocation de prêtre — et j'ai changé d'avis.

— Qu'est-ce qui vous a fait changer d'avis, Dan ?

— Je voulais faire une pause. En trente ans de messes et de prêches, je n'avais jamais fait la grasse matinée le dimanche matin. (rires)

— Eh bien, Dan, pour l'amour de Dieu ! Dormez le samedi ! a plaisanté Oprah. Quelle est la véritable raison ? Vous vous êtes réveillé un matin et vous vous êtes dit… qu'est-ce que vous vous êtes dit ?

— Non, pour moi ça a été une lutte, longue de cinq ans. J'ai toujours été un amoureux de la raison, de l'intelligence et de la vérité. Je pensais que le christianisme était la vérité. Je le croyais vraiment. J'ai consacré ma vie à ça.

— Quand êtes-vous devenu croyant ? m'a interrompu Oprah. Quand vous étiez petit garçon ?

— J'ai été élevé dans une église, mais c'est à l'âge de quinze ans que j'ai décidé de consacrer ma vie à Jésus Christ. J'ai accepté l'appel de Dieu qui m'ordonnait d'être prêtre, d'être évangéliste et c'est à cet âge-là que je suis sorti dans le monde pour commencer à partager tout cela. Je suis allé dans les montagnes et dans la jungle mexicaines pour diffuser ma foi pendant plusieurs années. J'ai voyagé dans tous les États-Unis, m'arrêtant dans des parcs ou dans la rue pour parler aux gens de l'amour de Jésus. Un parfait petit évangéliste de quinze ans à peine.

— Je connaît ça, a dit Oprah. J'ai fait ce genre de truc au primaire. Je comprends.

— Et je n'ai pas vraiment changé. Je cherche toujours l'intelligence, la raison, les valeurs, et j'aime toujours la vérité. Je suis toujours la même personne, le même prêtre qui veut savoir ce qui est réel, ce qui est vrai, et j'ai décidé que les preuves en faveur du christianisme ne sont pas des preuves solides. La bible est un document peu fiable et peu exaltant. Mon cœur ne peut accepter ce que mon esprit refuse.

— Et vous avez décidé quoi ? Qu'il n'y a pas de Dieu ?

— Je suis athée.

— Vous avez officié pendant dix-sept ans comme pasteur pour finir par ne plus croire en Dieu ! Qu'est-ce que cela dit de vous ?

— Que j'avais tort, ai-je répondu.

Le mot « godless »[1] (littéralement : « sans dieu ») reçoit la définition suivante dans le *American Heritage Dictionnary* : « 1. Quelqu'un

1. Titre original du présent ouvrage. Ndé.

qui ne reconnaît ou ne rend grâce à aucun dieu. 2. Méchant, impie, immoral. » Cette équivalence entre athées et mal vient sans nul doute de la bible : « L'insensé dit en son cœur : Il n'y a point de Dieu ! Ils se sont corrompus, ils ont commis des actions abominables ; Il n'en est aucun qui fasse le bien. Il n'en est aucun qui fasse le bien, Pas même un seul. » (Psaumes 14:1-3)

Il est difficile de croire que j'ai parfois utilisé ce passage dans un sermon. Je sais maintenant que la bible et les dictionnaires ont torts. Les athées ne sont pas des insensés corrompus et viciés. Des millions de gens de bien vivent une vie morale, heureuse, pleine d'amour et de sens, sans croire en un dieu.

Oprah a dit que cela avait duré dix-sept ans, mais entre mon premier sermon à l'âge de quinze ans et mon dernier à l'âge de trente-quatre, dix-neuf ans se sont écoulés. La première partie de *Délivré de Dieu*, « Rejeter Dieu », raconte comment je suis passé de prêtre fervent à athée, et ce qui s'est passé ensuite.

La deuxième partie, « Pourquoi je suis athée », présente mes raisons philosophiques de ne pas croire. Tandis que « Réfuter Dieu » donne des réponses simples à la plupart des arguments théistes, « Kalâmité Cosmologique » (que vous pouvez tout à fait vous épargner si la philosophie n'est pas votre tasse de thé) expose mes convictions profondes sur ces arguments.

La troisième partie « Qu'est-ce qui ne va pas avec le christianisme » critique la bible (sa fiabilité et sa moralité) et les preuves historiques de l'existence de Jésus. « Contradictions bibliques » donne une brève liste des incohérences, mais « Comprendre les incohérences » en examine une en particulier, montrant que nous, les sceptiques, ne nous contentons pas d'agiter de vaines listes.

La quatrième partie, « La vie est belle ! », revient vers mon histoire personnelle et traite d'une affaire portée devant la Cour Suprême des États-Unis, d'un drame personnel et des joies que procurent les « Aventures athées ».

C'est vraiment extraordinaire d'être athée. Les sondages montrent que « non religieux » est l'identification religieuse qui connaît la croissance la plus rapide aux États-Unis. En Europe, après des siècles de conflits religieux, la plupart des gens sont laïques et les belles églises restent vides. Il semble que ce phénomène soit en train de gagner notre continent également. Nous amorçons lentement ce virage. Les étudiants d'université sont le groupe social le moins religieux de la nation. Des centaines d'organisations de libre-pensée naissent sur les campus, preuve de cette mutation imminente — et je dirais bienvenue. Le succès phénoménal de livres comme celui de Sam Harris *The End of Faith,* de Daniel Dennett, *Breaking the Spell,* de Christopher Hitchen *Dieu n'est pas grand,* d'Ayaan Hirsi Ali *L'infidèle* et du best-seller de Richard Dawkins *Pour en finir avec Dieu,* montre qu'il y a une soif de raison, de science et de véritable morale humaine.

Je suis convaincu que le doute grandit aussi au sein du clergé et des fidèles. (Cf. les nombreux anciens pasteurs et prêtres dont je parle au chapitre 18.) Mon histoire n'est qu'un exemple de ce qui peut arriver lorsque les superstitions du passé sont examinées à la lumière de la raison. J'espère que *Délivré de Dieu* sera un soutien pour les athées et les agnostiques qui souhaitent arriver à parler à leurs amis ou leurs proches religieux, mais mon souhait le plus cher est qu'un lecteur chrétien, en lisant ce livre, vienne nous rejoindre.

Dan Barker.
Freedom for Religion Foundation

Nota : Nous avons décidé de ne pas écrire « bible » avec une majuscule dans ce livre, à moins qu'il ne s'agisse d'une bible spécifique, comme la Bible King James, ou lorsque le mot apparaît dans le discours rapporté d'un croyant.

Première partie

Rejeter Dieu

I

L'appel

Quand j'avais quinze ans, j'ai reçu un « appel » à devenir prêtre. Cela s'est produit un soir de 1964, lors d'une semaine de réunions au Centre Chrétien d'Anaheim en Californie. C'était les débuts du Renouveau Charismatique, un pentecôtisme légèrement plus respectable et moins frénétique que d'autres, qui se développait au sein des églises protestantes historiques — cette mouvance rassemble aujourd'hui des centaines d'églises indépendantes et de grandes associations de congrégations dans le monde entier, mais elle nous apparaissait à l'époque comme un phénomène nouveau, excitant, pas encore stérilisé par une forme déterminée, et à même de réveiller un grand nombre de congrégations endormies. Mes parents, après des années d'un protestantisme hautement fondamentaliste, s'étaient impliqués dans le Renouveau Charismatique parce qu'ils étaient attirés par « l'Évangile vivant », dans lequel la présence de Dieu semblait plus réelle, plus immédiate et puissante que dans les offices traditionnels.

Les réunions dans cette église « emplie d'Esprit Saint » étaient intenses, elles retentissaient de musiques exaltantes et d'émouvants sermons. Les croyants n'étaient pas assis, ils ne priaient pas sur les bancs. Des fidèles en pleurs agitaient leurs bras vers les cieux. Certains tombaient prostrés au sol, en signe de soumission au Créateur. Certains se dressaient pour « parler en langues », d'autres traduisaient le « langage divin » en anglais. Certains pratiquaient la guérison par la foi, la prophétie, le discernement (c'est-à-dire le diagnostic de problèmes tels que « les esprits malins ») et d'autres les « dons de l'esprit » qui comprenaient le fait d'être « baptisé dans l'Esprit Saint ». Cette nuit-là a changé ma vie.

J'avais déjà été « sauvé ». Mes parents étaient chrétiens, mais le fait d'appartenir à une famille chrétienne ne fait pas de vous un chrétien, pas plus qu'avoir un père boulanger ne fait de vous du bon pain. Chaque personne doit faire son propre choix. Conformément aux enseignements du Nouveau Testament, j'avais confessé à Dieu que j'étais un pécheur qui méritait les tourments éternels et j'avais accepté le rachat de mes péchés par la mort de Jésus sur la croix. J'avais humblement demandé au Christ d'entrer en mon cœur et de faire de moi une créature nouvelle, et j'étais « né à nouveau », grâce à la foi. J'avais été baptisé et je savais que j'irais au paradis, mais je ne savais pas quoi faire de ma vie — si peu de choses importaient avant le retour du Christ — jusqu'à cette soirée à Anaheim.

Soudain, j'ai ressenti un intense désir de chanter, de prier et de rendre grâce au Seigneur. J'ai éprouvé des sensations très fortes que je ne pouvais décrire que comme « spirituelles ». J'étais convaincu que j'étais en communication avec Dieu et qu'Il était en train de me parler par l'entremise de Son Esprit. Je n'avais jamais ressenti de telles choses dans un autre contexte, et comme c'était cet environnement « rempli d'esprit » qui les provoquait, j'ai su que j'avais la confirmation de la réalité de Dieu. Je sentais que c'était réel, et c'était agréable. J'avais appris, et j'y croyais, que les expériences spirituelles ne sont pas nécessaires dans une vie chrétienne parce que seule la foi peut nous sauver, mais pour moi c'était l'affirmation de quelque chose de si extraordinaire que cela renforçait ma foi. Dieu n'était pas uniquement une idée, Il était la réalité. J'avais une relation personnelle avec Jésus, il avait quelque chose à me dire à moi, je devenais l'un de ses proches et son serviteur.

J'ai écouté un sermon qui disait que la fin du monde était pour bientôt et que Jésus allait revenir « d'un moment à l'autre » pour confirmer ses fidèles et juger la Terre. J'ai entendu des prêches inspirés de la bible racontant comment Jésus était mandaté pour « aller de par le monde et prêcher l'évangile à chaque créature ». Des millions de gens avaient besoin d'être sauvés et le temps manquait. J'ai su alors exactement ce que j'allais faire. J'ai accepté cet appel. J'allais passer ma vie à ramener les brebis égarées au royaume des cieux.

Je ne pouvais pas le comprendre ou le formuler à l'époque, mais j'étais un adolescent qui commençait à se poser des questions sur son futur et sur sa carrière. Qu'il s'agisse de « spiritualité » ou de « psychologie », je devais avoir besoin de résoudre la question de ce que je voulais faire de ma vie — question importante et difficile dont tant de jeunes gens font l'expérience. En acceptant « l'appel à la prêtrise », tout devenait clair. Je voulais que le reste du monde communie dans l'évangile, que tous soient sauvés, que les gens connaissent Jésus intimement, que leur vie ait un sens, qu'ils aillent au paradis, et je voulais créer un monde meilleur dans le court temps qui nous était imparti. Cela me semblait juste. Satisfaisant.

À partir de cette nuit à Anaheim, j'avais trouvé un but à ma vie.

Mon père avait fait la même chose quinze ans plus tôt. C'était alors un musicien professionnel et, dans les années 1940, son talent était reconnu. Il jouait dans toute la Californie pour l'USO[1] pendant la Seconde Guerre Mondiale. Il faisait partie des Teenagers, un groupe qui accompagnait Hoagy Carmichael dans son émission radio hebdomadaire *Something New*. On peut voir mon père jouer un solo de trombone dans le film *Easter Parade* d'Irving Berlin (1948), au moment où Judy Garland chante sa première chanson, la main posée sur l'épaule de mon père. Mais, après son mariage (il a fait la connaissance de ma mère dans un orchestre) et la naissance de ses enfants, il s'est transformé en un religieux ultra-conservateur, renonçant à son orchestre, rejetant ses albums à succès et s'enrôlant au Pacific Bible College dans l'idée de devenir prêtre. Il ne put mener cette entreprise à bien pour des raisons financières, avec trois petits garçons à charge, et dut abandonner ses études pour se trouver un travail: officier de police à Anaheim. Je n'avais pas pensé à l'époque que j'étais en train de réaliser le rêve de mon père — je pensais que Dieu m'avait appelé *moi,* personnellement — mais

1. L'United Service Organizations Inc. (USO) est une organisation privée à but non lucratif travaillant en collaboration avec le Ministère de la Défense américain pour fournir des services de loisir et de soutien moral aux membres de l'armée américaine. Elle a joué un rôle important pendant la Seconde Guerre Mondiale notamment grâce à ses *Camp Shows* auxquels de nombreuses stars américaines ont participé. Ndt.

quand j'y repense maintenant, je suis sûr que je devais subir d'une certaine façon l'influence de mes parents. Maman était professeur dans les écoles du dimanche et papa faisait des prêches, par conséquent le choix de la prêtrise n'avait rien d'anormal. Mes deux frères étaient également très impliqués dans les paroisses protestantes, bien qu'aucun d'eux ne se soit fait ordonner prêtre ou n'ait travaillé comme prédicateur à plein-temps.

Pendant deux ans — je n'avais que 13 ans à l'époque — nous avions formé un groupe de musique familial qui se produisait dans diverses églises de Californie du Sud. Mon père jouait du trombone et prêchait. Ma mère était une chanteuse formidable, et son interprétation de « His Eye Is On the Sparrow » arrachait toujours des larmes à l'ensemble de la congrégation. Mon frère Til jouait du trombone, Darrell de la trompette et, moi, du piano. Nous chantions des mélodies simples mais puissantes, inspirées des évangiles, qui « remuent l'âme ». J'imagine que ce n'était donc pas vraiment une surprise que j'entende « l'appel » à mener la vie de pasteur.

Cette nuit-là, à Anaheim, quand j'ai entendu cet appel, je me rappelle avoir pensé que je n'avais pas besoin d'attendre un diplôme d'un séminaire ou d'être ordonné. J'étais « né de nouveau » et « plein de l'Esprit Saint ». J'avais la bible, la parole de Dieu, qui parlait pour elle-même. Que pouvais-je demander de plus ? La puissance de Dieu était telle qu'il n'y avait aucune raison pour qu'Il n'utilise pas tout de suite un prédicateur de quinze ans à peine. Et puis Jésus allait bientôt revenir ! Je pensais que le monde n'allait pas durer assez longtemps pour que j'aille à l'université, que je me marie ou que j'élève des enfants.

J'ai commencé à apporter ma bible à l'école et à parler de Jésus à mes camarades. J'ai rejoint les groupes de jeunes évangélistes qui organisaient les week-ends des voyages missionnaires dans les villages pauvres du Mexique, juste en dessous de la frontière avec la Californie. C'est là que j'ai prononcé mon premier sermon, à l'âge de quinze ans, le long de la rive poussiéreuse d'un canal d'irrigation, dans le petit village de Ejido Morelia. Pendant l'été, j'ai entrepris des voyages pendant des semaines voire des mois dans le Mexique et dans le Sud-Est, avec des groupes comme YUGO (qui signifie

« joug » en espagnol mais qui est l'acronyme pour Youth Unlimited Gospel Outreach) et l'Association Évangéliste Frank Gonzalez. Anticipant sur mon devenir de missionnaire au Mexique, je me consacrais alors au perfectionnement de mon espagnol.

Je n'oublierai jamais la première fois que j'ai gagné une âme. C'était un vendredi soir de juin, en 1965, j'approchais de mes seize ans et je me demandais comment j'allais passer les vacances d'été quand j'ai reçu un coup de téléphone d'un membre du YUGO qui voulait savoir si je pouvais occuper un poste de coordinateur laissé vacant dans un groupe d'évangélistes itinérant. Mes parents m'encouragèrent : « Vas-y ! »

Très tôt le matin suivant, alors que j'étais sur la route entre Los Angeles et le Texas avec dix autres jeunes gens dans un énorme van qui n'arrêtait pas de tomber en rade, je découvris que j'avais été nommé capitaine de l'un des groupes d'assistance. Mes responsabilités comprenaient la supervision d'une équipe de trois filles (toutes plus âgées que moi), deux semaines de prédication dans deux églises hispaniques de San Antonio et la direction d'une Vacation Bible School[2]. J'appris aussi que j'allais entraîner des adolescents du pays aux techniques de conversion. Je n'avais jamais fait aucune de ces choses auparavant, mais on supposait que j'en étais capable puisqu'ils savaient que j'étais un jeune protestant « tout feu tout flamme ». Ma foi était si forte que je voulais tout faire pour Jésus, sûr qu'il me donnerait la force et les mots pour le faire.

Je suis persuadé que mes sermons n'étaient pas excellents tous les soirs, mais personne ne s'en est jamais plaint. J'ai laissé les filles s'occuper des activités de jour pour les enfants tandis que je préparais l'atelier de conversion du samedi — ce qui m'embêtait terriblement puisque je n'avais jamais converti personne.

Lorsque le jour arriva, nous, les « évangélistes californiens », avons rassemblé les adolescents inexpérimentés des églises locales pour un entraînement préliminaire. Je leur ai appris comment expliquer les bases du plan de salut et comment amener une personne à

2. Vacation Bible School (VBS) : Sorte de camp d'été dédié à l'éducation religieuse des enfants. Ndt.

se convertir. Lorsqu'est arrivé le moment d'entrer dans un parc et de mettre tout ça en pratique, les enfants ont exprimé leur hésitation, mais je leur ai assuré que rien n'était trop difficile si c'était pour Dieu. En outre, cela leur donnerait une bonne leçon de foi et d'obéissance. Ils ne savaient pas que c'était, pour moi aussi, la première fois !

Tandis que j'avançais dans le parc, traînant ma cour après moi, je me rappelle avoir pensé : « Qu'est-ce que je suis en train de faire ? Et si ça rate ? Je veux rentrer chez moi ! » Pourtant, en même temps, je pensais : « C'est excitant ! C'est l'œuvre de Dieu — et j'en fais partie. »

J'ai aperçu un jeune homme, de dix-sept ans peut-être, qui pédalait tranquillement sur son vélo. « Salut, je lui ai dit. J'arrive de Californie et je suis venu ici pour te parler de Jésus. » Il s'est arrêté et nous a lancé un regard prudent. Je lui ai demandé :

— Tu es protestant ?

— Non, je suis catholique, a-t-il répondu.

Il est resté sur son vélo, faisant tourner la pédale avec son pied.

— Super ! Tu sais quelque chose à propos du plan de salut ?

— Non, je suis catholique, a-t-il répété.

— Alors, laisse-moi te demander une chose. Si tu mourais, là, tout de suite, tu irais au paradis ou en enfer ?

Il hésitait, regardant le parc autour de nous.

— Je ne sais pas, il a répondu. J'espère que j'irais au paradis.

— Eh bien, si tu ne sais pas si tu seras sauvé, alors, vraiment, tu ne seras pas sauvé, j'ai dit. La bible dit que tu peux savoir vraiment si tu t'es racheté ou non.

J'ai continué à lui parler du plan de salut, en lui expliquant que nous sommes tous des pécheurs méritant la damnation éternelle, ce qu'il savait déjà. Je lui ai expliqué la nécessité de confesser ses péchés, de se repentir et d'accepter Jésus dans son cœur et dans sa vie, de laisser le sang de la croix laver ses péchés et sa honte. Il m'écoutait poliment et timidement, comme le reste de l'équipe, et il m'a indiqué qu'il comprenait ce que je disais.

— Alors tu aimerais naître à nouveau ? j'ai demandé.

— Bien sûr, a-t-il répondu.

— Tu voudrais ? j'ai redemandé, en masquant mon étonnement. (Ça ne pouvait pas être aussi facile ! Que dois-je faire maintenant ? j'ai pensé.)

— Eh bien, euh... prions tous ensemble, j'ai dit.

— Ici ? il a demandé, dans le parc ?

— Bien sûr. Ce parc fait partie du sanctuaire de création de Dieu. Il peut parler à nos cœurs, ici et maintenant.

Nous avons incliné nos têtes et j'ai encouragé le type à répéter la « Prière du pécheur » après moi. En fait, je devais faire semblant et je cherchais dans ma mémoire les réunions du réveil du passé. Il a prié avec moi, à haute voix. Quand nous avons fini, je lui ai dit :

— Maintenant, est-ce que tu sais que tu es sauvé ?

— Je pense, oui, il a répondu.

— Super. Alors, fais en sorte de lire la bible et de prier tous les jours, va à l'église et trouve-toi des amis protestants.

Nous l'avons laissé partir et nous ne l'avons jamais revu. Mais le groupe devint presque extatique. Nous nous sommes dispersés pour répandre la bonne parole de l'évangile auprès des pauvres âmes perdues qui venaient profiter d'un bel après-midi d'été dans le parc.

Pour moi, c'était un moment de grande excitation. J'avais gagné une âme au Christ ; j'avais gagné une étoile sur ma couronne. C'était comme si j'avais acheté des ailes ou fait la première encoche à mon six-coups. Bien sûr, j'en attribuais tout le mérite à l'Esprit Saint mais j'acceptais cela comme une confirmation de mon appel à la prêtrise. C'était grisant. J'étais un véritable évangéliste, un participant actif à la sainte cause de Dieu, un soldat de la croix. C'était comme sentir le goût du sang pour la première fois ; j'en voulais encore.

De retour en Californie, jeune chanteur dans le chœur du Centre Chrétien d'Anaheim, j'ai accepté la petite mais importante mission de bibliothécaire. J'étais responsable des partitions, que je ramenais fièrement chez moi dans le panier de mon vélo et que je rangeais minutieusement pour les répétitions ou les spectacles à venir. Quand Kathryn Kulhman a commencé à venir à Los Angeles pour ses offices de guérison par la foi au Shrine Auditorium, notre chœur a été le premier à être choisi pour l'accompagner sur scène. J'étais là à la première de ses séances au milieu des années 1960 et je n'en ai raté pratiquement aucune pendant deux ans. Je suis resté le bibliothécaire du groupe même quand celui-ci s'est élargi, finissant par intégrer des chanteurs venant de douze églises charismatiques du sud de la Californie.

C'était le timbre de l'orgue, plus que tout le reste, qui fixait l'atmosphère du lieu. Avec ses envolées dramatiques et ses crescendo exaltés qui remplissaient les grandes salles du bâtiment, nous nous sentions enveloppés par la présence de l'Esprit Saint. Nous l'inspirions, l'expirions, nous riions et pleurions de joie et d'adoration. Parfois, une femme debout tendait ses bras vers le ciel, yeux clos, priant dans une langue inconnue. Les fauteuils roulants et les béquilles jonchaient les allées. Des candidats pleins d'espoir se pressaient pour trouver un siège aussi près que possible du premier rang ; il ne restait que quelques places debout au premier balcon.

Mes responsabilités en tant que choriste ne m'empêchaient pas de ressentir une intense espérance à ces occasions. Avant que Katrhyn n'avance sur la scène, le bâtiment rayonnait de cette beauté étrange et puissante d'un orchestre s'accordant avant une symphonie. Souvent je l'observais en coulisses, nerveuse et pourtant déterminée, munie de ce saint mélange d'humilité et de fierté, telle une déesse grecque ou romaine dans sa robe vaporeuse. Le public était tendu. L'Esprit était inquiet.

Le crescendo de l'orgue atteignait son apogée glorieux lorsque Karthryn, royale, entrait sur scène. Ceux qui le pouvaient se levaient, priant Dieu, pleurant, priant encore. C'était une intense euphorie, électrisante. J'étais fier d'être le témoin de cette visitation céleste.

Kathryn ne voulait pas qu'on dise qu'elle animait des « réunions de guérison ». Elle disait que sa seule responsabilité était d'obéir à l'émotion que lui inspirait Dieu. C'était son œuvre à Lui de guérir les gens et cela ne se produisait pas à toutes les réunions. Bien sûr, les gens venaient pour voir des miracles et ne voulaient pas être déçus. Souvent, elle ne semblait pas savoir par où commencer. Elle priait, parlait un peu, faisait un prêche de façon assez libre, et parfois elle se contentait de pleurer en silence, debout sur scène, attendant un mouvement de Dieu. Il se manifestait toujours, bien sûr, mais le public n'en pouvait plus de cette attente. (C'était comme les matins de Noël, quand nous attendions que mon père ait fini de lire la bible pour ouvrir les cadeaux.)

Au cours des premiers mois, avant que les prêtres locaux ne commencent à s'asseoir sur la scène devant le chœur, les chanteurs étaient placés directement derrière Kathryn sur des chaises pliantes. Je m'asseyais toujours au premier rang, juste derrière elle, à environ un ou deux mètres de son micro principal, regardant avidement derrière elle, dans la mer de visages du public — les visages des gens qui étaient venus pour recevoir la bénédiction. Le chœur chantait souvent doucement pendant les guérisons. « Il m'a touché, oui, il m'a touché ! Et la joie envahit mon âme ! Quelque chose a eu lieu et maintenant je sais ; il m'a touché et je suis maintenant entier ! » C'était enthousiasmant ! Extatique.

Après vingt ou trente minutes de préparation, qui comprenaient quelques chansons du chœur, les guérisons commençaient. Les gens étaient amenés auprès de Kathryn un par un, quelques-uns assis dans des fauteuils roulants, pour recevoir un « signe de Dieu ». Elle se tenait face au candidat, lui touchant le front, et, soit elle demandait quel était le problème, soit elle le devinait directement. Souvent les gens tombaient en « repos dans l'esprit », ce qui signifie qu'ils tombaient au sol, à cause de la présence de Dieu, avec les bras tendus en signe de reddition. Souvent je devais bondir sur mes pieds quand ils tombaient près de moi. Kathryn avait un « receveur », un ancien officier de police, courtaud et trapu, aux cheveux roux, qui se plaçait derrière les personnes et amortissait leur chute. Il était souvent très occupé. Les gens se répandaient sur la scène, parfois même des membres du chœur ou des ouvreurs. Il s'agitait en tous sens, tel un personnage de jeu vidéo, ne ratant presque jamais son but.

Que les traitements n'aient aucun effet visible n'avait strictement aucune importance. Nous étions en présence de Dieu et un miracle est un miracle. Parfois, des personnes se débarrassaient de leurs béquilles ou poussaient Kathryn autour de la scène dans leur fauteuil roulant devenu inutile. Mais les guérisons étaient le plus souvent internes : « Dieu soit loué ! Mon cancer a *complètement* disparu ! »

Le traitement de la surdité était parmi les plus courants. Kathryn demandait à la personne de se boucher la bonne oreille (!) et lui demandait si elle l'entendait. « M'entendez-vous maintenant ? M'entendez-vous ? », demandait-elle, parlant de plus en plus fort jusqu'à ce que la personne acquiesce. Alors, dramatique, elle s'éloignait et parlait doucement à la personne, qui sautait alors en disant : « Je vous entends ! Je vous entends ! Dieu soit loué ! » Le lieu où nous nous trouvions s'effondrait alors, les gens hurlaient, pleins d'espoir. Les miracles produisent cet effet sur le public. C'était une sensation incroyable, une extase qui échappe à toute description. Nous nous sentions rassemblés par une force supérieure, participant à un culte collectif (l'hystérie), en train de flotter sur les accords omniprésents de la musique d'orgue, reprenant les mélodies en chœur avec des voix célestes.

Au cours d'un office, Kathryn répondit ainsi à quelqu'un qui lui objectait que certains de ses traitements étaient purement psychosomatiques : « Et s'ils *sont* simplement psychosomatiques ? Est-ce que ce n'est pas là un miracle ? Les docteurs vous diront que les maladies les plus difficiles à guérir sont les maladies psychosomatiques. » Dieu œuvre parfois par de bien étranges moyens.

Maintenant que je repense à tout ça, je constate que la plupart des « miracles » étaient plutôt ennuyeux. C'étaient nos esprits qui étaient excités. J'ai vu des gens qui marchaient sur le bord de la scène pour aller obtenir leur traitement être placés dans un fauteuil roulant par un ouvreur et être ensuite poussés vers Kathryn. Lorsque Kathryn leur demandait ensuite doucement de « se lever et de faire le reste en marchant », la foule se déchaînait, pensant que la personne en question ne pouvait pas marcher auparavant. Je n'ai été le témoin d'aucune guérison organique, d'aucune récupération de membres ni d'aucune lévitation. Quelques béquilles, quelques boîtes de médicaments jonchaient les bas-côtés, mais aucune prothèse, aucune paire de lunettes. Le gros des « guérisons » étaient des femmes d'un certain âge, atteintes de cancers, d'arthrite, de problèmes de cœur, de diabète ou de « problèmes passés sous silence ». Il y avait aussi de temps en temps des séances d'exorcisme. Nous étions venus pour une bénédiction et nous n'avions pas l'intention d'être trompés, hurlant, chantant et priant au moindre signal. Je pense, avec le recul, que l'organiste était la véritable star de ce spectacle. Il travaillait étroitement avec Kathryn pour manipuler les émotions. Nous étions tellement malléables.

Des expériences comme celles-ci étaient terriblement convaincantes. Quand je « voyais des miracles », cela me semblait si réel, si puissant, que je me demandais quelle personne au monde pouvait être assez aveugle pour nier la présence de Dieu. Les non-croyants devaient être stupides ou fous ! Toute personne qui mettait en doute délibérément de telles preuves méritait l'enfer.

J'avais l'habitude de prier et de « chanter dans l'esprit saint » en permanence. Sur mon vélo, à travers Anaheim, je « parlais en langues », exultant à l'idée de communiquer avec le Christ et l'Esprit Saint. Si vous ne l'avez jamais fait, il est difficile de comprendre ce qui se passe lorsque l'on s'adonne à la glossolalie. J'avais la chair de poule de joie, mon cœur et mon esprit étaient transportés dans un autre royaume. C'est une sorte d'euphorie naturelle que j'interprétais comme une rencontre surnaturelle. Je suis sûr que, durant cette expérience, des substances chimiques sont relâchées dans le cerveau. (Je sais que cela est vrai pour la musique et le cervelet, mais est-ce que quelqu'un a déjà étudié le cerveau pendant la glossolalie ?) Tandis que la plupart de mes amis étaient sans doute en train de traîner derrière quelque grange à faire de multiples expériences bien de leur âge, j'avais une relation amoureuse avec Jésus.

Jésus a dit : « Mon royaume n'est pas de ce monde » et j'avais la sensation que mon corps physique était seulement en visite sur la planète Terre, tandis que mon âme recevait des messages « de la maison ». Cela me procurait une sensation débordante de paix et de joie, de fusion avec Dieu et avec l'univers, j'avais l'impression d'être entouré par les bras aimants de mon créateur. Tout avait « un sens ». Je savais simplement, par une expérience directe et personnelle, que Dieu était réel, et personne n'aurait pu à cette époque me convaincre que j'étais dans l'illusion. J'aurais répondu : « Tu ne sais rien. » J'avais vu des miracles. J'avais parlé avec Dieu. Je connaissais la vérité et le monde ne la connaissait pas.

Mon professeur d'espagnol de première et de terminale au lycée d'Anaheim était James Edwards, le chef du département de langues étrangères de l'établissement. C'était un super prof mais j'avais entendu dire qu'il était agnostique, ou non-croyant, enfin quelque chose de pas bien. Ce n'était pas longtemps après le décret *Schempp* de la Cour Suprême des États-Unis, en 1963, qui supprimait la prière et la lecture de la bible dans les écoles publiques, et avec les autres chrétiens de mon école, nous étions très affectés et plutôt sensibles sur la question de la religion. Le lycée d'Anaheim avait été forcé de mettre un terme à la traditionnelle diffusion de la bible dans les classes. Mais comme je pensais que j'avais reçu un appel provenant d'une sphère plus haute que la Cour Suprême, j'emmenais fièrement ma bible à l'école, en faisant attention de la placer bien en vue sur la pile de mes livres, de façon à ce que tout le monde la remarque.

Je prenais souvent deux bibles à l'école: la version King James et une autre en espagnol. Quand M. Edwards nous accordait du temps pour que nous lisions de la littérature espagnole, j'ouvrais ma bible Reina-Valera et je faisais d'une pierre trois coups: j'apprenais l'espagnol, je rendais grâce à Dieu et je me préparais à ma carrière de missionnaire. Je faisais très attention à ce que M. Edwards le remarque.

Un jour, tandis que je quittais la classe, M. Edwards m'a fait signe d'approcher et m'a dit qu'il voulait me parler après les cours. J'étais persuadé qu'il voulait m'entretenir au sujet de la bible que j'apportais en classe — je pensais que la bible n'entrait pas vraiment dans la catégorie « littérature espagnole » — donc j'ai prié toute la journée. Après le cours de sport, j'ai essayé de me calmer et je suis entré dans la salle de classe. Il a fermé la porte et est retourné s'asseoir derrière son bureau, devant lequel je me tenais.

— Dan, a-t-il commencé, j'ai remarqué que tu apportais ta bible en cours.

— Oui, j'ai répondu, la gorge serrée.

— Et j'ai remarqué que tu lisais ta bible pendant les cours.

— C'est vrai, j'ai répondu, prêt à une bataille sans merci avec Satan. (J'étais son meilleur élève et je n'avais donc pas à craindre de mauvaise appréciation.)

— Eh bien, a-t-il continué, hésitant, peut-être es-tu en mesure de m'aider.

— Vous aider, Monsieur Edwards ? j'ai demandé, anticipant un piège quelconque.

— Oui, peut-être peux-tu m'aider à comprendre les choses spirituelles.

Tout son comportement avait changé et il a commencé à me parler humblement, d'égal à égal, en homme qui souffre. J'étais surpris de le voir ainsi. Il m'a raconté qu'il était agnostique mais qu'il commençait à penser qu'il y avait peut-être quelque chose « là-dehors ». Il avait lu des articles sur les perceptions extrasensorielles et d'autres phénomènes psychiques, et il commençait à penser qu'une vision du monde strictement matérialiste n'était ni satisfaisante, ni réaliste.

— Dan, tu as l'air si sûr de toi et si heureux. Dis-moi ce en quoi tu crois.

Je lui ai donc dit que je croyais en Dieu, que Dieu avait été révélé dans la bible, que nous étions tous pécheurs, que Dieu avait envoyé son fils, Jésus, et que celui-ci était mort pour le rachat de nos péchés, que Jésus était sorti du tombeau et avait vaincu la mort, que nous pouvions confesser nos péchés, accepter Jésus comme notre sauveur personnel et renaître, pour devenir « une nouvelle créature » exempte de toute faute, avec une joie et un but dans la vie, connaître Dieu, prier Dieu et exécuter sa volonté. Il m'a écouté tranquillement et, quand notre rendez-vous est arrivé à sa fin, il m'a remercié et m'a dit qu'il voulait en savoir davantage.

Après ça, nous nous sommes vus tous les jours, la plupart du temps moi parlant, lui écoutant. J'insistais tout le temps sur la réalité de Dieu et sur la différence morale qui existe entre les croyants et les non-croyants. Nous sommes devenus amis. Parfois, pendant les pauses entre les cours, il m'arrêtait dans l'entrée et me questionnait sur un verset de la bible. J'étais gêné parce que je savais que des camarades de classe nous regardaient et se posaient des questions.

Un matin, très tôt, M. Edwards m'a vu dans le hall et a fondu sur moi, tout excité. Il était tout sourire :

— Dan, je dois te dire, je l'ai fait !

— Qu'est-ce qui s'est passé ? j'ai demandé, toujours surpris que le chef du département des langues étrangères s'adresse à moi comme à un ami.

— J'ai accepté que Jésus soit mon sauveur. Ce matin, en sortant de ma voiture sur le parking, cela m'a frappé. Ce que tu disais à propos de prendre la décision, consciente et délibérée, d'accepter Jésus était parfaitement vraie. J'ai prié, là-bas, sur le parking, et c'est arrivé ! Mes péchés me sont pardonnés et je suis maintenant un enfant du Seigneur.

Après cela, lui et moi sommes devenus « frères » en Jésus et nous passions beaucoup de temps à parler de la bible. En dépit de la récente loi sur la religion à l'école, nous avons constitué un groupe de prière et d'étude de la bible sur le campus. Nous l'appelions « groupe de conversation et de littérature espagnole — niveau avancé » (ou quelque chose comme ça) et la seule œuvre de littérature espagnole dont nous parlions était la bible. Quelques autres croyants en entendirent parler et le groupe devint un lieu de rendez-vous pour les étudiants pratiquants et pour quelques étudiants d'autres lycées, évangélistes comme moi. Ensuite, nous avons rapidement laissé tomber le prétexte de l'espagnol pour constituer un club chrétien.

James Edwards est venu plusieurs fois à mon église, en se présentant comme « le fils de Dan Barker », faisant de moi son père spirituel, ce qui me mettait plutôt mal à l'aise, même si c'était flatteur pour un jeune prédicateur. C'était dans cette église que j'avais reçu ma vocation et, pour ainsi dire, j'étais celui qui « porte les gerbes de la moisson ». Après avoir obtenu mon baccalauréat, j'allais revenir de temps à autre pour parler dans ce groupe que nous avions créé et qui était en pleine croissance, à tel point qu'ils avaient dû déménager depuis la salle de classe vers la chapelle. Ils voulaient tout savoir sur mes aventures missionnaires, et ils voulaient rencontrer le garçon qui était à l'origine de tout ça. Vingt-cinq ans plus tard, j'ai entendu dire que James Edwards continuait ces réunions chrétiennes sur notre campus.

Des expériences comme celles-là m'aidaient à affirmer et à consolider mon engagement « au service de Dieu ». J'étais efficace.

J'étais convaincant. J'étais encouragé et apprécié. J'avais l'impression que j'avais été distingué pour une tâche spéciale à laquelle je me consacrais entièrement. Je m'impliquais dans plusieurs ministères locaux, dont celui, plus modéré, des Frères Peralta — Eli (qui avait été mon professeur d'espagnol en seconde), Abraham, Aaron et Benjamin. C'étaient des Américains d'origine mexicaine qui chantaient les évangiles en espagnol dans les églises hispaniques de Californie du Sud et du Nord du Mexique, et que j'accompagnais au piano et parfois au chant, lorsqu'il manquait un chanteur.

En fin de compte, j'ai été missionnaire au Mexique pendant deux ans, à essayer de convertir des catholiques au protestantisme. Avec le recul, je suis gêné de l'arrogance et de l'ignorance des évangélistes protestants américains qui pensent pouvoir convertir tout un « pays perdu dans les ténèbres » à leur religion. Par ailleurs, l'expérience du ministère à Mexico m'a ouvert les yeux. Lors d'une visite de l'autre côté de la frontière, je me rendis dans une église sans aucunes vitres aux fenêtres. Tandis que nous balayions le sol en ciment avant la réunion du soir, des gamins avaient grimpé par les fenêtres et s'amusaient à sauter de banc en banc, en riant. Dans un moment d'égarement, tout rempli d'une sainte solennité, j'ai crié à l'un d'entre eux : « C'est une église ici ! Tu ne devrais pas jouer ! Et tu devrais mettre des chaussures quand tu entres dans la Maison de Dieu. » Il m'a regardé et m'a dit : « Des chaussures, j'en ai pas. »

Lors d'un autre voyage missionnaire au sud de Tijuana, je suis allé à la rencontre d'un groupe de jeunes gens et je leur ai dit, avec mon espagnol qui n'était pas parfait alors : « Dieu nous a envoyés ici pour vous parler de Jésus. Connaissez-vous Jésus ? » L'un d'entre eux m'a montré la rue et m'a dit : « Oui, il vit là-bas, au coin avec la pharmacie. »

Dans une petite ville au bord de la mer de Cortez, en 1965, j'ai fait la connaissance de Manuel Bonilla, un choriste et guitariste protestant, minuscule et exubérant, que son immense talent rendait plus grand. Son ministère commençait à être remarqué en Amérique du Sud et, quand il est venu à Los Angeles en 1966 pour enregistrer ses chansons, il m'a demandé de produire l'un de ses premiers projets. J'avais seize ans lorsque j'ai arrangé et enregistré un album entier pour Manuel, qui comprenait la chanson « Me Ha Tocado » (« Il m'a touché »), cette chanson que nous chantions lors des réunions de Kathryn Kuhlman. Cet enregistrement tout simple, que j'avais mis en musique pour piano, marimba, guitare et trois voix, est devenu un tube dans le monde évangéliste hispanophone et il continue à se vendre aujourd'hui encore. C'était grisant de pouvoir m'entendre, moi, un étudiant de lycée, jouer du piano sur les ondes des radios espagnoles de Californie et du Mexique. Manuel continua et devint le musicien chrétien hispanophone le plus connu au monde, vendu dans plus de douze pays. Il m'a engagé pour les arrangements et l'enregistrement de plusieurs de ses albums californiens. Dans les années 1970, nous avons produit une douzaine d'albums qui étaient de plus en plus sophistiqués au fur et à mesure que nous apprenions les ficelles de l'industrie du disque.

Je n'envisageais pas la production musicale, ni les spectacles d'ailleurs, comme une carrière possible pendant ces années de sacerdoce. J'étais réticent à l'idée de toucher de l'argent pour effectuer ce que je considérais comme un devoir et un honneur. J'étais au service de Dieu. Avec le recul, je me rends compte que *j'aurais dû* empocher plus, en particulier quand, plus tard, je me suis marié et que j'ai commencé à élever des enfants, mais comme bien sûr le monde pouvait disparaître à tout moment, pourquoi aurions-nous fait des projets pour le futur ? La bible nous apprend : « Ne vous inquiétez pas du lendemain ; demain s'inquiétera de lui-même. »

Un jour, je suis entré dans le bureau du maire d'une petite ville mexicaine au sud du pays et je lui ai dit que Dieu nous avait envoyés pour prêcher dans sa ville et qu'il allait donc nous autoriser à utiliser le grand kiosque qui se trouvait dans le parc du centre-ville, gratuitement, comme une scène pour notre spectacle. Sans hésiter, il a dit « D'accord. » Il s'est même assuré que nous ayons la protection de la police. Des douzaines de gens sont venues ce soir-là pour prier, confesser leurs péchés et demander à Jésus d'entrer dans leurs cœurs.

Tout de suite après le lycée, en 1967, avant d'entrer à la faculté de théologie, j'ai passé une année dans l'Association Évangéliste Frank Gonzales, un groupe évangélique qui parcourait le pays de long en large. Frank, diplômé de l'université Bob Jones, était un

Mexicain-Américain flamboyant, un trompettiste qui donnait des sermons démoniaques dans les deux langues. J'ai passé cette année-là à chanter, prier, jouer du piano, prêcher, faire du porte-à-porte, prendre des portes dans la figure, mais à gagner des âmes.

Je jouais de l'accordéon debout sur des tables de pique-nique dans les parcs... Je chantais Jésus dans les restaurants, en invitant les autres clients à se joindre à nous... Je m'occupais toute la semaine de réunions de réveil dans des églises, petites ou grandes, sur tout le continent.

Un jour, j'ai conduit sans m'arrêter de Riverside, New Jersey, jusqu'à Los Angeles, en passant par Norfolk, Virginia. Ce n'est là qu'une de mes nombreuses expériences :

Conduire au cœur du blizzard et dans des tempêtes de sable aveuglantes.

Approcher des membres du gang de motards Hell's Demons à Phoenix pour les inviter à écouter un sermon sur l'amour de Jésus.

Faire des campagnes musicales de sensibilisation aux drogues avec la complicité de lycées publics — campagnes qui n'étaient qu'une façade nous permettant d'inviter les lycéens aux réunions évangéliques du soir (nous ne savions absolument *rien* sur la prévention des drogues).

Jouer au foot et au basket-ball dans d'innombrables prisons du Mexique et des États-Unis pour pouvoir témoigner de l'existence de Jésus pendant la mi-temps.

Rassembler des centaines d'enfants aux pieds nus dans les villes et les villages de Mexico pour leur chanter les chants protestants et leur parler de *Jesús* — compter les mains qui s'étaient levées à la question « qui veut être sauvé ? » et rapporter aux églises nord-américaines les *centaines* d'âmes que nous avions converties.

Dormir sur les bancs, les toits des églises et une fois sur le toit d'un van Volkswagen.

Faire des randonnées dans les montagnes et les ravins pour accéder à des villages éloignés où nous avions besoin d'interprètes puisque les Indiens là-bas ne parlent pas espagnol. (J'ai essayé d'apprendre un peu de maya mais la seule chose dont je me souviens aujourd'hui, c'est « Dios te enchianía » — Dieu te bénisse.)

Nous inviter à des émissions de radio et de télé locales, avec un certain succès, pour diffuser l'évangile le plus largement possible.

Pendant ces années-là, j'étais le genre de type à côté duquel vous ne voudriez pas être assis dans le bus. Après quelques secondes de bavardage, je me tournais et disais : « Je vois que vous traversez des épreuves difficiles en ce moment. (*Comment le sait-il?*) Je peux même dire que vous avec des problèmes relationnels dans votre vie. (*Comment le sait-il?*) Vous vous demandez à quoi bon. Vous ne trouvez pas de sens à la vie. (*Comment le SAIT-il?*) Je ressentais la même chose et Dieu m'a envoyé pour vous dire que Jésus est la réponse que vous cherchez. »

Vous seriez surpris de constater combien de fois cette technique grossière a fonctionné. On me respectait plus souvent que l'on ne me rejetait. Il doit y avoir là un sentiment général qui fait que lorsqu'une personne dit parler au nom de Dieu, on est enclin à penser qu'il dit la vérité — ou du moins, on pense qu'il est plus sûr de ne pas provoquer une telle personne. S'il est religieux, il doit être bon. Après tout, qui a vraiment des réponses ? Nos vies sont pleines de problèmes et de mystères. Un prédicateur doit bien avoir son fonds de commerce, sinon nous n'aurions pas besoin de ces gens-là. Il est facile de faire du prosélytisme. Je ne comprends pas les mécanismes psychologiques à l'œuvre dans le prêche mais je sais que cela fonctionne. Sans quoi, nous ne verrions pas le développement de mouvements comme le renouveau du christianisme primitif et l'islam, ou ceux, plus modernes, de l'évangélisme, du pentecôtisme ou du mormonisme. La plupart des gens sont peu sûrs d'eux et impressionnables, vulnérables face à l'assurance et à l'aplomb des autres. Si vous voulez devenir prédicateur, faites-le, « just do it ». Avec confiance et style. Ça marche. Ce que vous confirmera n'importe quel commercial.

Dès qu'il s'agit de religion, la plupart des gens perdent tout esprit critique. Pas une seule fois en dix-neuf ans de prêches une personne n'est venue vers moi après un service pour me demander : « Révérend Barker, pouvez-vous me donner les sources de votre sermon ? » On me créditait d'un immense respect, immérité, simplement parce que j'étais prêtre. Où étaient les sceptiques, les athées, les agnostiques, les humanistes ? (Oui, pourquoi m'attendre à ce qu'ils viennent à l'église ?) Pourquoi est-ce que les gens mettaient aussi rarement en question l'affirmation de mon « autorité » à parler au nom de Dieu ? Je me rappelle de quelques portes qu'on m'a claquées au nez. Mais il ne m'est arrivé que deux ou trois fois pendant toutes ces années que quelqu'un, dans la rue, rejète ce que je lui disais. C'était alors pour moi une énorme surprise. Aujourd'hui, je ne peux pas les blâmer, mais à l'époque, j'étais perplexe, je ne comprenais pas comment une personne pouvait être perdue au point de fuir loin de Dieu.

J'ai voyagé avec la paroisse Frank Gonzales tous les étés pendant de nombreuses années, en tant qu'accompagnateur de Frank et chef de mon groupe de prêche. C'étaient des étés intenses. (Je soupçonne que mon problème de calculs rénaux a commencé avec cette expérience. Je passais des jours entiers au volant, dans la chaleur torride, buvant très peu, encourageant mon équipe, ne m'arrêtant aux toilettes que lorsque c'était absolument nécessaire.) Au cours de l'été 1967, j'ai été complètement déshydraté et j'ai passé trois jours couché dans un hamac en toile de jute à Guyamas, au Mexique, où on me nourrissait de glucose en intraveineuse, sans pouvoir manger ni boire, à sucer des glaçons. C'est cet été-là également qu'un horrible berger allemand m'a estropié dans la ville de Zacapu, dans les montagnes de Michocoán, entre Mexico et Guadalajara, après que j'ai franchi d'un bond un mur en pisé derrière une église pour aller chercher un ballon de volley dans une cour voisine. Je n'ai pas attrapé la rage mais j'ai fait une sorte de choc nerveux, et j'ai dormi pendant plus de deux jours avant d'être soigné dans une clinique locale. Je sais que ce mode de vie est risqué mais, à l'époque, j'avais l'impression que c'était justifié. La fin du monde pouvait arriver n'importe quand et je m'étais donné corps et âme à Jésus, un « sacrifice vivant ».

De 1968 à 1972, j'ai suivi les cours de l'Azusa Pacific College, une école chrétienne multiconfessionnelle, accréditée par l'État, et j'ai majoré en religion. Avec le recul, je m'aperçois que la plupart des cours de religion (à quelques exceptions notables) n'étaient que catéchisme amélioré et je ne me souviens pas que nous ayons creusé à fond les preuves ou les arguments pour ou contre le christianisme. Cela n'aurait pas eu d'incidence de toute façon, puisque ce que je voulais, c'était aller dans la rue pour répandre l'évangile, et pas être coincé dans une salle de classe à cogiter sur une histoire inutile et sur la philosophie. Après tout, c'était bientôt la fin du monde. Ma position était la suivante : on n'a pas plus besoin de savoir comment fonctionne une voiture pour la conduire que d'être un érudit ou un théologien pour sauver des âmes de la damnation. Toutes ces questions de « preuves chrétiennes » pouvaient être abandonnées aux experts qui, je le croyais, les avaient déjà toutes examinées et pourraient produire les preuves historiques, bibliographiques et archéologiques, si on le leur demandait un jour. (Personne ne le fit jamais.)

Je crois que mon éducation passait après ma vocation. J'étais plutôt doué pour la conquête des âmes, probablement beaucoup plus que mes professeurs et, même si j'avais de bonnes notes, je n'y accordais aucune espèce d'importance. J'ai traversé l'université, passant presque toutes mes soirées et tous mes week-ends dehors, en train de prêcher, chanter, jouer du piano et à remplir le *véritable* rôle d'un pasteur.

La plupart de mes souvenirs de l'Azusa Pacific College sont liés à la paroisse. Je chantais et je jouais du piano pour la Dynamics Chorale, qui effectuait des tournées dans l'état afin de promouvoir l'université et Jésus. Je jouais souvent du piano pour les offices quotidiens dans des chapelles. Une année, j'ai été élu directeur de la Vie Chrétienne du corps étudiant gouvernemental et j'ai fait venir des intervenants chrétiens comme Andrae Crouch (« Ce ne sera plus très long ») et Audrey Mieir (« Son Nom est Merveilleux »). Nous écoutions sans fin l'auteur Hal Lindsey (*Notre bonne vieille planète Terre*) nous assurer que le retour de Jésus ne se ferait pas plus tard que dans les années 1980. Si tard ?

Pendant de nombreuses années, l'Azusa Pacific College a envoyé des centaines d'étudiants au Mexique pour qu'ils apprennent la tâche de missionnaire et, en raison de mon expérience, j'étais impliqué en tant qu'organisateur, artiste, prêtre et interprète. Nous emmenions des équipes de jeunes étudiants américains dans des villages poussiéreux au sud de Mexicali pour qu'ils chantent et fassent des sermons dans les églises la nuit et que le jour ils jouent et racontent des histoires aux enfants pour les amener vers Jésus. Je fis entrer l'équipe de foot de l'Azusa Pacific dans la prison surpeuplée de Mexicali pour rencontrer leur équipe et, quel que soit le résultat, pour y faire des prêches. (Nous perdions plus souvent que l'inverse. Les détenus ont beaucoup de temps pour s'entraîner.) Au bout d'un moment, l'administration et les officiers de la prison ont fini par me connaître, et je suis devenu le parfait médiateur pour les paroisses. En flattant un peu l'ego du gardien en chef, j'ai même réussi à y faire entrer une équipe de film qui réalisait un documentaire sur les jeunes prêtres chrétiens.

Une année, en décembre, j'ai emmené une vingtaine d'étudiants jusqu'à Mexico, avec les bus Tres Estrellas de Oro, pour y répandre la « bonne nouvelle », que peu avaient entendue selon nous. Quatre jeunes gens qui étaient avec nous formèrent un quartet de gospel — nous avions l'habitude de faire des changements au cours des prêches. C'était avant l'une de nos réunions, tandis que nous faisions les préparatifs en priant. Gary, qui était baryton dans l'un des groupes et dont c'était le tour de prier ce soir-là, nous a soufflé qu'il avait perdu sa voix et qu'il était incapable de chanter ou de parler. Nous nous sommes rassemblés en cercle autour de Gary et avons posé nos mains sur ses épaules, en priant à voix haute pour que Dieu guérisse la voix de Gary, achevant sur ces mots : « Gary, au nom de Jésus, sois guéri ! »

Gary releva les yeux et cria « Dieu soit loué » d'une voix forte. Il continua à chanter et à prêcher ce soir-là. Si des expériences comme celles-là ne consolident pas votre foi, rien ne le fera jamais ! Gary est ce même garçon qui jeta un jour à Mexico ses lunettes — des culs de bouteille — persuadé que Dieu avait guéri ses yeux. Quelques semaines plus tard, il entrait en trébuchant chez un opticien de Californie pour en acheter une nouvelle paire.

J'étais à l'université, où j'avais des notes correctes, mais je n'étais pas sûr de savoir pourquoi j'étais là, alors qu'il restait si peu de temps à vivre sur cette bonne vieille planète. Je faisais peu de cas des diplômes ou de l'ordination. Je pensais que je n'avais pas besoin d'un bout de papier accordé par des humains pour me dire ce que je savais déjà: que Dieu m'appelait personnellement au ministère de l'Évangile. Après quatre années pleines, j'ai raté mon diplôme et je ne suis jamais retourné en cours pour le terminer. En 1988, l'Université Azusa Pacific m'a autorisé à transférer des crédits d'un cours d'expression écrite de l'Université du Wisconsin et m'a envoyé par la poste mon diplôme de religion.

J'adore les langues et j'ai beaucoup aimé les deux années d'étude du Nouveau Testament (koine) en grec à Azusa, ce que je trouve d'ailleurs toujours très utile. Cela ajoutait une certaine crédibilité à mes sermons d'être capable de glisser un ou deux mots du texte original du Nouveau Testament (du moins je le pensais), même si je ne pense pas que les auditeurs y aient été attentifs. « Paul se désignait lui-même comme un esclave du Christ, disais-je dans mon prêche, et le mot grec pour "esclave" est *doulos.* » J'annonçais cela avec une autorité solennelle, ménageant une petite hésitation avant le dernier mot. Personne ne demandait pourquoi cette précision était importante. Ils devaient penser que je tenais quelque chose.

À Azusa Pacific, j'ai rencontré une chanteuse (comme mon père, encore une fois). Comme le monde était toujours debout, Carol et moi nous sommes mariés en 1970, alors que je n'avais que vingt et un ans. Nous avons eu quatre enfants: Becky (1973), Kristi (1975), Andrea (1977) et Danny (1979).

Peu à peu, je suis devenu assistant du pasteur dans trois églises de Californie. Mon premier poste à plein-temps, je l'ai obtenu en 1972, au sortir de l'université, à l'Église des Amis d'Arcadia, qui était de la confession de ma femme. (Ils se fichaient pas mal de savoir si j'avais un diplôme ou si j'avais été ordonné de façon officielle.) Les Amis sont des quakers modernes et, en Californie, ils sont plus évangéliques que leurs aïeux venus de l'Est. (Richard Nixon était de cette confession.) Je dirigeais le chœur, de temps en temps je prêchais en chaire et j'assurais l'atelier d'étude de la bible du mercredi soir. Joy Berry, qui est devenue plus tard un auteur pour la jeunesse assez connu, était en charge de l'éducation des enfants dans la même église et elle organisa aussi le Jour d'École chrétien là-bas. (Coïncidence amusante, Joy s'est révélée être agnostique plus tard, elle brisa alors ses engagements avec les maisons d'édition chrétiennes et, aujourd'hui, nous restons de très bons amis libres penseurs, forts d'une même expérience. Plus de 80 millions d'exemplaires des livres de Joy se sont vendus dans le monde.)

La tradition des Quakers ou des Amis refuse les sacrements (hormis pour le mariage, je crois, mais ils ne doivent pas l'appeler sacrement) en raison de la rupture qu'a opérée le protestantisme avec le formalisme catholique. L'adoration de Dieu doit se faire directement, sans intermédiaires, sans saints, prêtres ou rituels. Je me rappelle les absurdités auxquelles nous sommes arrivés un certain mercredi soir, au cours d'un repas improvisé, lorsque le pasteur Ted Cummins a fait des remarques avant l'action de grâce, mentionnant au passage quelques mots de la Cène. Quelques jours plus tard, il fut réprimandé par la paroisse pour avoir célébré le sacrement de la Communion. Nous sommes tous des hérétiques !

J'ai des souvenirs variés du pasteur Ted, un véritable ami, une personne agréable et abordable avec une femme belle et intelligente et des enfants superbes. Ce n'était pas un prédicateur extraordinaire. C'était un ami et un collègue. Un soir, je suis entré dans le sanctuaire et j'y ai trouvé Ted tout seul, en prière devant un banc. Après un moment, sans qu'un mot soit prononcé, je me suis avancé, j'ai posé ma main sur son épaule et j'ai prié Dieu en silence pour qu'il soit béni. Il m'a regardé et m'a souri. Le dimanche suivant, il m'a raconté que c'était la toute première fois qu'il avait ressenti quelque chose. Il m'a avoué qu'il avait toujours fait les choses par foi mais que, jusqu'à ce moment, il n'avait jamais su qu'une personne pouvait ressentir l'esprit de Dieu. Des années plus tard, alcoolique, il abandonna son ministère et s'isola complètement, détruisant sa famille et sa vie. Il mourut trop jeune, en 2006, et, bien que sa fin tragique jette une ombre sur son souvenir, personne n'oublia l'homme aimant et plein de vie qu'il avait été.

Après plus d'une année passée à l'église des Amis d'Arcadia, je fus « appelé par Dieu » pour rejoindre l'Assemblée de Dieu de Glengrove, à La Puente, Californie. Les Assemblées de Dieu sont pentecôtistes et étaient donc plus en phase avec le renouveau charismatique de ma jeunesse que l'héritage quaker qui était celui de ma femme. Je suis content d'avoir travaillé dans cette église pendant un an et demi. Cela m'a donné un aperçu direct de cette réalité chrétienne pour le moins animée. On assistait à beaucoup de glossolalies, de guérisons par la foi, des sermons enflammés et terriblement émouvants par des évangélistes suants, des femmes couchées par terre, les bras tendus vers le ciel, dans une prière larmoyante, des chœurs de musique gospel frappant dans leurs mains et la musique du « mouvement de Jésus ». J'ai même vu quelques exorcismes où il s'agit de « chasser les esprits » comme nous disions. J'ai emmené le chœur des jeunes dans une tournée en Californie et au Mexique. J'ai prêché depuis la grande chaire pendant au moins un mois et c'est moi qui ai dirigé l'étude de la bible et qui ai travaillé avec les groupes de jeunes sur les actions évangéliques.

Diriger le chœur des adultes relevait plus du sacerdoce que de l'art, étant donné que nous n'avions qu'une petite poignée de bons chanteurs. Je devais compenser la qualité par le rythme et le volume — nous rendions grâce à Dieu après tout, nous ne donnions pas un spectacle au Carnegie Hall. Un soir, tandis que je faisais répéter le chœur des adultes, j'ai eu affaire à un de ces moments horriblement embarrassants que je voudrais pouvoir oublier. (Pourquoi suis-je donc en train de le raconter ici ?) Dans un chœur d'église amateur, vous vous exposez à avoir des membres qui ne sont pas très sûrs d'eux, qui attendent parfois que les autres aient commencé à chanter pour rejoindre l'ensemble, pour éviter les fausses notes. Mais, en tant que chef d'orchestre, je voulais que la première note soit aussi forte que le reste de la ligne musicale, avec une entrée en matière solide et puissante. Nous étions en train de répéter « Hapiness is the Lord » mais la première note était trop faible et trop hésitante parce que quelques-uns des hommes ne chantaient pas en même temps que les autres. Exaspéré, je me suis tourné et j'ai dit « Le premier mot de la chanson est "hapiness" mais je n'entends pas la première syllabe. Vous les ténors, vous pénétrez dans le chœur avec "piness" » j'insistais lourdement, sans me rendre compte du mot que je venais de prononcer[3]. Deux femmes plus âgées ont étouffé un rire et

3. En anglais, le mot *hapiness* se prononce, si on lui enlève la première syllabe, "piness", c'est-à-dire "pénis". Ndt.

d'autres détournaient leur visage écarlate, en essayant de ne pas avoir l'air choqué. Lorsque j'ai compris ce qui venait de se passer, en voyant les regards furieux des hommes de la rangée du fond, je me suis tourné et j'ai regardé la chapelle, ce qui rendait les choses encore pires. Aujourd'hui, je ricanerais avec tout le monde si j'étais confronté à un moment aussi comique mais c'était l'église, l'œuvre de Dieu, un lieu sacré qui ne devait pas être souillé par les choses profanes. Mon épouse m'a raconté plus tard que quelques femmes s'étaient payé un sacré fou rire dans mon dos et j'ai fini par le prendre plus calmement, même si je trouvais étrange que des pratiquants se moquent d'un « homme de Dieu ». (Au moins je n'ai pas appelé deux ours de la forêt pour qu'ils les réduisent en pièces. Voir Rois, 2:23-24)

Les gens à l'Assemblée de Glengrove étaient sincères et bienveillants mais, rapidement, je les ai trouvés un peu trop bruyants à mon goût. Pour ma femme, ce devait être encore pire, puisqu'elle ne venait pas d'un milieu pentecôtiste.

J'ai donc entendu un autre « appel de Dieu », cette fois, pour aller au Centre Chrétien de la ville de Standard, au centre de la Californie, une ancienne ville de bûcherons près de Sonora dans les contreforts nord du Yosemite, filon nourricier de la Ruée vers l'Or. (Il est assez intéressant de voir que Dieu « m'appelait » à aller exactement où je voulais aller.) Cette congrégation était beaucoup plus proche du Renouveau Charismatique que j'avais connu au Centre Chrétien d'Anaheim. Qui plus est, c'était une congrégation du Plein Évangile, scission rebelle à l'Église chrétienne (dans la tradition des Disciples du Christ qui avaient donné naissance aussi aux Églises du Christ), confession dans laquelle mon père avait été élevé et qui avait fondé le Pacific Bible College où Papa avait fait ses études de théologie. (Toutes ces « coïncidences » avec mon père me font a posteriori me poser la question de ma liberté de choix à l'époque.) La devise des Disciples était : « Où parle la bible, nous parlons ; où la bible se tait, nous nous taisons. » Bien entendu, il est impossible de réconcilier ce principe avec ceux du renouveau charismatique, mais nous avons essayé.

Lorsque j'ai soumis ma lettre de démission à l'Assemblée de Glengrove, l'équipe du pasteur et les diacres n'étaient pas vraiment convaincus que j'avais reçu « un appel de Dieu » m'intimant l'ordre de partir. Nous nous entendions bien et ils avaient la sensation que j'abandonnais une église bien développée. Dave Gustaveson, le pasteur des jeunes et un ami cher, me raconta qu'il avait bataillé dans ses prières pour savoir si ma décision était juste tant pour moi que pour l'église. Un jour, dans les toilettes des hommes, tandis qu'il « parlait avec le Seigneur », il distingua le mot « Standard » dans l'urinoir. Il le prit comme un signe et annonça à la congrégation que c'était vraiment la volonté de Dieu que je m'en aille à Standard en Californie, avec leur bénédiction. (Merci Dave.)

Le salaire au Centre Chrétien de Standard n'était pas extraordinaire mais il assurait un minimum de sécurité financière pour ma famille. Nous vivions dans un petit mobil-home sur les collines parsemées de chênes au sud de Sonora. Même si je faisais beaucoup de prêches dans la congrégation — je remplaçais le pasteur en poste, rendais visites aux paroissiens, dirigeais le chœur, m'occupais de l'étude de la bible du mercredi soir, organisais des activités pour le groupe des jeunes et j'aidais à la librairie chrétienne affiliée à l'église, je n'ai jamais été le pasteur en chef et je n'ai jamais voulu l'être. Après quelques années de bons et loyaux services dans les églises locales, où je dirigeais les chœurs avec un dévouement admirable et un talent musical prometteur, prodiguant mes conseils aux gens alors que je n'avais pas la moindre idée de la façon de résoudre leurs problèmes (si ce n'est avec la bible et des prières), où je travaillais sur des sermons que je pensais pénétrants et qui glissaient sur les auditeurs comme de l'eau sur un parapluie, j'ai commencé à m'impatienter et j'ai voulu reprendre la route. Je ne pouvais tenir dans une église qu'environ dix-huit mois avant d'entendre à nouveau « l'appel » et de m'en aller.

J'étais embarrassé de quitter le Centre Chrétien de Standard. Les gens étaient affables et nous avions un bon projet là-bas, mais c'était une impasse pour ma vocation d'évangélisateur. J'ai demandé à des responsables d'églises s'ils acceptaient d'être la base depuis laquelle j'effectuerais mon travail de « missionnaire » en arpentant le pays.

Ils ont accepté à contrecœur mais pas avant que le pasteur Bob Wright m'eût convaincu de la nécessité de me faire ordonner pour donner plus de crédibilité à mon œuvre. Je respectais beaucoup Bob et j'ai cédé à la pression, en régularisant ma situation. Un dimanche matin de mai 1975, l'église organisa une cérémonie d'ordination, sous la direction du pasteur Bob, au cours de laquelle on me posa des questions sur ma vocation, sur la bible et la théologie, et j'ai été ordonné pasteur à l'unanimité. Les diacres et les pasteurs étaient en cercle autour de moi, leurs mains posées sur mes épaules et ma tête, invoquant la bénédiction de Dieu sur ma prêtrise. Ils m'ont donné un certificat d'ordination, qu'on ne m'a jamais demandé de produire d'ailleurs durant toutes mes années de sacerdoce (alors que l'État de Californie me l'a demandé en 2002 lorsque j'ai voulu, en tant que « prêtre » athée célébrer le mariage d'un couple qui n'était pas religieux).

Pendant les huit années qui ont suivi, ma femme et moi avons vécu « dans la foi », en tant que musiciens évangélistes itinérants, nous attendant à tout moment au retour de Jésus, « comme un voleur dans la nuit ». L'expression « vivre dans la foi » est plus qu'une proposition. C'est une aventure et un risque que l'on prend, en remettant sa vie entre les mains de Dieu. Aucun de nous deux n'avait de travail. Nous n'avions pas de revenu fixe, pas de sécurité sociale et, évidemment, nous ne cotisions pas pour la retraite puisque nous n'en aurions pas la nécessité dans le court temps qui nous était imparti avant la félicité. Tous nos biens étaient stockés chez des paroissiens, des amis et des proches. Quand Carol a été enceinte de notre deuxième enfant, nous nous sommes engagés pour une tournée évangéliste nationale et nous avons sauté dans notre Chevy Nova jaune avec sur nous une centaine de dollars. Nous sommes partis en vadrouille, d'une église à l'autre. Nous n'acceptions pas de rémunération pour le culte mais des « offrandes de l'amour » laissées à l'appréciation de la paroisse, confiants dans le fait que chaque office nous offrirait la somme nécessaire pour nous rendre jusqu'à l'église suivante. Je me souviens de quelques moments pleins d'espoir et de prières, assis dans la voiture après l'office, nous apprêtant à ouvrir l'enveloppe pour vérifier que nous avions assez d'argent pour atteindre une autre paroisse. En règle générale, nous obtenions entre cinquante et cent dollars par réunion, parfois rien du tout. C'était facile de remplir nos dimanches avec ces réunions, mais il était plus difficile de s'occuper la semaine.

En 1976, quand ma femme a été enceinte de notre troisième enfant, nous avons loué une petite maison à Pomona, et elle a décidé d'abandonner nos voyages prolongés pour s'occuper de la famille, me rejoignant surtout lorsque j'officiais dans la zone sud-californienne. Lorsque cette maison fut détruite en 1977 pour laisser la place à un temple mormon, nous avons emménagé à Ontario en Californie.

Notre office était un mélange de musique et de messages. Nous chantions des duos et des solos, et je prêchais l'évangile, changeant le contenu de mon message selon chaque public, inspiré en cela par l'Esprit Saint. Tout était basé sur la bible : j'insistais sur l'obéissance au Seigneur et sur la joie d'avoir une relation personnelle avec Jésus et, bien sûr, je parlais de la nécessité d'être un fidèle serviteur, prêt à attendre le retour du Christ. Nous étions sincères. J'avais vraiment la sensation de parler à Dieu et que Jésus était mon Seigneur et mon ami. Pendant les offices, les gens venaient souvent devant l'autel pour confesser leurs péchés et accepter Jésus comme le sauveur. Cela semblait tellement bien de participer à quelque chose d'aussi puissant. Mon travail et ma musique étaient sans cesse confirmés par les témoignages des autres et par celui de l'Esprit Saint, ou par ce que je pensais et croyais sincèrement être l'Esprit Saint témoignant dans mon cœur et mon esprit. Je n'avais aucun doute sur le fait qu'il était bien réel.

Au cours de l'été 1975, pendant notre premier voyage à travers le pays, nous avons appris par nos contacts de Canton dans l'Ohio que la semaine de rencontres avait été annulée. Je leur ai dit que nous n'avions pas le choix, que nous devions passer par l'Ohio puisque notre programme nous emmenait vers l'est les semaines suivantes. Si rien d'autre ne se présentait, nous allions devoir passer le temps comme nous pourrions. Quand nous sommes arrivés dans l'Ohio, j'ai réussi à obtenir quelques petites réunions de dernière minute, sans quoi nous serions restés à nous tourner les pouces chez ces braves gens, à écouter le tic-tac de l'horloge. Un encart près de l'horloge disait : « Fais ce que tu as à faire. » Cette devise m'a accompagné depuis, un conseil bien avisé. Incapable de rester en place, je suis descendu au sous-sol où était leur piano et j'ai composé un spectacle musical pour enfants, sur la base d'une idée qu'avait eue ma femme en travaillant dans une école du dimanche l'année précédente lors d'un programme de l'Avent[4] basé sur des jeux de marionnettes. Je pensais que nous pourrions de même utiliser des comédies musicales si jamais nous devions un jour retourner à un service de proximité dans des églises.

Cet automne-là, de retour en Californie du Sud, j'ai fait quelques arrangements pour une amie qui avait écrit des chansons pour enfants et j'ai joué quelques-uns de mes morceaux devant elle. Elle a beaucoup aimé et m'a dit que Manna Music, une maison d'édition de musique évangélique respectée, cherchait un nouveau spectacle musical destiné aux enfants pour Noël, et elle les a appelés. Carl Farrer m'a invité à venir jouer mes compositions et j'ai donc pris la route, muni de mon manuscrit et d'une prière.

J'étais un peu nerveux quand je me suis assis au piano à Manna Music. Alors que j'en étais à la moitié de l'introduction de la première chanson, Carl m'a pris le bras et m'a dit : « Stop. Vous pouvez vous arrêter. » Il a pris une profonde inspiration et m'a dit : « Je peux vous dire dès maintenant que nous allons produire ce spectacle.

— Mais vous n'avez rien entendu, j'ai répondu.

— J'en ai assez entendu pour vous dire que, même si Hal Spencer [le propriétaire de la compagnie] ne l'a pas encore entendu, il va adorer et que ça va être un carton pour nous. »

J'étais estomaqué.

« Maintenant vous pouvez y aller. Écoutons donc la fin. »

Carl était la première personne qui entendait l'intégralité du spectacle et, depuis ce matin tranquille où nous étions tous les deux au piano, lui et moi avons toujours été des amis proches. Nous avons

4. L'Avent est une période de la liturgie chrétiennes observée par de nombreuses églises occidentales qui concerne les quelques semaines précédant Noël. L'Avent est à la fois un rappel de l'attente originelle des Hébreux de la venue de leur Messie et l'attente de son retour ou *parousie.* Ndt.

pris des voies différentes bien sûr depuis que je me suis tourné vers l'athéisme dans les années 1980 — nous sommes dans des cercles différents — mais nous n'avons jamais perdu cette complicité et nous continuons à nous appeler de temps en temps. En novembre 2007, j'ai rendu visite à Carl, qui a maintenant plus de quatre-vingts ans, chez lui à Austin, dans le Texas, et c'était comme si le temps s'était arrêté. Certaines amitiés sont vraiment transcendantes.

Je suis revenu chez Manna Music quelques jours plus tard et j'ai joué le spectacle à Hal Spencer et au reste de l'équipe. Tous ont adoré ! « Nous étions à la recherche d'un nouveau spectacle de Noël pour les enfants, a dit Hal, et vous êtes arrivé. C'est la réponse à nos prières. » Ils ont fait quelques suggestions, pas de véritables modifications et, en 1977, *Marie avait un petit agneau* était enregistré et publié. (Vous avez compris ? Marie était la mère de Jésus et Jésus était l'agneau de Dieu.) Il a été en tête des ventes de Manna pendant les deux années qui ont suivi et est resté un tube depuis. Je touche encore des royalties pour ce spectacle.

Soudain, j'étais devenu compositeur. Cela a donné à mon ministère une tout autre ampleur. J'ai écrit une suite, un spectacle de Pâques, intitulé *Sa toison était blanche comme neige*, ainsi que des chansons en bonus, et j'ai commencé à recevoir des invitations à me produire dans des églises comme compositeur chrétien nationalement reconnu. Le spectacle était joué par des églises et des écoles chrétiennes, et ils le sont encore dix ans plus tard, quoiqu'à un degré moindre. *Marie avait un petit agneau* a été traduit en espagnol et en allemand et a été joué partout dans le monde à Noël. Lors d'un congrès de l'Association des Éditeurs Chrétiens, Hal m'a présenté à Dale Evans (la femme de Roy Rogers) qui m'a dit que ses petits-enfants adoraient *Marie avait un petit agneau.*

Le deuxième spectacle, *Sa toison était blanche comme neige*, est basé sur le fait que la loi juive exigeait un animal sans aucune tache pour les offrandes, et que Jésus est censé avoir été le tout dernier sacrifice de Pessa'h. Si j'ai toujours été content de la qualité artistique de ce travail (y compris du flamenco que je joue encore aujourd'hui), les paroles et l'histoire me font honte à présent. J'y fais mourir la star du spectacle, un joli agneau sans taches nommé Snowy !

Quelques années plus tard, j'ai commencé à travailler sur un troisième spectacle musical pour Manna Music, *Partout où est allée Marie*, à partir des quelques références à la mère de Jésus qui se trouvent dans le Nouveau Testament, remarquant que ses apparitions dans le récit sont toujours liées à l'œuvre de son fils — une petite pique, pas si subtile que ça, envers les catholiques. Je n'ai pas achevé ce travail avant que mon opinion ne commence à évoluer et c'est pourquoi j'ai épargné au monde ces profondes réflexions.

Un jour, j'ai été invité dans une église à Los Angeles comme chef d'orchestre sur *Marie avait un petit agneau*. Au lieu de faire jouer les enfants, cette congrégation avait utilisé un chœur d'adultes. Ceux-ci étaient déguisés en chameaux, en moutons, en cochons et en ânes, ce qui était plutôt amusant. Mais ce dont je me souviens le plus nettement, c'est de l'énorme panneau accroché au-dessus de la chaire : « Jésus arrive bientôt ! » La pancarte avait besoin d'être repeinte et nettoyée, il y avait des toiles d'araignées derrière. Comme j'aimerais avoir pu filmer ce moment ! Bien sûr, à cette époque, j'étais entièrement d'accord avec le message du panneau, et j'ai enfoui au fond de mon esprit l'ironie de ces toiles d'araignées.

Grâce à mes nouveaux contacts dans l'industrie du disque, j'ai pu produire, arranger et jouer du piano sur une douzaine d'autres albums de Manuel Bonilla, y compris sur des disques pour enfants en espagnol, très novateurs, et qui ont connu un immense succès. Comme je parlais espagnol, je suis devenu le médiateur idéal pour ce genre de projets à Los Angeles. Plus tard, en voyage au Mexique, nous avons entendu des gens chanter nos chansons, exactement comme nous les avions enregistrées, qu'ils avaient apprises en écoutant la radio. Nous avons écrit, Manuel et moi, un morceau de jazz, « No vengo del mono » (ce qui veut dire « Je ne viens pas du singe »), tournant en dérision la théorie de l'évolution. Une autre chanson que j'ai produite pour Manuel avec un chœur de jeunes gens en fond, « Pronto, Sí Muy Pronto, Veremos Al Señor » (« Bientôt, très bientôt, nous verrons le Seigneur ») traduisait vraiment nos aspirations de cette époque.

À côté de mon travail d'évangéliste, que ce soit en tant que prédicateur ou en tant que compositeur chrétien, j'avais une autre source de revenus ; j'enregistrais pour de nombreux clients de la région de Los Angeles, chrétiens pour la plupart, en plus de Manuel Bonilla. Je n'ai jamais produit d'albums de grande envergure, mais j'ai travaillé sur beaucoup de projets « de seconde zone » : un duo entre un pasteur et sa femme, un jeune chœur d'université en tournée, des compositeurs qui avaient besoin de démos ou d'enregistrements pour leurs tournées d'évangélisation, plusieurs chanteurs chrétiens en anglais et en espagnol qui voulaient vendre leurs services pour des rassemblements ou des offices religieux, et au bas mot une centaine de chansons pour des maisons d'éditions chrétiennes et différents programmes. Un jour j'ai fait une session d'enregistrement marathon : plus de cent chansons en une semaine pour les Gospel Light Publications, un éditeur majeur pour les programmes des écoles du dimanche et des Vacation Bible School.

J'ai travaillé dans plus d'une douzaine de studios à Hollywood et dans le sud de la Californie. Je n'avais pas la prétention d'être le meilleur producteur de la ville mais j'étais fiable, sincère, je travaillais dans les temps, je ne dépassais jamais le budget et j'avais un bon contact avec les clients religieux. Je ne me faisais pas payer cher non plus. Parfois, c'est avec fierté que je travaillais sans rien demander en échange, heureux de participer à la cause. J'ai même perdu de l'argent sur le projet *High on Christmas*, à cause d'un contrat bancal et j'ai dû emprunter de l'argent pour payer mes dettes. Je pensais que ces enregistrements de musique chrétienne faisaient partie de ma mission évangélique, puisque cela revenait à répandre la bonne parole par la musique. Quand j'y repense, je me rends compte que si je n'avais pas été aveuglé par la croyance, si je n'avais pas été convaincu que Jésus allait revenir « d'un moment à l'autre », j'aurais pu avoir une carrière honnête de producteur de musique, et faire ainsi un métier pour lequel j'étais doué et que j'adorais. Je sais maintenant que c'était une négligence coupable de ma part, dans la mesure où j'étais parent d'enfants en bas âge, de me vendre aussi peu chèrement, en laissant les clients récolter les bénéfices tandis que ma famille devait bien souvent se serrer la ceinture. Mais j'étais comme le détenteur d'un ticket de loto, idéaliste et affamé, attendant que tombent les résultats : je savais que Jésus allait revenir et nous emmener tous avec lui au paradis.

Parfois, je prenais une équipe de prédicateurs à l'Union Rescue Mission dans les quartiers pauvres de Los Angeles, pour prêcher la bonne parole aux poivrots et aux clochards qui voulaient juste de la nourriture et un toit, mais qui étaient obligés, avant d'y avoir accès, d'entendre un service religieux. Nous chantions nos hymnes et l'un d'entre nous prêchait, regardant ces rangées d'hommes mal rasés qui cuvaient leur vin, endormis et indifférents, et que nous obligions à supporter notre sagesse avant de leur ouvrir les portes du réfectoire. Nous pensions vraiment que nous étions en train d'aider ces hommes, en leur offrant l'espérance contre leur désespoir. De temps en temps, l'un d'entre eux criait « Amen ! » mais cela voulait sans doute dire « Assez ! » plutôt que « Bravo ! »

J'aimais beaucoup travailler avec les groupes de proximité, les programmes pour enfants, les chanteurs, les éditeurs, les missionnaires, les évangélistes — toutes ces personnes qui œuvraient pour le Seigneur. Ce n'était pas un métier pour moi, c'était ma mission.

Je pensais que tout ce qui m'arrivait avait une signification spirituelle. Si je cherchais une place de parking et qu'une voiture sortait en me laissant une place à l'endroit précis où je voulais me garer, je disais : « Merci Jésus de me donner cette place de parking. » Si je devais au contraire me garer six rues plus loin, je déclarais : « Merci Jésus de m'apprendre la patience. » La bible dit : « toutes choses travaillent ensemble pour le bien de ceux qui aiment Dieu ». Je considérais que tout salaire était un don immérité du ciel. J'essayais d'interpréter chaque événement en l'intégrant dans le plan de Dieu pour le monde. S'il se passait quelque chose de mauvais, je disais alors : « Il y a un prix à payer pour le mal. » S'il m'arrivait un truc bien, je disais : « C'est un signe de la bénédiction de Dieu. » Toutes les nouvelles venant du Moyen-Orient étaient le signe que Dieu attirait l'attention sur l'arène des derniers jours du monde, qui pointaient le bout de leur nez. Rien dans ma vie n'était accidentel. Chaque événement était une leçon à apprendre, une partie du dessein divin ou une tentation du Diable. Derrière le monde visible, il y avait un monde spirituel bien réel, habité par les anges, les démons, les esprits et les saints, qui combattaient tous pour gagner mon âme et démolir l'autre camp. Comme vous pouvez l'imaginer, ma vie n'en était que plus intéressante.

Un jour, j'étais en voiture dans les collines à l'est de Modesto en Californie pour rentrer chez moi. Je pensais à ma mission et je priais Dieu de m'apprendre à suivre son chemin. Je voulais vraiment obéir à Dieu, être un serviteur fidèle, et reconnaître Sa « véritable voix » dans mon oreille spirituelle. Tandis que j'étais sur l'autoroute, j'ai « entendu » mon esprit dire: « Tourne à droite. » Je pensais que cela devait être la voix de Dieu et que si je voulais un jour savoir comment Lui obéir, j'avais intérêt à faire ce qu'Il me disait. J'ai tourné à droite. La petite route conduisait à une ferme et j'ai continué, attendant un autre signal. Après un petit moment, j'ai entendu la voix à nouveau: « Tourne à gauche. » J'ai donc tourné à gauche. Cela a continué, je tournais ici et là, et je commençais à m'agiter, me demandant ce que Dieu pouvait bien avoir en magasin pour moi lorsque j'arriverais à l'endroit où Il me conduisait. Peut-être, ai-je pensé, y aurait-il une personne désespérée, sans religion, qui avait très envie d'entendre l'évangile. Ou peut-être je trouverais un donneur généreux pour mon ministère.

J'ai continué mon chemin jusqu'à arriver à une route en mauvais état au milieu de nulle part et j'ai entendu: « Tourne ici. » J'ai tourné et j'ai conduit encore pendant huit cents mètres jusqu'à arriver à la fin du chemin, au beau milieu d'un champ de maïs. J'ai arrêté ma voiture et éteint le moteur, cherchant à comprendre les intentions de Dieu. Je m'attendais vraiment à ce que quelqu'un sorte des maïs ou quelque chose de ce genre. Après quinze minutes, j'ai commencé à me trouver plutôt stupide. Puis, quelques minutes plus tard, j'ai compris qu'il y avait sans doute une autre raison pour que Dieu me conduise dans cette impasse. Enfin, j'ai compris: Dieu éprouvait ma foi! En même temps qu'une sensation de chaleur envahissait mon corps, j'ai entendu l'Esprit qui disait: « Je suis fier de toi, Dan. Tu es un enfant obéissant. Tu peux partir maintenant. »

Depuis que je suis devenu athée, j'ai souvent entendu des croyants me dire qu'il n'était pas possible d'avoir été un véritable croyant et d'avoir abandonné la religion protestante. Si j'avais vraiment connu Jésus personnellement, comme eux, je ne l'aurais jamais rejeté. Selon eux, j'avais juste dû vouloir me convaincre que Dieu était réel. Eh bien, oui, je sais exactement ce qu'ils veulent dire. Par le passé, je prêchais exactement le même sermon. Je le prêchais, j'y croyais, je le savais et je le sentais. Qu'est-ce qui leur permet d'affirmer que je n'ai pas eu une authentique relation avec Dieu ? Et pourquoi Dieu se révélerait-Il à eux et pas à moi ? Je lisais la même bible, je priais avec un esprit humble et ouvert, je recevais des confirmations intérieures d'une « présence » témoignant de la vérité de mes croyances. Si ce que je ressentais était bidon, pourquoi un Dieu aimant aurait permis que je sois ainsi trompé? (Et comment est-il possible que les autres sachent qu'ils ne se trompent pas eux aussi ?)

Je n'avais aucun doute sur l'authenticité de mes expériences, sauf vers la fin de mon ministère. Parfois, je demande à ces gens : « Qui êtes-vous pour décider de qui est un vrai chrétien ? » Jésus a dit : « Ainsi donc, c'est à leurs fruits que vous les reconnaîtrez » et ma vie débordait des « fruits de l'esprit ». Paul a écrit « le fruit de l'Esprit est charité, joie, paix, longanimité, serviabilité, bonté, confiance dans les autres, douceur, maîtrise de soi : contre de telles choses, il n'y a pas de loi ». Je n'étais pas parfait — personne ne l'est — mais si l'on en juge selon la bible, personne ne peut revendiquer aussi fortement que moi d'avoir été chrétien. J'étais « né à nouveau », je le croyais et je l'annonçais. J'avais été « rempli de l'esprit » et je le vivais. Je m'étais destiné à une vie de prêtrise. Je « mettais la Parole en pratique, je n'étais pas uniquement un auditeur ». J'avais vécu ma foi, mettant ma vie, ma santé et mon futur en jeu — combien de « véritables chrétiens » peuvent en dire autant ? Je priais, je parlais en langues et je « chantais dans l'esprit ». Les écritures étaient mon guide. Je savais que Jésus était mon ami, mon maître, mon sauveur, et j'avais tous les jours un dialogue intérieur avec lui. Je lui demandais de l'aide et je priais pour qu'il m'accorde sa bénédiction. J'avais amené des gens à croire en lui et vu beaucoup de conversions. J'avais entendu d'innombrables témoignages de croyants qui me disaient qu'ils ressentaient « l'esprit de Dieu » dans mes prêches (à moins qu'ils n'aient pas non plus été de vrais chrétiens). Il y a encore des gens aujourd'hui qui me voient comme une source d'inspiration pour prêcher et devenir prêtres. J'ai été invité et réinvité à prêcher dans des centaines d'églises protestantes. Combien de « vrais chrétiens » peuvent se vanter de tels faits ? La raison pour laquelle j'ai rejeté le christianisme, ce n'est pas parce que je ne le comprends pas ou que je n'ai jamais fait l'expérience de la foi. Ce n'est pas parce que je méprise Dieu ou que je déteste la vie de chrétien. J'aimais ce que je faisais et je n'aurais jamais imaginé que j'allais le rejeter.

Si je n'ai pas été un bon chrétien, alors personne ne l'a jamais été.

II

La chute

Nous étions en 1979 et Jésus n'était toujours pas revenu.

J'avais été invité à parler dans une église baptiste à Ontario, en Californie, et nous discutions avec le pasteur dans son bureau, avant la conférence. J'ai eu la surprise de l'entendre prononcer ces mots : « Nous avons quelques membres de notre église qui ne croient pas qu'Adam et Ève aient été des personnages historiques. »

— Comment ? me suis-je écrié, et vous les laissez rester dans votre paroisse ?

— Ne vous méprenez pas, a-t-il répondu, pour ma part, je crois qu'Adam et Ève sont des personnages historiques parce que la bible ne ment pas. Mais ces paroissiens pensent que cette histoire est peut-être une métaphore. Dans la mesure où ce sont de bons chrétiens, je ne pense pas que cette petite divergence de vues soit un problème.

Le pasteur a continué, me disant que certaines personnes considèrent que des parties de la bible *semblent* historiques, mais qu'elles ne sont en réalité que des histoires à but moral. Ils croient que lorsque Jésus a raconté la parabole du Fils Prodigue il n'avait pas l'intention de nous faire penser qu'un fils prodigue en chair et en os, muni d'une adresse et d'un numéro de sécurité sociale, a réellement existé. Ce n'est pas le fait historique qui compte dans le récit, c'est le message qu'il véhicule. Si Jésus peut inventer des histoires, pourquoi pas les auteurs de la bible ? Certaines personnes pensent que l'histoire d'Adam et Ève est une parabole hébraïque créée par les juifs pour expliquer l'origine du péché dans la race humaine, et que la leçon morale est plus importante que l'existence physique de ces deux proto-humains, qu'ils aient eu des nombrils ou non.

J'étais choqué d'entendre ce discours. Un discours libéral. La configuration d'un esprit fondamentaliste n'autorise pas cette latitude de vues. Pour un fondamentaliste, il n'y a pas de zone grise. Tout est blanc ou noir, vrai ou faux. Jésus a bien dit : « Je connais tes œuvres. Je sais que tu n'es ni froid ni bouillant. Puisses-tu être froid ou bouillant ! Ainsi, puisque te voilà tiède, ni chaud, ni froid, je vais te vomir de ma bouche. » (Apocalypse 3:15 et ce n'est pas une jolie image.) En tant que fondamentaliste, je détestais les libéraux encore plus que les athées, parce qu'avec les athées, au moins, on savait où on mettait les pieds. (Ce n'était qu'un principe : en fait, je ne connaissais pas d'athées — peut-être que si, mais je ne savais pas que j'en connaissais. C'est assez significatif non ?) Les athées sont froids et les vrais chrétiens sont chauds, mais les libéraux sont tièdes. Les libéraux « ayant l'apparence de la piété, mais reniant ce qui en fait la force » (2 Timothée 3:5) exposent plus au danger de se détourner de la vraie foi que n'importe quel athée. Pour moi, à l'époque, essayer de comprendre les positions d'un chrétien libéral c'était peine perdue.

La prochaine fois que vous parlerez avec un fondamentaliste acharné, faites attention. Si vous vous contentez d'un discours en demi-teinte — relativiste, contextualisant, provisoire, timide — il sera immédiatement transformé en discours noir. C'est pourquoi le problème d'Adam et Ève me mettait aussi mal à l'aise. Cela me gêne de devoir l'avouer maintenant, mais c'était un énorme problème à l'époque pour moi, et ça en reste un pour ceux qui interprètent littéralement la bible. (Oui, même les fondamentalistes savent qu'il y a des métaphores dans la bible. Quand Jésus dit : « Je suis la porte », nous ne pensons pas qu'il a des gonds ou une poignée. Mais en l'absence de toute indication ou de toute justification conduisant à analyser le texte de façon imagée, nous considérons que le texte traite de réalités.)

Dans l'optique de conserver de bonnes relations avec des chrétiens professant un point de vue légèrement différent du mien, j'ai alors effectué ce petit compromis dans mon esprit : un mouvement qui semble simple à la plupart des lecteurs mais qui était pour moi un saut énorme et très risqué. Je ne rejetais pas l'idée d'un Adam et d'une Ève historiques — c'était trop pour moi à l'époque, c'était impossible. Je me suis dit alors : « OK, je crois qu'Adam et Ève sont historiques, bien sûr, parce que la bible ne dit pas que la Genèse est une parabole ou une métaphore, mais cela ne doit pas m'empêcher de fréquenter des croyants qui ne pensent pas la même chose que moi. » Les chrétiens qui avaient cette petite différence de vues avec moi n'étaient pas mauvais. Ils rendaient grâce à Dieu et exaltaient la chrétienté. Ils n'allaient pas brûler en enfer pour une opinion sincère mais différente. Je pouvais toujours les appeler frères et sœurs en Christ. C'était une petite avancée en direction de la tolérance, mais une concession spirituelle (et psychologique) monstrueuse. J'ai découvert que je pouvais vivre même avec quelques nuances. Ce n'est pas que j'aimais ça, mais au moins j'en étais capable.

Ça a été le premier des nombreux petits pas que j'ai faits au cours de ces années-là. Ces premiers mouvements timides qui m'éloignaient du fondamentalisme ont été psychologiquement plus traumatiques que les immenses gouffres intellectuels que j'ai franchis par la suite. Lorsque vous avez été élevé dans la croyance que chaque mot de la bible a été inspiré par Dieu et que cette parole est infaillible, vous ne pouvez pas modérer vos positions sur les évangiles en un claquement de doigts.

J'avais environ trente ans quand j'ai commencé à me poser des questions sur la religion. Ce n'était pas des doutes, mais des questions. Je travaillais sur deux autres spectacles pour Manna Music — *Partout où est allée Marie* et *Penny*, à propos de l'agneau perdu qui manque dans le troupeau des cent — que je n'ai jamais fini parce que mes opinions changeaient au fur et à mesure que je les écrivais. Les plaques continentales étaient en train de bouger imperceptiblement. Je n'avais pas à l'époque de problème avec la religion. J'aimais ma vie de chrétien, je croyais à ce que je faisais et cela me semblait juste. Toutefois, mon esprit devait commencer à s'agiter pour vouloir aller chercher ce qu'il y avait derrière le simplisme fondamentaliste. J'avais été tellement impliqué dans les problèmes fondamentalistes et évangélistes que j'avais complètement ignoré une partie de moi-même qui commençait à réclamer un peu d'attention. C'était comme si quelqu'un tapotait sur ma boîte crânienne en demandant : « Salut là-dedans, y a quelqu'un ? » J'étais mort de faim et je ne le savais pas : comme lorsqu'on travaille sans relâche sur un projet en oubliant de se nourrir, on ne sent la faim que lorsqu'on est *tenaillé* par elle. J'avais lu les auteurs chrétiens (Francis Schaeffer, Josh McDowell, C.S. Lewis, etc.) et je n'avais pas vraiment eu d'autres lectures que la bible pendant des années. Et donc, sans véritable but au début, je me suis mis à combler petit à petit ce vide intellectuel. J'ai lu des magazines de science, de la philosophie, de la psychologie, la presse quotidienne (!) et j'ai commencé à rattraper mon retard en me forgeant une véritable éducation libérale, celle que j'aurais dû recevoir des années plus tôt si j'étais allé dans un véritable lycée. Cela a déclenché ce qui est devenu plus tard un féroce appétit de savoir et a initié une migration lente mais sûre au sein du spectre théologique qui a duré environ quatre ou cinq ans.

Mon but n'était pas le doute ou l'athéisme. Je pensais que chaque petit mouvement était le dernier. « Ah, je deviens plus adulte dans mes croyances », me disais-je. Au début, je pensais que ma foi était renforcée par ces nouvelles informations, quand c'était en fait ma connaissance qui était renforcée. Je n'ai pas connu une soudaine prise de conscience. Quand on a été élevé comme je l'ai été, tu ne te réveilles pas un matin, en claquant des doigts et en disant : « Que je suis bête ! Dieu n'existe pas ! » C'était un processus lent, parfois violent, hésitant, tortueux.

Depuis que j'étais devenu évangéliste indépendant et que je ne faisais plus partie d'une congrégation (finalement l'église de Standard n'était pas devenue la base arrière de mes missions), je me sentais sans doute plus libre de faire des expériences intellectuelles et d'enquêter sur les croyances des autres chrétiens. Je ne m'intéressais pas aux non-croyants (comment aurais-je pu ?) mais j'étudiais d'autres croyances. Au fur et à mesure de mes visites dans différentes congrégations qui représentaient plusieurs types de foi, il m'est apparu progressivement qu'il n'y a pas un seul christianisme — il y en a des centaines. (Peut-être même qu'il y a autant de christianismes que de chrétiens.) Il y a plusieurs centaines de confessions et de sectes, et chacune d'elles peut ouvrir la bible et prouver que *son* interprétation est la bonne et que les autres ont tort, qu'ils fassent une petite erreur ou qu'ils se fourvoient complètement. Toutes peuvent le faire.

Paul écrit : « Dieu n'est pas un dieu de désordre » (1 Corinthiens 14:33), mais y a-t-il un livre qui ait créé davantage de confusion que la bible ?

Jésus n'était toujours pas revenu, évidemment, et je commençais à penser que cela n'allait pas arriver. Chaque génération de chrétiens, même les tout premiers, a vécu dans la conviction qu'ils vivaient « la fin des temps ». On rapporte que Jésus disait à ses disciples : « Je vous le dis en vérité, quelques-uns de ceux qui sont ici ne mourront point qu'ils n'aient vu le Fils de l'homme venir dans son règne. » (Matthieu 16:28) Il promit : « Je viens bientôt. Retiens ce que tu as. » (Apocalypse 3:11) Mais 2000 ans, ce n'est pas « proche ». Petit à petit, il m'est apparu — tiens donc ! — que quelque chose n'allait pas dans ce à quoi je croyais. « Oh, je suis en train d'évoluer », j'ai pensé.

Graduellement, j'ai commencé à osciller autour du continuum théologique, devenant de moins en moins fondamentaliste, et de plus en plus modéré. J'acceptais des invitations à prêcher et à chanter dans beaucoup d'églises, pour la plupart évangélistes, mais aussi dans des congrégations modérées et libérales qui faisaient jouer ma musique. Mes sermons parlaient moins d'enfer et plus d'amour. Je parlais moins de la vie après la mort et plus de *cette* vie-ci. (J'élevais alors quatre petits enfants.) J'étais toujours un croyant fervent et engagé, mais je prêchais moins l'évangélisme que « la marche du Chrétien ».

Je me revois nettement en train de conduire sur les voies rapides du sud de la Californie et de rouler tout ça dans mon esprit, parlant avec « Dieu », avec moi-même, avançant des arguments, les réfutant, délibérant qui de l'émotion ou de la raison devait l'emporter, me demandant à quoi tout cela rimait. Une pensée surtout revenait sans cesse, comme venue d'ailleurs : « Quelque chose ne va pas. » Je ne pouvais pas vraiment articuler correctement les questions, mais une voix dans ma tête me disait en permanence : « Quelque chose ne va pas, admets-le. » Je crois que c'était la voix de l'honnêteté — je savais que ce n'était pas la voix de Dieu.

Je crois que c'est à ce moment-là que j'ai franchi le pas, non vers l'athéisme, mais vers la conviction qu'il me fallait suivre la raison et l'évidence, quel que soit l'endroit où elles m'emmenaient, et même si cela impliquait de m'enlever à mes chères croyances. Au fur et à mesure que les mois passaient, cette voix s'élevait de plus en plus fort : « Quelque chose ne va pas. »

Après deux ans de ce processus de réévaluation, j'étais passé à une position plus modérée : je conservais les croyances théologiques de base, mais je rejetais de nombreuses doctrines mineures que je considérais comme non essentielles ou même fausses. Je me rappelle ma façon de penser d'alors : chaque chrétien a une hiérarchie, qui lui est propre, de doctrines et de pratiques, et la plupart des croyants agencent leur hiérarchie plus ou moins de la même manière. L'existence de Dieu est en haut, le caractère divin de Jésus juste en dessous, et ainsi de suite jusqu'en bas de la liste, où vous pouvez trouver des choses comme la controverse autour du port des bijoux ou du maquillage pour les femmes à l'église. Ce qui distingue la plupart des marques de christianisme c'est la ligne de partage entre les choses essentielles et celles qui ne le sont pas. Les fondamentalistes radicaux tirent ce trait tout en bas de la liste, ce qui rend toutes les doctrines également nécessaires. Les modérés tirent un trait quelque part au milieu de cette liste. Les libéraux le placent tout en haut, se moquant de savoir si la bible est infaillible ou si Jésus a une existence historique, mais croyant à l'existence de Dieu, quelle que soit la définition que l'on en donne, conservant une utilité générale à la religion, et accordant une valeur aux rituels qui donnent une structure ou un sens à la vie.

Tandis que je voyageais à l'intérieur de ce spectre, j'ai déplacé de plus en plus ma ligne vers le haut. Je lisais des théologiens libéraux et néoconservateurs, comme Tillian et Bultmann. Ces auteurs, s'ils se trompaient en tel ou tel point précis, me semblaient des personnes intelligentes et humaines qui utilisaient leur esprit, faisant de leur mieux pour comprendre la vérité. Ils n'étaient plus les serviteurs de Satan qui essayaient de distraire les croyants de la vérité littérale de la bible. J'en suis arrivé à respecter ces penseurs et même à admirer certaines de leurs prises de position, sans pour autant embrasser totalement leur point de vue. Après deux années de plus de théologie évolutive, je suis devenu l'un de ces libéraux détestés, dans un premier temps, uniquement dans mon esprit, encore que quelques personnes aient eu des soupçons. Et Dieu ne m'a pas vomi.

Il est intéressant de noter que même pendant ce déclin de ma foi, je pouvais toujours « parler avec Dieu ». Je priais et parlais en langues et c'était comme si rien n'avait changé. Je n'étais pas encore athée, mais dans la mesure où j'étais en train de douter de tout le reste, j'ai commencé à me demander si mon expérience intérieure ne devait pas elle aussi être soumise au doute. Après tout, les croyants d'autres religions font état de transes mystiques et spirituelles, donc peut-être ne devais-je pas me fier à mes émotions subjectives. Peut-être devais-je me mettre *moi-même* sous le microscope. Si tout le monde pouvait se tromper, moi aussi. Mes expériences religieuses n'en furent pas affaiblies. Je ne me suis pas mis à les trouver superficielles ou vaines. (En fait, même maintenant je suis capable de reproduire ces sensations, avec autant de force.) Ce qui s'est produit, c'est qu'une autre partie de mon cerveau — la partie rationnelle — a commencé à observer la partie sensible de mon cerveau avec une certaine distance. Je suis devenu mon propre cobaye. « Regarde-moi ça ! Je suis en train de parler avec Dieu. Il est certain que cela semble réel, mais cela doit être une illusion du cerveau. » Ce *devait* être une illusion, puisque je commençais à penser qu'un dieu personnel n'existait sans doute pas. Quelle étrange et merveilleuse prise de conscience.

À cette époque de ma migration, tandis que ma théologie essayait tant bien que mal d'emboîter le pas à mon évolution intellectuelle et rationnelle, je croyais encore en un dieu mais j'étais incapable de le définir. Pendant tout ce temps, je recevais des invitations à venir prêcher et chanter dans diverses églises, fondamentalistes et évangélistes pour la plupart. J'avais cessé depuis longtemps mes sermons visant à gagner directement des âmes et j'avais taillé mon discours de façon à le rendre acceptable dans à peu près n'importe quelle église. C'était facile dans la mesure où les églises qui m'invitaient alors étaient intéressées par ma musique : je pouvais me contenter d'exécuter quelques chansons précédées d'introductions inspirées, en prêchant le moins possible. Je pouvais m'adapter aux exigences du public, et être plus ou moins évangéliste selon l'orientation de chaque église. Même à cette époque, je me sentais un peu hypocrite, j'entendais souvent dans ma bouche des affirmations dont je n'étais déjà plus très sûr, mais c'étaient les mots que le public voulait entendre.

Dans ma vie secrète, grâce à mes lectures privées, j'étais très impressionné par les auteurs éclairés des magazines de sciences. En particulier, un article de Ben Bova sur « Le temps égal des créationnistes » publié dans le magazine *OMNI* a renversé la perspective, si bien que je me suis retrouvé à examiner la configuration mentale d'un fondamentaliste. L'article mettait à jour la malhonnêteté qu'il y avait à réclamer « un temps égal pour le créationnisme dans les cours de sciences » en demandant combien de chrétiens accepteraient de bon cœur d'entendre un chapitre sur l'évolution entre la Genèse et l'Exode. J'ai commencé à être de plus en plus mal à l'aise avec les choses auxquelles je croyais auparavant, et de plus en plus attiré par la pensée rationnelle. Comme un vieil os en voie de fossilisation, la bible est devenue une source de moins en moins fiable de vérité et la raison a lentement pris sa place. Je me retrouvais à me poser des questions hérétiques.

Où pêchons-nous l'idée selon laquelle des mots sur une page disent la vérité ? La vérité ne devrait-elle pas être le résultat de l'enquête et de l'analyse ?

Si je pense qu'il est aussi facile pour des millions de personnes d'être aveuglées par une religion fausse à cause d'une tendance naturelle à croire les erreurs, qu'est-ce qui m'exempte de cette tendance ?

Si le Fils Prodigue est une parabole, Adam et Ève une métaphore, alors pourquoi Dieu lui-même ne serait-il pas une figure de style ?

Je n'arrêtais pas de bouger, j'accélérais, je goûtais le plaisir effrayant qu'il y a à « grandir » et à apprendre. J'avais la sensation que mon esprit s'éveillait. Dans ma soif de connaissance, je ne me limitais pas aux auteurs chrétiens, puisque je voulais comprendre le raisonnement à l'œuvre derrière la pensée non-chrétienne. Je pensais que la seule façon de m'approprier un sujet était de le considérer sous tous les angles. Si je m'étais limité aux livres chrétiens, je serais probablement encore chrétien aujourd'hui. J'ai lu de la philosophie, de la théologie, de la science, de la psychologie. J'ai étudié la théorie de l'évolution et l'histoire naturelle. Au début, je riais de ces penseurs matérialistes mais, à la fin, j'ai commencé à découvrir des faits troublants — des faits qui discréditaient le christianisme. J'ai essayé d'ignorer ces faits parce qu'ils ne collaient pas avec mes vues religieuses.

Au cours de ces années d'évolution, j'ai connu un intense conflit intérieur. D'un côté, j'étais content de l'orientation et de l'épanouissement de ma vie de chrétien ; d'un autre côté, le doute intellectuel germait un peu partout. La foi et la raison entamèrent en moi une guerre sans merci. Et cela allait en s'aggravant. Je criais vers Dieu pour qu'Il me donne des réponses, mais aucune ne venait. Comme le cœur solitaire qui attend que son téléphone sonne, je gardais confiance dans le fait que Dieu viendrait un jour. Il n'est jamais venu.

La seule réponse que l'on me proposait, c'était *la foi,* et progressivement j'en suis arrivé à détester l'odeur que dégageait ce mot. Finalement, je me suis rendu compte que la foi est une échappatoire, une défaite — cela revient à admettre que les vérités de la religion ne sont pas accessibles par la raison et par la preuve. Ce ne sont que des assertions indémontrables qui requièrent la suspension de la raison et des idées faibles qui requièrent la foi. Les contradictions bibliques sont devenues de plus en plus gênantes, et les arguments apologistes de moins en moins absurdes. Lorsque j'ai enfin rejeté la foi, les choses sont devenues de plus en plus claires.

Mais n'imaginez pas que cela a été une évolution facile. C'était comme si je réduisais en miettes le filtre à travers lequel je percevais la réalité, comme si je faisais éclater cette fabrique de sens et d'espoir, trahissant ainsi les valeurs de l'existence. C'était très douloureux. C'était comme cracher sur sa propre mère ou jeter ses enfants par la fenêtre. C'était un sacrilège. Tous les principes à partir desquels je pensais et évaluais les choses devaient être restructurés. Au conflit interne s'ajoutait le conflit externe lié à ma réputation. Est-ce que j'avais vraiment envie de rejeter le respect que je m'étais si patiemment gagné pendant tant d'années auprès de gens aussi importants ? Mais, même dans ces conditions, je n'arrivais pas à me détourner de ces questions qui occupaient maintenant le premier plan. En fin de compte, à l'extrême bout de ma migration théologique, j'ai été forcé d'admettre qu'il n'y a pas de fondement à la croyance selon laquelle un dieu existe, hormis la foi, et je ne pouvais me satisfaire de la foi.

Je n'ai pas perdu la foi — je l'ai abandonnée. La motivation qui m'avait poussé à devenir prêtre — connaître et dire le vrai — était la même qui me poussait à quitter ma charge.

J'avais perdu foi en la foi.

J'ai été forcé de reconnaître que la bible n'est pas une source fiable de vérité : elle n'est ni scientifique, ni historique, elle est irrationnelle, contradictoire, absurde, c'est une faible source d'inspiration et elle est moralement insatisfaisante. (Je parle de tout cela dans les chapitres suivants.)

Les croyances qui m'étaient jadis si précieuses disparaissaient les unes après les autres. J'avais l'impression de peler les peaux d'un oignon. J'éliminais les croyances non essentielles pour atteindre le noyau : je pelais, je pelais, jusqu'à ce qu'il n'y ait plus rien. La ligne que je traçais sous les doctrines essentielles a continué à s'élever jusqu'à disparaître en haut de la liste. J'ai jeté toute l'eau du bain pour découvrir qu'il n'y avait pas de bébé !

En ouvrant les yeux sur le monde réel, enfin dégagé des dogmes, de la foi et de la fidélité à la tradition, je pouvais voir enfin clairement qu'il n'y avait pas de preuve de Dieu, pas de définition cohérente d'un dieu, pas de bons arguments prouvant son existence, pas d'entente entre les croyants sur la nature ou sur les principes moraux de « Dieu », et pas de bonnes réponses aux arguments positifs contre l'existence d'un dieu, comme le problème du mal par exemple. Et, au-delà de tout, il n'y a pas besoin d'un dieu. Des millions de braves gens vivent heureux, de façon productive et morale, sans croire en un dieu.

Parfois, les gens me demandent : « Quelle a été la chose qui t'a amené à changer d'avis ? » Je crois qu'ils pensent que s'ils arrivent à « réparer » cette chose-là, je retournerai à la foi. Mais il n'y avait pas

« une chose ». Ça a été une évolution progressive. Cela revient à demander : « Quand as-tu grandi ? » Nous pouvons tous désigner une période générale dans notre vie où nous avons grandi, mais pas un moment spécifique. Je me souviens d'un certain nombre de moments poignants dans ma prise de conscience, mais ceux-ci étaient le résultat de mon scepticisme, pas sa cause.

C'est pendant l'été 1983 que je me suis dit que j'étais athée. Personne d'autre ne l'a su et cela a été quatre ou cinq mois de grande solitude. Sans doute un couple de mes amis et ma femme ont-ils suspecté que quelque chose allait de travers, mais comme mon ministère était plutôt apprécié, les apparences extérieures étaient sauves. En ce qui me concernait, j'étais le seul athée au monde. Je savais qu'il y avait d'autres athées sur terre, mais cela n'avait pas d'importance. Je ne suis pas devenu athée parce que je voulais rejoindre un club. Je n'ai pas été converti par « le mouvement athée ». Je n'ai pas vu d'évangéliste athée à la télé qui m'ait convaincu de changer d'opinion. J'en suis arrivé là tout seul et c'est ainsi que cela devrait être pour tout le monde. Presque tous les autres athées et agnostiques que j'ai rencontrés par la suite, et qui ont été élevés dans la religion, racontent la même chose : c'est une affaire privée et indépendante que la libre-pensée. C'est ce qui fait sa force. Mes conclusions sont miennes, c'est ce précieux processus qui fait leur valeur, parce qu'elles ont été forgées et éprouvées dans mon seul esprit.

Entre l'été et Noël 1983, j'ai traversé une horrible période d'hypocrisie. (Un athée peut-il faire une confession ? Je suppose que je suis en train de demander pardon ici aux autres libres-penseurs. Quelle est ma pénitence ?) Je prêchais toujours, et je me détestais. Je vivais dans l'élan d'une vie de bons et loyaux services chrétiens, je recevais encore des invitations à prêcher, je nourrissais ma famille avec des honoraires de pasteur et je chantais dans les églises et les écoles chrétiennes. Je savais que j'aurais dû mettre proprement un terme à tout ça mais je n'avais ni le courage ni la lucidité nécessaires pour savoir comment le faire. En préparation de ce qui se profilait vaguement pour la suite, j'ai pris des cours de programmation informatique, racontant à ma femme que j'adorais les ordinateurs et que je pourrais peut-être arrondir nos fins de mois avec ce nouveau talent. J'ai immédiatement trouvé un travail de programmeur à mi-temps d'ASM 68000 pour une compagnie produisant des systèmes de monitoring pour l'industrie du pétrole. Finalement, c'est devenu un travail à temps complet. (Une année plus tard, athée déclaré, j'ai travaillé comme programmeur / analyste, dessinant et encodant des systèmes distribués pour les chemins de fer, et j'ai été amené à faire de nombreuses installations sur site, très amusantes d'ailleurs, et à tester en temps réel des systèmes multitâches pour N&W et Burlington Northern dans le Midwest.) Cela m'a fourni le parfait métier de transition — une échappatoire facile à la prêtrise. Je prêchais toujours les week-ends et je produisais encore des enregistrements occasionnels le soir, mais, dans mon esprit, j'étais en train d'abandonner la charge de pasteur. Je n'avais pas le choix.

En novembre, toujours hypocrite, j'ai accepté une invitation à venir prêcher à Mexicali, une ville mexicaine à la frontière avec la Californie. J'aime bien cette ville. Même en ne croyant plus à ce que je prêchais, j'étais content du voyage et heureux de revoir les nombreux amis que j'avais au sud de la frontière. Une nuit, après un office dans une mission de la vallée de Mexicali, au sud de la ville, je suis allé me coucher sur un lit de camp en toile dans l'une des pièces d'une école du dimanche qui faisait office de chambre d'amis pour les prédicateurs en visite. Je n'ai pas beaucoup dormi cette nuit-là. Je pouvais voir des étoiles par la fenêtre et je me souviens d'avoir regardé longuement le plafond comme si je contemplais l'espace au-delà, cherchant ma place dans l'univers. C'est à ce moment-là que j'ai fait l'expérience d'une réalité surprenante : j'étais seul. Complètement et définitivement seul. Il n'y avait pas de royaume surnaturel, pas de Dieu, pas de Diable, pas de démons, pas d'anges qui pouvaient m'aider depuis l'autre côté. Il n'y avait pas d'énorme œil pour juger de mes pensées et de mes actions. J'étais un organisme biologique dans un environnement naturel, et c'est tout. Les étoiles ingèrent et recyclent la matière et l'énergie, et je me voyais comme une petite étoile à faible consommation, brillant doucement dans l'univers sombre, destiné à brûler comme un soleil qui aurait utilisé tout son hydrogène. C'était une expérience à la fois effrayante et libératrice. Les parachutistes ou les cosmonautes ont peut-être la même sensation la première fois. Je savais simplement que tout s'était calmé, que la lutte était terminée, que j'étais enfin sorti de mon cocon et que j'étais, pour la première fois de ma vie, cette « nouvelle créature » dont parle la bible avec tant d'ignorance. J'avais finalement dépassé ce besoin infantile de regarder hors de moi-même pour décider qui j'étais en tant que personne. Ce n'était pas une expérience mystique, mais c'était euphorisant. C'était comme d'apprendre que les charges contre moi pour un crime que je n'avais pas commis avaient été abandonnées. J'étais libre de laisser ce problème derrière moi et de continuer ma vie.

J'en étais arrivé au moment où je savais exactement comment mettre fin à la mascarade et sortir dans le monde comme un athée déclaré mais, en un sens, je suis content d'avoir eu ces quelques mois d'hypocrisie. J'ai appris quelque chose d'important en ayant cette vue étrangement privilégiée sur les choses. Je me rappelle avoir été en chaire, m'entendant dire des mots auxquels je ne croyais plus et voyant que les réactions du public étaient les mêmes. Après l'un de ces services, une femme, les larmes aux yeux, est venue me voir : « Révérend Barker, votre sermon était tellement éloquent. Je veux que vous sachiez que j'ai ressenti l'esprit de Dieu au cours de votre ministère ce soir ! » Et j'ai pensé : « Ah vraiment ? Et qu'est-ce que cela nous dit de la comédie que nous sommes tous en train de nous jouer ? » Bien sûr, par le passé, j'aurais sans doute dit (beaucoup le disent) que peu importe qui prononce la parole de Dieu : même si j'étais non-croyant, le message était le même. Mais cette femme me disait qu'elle avait « ressenti l'esprit » dans mon ministère. J'ai compris que toute la mise en scène du sermon et de l'action de grâce est un immense drame que nous nous jouons tous, pas seulement la personne qui occupe la chaire, mais également le public, ces participants autoproclamés sans qui aucun prêche n'aurait lieu. Nous jouions tous avec la signification illusoire de tout cela.

La dernière fois que je me suis tenu devant une congrégation en tant que pasteur, c'était le mois suivant, pendant la semaine de Noël de 1983. Je m'étais envolé à destination de San José pour des rencontres dans une église, et j'avais loué ensuite une voiture pour me rendre à Auburn, au nord-est de Sacramento, pour donner un concert lors d'une rencontre organisée par une jeune congrégation en pleine expansion dans les locaux d'une école publique. Nous étions convenus que l'église d'Auburn me payait mon billet de retour pour la Californie du sud. Ils avaient fait beaucoup de publicité autour de l'événement et, quand je suis entré dans le bâtiment, j'ai vu que l'église était pleine à craquer.

Avant l'office, j'ai rencontré dans une petite pièce les pasteurs et les autres dirigeants de l'église, nous nous sommes tous donné les mains en cercle et nous avons prié pour que Dieu bénisse la soirée, rituel certes familier mais devenu plutôt étrange. Ils étaient particulièrement excités parce qu'il y avait un homme dans le public qui venait à l'église pour la première fois. Son nom était Harry et c'était l'athée le plus connu de la ville! Tout le monde aimait Harry. C'était un homme d'affaires respecté qui vous aurait donné sa chemise mais qui n'était pas croyant. Harry s'était remarié il y a peu et sa femme était « née à nouveau », elle l'avait convaincu de venir à l'église avec elle pour le concert de Noël. Harry était venu parce qu'il aimait la musique et parce qu'il n'allait pas être obligé de rester assis tout au long du sermon. Tous priaient pour que mon prêche influence Harry ce soir-là et qu'il se tourne vers Jésus Christ. Ils posèrent leurs mains sur moi et prièrent d'une voix forte pour que Dieu instille une bénédiction spéciale sur mon ministère de façon à sauver Harry.

Je redoutais le concert, je me détestais avec tout le dédain dont j'étais capable. Tandis que je m'avançais vers le grand piano situé sous les projecteurs, j'ai essayé de repérer Harry, bien que je n'aie eu aucune idée de ce à quoi il ressemblait. Tous les gens étaient assis dans la pénombre proche et j'avais l'impression de chanter pour une congrégation sans visage. Ainsi, dans ma tête, je chantais pour Harry, et pour Harry seulement. J'ai fait semblant de rien et j'ai joué mes chansons, en pensant qu'elles étaient complètement idiotes et combien je devais sembler ridicule à Harry. Entre les chansons, j'ai fait mon baratin, des petits sermons qui liaient les choses les unes aux autres. C'est l'une des situations les plus difficiles auxquelles j'aie jamais eu à faire face dans ma vie. Cela m'a demandé un terrible effort de seulement sortir les mots, des mots auxquels je ne croyais plus. J'en pleure encore lorsque je repense à ce moment. En quelques endroits seulement, je me suis juste tu, j'étais affreusement silencieux, blanc comme un linge. Le public devait penser que l'Esprit Saint agitait mon âme. Je ne sais pas comment mais j'ai réussi à retrouver le goût du spectacle et je me suis forcé à continuer. À un moment, vers la fin du concert, je l'ai presque perdu. Je chantais l'une de mes chansons particulièrement débiles et j'ai failli m'arrêter au milieu d'une chanson pour dire : « C'est de la merde. » Je voulais me tourner vers le public pour dire : « Harry, tu as raison ! Je suis désolé. Il n'y a pas de Dieu et tout cela n'est que foutaises. » Mais j'ai écarté cette possibilité dramatique et, comme Pagliacci, j'ai réussi à aller jusqu'au bout du spectacle. Il faut dire qu'ils ne m'avaient pas encore donné mon billet de retour.

Après le concert, quelques personnes ont été invitées chez le pasteur pour une collation de Noël. Harry et sa femme en étaient. J'ai pensé que cela devait être l'occasion qui m'était offerte « d'en remettre une couche » pour Harry et de le convertir à Jésus mais je n'ai pas parlé à Harry de la soirée, si ce n'est peut-être au moment de lui serrer la main. J'avais tellement honte de moi, j'étais tellement embarrassé de la façon dont ils traitaient cet homme, comme s'il était porteur d'une MST. Je me suis assis près de l'arbre de Noël, Harry s'est assis dans un fauteuil à l'autre bout de la pièce et j'ai essayé d'éviter de croiser son regard. Comme j'aurais aimé que tout soit différent, être vraiment libre et adulte et parler simplement avec lui. Je ne sais pas si j'aurais apprécié ou non Harry. Je ne sais pas si nous aurions eu beaucoup à nous dire, ou s'il aurait eu une quelconque compassion pour mon dilemme, mais je respectais profondément cet homme. Il avait le courage d'être différent. Puis le pasteur est intervenu et a dit quelque chose à propos de la joie de se retrouver tous ensemble pour célébrer la naissance du Sauveur, et immédiatement, Harry a dit à voix haute : « Pas tous. » Il n'avait pas peur. Il semblait fier d'être identifié comme athée et heureux d'être libre-penseur. Les sermons et les chansons des centaines de chrétiens dévots que j'ai connus ne peuvent être mesurés à ce commentaire, bref et courageux, prononcé par un non-croyant.

Je n'ai plus jamais prêché. Je n'ai plus accepté d'invitations à donner des concerts religieux. Pour être honnête avec moi-même et avec les autres, je savais que je devais en finir rapidement. En janvier 1984, j'ai écrit une lettre à toutes les personnes de mon entourage — prêtres, amis, parents, maisons d'éditions, artistes chrétiens, compagnons missionnaires. Je rompais pour de bon, je leur disais que je n'étais plus chrétien, que j'étais désormais athée ou agnostique (je ne faisais pas clairement la distinction dans ma tête à l'époque), que je n'accepterais plus d'invitations à prêcher ou à jouer de la musique chrétienne, et que j'espérais pouvoir garder un dialogue ouvert avec eux. Je me rappelle ce moment où j'ai hésité quelques secondes devant la boîte aux lettres de l'université Chaffey d'Ontario en Californie, avec ces douzaines d'enveloppes dans les mains et cette phrase dans ma tête : « Ça y est. » Glisser les lettres dans la fente a été mille fois plus satisfaisant que n'importe quelle expérience religieuse. C'était une expérience bien réelle.

III

Les retombées

J'avais posté mes lettres, et chacune des personnes qui comptaient dans ma vie allait bientôt savoir que je n'étais plus chrétien. En m'éloignant de la boîte aux lettres, je me suis senti un homme libre. Je savais qu'il y aurait des réactions violentes, mais je n'avais pas peur. J'avais fait mon choix en toute liberté et aucun croyant au monde ne pouvait me refuser cette liberté-là. Il est impossible de croire si l'on n'a pas la liberté de ne pas croire. Voici donc la lettre que j'ai envoyée, datée du 16 janvier 1984, à plus de cinquante collègues, amis et parents :

Cher(e) ami(e),

Tu sais sans doute déjà que mes positions sur la question spirituelle ont connu récemment des bouleversements importants. Les cinq ou six années qui viennent de s'écouler ont été pour moi une période de profonde réévaluation, et au cours des deux dernières années, j'ai décidé qu'en toute honnêteté je ne pouvais plus me considérer comme chrétien. Tu peux sans peine imaginer le parcours douloureux que cela a été pour moi. J'ai été élevé dans une famille de bons chrétiens, j'ai servi dans des missions en tant qu'évangéliste, j'ai étudié dans une université chrétienne, j'ai été ordonné prêtre et j'ai été assistant d'un pasteur dans trois églises différentes. Pendant toutes ces années, j'ai été sûr à 100 % de ma foi et maintenant je suis à 100 % sceptique.

Le but de cette lettre n'est pas de défendre mon cas. Pourtant, je ferai remarquer que mes études m'ont donné l'occasion d'explorer de nombreux domaines, parmi lesquels : l'authenticité de la Bible, le débat de la foi contre la raison, l'histoire de l'Église — et une kyrielle d'autres sujets aussi amusants que l'évolution, la physique, la psychologie, l'amour-propre, la philosophie, la parapsychologie, les pseudo-sciences, les mathématiques, etc.

Je ne suis pas sûr de bien savoir quel est le but de cette lettre, à part d'informer un ami ou un parent que je considère comme important dans ma vie et vis-à-vis duquel je ne pourrais supporter d'être malhonnête. Je n'ai pas jeté le bébé avec l'eau du bain. Au fond, j'observe toujours les mêmes valeurs chrétiennes dans lesquelles j'ai été élevé : bonté, amour, générosité, tempérance et respect. Il y a beaucoup de bonnes choses dans la chrétienté. Pourtant j'ai la sensation que je peux faire la preuve d'un autre fondement de ces valeurs, d'une alternative rationnelle, en dehors de tout système de foi et d'autorité. Bien sûr, je l'admets, ces valeurs ne me sauveront pas des flammes de l'enfer — mais il est irrationnel d'alimenter la peur de quelque chose qui n'existe pas, comme il est irrationnel de laisser cette peur dominer son éthique et son mode de vie.

S'il y a du vrai dans la Bible, j'y reviendrais bien volontiers. Si un Dieu existe, je serais stupide de nier Son existence. De fait, l'enfant qui sommeille en moi désire parfois retrouver le réconfort et le soutien de ses anciennes croyances. Je suis un être humain qui ressent les mêmes peurs et les mêmes émotions que les autres. La bible dit que ceux qui cherchent trouvent. Tu me connais. Je cherche constamment. Et je n'ai pas trouvé. En ce moment même, je me trouve quelque part entre l'agnosticisme et l'athéisme, même si je passe beaucoup de temps dans l'un et l'autre camp.

Il y aurait encore beaucoup à dire et je te serais très reconnaissant de toutes les contributions que tu pourras apporter. Je me contenterai d'une suggestion : avant d'entreprendre tout dialogue sérieux, nous devrions tâcher de comprendre autant que possible les positions de chacun. Si tu le souhaites, je peux t'envoyer n'importe lequel des nombreux articles sur lesquels je travaille actuellement, parmi lesquels : la Bible, Foi et Raison…

Pour finir, je ne suis pas ton ennemi. Notre ennemi est celui qui ne s'intéresse pas à ces sujets, celui qui pense que toi et moi sommes stupides de nous préoccuper de la vie et de ces valeurs. Je n'ai pas l'intention de te manquer de respect, ni à toi, ni à personne qui porte un intérêt réel à la religion et à la philosophie. Ce sont ceux qui ne pensent pas qui me dérangent et avec qui aucune interaction sensée n'est possible.

Dan Barker.

Aujourd'hui, j'écrirais une lettre complètement différente, mais j'en étais là à l'époque, en train de troquer une vision du monde pour une autre. Aujourd'hui, je soulignerais que les « valeurs chrétiennes » que je trouvais si louables sont tout simplement des valeurs humaines, et que toutes les valeurs chrétiennes ne sont pas bonnes — en réalité, aucunes des valeurs qui sont exclusivement chrétiennes ne sont admirables. La nostalgie de « l'enfant » a duré à peu près un an, et a été remplacée par la honte d'avoir cru un jour ou d'avoir regretté ma croyance. Les définitions de l'agnosticisme et de l'athéisme se sont éclaircies depuis. Mais cette lettre est un parfait instantané de qui j'étais, et le fait de la lire à nouveau fait renaître beaucoup des sentiments d'alors.

Je n'eus pas à attendre longtemps les premières réactions et elles vinrent de toutes parts. Certaines étaient prévisibles, mais d'autres m'ont surpris.

« Je suis désolé d'apprendre ta volonté récente de te désengager du service de l'Agneau de Dieu, à propos duquel tu avais écrit de si belles choses et que tu avais réussi à mettre en musique avec brio », écrivit le pasteur de l'Assemblée de Dieu, Mark Griffo. Mark était l'un des enfants de chœur que j'avais dirigés à l'Assemblée de Glengrove. Je l'avais encouragé à devenir prêtre, malgré les objections de sa famille, et nous avions été missionnaires au Mexique ensemble.

« Je sais que tu n'es pas mon ennemi, comme tu l'as affirmé, mais Satan l'est! Il ne cherche qu'à voler, tuer et détruire les vies... Mon cœur saigne quand j'essaie d'imaginer les réponses que tu donneras [aux enfants] quand ils te demanderont: "Dan, peux-tu écrire d'autres chansons pour que mes propres enfants puissent un jour connaître Jésus Christ, la source de l'amour, aussi bien que toi ?" Je prie toujours pour toi et j'appelle de mes vœux ta résurrection. »

Pour Mark, j'étais mort.

La femme de Mark, Debbie, fut encore moins charitable : « Tu veux un dialogue sérieux ? Les croyances que tu as fait tiennes n'ont rien de sérieux... Cela me peine que l'Agneau, à propos duquel tu as écrit autrefois, ne soit plus le Seigneur de ta vie. Connaître vraiment Dieu tout-puissant, le Sauveur, le Roi, notre Créateur aimant, c'est ne *jamais* se détourner de lui... Humilie-toi devant Dieu. » Il y a là ce thème récurrent : ma vie chrétienne était une imposture, la sienne ne l'était pas.

David Gustaveson, directeur des Jeunes missionnaires de l'Université chrétienne du Pacifique et de l'Asie à Hawaï et ancien pasteur de l'Assemblée de Glengrove, m'écrivit : « J'ai été plutôt choqué par ta lettre... J'imagine qu'il ne me reste qu'à prier encore et encore... Je crois que cela peut être une épreuve de vérité que de crier vers Dieu tout simplement (que l'on croie ou non) et de Lui demander de nous corriger, radicalement, sans pitié, si nous avons tort. Il vaudrait mieux que Dieu fasse en sorte, "par tous les moyens", de nous montrer la vérité. Cela éviterait à certains de se rendre compte trop tard qu'ils se sont trompés. J'ai lu tes articles et bien sûr ils avancent de solides arguments. Je n'en attendais pas moins de quelqu'un d'aussi brillant que toi. Je pense pour ma part que les contradictions de la Bible montrent la beauté de la parole de Dieu qui, même en s'exprimant au travers de l'humanité fragile, garde intact le message essentiel de la Bible. »

Je renvoyai à Dave une réponse exhaustive, lui disant que j'avais effectivement prié, comme il me l'avait suggéré, et je le félicitais pour son honnêteté inattendue puisqu'il reconnaissait qu'il y avait vraiment des contradictions dans la Bible. Il me répondit en m'envoyant une boîte contenant 14 cassettes audio d'un théologien.

J'avais écrit un mot à la fin de ma lettre aux Gospel Light Publications, leur disant à tous que je comprendrais s'ils décidaient de ne plus travailler avec moi. Nous étions en plein cœur d'un projet pour un autre spectacle musical de la Vacation Bible School. Wes Haystead m'écrivit : « Merci de nous avoir fait partager votre expérience avec honnêteté. Je vous promets que je ne vais pas me mettre à vous bombarder de tracts et de livres de Josh McDowell. En ce qui concerne notre collaboration, je vote pour. À condition bien sûr que vous puissiez m'avoir très rapidement trois chansons pour Sunrise Island. Il semblerait que les exigences du calendrier prennent le pas sur les principes, pas vrai ? En réalité, j'ai beaucoup d'estime pour votre talent, ainsi que pour votre sensibilité, votre disponibilité et votre amitié. C'est pourquoi, j'espère que nous pourrons continuer à travailler ensemble jusqu'à ce que l'un des deux convertisse l'autre ou ressente l'incompatibilité de nos projets avec nos inclinations respectives. »

J'acceptais à contrecœur de terminer le projet, pensant qu'il eût été peu professionnel de me retirer, mais j'ai demandé à utiliser un pseudonyme, pour nous épargner à tous deux une situation embarrassante. Ainsi, si jamais vous voyez un jour le spectacle musical *Sunrise Island* de la Vacation Bible School, écrit par « Edwin Daniels », vous saurez que c'est un athée qui l'a composé. Écrire ces chansons, je le confesse, a été une expérience bizarre. J'avais la sensation d'être le dernier des hypocrites. À la décharge de Gospel Light, Wes m'a raconté qu'ils étaient persuadés que ce n'était qu'une étape, une crise spirituelle, et qu'il était certain que j'allais revenir vers le Christ. Nous ne pouvons pas accuser Gospel Light d'avoir engagé en toute connaissance de cause un non-croyant parce que tout le monde là-bas pensait que j'étais chrétien quand j'ai commencé le projet. Néanmoins, je peux vous assurer que la création de cette musique — que l'éditeur religieux a acceptée et qui a été jouée par des croyants dans des églises et des écoles chrétiennes —, ne fut que pure technique musicale et n'a en aucun cas été « inspirée » par la foi. (Stephen Foster fit quelque chose de similaire en composant l'hymne de la Sunday School alors qu'il n'était pas croyant.)

Hal Spencer, président de Manna Music, écrivit : « Ma réaction initiale a été de me dire que ce n'était pas vrai et que tu traversais simplement une période de doute. Cependant, te connaissant, j'ai bien peur que cela soit plus que cela. Je vais demander au Seigneur de me guider moi aussi, si je peux dire quoi que ce soit qui puisse influencer tes sentiments. »

Hal et moi avons déjeuné ensemble deux mois plus tard et j'ai dû écouter ce que « le Seigneur » lui avait enjoint de me dire. S'il s'y connaît en industrie musicale, en revanche, il n'est pas très versé dans la théologie, ni dans la philosophie. Il n'a pas arrêté de me désigner une feuille dans une composition florale près de notre table, en disant « Comment est-ce que cette feuille est arrivée là ? » Après que j'ai souligné les problèmes posés par la thèse traditionnelle du dessein divin et des causes premières, il s'est retourné vers la feuille et a déclaré : « Mais je n'arrive pas à comprendre comment cette feuille est arrivée là sans l'aide du Créateur » (ce que Richard Dawkins appelle l'Argument d'Incrédulité). Plus tard, nous nous sommes rencontrés par hasard à Nashville où je m'étais rendu pour participer à mon premier débat public tandis que Hal assistait à une cérémonie de remise de prix pour la musique gospel et country. La probabilité d'une rencontre était si faible qu'il ironisa « Tu vois, c'est bien la preuve que Dieu existe ! » Manna a continué à vendre mes spectacles pendant de nombreuses années et Hal m'a toujours traité de façon professionnelle.

Eli Peralta était mon professeur d'Espagnol en troisième et il était membre du Peralta Brothers Quartet, avec lequel j'avais officié pendant mes années d'université. Il me répondit en ces termes : « Nous te remercions de nous avoir fait connaître ce changement majeur dans ta vie. Sois assuré que la pureté et la clarté de ta lettre ont été accueillies avec amour et attention. Dans les jours qui ont précédé l'arrivée de ta lettre, j'ai repensé à la fraternité et à l'amitié qui étaient les nôtres par le passé et j'avais l'espoir que nous puissions nous revoir un jour. Mes frères et moi nous pensons toujours à toi avec affection et à tous les bons moments que nous avons passés ensemble. Je leur ai fait part de ton parcours depuis la foi vers la raison et, s'il est vrai que cela a eu un fort impact émotionnel sur nous, pour ma part, je suis tout à fait tranquille et je considère que nous sommes toujours amis ! » Eli n'a jamais eu une once de méchanceté en lui. Voilà la véritable amitié.

Jill Johnson, épouse d'un chef de chorale d'Auburn, Californie, dans une église où j'avais donné mon dernier concert chrétien et mon dernier prêche, m'envoya une lettre surprenante de tolérance : « Je soutiens entièrement ton désir sincère de trouver la vérité dans l'amour. Cela m'attriste pour toi parce qu'en un sens la décision que tu as prise doit être un événement cataclysmique, non seulement pour toi et ceux que tu aimes (je pense beaucoup à ton père notamment), mais aussi pour beaucoup de gens en dehors de ton cercle d'intimes. Mais je crois en l'honnêteté et, puisque tu crois de tout ton être à ce que tu embrasses, je suis sûre qu'il est nécessaire pour toi de continuer à suivre cette voie. Quand tu "romps tes vœux", il y en a toujours pour juger ou condamner, qu'ils le désirent ou qu'ils en ressentent le besoin… et j'espère et je prie pour que la plupart des gens se montrent compréhensifs avec toi, même si vous ne tombez pas d'accord. Je suis heureuse d'avoir pu t'entendre en concert et je suis sûre que tu vas continuer à créer des belles choses ailleurs que dans les sphères chrétiennes. » Je dois être un bon acteur : Jill avait entendu ma dernière prestation et n'avait rien soupçonné. Mais moi non plus je ne pouvais pas soupçonner qu'elle allait se montrer aussi compréhensive, ce qui veut peut-être dire que tous les fondamentalistes ne sont pas aussi intolérants que leur Dieu.

Loren McBain, pasteur de la Première Église Baptiste d'Ontario, Californie, que ma famille fréquentait et où j'ai officié peu de temps comme chef d'orchestre intérimaire, écrivit : « J'aimerais beaucoup garder le contact, ne serait-ce que pour déjeuner ensemble de temps en temps. Je serais particulièrement heureux de faire une partie d'échecs avec toi quand tu le voudras, la chance étant clairement de mon côté puisque Dieu m'assistera ! » La patience s'amenuisant peut-être, le même homme m'écrivit une lettre moins amicale dix mois plus tard : « Dan, toi et moi savons que tu as parfaitement entendu et pleinement compris les "règles de vie de Dieu", et que tu vis maintenant selon tes propres règles. Je les vois comme une désobéissance pure et simple. » On m'a dit plus tard qu'il regrettait cette deuxième lettre, qui mit effectivement un terme à notre amitié.

Un collaborateur de musique chrétienne et auteur de livres pour enfants, Scoti Domeij, m'a écrit : « Est-ce que cela veut dire que nous ne nous verrons plus à MusiCalifornia [une conférence chrétienne]. (Haha !) Je ne suis ni vexé ni le moins du monde surpris par ton passage de la foi à la raison. Tes doutes ont plusieurs fois fait surface lors de nos rencontres. Cela m'attriste bien sûr et je me demande quelles épreuves douloureuses et profondes déceptions ont précipité ton trajet de la foi vers la raison. »

C'est un autre thème que j'ai souvent entendu : « Qu'est-ce qui t'a blessé ? » Même si ma « déconversion » a été intellectuelle et non émotionnelle, il est sans doute vrai que j'ai connu quelques « profondes déceptions. » Cela m'avait attristé au début par exemple de constater que la bible n'était pas aussi fiable que ce que l'on m'avait appris à croire. Donc, oui, c'est douloureux de savoir que j'ai été trompé, délibérément ou innocemment, par des gens à qui je faisais confiance. Mais ces gens-là, ça n'était pas mon problème : ce qui m'importait c'était la vérité des enseignements du christianisme.

Shirley et Verlin Cox m'avaient plusieurs fois aidé à organiser des réunions dans l'Indiana. « Je dois dire que c'est plutôt un choc, m'a écrit Shirley. Au début, j'ai voulu t'écrire une lettre "de prêche" mais, après quelques réflexions et prières, je me suis rappelé que tu connaissais la bible bien mieux que Verlin et moi. Nous n'avons pas été à l'université comme toi... Oui, cela nous fend le cœur d'apprendre que tu as rejeté notre Seigneur mais nous gardons espoir et nous continuons à prier. Parce que l'année dernière, en Floride, nous avons été enchantés par ton *Marie avait un petit agneau* que des églises dans notre région en Indiana présentent encore. Ah oui, *Marie avait* était un spectacle de marionnettes pour la TV. »

J'ai reçu une lettre de Sœur Tammy Schinhofen, dont je ne gardais aucun souvenir : « Il y a de cela huit ans, vous avez eu un rôle décisif dans mon acceptation de Jésus comme mon *Sauveur personnel*. Je remercie Dieu d'être l'une des pierres précieuses sur votre couronne. Ne laissez pas l'ennemi vous voler ou ternir votre couronne. » Elle faisait référence à la croyance selon laquelle les chrétiens vont un jour régner sur l'univers aux côtés de Dieu et que donc nous porterons tous une couronne de roi (ou de reine). Mais est-ce que cela n'en fait pas un signe de prestige ? « Ma couronne a plus de pierres précieuses que la tienne ! »

L'un de mes meilleurs amis était un homme à qui je devais beaucoup pour le succès de ma musique : un chrétien fervent qui avait peu besoin d'une religion organisée. Ce n'était pas facile pour lui d'être gay dans une communauté fondamentaliste. Il m'a écrit : « Je ne sais pas si je peux dire que j'ai "apprécié" ta lettre — il doit y avoir un mot plus juste. Je sais ce que tu ressens. J'en suis aussi passé par là (et je crois que j'y suis un peu resté). Ce qui m'a le plus frappé, c'est de comprendre que "les chrétiens" réagissent de cette façon à tes doutes, *non* parce que tu as perdu *ta* foi, mais parce que tu as perdu la *leur* ! » Quelle belle phrase ! Cela n'aurait pas été pire si je m'étais converti à l'islam ou au mormonisme. Mais il avait tort. J'avais *vraiment* perdu *la foi*, non pas celle d'un autre, mais le concept même de foi comme outil valable de connaissance. En fait, non, je n'avais pas perdu la foi : je l'avais écartée, je l'avais rejetée et j'avais refusé ses valeurs. Je ne dirais pas que « j'ai perdu mon cancer » ou qu'une maladie est quelque chose que l'on égare. Pourtant, je suis sûr que, pour cet ami, mon engagement dans la rationalité était une forme de « foi » ou un substitut à la foi et, dans ce contexte, sa remarque aurait fait sens.

J'ai reçu des réponses de beaucoup de gens à qui je n'avais pas envoyé de lettres et j'ai compris que la rumeur se répandait. La plupart de ces lettres étaient sincères mais dénuées de contenu. « Je n'ai pas de réponses », m'a répondu un ami. « Ce n'est ni une question de logique, ni une question d'intelligence », m'a dit un autre. « Les facultés intellectuelles de l'homme, ses capacités, aussi grandes soient-elles, sont insuffisantes », m'a écrit une guérisseuse par la foi.

Beaucoup de lettres faisaient état d'arguments *ad hominem*. Un collaborateur m'a dit que j'avais « cédé au désir d'avoir une vie à moi » (Peut-on en avoir une autre ?) et un voisin m'a dit que je devais être « blessé et amer ». Un autre a essayé de me faire admettre « mes profondes blessures ». Une femme pasteur m'a appris que « parfois, le long du chemin, nous pouvons être en colère contre

Dieu ». (Si c'est vrai, pourquoi est-ce que cela devrait être *mon* problème ?) Un ancien collègue pasteur m'a dit : « Tu entreprends un voyage égoïste aux dépens de ta propre intégrité. » Comment donc définit-il l'intégrité ?

Roxanne Olson, étudiante et fille de l'une de mes amies les plus proches, qui vivait dans une mission, m'a écrit : « Je ne peux pas dire que je prie pour vous chaque jour parce que ce n'est pas vrai. En ce moment, à l'école, nous avons des cours de biologie donnés par un professeur qui ne connaît que la philosophie, l'histoire médiévale et la littérature anglaise. Comment pensez-vous que nous sommes arrivés sur cette terre ? » Je lui ai écrit à elle et à sa mère, qui faisaient partie d'une communauté sous le patronage de l'organisation charismatique Youth With A Mission à Kona, à Hawaï, et j'ai proposé à leur école un débat sur ces questions. Je n'ai plus jamais entendu parler d'elles par la suite.

Quelques semaines après l'envoi des lettres, j'ai reçu un appel du vice-président et doyen du conseil académique de l'université Azusa Pacific, le professeur Don Grant. Lui et le directeur du bureau des anciens élèves ont voulu me rencontrer lors d'un déjeuner pour comprendre ce qui n'allait pas, en compagnie de l'un de leurs émissaires. Don avait été le chef de la Dynamics Chorale, pour laquelle j'avais joué du piano et chanté pour une bourse d'études pendant mes années à Azusa Pacific. Ce fut un déjeuner amical mais ils étaient néanmoins en train d'essayer de trouver un moyen de me remettre dans le droit chemin. La conversation était d'un niveau rarement atteint jusque-là mais quand je leur proposais des réfutations qu'ils n'avaient jamais entendues, ils retombaient sur les mêmes vieux arguments *ad hominem*, les hypothèses psychologiques, et ainsi de suite. Tandis que nous retournions vers nos voitures, je les ai remerciés d'avoir pris le temps de débattre de ces problèmes, et je leur ai lancé un défi. Je leur ai dit que je participerais volontiers à un débat à Azusa Pacific contre n'importe lequel de leurs professeurs sur la question de l'existence de Dieu. Je n'ai plus jamais entendu parler d'eux.

Quelques mois plus tôt, avant de recevoir ma lettre, Manuel Bonilla m'avait dit qu'il « savait » que l'esprit de Dieu habitait ma vie, en particulier depuis que, cette année-là, j'avais enregistré un arrangement inhabituellement « inspiré » pour l'un de ses albums, sur lequel je jouais du piano avec une grande conviction et une grande « foi » pour accompagner son chant. Nous nous sommes appelés après qu'il a reçu ma lettre et j'ai demandé à Manuel s'il était surpris d'apprendre que lorsque je jouais cette chanson j'étais secrètement athée, et que mon inspiration venait de la musique, et pas de l'esprit. Il n'a pas dit un mot. Quand j'ai reparlé à Manuel en 1985, il était amical, mais il m'a dit qu'il voulait m'aider à traverser cette crise. La seule réponse que j'ai trouvée était de lui dire que j'étais heureux et que je le remerciais pour son attention.

J'ai à nouveau revu Manuel à Tucson en 2003 et nous avons parlé de la possibilité de produire ensemble un album laïque pour enfants qui pourrait être vendu dans les écoles mais cela n'a jamais abouti. Que les gens commencent à savoir qu'il travaillait avec un athée devait le gêner. Je reçois chaque année une gentille carte de vœux de Manuel et d'Anita, que je considère toujours comme des amis chers.

Peu de temps après l'envoi de ma lettre, j'ai déjeuné avec Bob et Myrna Wright, deux amis très proches à l'époque. Bob était le pasteur qui avait dirigé la cérémonie de mon ordination. Ils m'ont dit qu'ils voulaient s'excuser. Ils étaient désolés de ne pas avoir senti les luttes internes qui m'agitaient avant mon rejet complet de la religion. S'ils avaient su, m'ont-ils dit, peut-être auraient-ils pu m'aider et m'éviter la déception qui m'avait conduit à changer. C'était une rencontre difficile parce que j'aimais et je respectais ces personnes et que je savais qu'elles étaient sincères. Je leur ai dit que ma « déconversion » n'avait rien à voir avec des problèmes personnels, que cela concernait seulement la nature et le contenu du message chrétien lui-même. Je leur ai dit que « les luttes internes » sont une bonne chose et j'ai essayé de leur expliquer que leurs conseils *ad hominem* étaient sans objet. Ils n'ont pas compris.

« Qu'est-ce qui m'arriverait si je mourais maintenant ? » je leur ai demandé. Ils sont restés silencieux. « Bob, tu es un prêtre ordonné. Tu connais la bible. Qu'est-ce qui arrive aux mécréants ?

— La bible dit qu'ils vont en enfer, a-t-il répondu.

— Tu me connais bien, ai-je continué. Je ne suis pas une mauvaise personne. Je suis honnête. Si je sors de ce restaurant et que je suis renversé par un camion, est-ce que j'irai directement en enfer?

Ils ne voulaient pas répondre à ma question et s'agitaient sur leurs sièges.

— Bon, vous croyez en la bible?

— Bien sûr, a répondu Myrna.

— Donc j'irais en enfer?

— Oui, ont-ils fini par répondre, mais non sans une certaine gêne.

Sans doute n'était-ce pas un sujet de conversation très approprié pour un déjeuner, ni une façon de traiter de bons amis, mais je voulais qu'ils se rendent compte de la brutalité du christianisme. Je savais que cela serait difficile pour eux d'imaginer que leur Dieu pourrait punir quelqu'un comme moi. Plus tard, on m'a dit qu'ils avaient été très perturbés que je les ai forcés à dire que j'irai en enfer. Cela les a obligés à reconnaître que, même si nous voulions du fond du cœur être amis, leur religion faisait de moi leur ennemi.

Les lettres que j'ai reçues et les conversations que j'ai eues après mon « coming out » ont révélé amour, haine, et toute la palette de sentiments entre ces deux pôles. Beaucoup d'amitiés ont été détruites, d'autres ont été transformées et d'autres encore renforcées. Parmi toutes les tentatives pour me ramener dans le rang, aucune n'a eu un impact intellectuel. Même si cela m'attristait d'avoir mis fin à certaines relations, j'ai fini par admettre qu'elles ne me manquaient pas. Je ne pensais pas que j'étais plus intelligent que ces gens, nous avions seulement fait le choix de priorités différentes et nos chemins s'étaient séparés. Je suppose que c'était quelque chose comme un divorce — même si on garde de bons souvenirs, une fois que c'est fini, c'est fini.

Je vous dirais même que c'est une excellente façon de tester vos amitiés. Imaginez-vous à ma place. Si vous êtes athée, essayez de dire à vos amis que vous vous êtes transformé en prédicateur charismatique. Si vous êtes un républicain de longue date, annoncez-leur que vous avez changé de camp. Combien de vos « amis » resteraient vos amis? Certainement que quelques-uns le resteraient, parce que votre amitié est une véritable relation horizontale d'égal à égal nourrie par une admiration et une estime inconditionnelles et réciproques. Mais d'autres disparaîtraient, parce que vous (et eux) comprendriez que l'accord se faisait sur quelque chose de contingent, d'extérieur à la relation, comme le fait d'appartenir au même club, à la même faction, philosophie ou religion. Dès que le lien externe disparaît, l'attache superficielle entre vous aussi. C'est à ce moment-là que l'amitié n'est plus une amitié. Mais c'est une bonne chose, au moins vous savez qui sont vos vrais amis. Si ce sont de vrais amis, ils s'accommodent joyeusement de votre liberté de choix, même si elle les met mal à l'aise. Vous ne pouvez pas perdre quelque chose qui n'existait pas avant.

Très peu de lettres contenaient une défense des contradictions de la bible. Aucune ne présentait de preuves documentées datant du Ier siècle, aucune n'offrait un seul argument rationnel sur l'existence de Dieu en dehors du mais-alors-d'où-venons-nous. (Je sais qu'il existe des arguments plus forts, et j'en traiterai plus loin.) La plupart des réponses négatives étaient centrées sur des choses comme l'humilité, la honte, les principes, la prière — en gros, l'intimidation « spirituelle. »

Je n'ai jamais eu de nouvelles du Révérend Milton Barfoot, le pasteur de l'assemblée de Dieu de Glengrove, mais mon frère, Darrell, m'a dit lui avoir brièvement parlé de moi, et qu'il était incapable de dire autre chose que : « Mais Dan n'a pas peur de l'enfer ? » C'est tout. De toutes les choses que ce prêtre, avec toute son instruction, pouvait opposer à une honnête quête intellectuelle, la seule qui lui venait à l'esprit était la peur de l'enfer. Oh, mon Dieu, maintenant je comprends ! Je devrais arrêter de me poser des questions et avoir peur.

Le défi que m'avait lancé Dave Gustaveson de « crier vers Dieu » n'était rien moins que de la malhonnêteté intellectuelle. L'un de mes amis m'a simplement demandé de « faire semblant que Jésus est réel et il se rendra réel pour toi ». Est-ce qu'aucun d'entre eux a jamais essayé de « demander l'aide de Bouddha » ou de « faire semblant qu'Allah est réel » et de faire de cela la pierre de touche de leur existence ? Ces gens me demandaient de me mentir à moi-même.

Ils auraient dû me connaître mieux que cela. Ils auraient dû savoir que j'avais déjà « crié vers Dieu », que j'avais souvent prié et ressenti l'esprit en moi. C'est facile de produire ou de feindre des sentiments et cela se produit dans toutes les religions. Ils ne semblaient pas vouloir comprendre que je ne cherchais pas de confirmation intérieure — je cherchais des preuves extérieures et objectives. Et « faire semblant que Jésus est réel » ne revient-il pas prendre la question à l'envers ? Même si j'étais arrivé à feindre, en faisant semblant de prier un être en qui je ne croyais plus, un dieu omniscient n'aurait-il pas eu connaissance de cela ? Et d'abord, pourquoi aurais-je eu besoin de demander confirmation ? Pourquoi Dieu ne se révèle-t-Il pas à tout le monde ? Et, même si j'étais arrivé à faire semblant, comme ils pensaient que je le faisais (ou que je pouvais le faire), pourquoi Dieu ne répondait-Il pas ? Leur défi se retournait en fait contre eux : « Merci. J'ai essayé et ça n'a pas marché. Il n'y a pas de Dieu. »

Le ton général des lettres et des conversations me désignait comme celui qui avait un problème. Personne n'a reconnu que mon changement d'opinion pouvait être un procès contre le christianisme lui-même. Quelques-uns étaient venus par le passé pour que je leur donne des conseils, mais maintenant ils ne voulaient plus rien apprendre de moi. (Je ne pense pas qu'ils auraient dû non plus.) Ils pensaient tous que le véritable défi était à présent de me reprendre en main. Même les quelques personnes qui ont demandé à lire mes articles n'ont jamais fait le moindre commentaire dessus, sauf de façon superficielle. Même si je m'y attendais, ça m'a fait bizarre de passer d'une position d'autorité respectée à cette infantilisation. J'imagine que si j'avais moins lu, ou si j'avais arrêté d'apprendre, je bénéficierais toujours des attributs de la crédibilité cléricale. Mais non merci. Voilà un empereur qui ne veut pas porter la couronne, et qui ne veut pas être empereur tout court.

Je ne sais pas si ces gens ont depuis modéré leurs positions, mais je sais qu'aucun d'entre eux n'est resté celui qu'il était. Il est impossible de ne pas être affecté lorsque l'un de vos collègues met en danger le fondement même de vos croyances. Il est bien sûr difficile de déterminer quelles ont été les retombées sur le long terme auprès de mes amis et de mes collaborateurs, en revanche, l'effet sur ma famille a été beaucoup plus dramatique.

Mes parents s'étaient installés en Arizona et, quand ils ont reçu ma lettre, ils ont été choqués. Ils étaient fiers du travail de leur fils, prêtre ordonné et évangéliste, et de ma réputation de compositeur chrétien. N'ayant pas eu connaissance de mon évolution progressive, cette annonce a été une surprise totale pour eux. Ma très chère mère, professeur dans une école du dimanche à Apache Junction, a immédiatement sauté dans un bus, fait le voyage depuis Phoenix jusqu'à ma maison en Californie, pour voir elle-même ce qui était arrivé à son fils. Nous avons eu une longue discussion émouvante jusqu'aux premières lueurs du jour. Je ne me rappelle pas bien de ce qui s'est échangé cette nuit-là, mais ma mère m'a dit plus tard que nous avions ouvert la bible et que nous avions lu quelques passages affreux de la bible à propos du Dieu méchant et cruel des écritures, et que je lui avais dit : « Maman, tu es une bonne personne. Est-ce que tu as vraiment envie d'apprendre ces choses atroces à des enfants ? Le Dieu de la bible est un monstre. Tu vaux mieux que ça ! » Elle n'allait plus jamais être la même, mais je n'ai pas su tout de suite les effets sur le long terme de cette visite. À cette époque, je ne voulais pas devenir un nouveau genre d'évangéliste avec mes parents, donc je me suis retenu de les pousser à changer de position eux aussi. La famille, c'est la famille après tout.

Ma mère m'a raconté par la suite qu'elle avait été stupéfaite du changement. Pour essayer d'avoir un peu de recul, elle a arrêté d'aller à l'église. Dans un article du *Wisconsin magazine* (juillet 1991) le journaliste Bill Lueders cite ma mère, Pat Barker, qui se remémore notre conversation nocturne : « Les réponses qu'il me donnait impressionnaient mon esprit et mon cœur. J'aimais tellement mon fils que, d'une certaine façon, je savais qu'il avait raison. »

Un matin, tandis qu'elle arrosait son jardin désert, ma mère a vu un oiseau mort sur le sol et elle a pensé : « Comme c'est triste ! » Et, en regardant de plus près, elle s'est aperçue que sa chair était attaquée par un régiment de fourmis. Quelle horreur ! Ce joli petit oiseau avait connu une fin atroce. Elle s'est rappelé alors avoir chanté pendant des années « His Eye is On the Sparrow »[1] et avoir prié Dieu pour Son attention : « Je chante parce que je suis heureux. Je chante parce que je suis libre. Son œil surveille le moineau et je sais qu'Il me regarde. » Là, sur le sol, elle avait la preuve que l'œil de Dieu ne surveille pas du tout le moineau. S'il y avait un Dieu, Son œil se portait plutôt sur les fourmis et sur les microbes en train de dévorer le pauvre oiseau. Mais, donc, tout être dans la nature pouvait servir de petit-déjeuner à un autre, et le seul « œil » qui existe est l'œil impersonnel de la sélection naturelle, qui est une lutte pour la survie, et non le produit d'une attention paternelle cosmique. De son propre chef, elle en est arrivée à la même prise de conscience que celle que j'avais eu sur mon lit de camp à Mexicali — la conscience que nous sommes simplement des organismes biologiquement évolués dans un environnement matériel amoral et que si attention il devait y avoir, nous étions les seuls à pouvoir la fournir. Pendant toutes ces années, elle avait chanté « His Eye is on the Sparrow » et maintenant, c'était son œil à elle qui se posait sur mes frères et sur moi. C'était une mère fantastique.

Avec les semaines, ma mère en est arrivée à la conclusion que la religion n'était qu'un « ramassis d'idioties » comme elle l'a dit au journaliste. Elle « était terriblement déçue par Dieu ». Elle a commencé à lire et à penser par elle-même et a fini par se dire athée. « Je n'ai plus de haine à présent », a-t-elle déclaré joyeusement.

Une des choses qui a surpris ma mère est que personne, à son église, n'a semblé se soucier de son départ. Elle avait été membre de cette assemblée pendant des années, elle avait chanté dans le chœur, et même des solos à quelques reprises, elle enseignait soigneusement à l'école du dimanche et participait à un grand nombre d'autres activités. La seule chose qui lui soit arrivée après qu'elle eut quitté l'église a été de se faire attraper au supermarché par une vieille femme qui tremblait, parlait en langues et priait pour que le Diable sorte du corps de ma mère. Cela n'a fait que la renforcer dans sa nouvelle opinion : la religion n'était qu'« idioties ».

---

1. « Son œil est sur le moineau » : célèbre gospel nord-américain. Composé en 1905 par Civilla D. Martin et Charles H. Gabriel.

Mon père a mis plus de temps. Quand il a reçu ma lettre, il a couru à l'autel de l'église et a ouvert son cœur à Dieu. Il a demandé l'assistance des membres de l'église pour qu'ils prient pour moi. Le pasteur a posé ses mains sur mon père et a demandé une bénédiction spéciale à Dieu pour ce tribunal de la foi. Au début, mon père, ancien étudiant de l'école de théologie, a essayé de débattre avec moi de façon amicale et paternelle, et il m'a envoyé des pages et des pages sur la question, auxquelles je répondais promptement. À la fin, il a renoncé, sans doute plus à cause de l'influence de ma mère et de Darell que de moi. Il a commencé à lire « l'autre camp » et il a fini par respecter le raisonnement des libres-penseurs, des philosophes et des scientifiques.

Le même article du *Wisconsin magazine* cite mon père, Norman, expliquant comment il voit le changement de position de son fils : « J'ai essayé de le remettre dans le droit chemin. Cela a eu l'effet inverse. » Après que mon père a cessé de croire en Dieu, il a été surpris de voir la rapidité avec laquelle ses amis chrétiens s'en sont pris à lui. « Je croyais que c'était compliqué d'être chrétien dans ce vaste monde plein de méchanceté. Vous voulez voir un truc intéressant ? Essayez de ne pas en être un. » Il déclare : « Je suis beaucoup plus heureux maintenant. Être libre de la superstition, de la peur, de la culpabilité et du péché, être capable de penser librement, en toute objectivité, est un tel soulagement. »

L'un des bénéfices immédiats pour mon père a été son retour à la musique. Dans les années 1950, lorsque ma mère et lui sont « nés à nouveau », mon père avait abandonné sa carrière musicale, il avait jeté sa collection d'albums de swing, s'était détourné de sa vie « pécheresse » et n'avait plus joué du trombone qu'à l'église. Il en était arrivé à considérer la musique populaire et laïque comme une menace pour la santé spirituelle et pour la moralité religieuse. Les groupes dans les bals encourageaient un mode de vie dissolu. Quand il a fini par abandonner la religion, il était libre de retourner à ses talents musicaux. Mais cela ne s'est pas fait en un jour. Avant de délaisser complètement l'église, mon père a commencé à jouer du trombone dans des grands groupes de la région de Phoenix, renouant avec la vie délicieuse qu'il avait abandonnée quarante ans auparavant. Il n'avait rien dit à personne dans son église parce qu'il savait qu'on l'aurait désapprouvé : « Résiste à la tentation du monde ! » Un 4 juillet[2], alors que mon père jouait dans une fête, une équipe de télévision est arrivée pour couvrir l'événement. Le lendemain, la femme du pasteur a appelé mon père pour lui demander : « Norman, est-ce bien toi que j'ai vu à la télé hier soir ? » Ah ! L'œil omniscient de Dieu !

Mon père n'a pas mené cette double vie pendant bien longtemps. Un soir, il s'est rendu en voiture à l'église, a pris son étui à trombone dans le coffre et s'est dirigé vers le bâtiment. Il pouvait entendre les gens prier, chanter et prêcher. Quand il est arrivé à la porte, il a été frappé par le sentiment qu'il ne faisait plus partie de ce monde étranger à présent. En espérant que personne ne remarquerait rien, il a rapidement tourné les talons, est retourné à sa voiture et est rentré à la maison, pour ne plus jamais revenir. Il avait troqué « En avant, soldats chrétiens »[3] contre « Ne traîne plus ici »[4].

Je suppose que c'était implicite, mais je n'ai jamais demandé à mes parents de devenir athées. Ils ont fait leur propre chemin mental tout seuls. C'est intéressant de voir comment leurs vies ont évolué. Je ne pense pas qu'il soit possible d'extraire quelqu'un de la religion sans qu'il le veuille lui-même.

Mes parents ont plus tard admis qu'ils avaient fait erreur en élevant leurs trois garçons dans un foyer fondamentaliste. Ma mère dit qu'ils voulaient seulement « bien faire ». Malgré le matraquage religieux, j'ai eu une enfance très agréable. Bien sûr, nous étions endoctrinés par une vision du monde illégitime et intolérante, mais mes parents étaient des gens biens, très affectueux, en dépit de leur foi. Ils m'ont élevé avec de bons principes. L'une des choses qu'ils m'ont apprise par exemple est que l'on ne devrait pas avoir honte de dire ce que l'on pense être la vérité. Cette leçon m'a toujours servi dans la vie.

---

2. Fête nationale américaine. Ndt.
3. « Onward christian soldiers », hymne anglais du XIXe siècle inspiré des évangiles. Ndt.
4. « Don't get around much anymore », chanson de Duke Ellington. Ndt.

Quand Darrell a reçu ma lettre, il a d'abord été choqué, puis il s'est enthousiasmé. Darrell avait été à la limite du scepticisme pendant des années, ne sachant pas exactement ce à quoi il croyait, tout en protégeant ses arrières. J'avais toujours pensé qu'il était à la limite d'être chrétien. Dans l'ensemble, son attitude envers la religion aurait pu être la suivante: « Combien puis-je commettre de péchés avant qu'on me refuse l'accès au paradis? » Je n'ai pas converti mon frère à l'athéisme: en réalité, il avait déjà un pied dedans. Darrell m'a dit que quand il a entendu son grand frère — son prêtre ordonné, compositeur chrétien de frère — émettre des critiques sur le christianisme, cela a soudain légitimé et cristallisé toutes ces questions informes et inexprimées qu'il portait en lui depuis des années. Cela l'a autorisé à douter. « Si *Dan* peut le dire, alors moi aussi je peux! » Quand je lui ai donné un livre sur l'humanisme, il m'a dit « C'est ce que je suis! Je ne le savais pas encore, mais je suis un humaniste. »

Pendant un certain temps pourtant, Darrell a eu du mal avec le mot « athée. » Une fois, il a demandé à m'accompagner à une réunion d'athées à Los Angeles et il a failli changer d'avis jusqu'au dernier moment. Un an ou deux après cet épisode, Darrell est devenu directeur de l'une des sections locales du groupe Atheists United. Il est allé se plaindre des multiples violations de la séparation de l'Église et de l'État à Redlands et à San Bernardino. Il a été plaignant dans une affaire — qui s'est soldée par un succès — contestant l'achat et la maintenance d'un parc d'attraction chrétien, sur les finances publiques, par le comté. Darrell est un brillant représentant de commerce et il sait comment utiliser ses incroyables talents de persuasion. Mes parents m'ont dit que Darrell a été d'un grand soutien pour eux quand ils ont connu leurs premières déceptions par rapport à la religion. Il est utile d'avoir quelqu'un à qui parler dans ces moments-là et Darrell les appelait régulièrement pour échanger des impressions et les encourager à sortir de la foi. Aujourd'hui, avec une ferveur et un talent qu'il n'avait jamais déployés lorsqu'il était chrétien, Darrell est une publicité vivante pour la libre-pensée. (Il joue souvent de la musique athée et il entreprend souvent des conversations sur le scepticisme avec les passagers qu'il transporte vers l'aéroport dans son bus.)

Le changement chez Darrell et chez mes parents a été terriblement réconfortant. Je n'aurais jamais imaginé une telle issue. Mes parents avaient été de fervents disciples de Jésus pendant des années et Darrell avait prêché dans les rues pour Christians in Action (CIA), une organisation missionnaire évangéliste. (Il avoue maintenant qu'il n'avait rejoint ce groupe que pour bénéficier d'une petite réduction de son service militaire pour cause de « charge religieuse » — il ne voulait *pas* combattre au Vietnam.) J'aurais dû savoir que dans une famille soudée par l'affection et la compréhension, il n'y avait rien à craindre. Le fait que ces « nouveau-nés », ces prédicateurs de porte-à-porte soient ouverts au changement me donnait de l'espoir. Certaines valeurs sont vraiment transcendantes (au sens naturel) et s'élèvent au-delà des murs religieux. L'amour, l'affection et l'intelligence valent mieux que la croyance et la superstition.

Mon autre frère, Tom, est encore aujourd'hui un chrétien du renouveau charismatique. Il a donné sa vie à Jésus lors d'une croisade de Billy Graham au début des années 1960, et après quelques années de scolarité difficiles au lycée et à l'université (entre autres un semestre assez traumatisant à l'Université Oral Roberts), il a consacré à nouveau sa vie à Dieu. C'est un homme bien, un père aimant, un bosseur consciencieux, maintenant proviseur à la retraite. Il vit toujours en Californie. Lui et sa femme font de temps en temps des voyages missionnaires au Mexique pour faire preuve de leur foi. Même si Tom et moi n'avons jamais été très proches, nous avons plaisir à nous voir et nous évitons le sujet de la religion. Quelques fois, je parle de Tom comme du « mouton blanc » de la famille.

Ma grand-mère maternelle, « Grams » était une femme sans instruction, aimante, excentrique et généreuse, dont le point de vue sur la religion variait selon les traitements qu'on lui prescrivait. Elle et moi étions très proches. Quand elle a reçu ma lettre, elle a dû être dévastée par la nouvelle, puisqu'elle m'a écrit : « Je ne céderai pas au Diable. » Plus tard, Grams m'a écrit à nouveau, une lettre qui lui ressemblait plus : « Évidemment tu n'as pas à te défendre devant moi. Tu es un homme bien, l'un des meilleurs que j'ai jamais vu, et je te remercie pour cela. Je garde l'esprit ouvert et j'essaie de mener ma vie du mieux que je peux. C'est tout ce que je peux faire. »

Quelques années plus tard, Grams m'a dit qu'elle avait fait peur à des Témoins de Jéhovah sur son palier en criant: « Allez-vous en d'ici! Je suis athée! » Je ne pense pas qu'elle était vraiment athée, parce qu'en d'autres occasions cela lui arrivait de parler de Dieu et de Jésus. Mais au moins est-elle devenue plus tolérante. Dans une large mesure, c'était à cause du changement chez mes parents.

La mère de mon père vivait dans l'Oklahoma. Après la mort de mon grand-père en 1986, elle et moi avons travaillé pendant quatre ans sur un projet. Nous voulions publier *Paradise Remembered*, un recueil d'histoires de mon grand-père sur la vie d'un garçon indien delaware (Lenape) dans les territoires indiens avant que l'Oklahoma ne devienne un état. Elle avait été membre d'une église chrétienne durant toute sa vie. Lorsqu'elle a assisté par hasard à l'une de mes interventions à la télé sur le plateau de l'*Oprah Winfrey Show*, elle m'a écrit une carte postale, me disant: « Je t'ai vu à la télé. Ce n'est pas *notre* Danny. » Malgré ce malaise bien compréhensible, nous nous entendons merveilleusement bien.

Mon oncle Keith, le plus jeune frère de mon père, était un ancien alcoolique qui attribuait sa guérison à sa profonde foi en Dieu. C'est lui qui m'avait trouvé mon premier boulot de programmeur, puisqu'il était lui-même installateur de systèmes de surveillances pour citernes dans les fermes, et il était tout content de travailler avec un membre de la famille et en prime avec un vrai chrétien (c'est ce qu'il pensait alors). J'ai commencé à travailler là en 1983, juste après avoir abandonné la foi, mais il ne le savait pas parce que je continuais mes prêches hypocrites le week-end. Quand il a reçu ma lettre, il n'a pas répondu. Nous avons continué à travailler ensemble comme si de rien n'était et j'ai laissé les choses en l'état. Un jour, tandis que nous étions en voiture sur le chemin du retour après une démonstration informatique à Las Vegas, il m'a montré une énorme formation rocheuse dans le paysage et m'a dit « Est-ce que ça n'est pas magnifique? » Je l'ai regardé pendant un moment et j'ai dit: « Oui, c'est magnifique. On peut voir les sédimentations rocheuses multicolores des anciens fonds marins qui sont remontées après des millions d'années de pression tectonique, et qui sont maintenant disposées selon un angle improbable. » Il s'est tourné vers moi et m'a dit hargneusement : « Est-ce que t'es obligé de toujours tout gâcher ? »

J'aimais beaucoup oncle Keith et je le respectais profondément. Les deux autres frères de mon père ont répondu de façon polie et courtoise à ce changement radical d'opinions, mais Keith a fini par couper les ponts, en ne répondant plus à mes lettres. J'ai quitté mon travail pour rejoindre une autre entreprise de programmation et je n'ai plus jamais revu Keith. Lorsque je lui ai adressé une copie de *Paradise Remembered* (les mémoires de son propre père), qui avaient été accueillies avec enthousiasme et gratitude par tous les autres membres de la famille, il me l'a renvoyée sans aucune explication. J'imagine (comme il l'avait laissé entendre à mon père lors d'une conversation téléphonique avant notre rupture) qu'il ne voulait pas être associé à son neveu « impur ».

Mon mariage chrétien n'a pas tenu très longtemps non plus. Quand j'ai dit à Carol que j'écrivais ce livre, elle m'a demandé de ne rien dire sur elle. Je lui ai répondu que cela semblerait étrange, presque insultant, de la faire disparaître complètement de mon histoire. Elle m'a donc demandé de la citer le moins possible. Carol avait toujours voulu se marier à un prêtre, et bien qu'elle ait essayé de s'adapter autant que possible à mon changement, en fin de compte, elle ne souhaitait pas trahir sa foi. De son point de vue, la bible défend aux chrétiens « de se mettre avec les infidèles sous un joug étranger » (Épître aux Corinthiens 6:14). De mon point de vue, ayant pris conscience du féminisme, de l'égalitarisme et de la liberté d'opinion, je ne pouvais plus me plaire dans un mariage où l'homme est la « tête » de la femme, comme le dit la bible. Le divorce est toujours douloureux, mais nous avons eu de la chance, cela s'est fait plutôt dans le calme. Nous n'avions pas beaucoup de biens à propos desquels nous disputer, et aucun de nous deux ne voulait d'ailleurs se disputer avec l'autre. Elle est restée une fervente croyante et elle est maintenant mariée à un pasteur baptiste, puisque pour elle son rôle dans la vie est celui-là.

À peu près à la même époque, j'ai lu le livre d'Annie Laurie Gaylor, *Woe to the women, the Bible tells me so,* publié par la Freedom From Religion Foundation (FFRF), qui explique le tort que font les enseignements bibliques aux femmes, et je lui ai écrit une lettre de remerciements, lui racontant un peu mon histoire. Trois ans plus tard, nous étions mariés, et l'une de nos « petites histoires », c'est qu'elle n'a jamais répondu à ma première lettre. Elle l'avait perdue. Mais sa mère, Anne Gaylor, qui était présidente de la fondation, a trouvé la lettre et m'a renvoyé un petit mot en me demandant si je voulais écrire un article pour *Freethought Today* sur ma « déconversion ». Cet article « J'ai perdu foi en la foi » est sorti à l'été 1984.

Quelques mois plus tard, Anne et Annie Laurie étaient invitées sur le plateau de *AM Chicago*, l'émission d'Oprah Winfrey et à cette époque, Oprah commençait à être connue dans tout le pays. Elle faisait une émission sur l'athéisme et elle avait demandé à Anne si elle connaissait d'autres athées avec des histoires intéressantes. Anne lui a parlé de moi. Les producteurs m'ont appelé et j'ai sauté dans un avion pour Chicago pour être l'un de leurs invités. Ce n'était pas uniquement la première fois que je parlais publiquement de mon athéisme — et à la télé, s'il vous plaît — c'était également la toute première fois que je parlais à d'autres athées. J'étais nerveux, pas parce que je passais à la télé — j'avais fait beaucoup de télévision chrétienne — mais parce que c'était la première fois que je parlais à un public qui ne m'était pas acquis d'avance et qui allait peut-être se montrer hostile.

J'ai rencontré Anne et Annie Laurie avant l'émission ce matin-là et nous avons brièvement parlé avec Oprah dans les coulisses avant de sortir devant les caméras. Nous avons donc une vidéo de notre première rencontre ! Sur la cassette, on peut voir que nous nous cherchons du regard. Elles avaient un peu peur de moi, ne sachant pas si je n'allais pas faiblir ou être trop mesuré dans mes positions et, de mon côté, je ne savais pas à quoi m'attendre avec ces athées déclarées. Pendant l'émission, il est visible que nous nous détendons, au fur et à mesure que nous comprenons que nous sommes entre nous.

La programmation d'ordinateurs a été le parfait métier de transition avant que je ne sois embauché à la FFRF. En 1985, l'entreprise pour laquelle je travaillais m'a muté dans le Midwest, pour que je sois plus proche de nos clients. Le boulot était super ! Nous faisions évoluer de vrais trains sur de vrais rails, à l'aide d'un système multitâche en temps réel sur mesure, un programme que j'avais conçu moi-même. J'ai surtout vécu dans des hôtels cette année-là et je pouvais me rendre en voiture à la FFRF à Madison, dans le Wisconsin, les week-ends et les rares jours de congés. Petit à petit, j'ai commencé à faire du bénévolat pour eux. En 1986, comme les systèmes des chemins de fer demandaient moins de maintenance, j'ai décidé de m'installer à Madison et de bosser comme contractuel pour la Fondation, concevant et installant leur premier système informatique.

En mai 1987, Annie Laurie et moi étions mariés. Notre mariage libre-penseur et féministe, une union pas vraiment « bénie du ciel », a eu lieu à Sauk City dans le Wisconsin, dans le légendaire Freethought Hall[5]. C'est une femme, endossant sa robe de juge et des chaussures violettes, qui a dirigé la cérémonie et fait l'annonce cruciale : « Vous pouvez embrasser la mariée. » Le mois suivant, j'étais engagé à plein-temps en tant que directeur des relations publiques de la fondation. Voilà une bonne façon de trouver du travail : épousez la fille du patron.

En 2004, Annie Laurie et moi avons été élus co-présidents de la FFRF, qui est aujourd'hui la plus grande organisation d'athées et d'agnostiques du pays.

Notre fille Sabrina est née en 1989, quatrième génération de libres-penseurs du côté de sa mère et, malgré ses cheveux roux et sa peau claire, un membre à part entière de la tribu des Delawares (Lenape), indiens américains. Je suis moi-même un Delaware du côté de mon père. Nous avons aussi du sang chiricahua (apache) par l'arrière-grand-mère de ma mère, qui faisait partie de la même tribu que Geronimo en Arizona. (Le clan de Geronimo avait combattu les missionnaires espagnols à son époque.) Nous avons essayé de ne pas endoctriner Sabrina dans la mesure du possible. La dernière chose que doit faire une famille de libres-penseurs est de forcer la main à l'un de ses membres. Nous ne l'avons pas fait aller à l'école du dimanche athée (est-ce que cela existe seulement ?) et

5. Le salon de la libre pensée. Ndt.

nous ne l'avons pas obligée à apprendre Bertrand Russell par cœur. Mais bien sûr elle nous a entendus Annie Laurie et moi parler de notre travail et elle a assisté à de nombreux discours et manifestations lors de l'assemblée annuelle de la fondation, ce qui doit s'apparenter à une éducation de « libre-pensée », j'imagine. En fin de compte, elle est une personne à part entière et elle sait qu'elle est libre de faire les choix politiques ou philosophiques qu'elle veut. Quand je lui rappelle de temps à autre qu'elle est libre de devenir membre du renouveau charismatique ou de tout ce qu'elle veut, elle se contente de rire et de dire : « Oh, papa ! »

Les quatre enfants de mon premier mariage sont grands maintenant et les filles ont déjà des enfants. Ils ont été très bien dans toute cette histoire. Ce n'est que lorsqu'ils l'évoquent eux-mêmes, ou lorsque le sujet surgit de lui-même au cours d'une conversation normale, que nous évoquons la religion. Quand, enfants, ils sont venus dans le Wisconsin, je leur ai proposé de les emmener à l'église s'ils le souhaitaient, mais ils ne m'ont jamais demandé de le faire. À deux ou trois reprises, au cours de sa scolarité, ma fille Becky m'a écrit une lettre me demandant de « revenir à Dieu », donc je sais que cela n'a pas été facile pour elle. Mais j'ai toujours répété à tous mes enfants que mon amour pour eux n'avait rien à voir avec leurs propres croyances. Ils pouvaient être protestants s'ils le voulaient, dans la mesure où ils étaient des personnes de bien, attentifs aux autres. Ils sont allés à l'église avec leur mère, qui travaillait dans une église chrétienne, et avec leur beau-père, jeune directeur d'une église chrétienne, devenu pasteur par la suite. Ils savent ce que je pense. Je n'ai jamais voulu les placer dans une situation où ils auraient dû choisir entre leurs deux parents. Ce sont des enfants intelligents et j'ai confiance dans leurs capacités à discerner le fait de la fiction, le vrai du faux. Danny dit maintenant qu'il est agnostique. Autant que je sache, les filles, qui peuvent bien avoir conservé une croyance superficielle ou libérale, ne vont pas très régulièrement à l'église.

Et comme mon père, j'ai retrouvé goût à la musique. Quand je me suis installé à Madison, j'ai commencé à jouer du piano jazz, et je fais en moyenne cent concerts par an depuis. Cela pourrait ressembler à un témoignage du dimanche dans une église, mais je dois dire que ma vie est beaucoup plus riche et plus joyeuse depuis que j'ai été guéri de la déception religieuse. Comme le dit l'une de mes chansons : « Le singe superstitieux est derrière moi. Je pense par moi-même et je suis de nouveau dans la course. Je peux vous dire une chose : la vie est belle ! »

Jésus n'est toujours pas revenu et ne reviendra pas. Mais qui a besoin de lui ?

IV

Une nouvelle vocation

La motivation qui m'avait conduit en chaire était exactement la même que celle qui m'avait poussé à la quitter. J'étais prêtre parce que je voulais connaître et dire la vérité, et je suis maintenant athée pour la même raison. Ce n'est pas moi qui ai changé, ce sont mes conclusions. Quand j'ai compris que le christianisme n'était pas la vérité, je devais faire un choix : « Est-ce que je veux Dieu ou est-ce que je veux la vérité ? » On ne peut pas avoir les deux.

Même si je suis toujours la même personne, j'ai grandi en apprenant — ce qui est censé se produire pour chacun de nous. Je dis « censé » parce que pour certaines personnes grandir et progresser représentent une menace. Les religieux conservateurs ne veulent pas avancer. Les religieux conservateurs ont systématiquement résisté au progrès, préférant maintenir la tradition au nom d'elle-même, même quand celle-ci est mauvaise. Certains d'entre nous ont des priorités différentes. Nous préférons la vérité à la tradition, le progrès au passé, le savoir à la loyauté. Quand j'étais prêtre, j'étais convaincu que je prêchais le vrai. Cela n'avait pas d'importance alors, et ça n'en a pas plus à présent, si ce que je disais était en rapport avec la tradition ou non. Ce qui importait, c'était de savoir si c'était vrai. Quand j'ai décidé de suivre la vérité et de rejeter Dieu, je n'ai rien perdu. J'ai simplement gagné une nouvelle perspective.

Toutefois, et parce qu'un prédicateur sera toujours un prédicateur (dans mon cas au moins), la question qui se posait alors était : « Dois-je prêcher l'athéisme ? » Ou est-ce qu'il ne serait pas mieux de me retirer de cette vie de prosélytisme et d'avoir un vrai métier ? La plupart des athées et des agnostiques ne sont pas des prêcheurs. La majorité d'entre eux sont heureux de vivre et de laisser vivre les autres. Avez-vous déjà vu un athée toquer à votre porte? Est-ce qu'un agnostique a jamais essayé de vous refiler des livres dans la rue?

Toujours est-il que l'on ne se refait pas. J'avais développé certains talents et certaines habitudes en prêchant et je voulais toujours œuvrer pour rendre le monde meilleur. C'est pourquoi certaines personnes continuent à me dire: « Tu es resté un prédicateur! » Et je leur réponds: « Est-ce que c'est si grave? » Certains m'accusent d'avoir remplacé une idéologie par une autre. « Tu as fait un virage à 180 degrés. Tu pensais que tu avais raison avant, et tu le penses toujours aujourd'hui. » Eh bien oui. Je pense en effet que j'ai raison et je m'emploie à le démontrer. Si le zèle est une faute, alors tous les prédicateurs sont coupables. Si le fait de plaider est une bonne chose, alors c'est une bonne chose pour chacun de nous. « Tu avais tort avant, pourquoi est-ce que tu n'aurais pas tort maintenant? » Si c'est le cas, je l'admettrai et je m'en excuserai, comme j'ai déjà montré que j'en étais capable. « Si Dieu n'existe pas, disent ces gens, en quoi est-ce que cela t'importe? Pourquoi être obsédé par quelque chose qui n'existe pas? » (En d'autres termes, pourquoi est-ce que tu ne la boucles pas?)

Je ne suis pas « obsédé » au sens psychiatrique — j'ai une vie et ce sont *eux* plutôt qui semblent obsédés — mais, oui, je me sens très concerné par la propension de notre espèce à se questionner sur la superstition et l'irrationnel, et je suis sûr que si j'ai réussi à surmonter ces illusions, d'autres peuvent le faire.

C'est pourquoi, quand j'ai commencé à travailler avec la FFRF, j'ai eu l'impression d'être chez moi. Bien avant ce moment, je m'exprimais sur le sujet, mais j'ai pu alors continuer ma vie d'« évangéliste professionnel » et consacrer mon temps à la promotion de la raison, de la science et de la moralité humaniste. Ce n'était pas sans lien avec mon passé d'évangéliste itinérant, puisque je voyageais sur tout le continent et dans le monde entier, pour parler, donner des concerts devant les publics de libres-penseurs et débattre avec des théistes. C'était génial! Tout ça faisait partie de mon travail!

Au moment où j'écris ces mots, j'ai participé à plus de soixante-quatre débats publics. J'ai aussi improvisé des centaines de débats informels, principalement à la radio, à la télévision, dans des débats médiatiques, mais en ce qui concerne la quantité de débats en temps limité, en présence d'un modérateur et devant un public, je crois que je détiens le record parmi les athées. Il y a des douzaines d'excellents débatteurs athées dans le monde, et la plupart sont en contact : ils s'échangent leurs notes, discutent de leurs stratégies respectives et se conseillent des lectures. Je ne peux donc pas dire que mes idées soient absolument originales. Le débat le plus courant est : « Dieu existe-t-il ? » Mais je débats aussi d'autres questions :

- « Pouvons-nous être bons sans l'aide de Dieu ? »
- « Jésus a-t-il ressuscité ? »
- « L'Église et l'État doivent-ils être séparés ? »
- « La bible est-elle fiable ? »
- « Évolution contre créationnisme (ou le Dessein Intelligent) »
- « Le christianisme est-il vrai (ou valable) ? »

Mon premier débat a eu lieu en février 1985 à Nashville, dans le Tennessee, à propos de l'historicité de Jésus, avec le Dr Rubel Shelly, auteur et pasteur réputé de l'Église du Christ de Woodmont Hills. Lui et moi nous sommes rencontrés à quatre ou cinq reprises dans des débats. L'un d'entre eux, qui portait sur « le problème du mal », a eu lieu dans sa grande église, où plus de mille cinq cents personnes s'étaient rassemblées, le 21 avril 1999, le lendemain de la fusillade de Columbine. (Nous avions fait la première partie du débat à l'Université Vanderbilt le jour précédent.) Il y avait deux policiers armés derrière l'église ce soir-là, apparemment parce que la ville craignait qu'un rassemblement avec autant de jeunes gens ne soit une cible de choix pour ceux qui voudraient imiter le massacre de la veille (ou peut-être parce qu'il y avait un athée en ville). La seule chose remarquable qui s'est produite a été le vol d'une caisse de mes livres sous la table d'exposition du hall en dépit de la présence des forces de l'ordre. Le voleur devait être un chrétien, persuadé qu'une telle littérature ne devait pas être mise à la portée de tous.

Pendant les remarques préliminaires, j'ai dit que j'aurais aimé chanter une chanson, mais comme l'église appartenait à la confession non-instrumentale des Églises du Christ, il n'y avait pas de piano. (Sans rire ! Cette secte croit qu'il est mauvais de faire appel à la musique dans le culte. Il y a aussi eu scission d'une faction des Églises Chrétiennes qui maintient que la coupe de la communion ne doit pas avoir d'anse.) Ce soir-là, au moment des questions du public, un jeune homme s'est avancé vers le micro pour me remercier de mes interventions, parce qu'après avoir entendu le débat, sa foi « était renforcée ». Je l'ai remercié à mon tour pour son compliment ! Si sa foi avait été renforcée, alors le pasteur avait perdu le débat. On n'a besoin de la foi que lorsque les certitudes font défaut. Plus on apprend, moins on a besoin de croire.

J'ai débattu avec Doug Wilson deux fois, une fois à l'Université du Delaware et une autre dans sa ville natale, à Moscow dans l'Idaho. Il est l'auteur de *Letter of a Christian Citizen*[1] (une réponse au livre de Sam Harris *Letter to a Christian nation*[2]) et pasteur calviniste présuppositionnaliste. Lors de notre premier débat, il affirmait que sans la bible il n'y a pas de fondement à la moralité. J'ai donc lu le Psaume 137:9 qui dit « Heureux celui qui prendra et brisera tes petits enfants contre le roc ! » J'ai demandé ensuite : « Est-il moral de jeter des bébés sur des rocs ? » Avec une petite hésitation, il a répondu : « Oui, ça l'est. » (Je paraphrase de mémoire.) On a entendu très nettement des remous dans l'assemblée, y compris chez les chrétiens.

Selon Wilson, nous, mortels, sommes incapables de jugements moraux par nous-mêmes et nous devons nous en remettre à la sagesse supérieure de Dieu. Si la bible dit que nous devrions être heureux (ou « bénis », selon certaines traductions) de tuer les enfants innocents de ceux qui adorent d'autres dieux, alors il serait immoral de ne pas le faire.

Je suis alors passé au Nouveau Testament et j'ai lu un passage de l'évangile de Luc 12:47-48 où Jésus montre sa compassion en expliquant que certains esclaves ne doivent pas être battus aussi fort que d'autres parce qu'ils agissaient sans savoir : « Le serviteur qui, ayant

1. *Lettre d'un citoyen chrétien.*
3. *Lettre à une nation chrétienne.*

connu la volonté de son maître, n'a rien préparé et n'a pas agi selon sa volonté, sera battu d'un grand nombre de coups. Mais celui qui, ne l'ayant pas connue, a fait des choses dignes de châtiment, sera battu de peu de coups. » J'ai demandé à Doug devant le public ébahi : « Est-ce une bonne idée de battre ses serviteurs ? » Il a répondu : « Oui, ça l'est. » Nouveaux remous dans l'assemblée.

Je m'attendais à ce que Wilson soit un chrétien sensible, qu'il essaie d'appliquer une interprétation moderne en s'appuyant sur le contexte ou sur la dimension métaphorique du texte, ou bien qu'il insiste sur le fait que Jésus donnait un exemple de ce qui se passe et pas de ce qui doit se passer. Mais il est inutile de défendre la bible puisque nous devons tous lui obéir aveuglément. Dans l'esprit de Wilson, l'esclavage n'est pas une mauvaise chose, puisque la bible l'ordonne et que non seulement Jésus ne le condamne pas, mais l'intègre à ses enseignements comme si c'était l'ordre naturel des choses (ce qui était le cas pour les auteurs de la bible). Wilson est cohérent, je lui reconnais au moins ça. Horriblement cohérent. Lors de notre deuxième débat, auquel assistaient de nombreux prêtres calvinistes, j'ai raconté l'histoire atroce de Jean Calvin qui avait fait brûler sur le bûcher son ami réformé Michael Servetus parce qu'il avait commis le « crime » de mettre en doute son interprétation des évangiles. Non seulement Wilson ne m'a pas rejoint dans ma condamnation de Calvin mais, qui plus est, il l'a défendu ! Évidemment, comment aurait-il pu faire autrement, puisqu'il était pasteur calviniste ? « Quiconque tient Jean Calvin en haute estime, est moralement corrompu », ai-je déclaré à l'assemblée.

Le philosophe chrétien Peter Payne, pendant notre débat « L'éthique a-t-elle besoin de Dieu ? » à l'Université du Wisconsin de Stevens Point en 2005, a avancé un argument similaire, même si je pense qu'il est globalement plus compatissant que Doug Wilson. Pendant le contre-interrogatoire, je lui ai demandé : « Si Dieu vous demandait de me tuer, est-ce que vous le feriez ? » Il a (heureusement) hésité à répondre, et m'a finalement dit qu'il était certain que Dieu ne lui demanderait jamais de faire une chose pareille. J'ai reposé ma question, en insistant sur le premier mot : « *Si* Dieu vous demandait de me tuer, est-ce que vous le feriez ? » Il était toujours réticent, mais a finalement bien voulu admettre que si jamais il était certain que Dieu le lui demandait, il devrait « envisager le problème ». Après le débat, les organisateurs ont rassemblé les fiches de réactions du public et l'une d'entre elles venait d'une étudiante, Kerri, qui avait écrit le message suivant : « J'adore (cœur dessiné) Dan Barker, mais si Dieu me le demandait, je le tuerais (smiley). »

J'ai une tactique de débat que j'utilise très rarement mais qui est très efficace. Le Dr Shelly a été l'une de ses victimes, lors de notre débat à Birmingham en Alabama. J'ai eu mauvaise conscience parce que c'est une personne très douce et très gentille, et que son embarras devant le public était visible. J'imagine qu'en révélant ici cette tactique, je me condamne à ne plus jamais l'utiliser. Voilà ce qu'il faut faire : si le théiste convoque à un moment la deuxième loi de la thermodynamique, demandez-lui s'il sait exactement combien il y a de lois de la thermodynamique. Si la réponse est « non », vous saurez ainsi que votre interlocuteur connaît superficiellement le sujet et qu'il se contente de recycler des arguments d'un livre créationniste, sans avoir une connaissance scientifique profonde.

Michael Horner a été la première victime de cette tactique, lors d'un débat à l'Université du Nord Iowa en 1992. Il avait intégré la deuxième loi de la thermodynamique dans son discours d'ouverture, en affirmant que, puisque l'entropie (ou le « désordre ») augmente dans un système clos, l'évolution ou l'émergence d'un univers ordonné est impossible sans l'intervention d'un créateur extérieur. Au cours du contre-interrogatoire, j'ai demandé à Mike : « Vous avez mentionné la deuxième loi de la thermodynamique. Savez-vous combien de lois de thermodynamique il existe ? » Il a bégayé un peu, cherchant ses mots, puis a souri et a dit : « Il y en a au moins deux. » Cela lui a valu un rire franc, teinté d'une compassion un peu méritée.

Un argument n'est pas mauvais simplement parce que l'on ne connaît pas toute la théorie dans laquelle il s'insère et, si j'en étais resté là, j'aurais pu être accusé d'une attaque *ad hominem*. Montrer que la compréhension qu'a votre interlocuteur d'un sujet n'est pas aussi profonde qu'il ou elle veut bien le laisser entendre rappelle à votre auditoire que votre adversaire a encore des choses à apprendre (comme nous tous), mais il faut encore réfuter l'argument lui-même.

(Conseil : ne jamais aborder un problème au cours du débat si vous n'êtes pas prêt à le défendre en profondeur.) Il est facile de montrer que la terre, bombardée par l'énergie solaire, n'est pas un système clos, et que, bien que l'univers observable soit probablement « un système clos » (quoi que cela veuille dire), la deuxième loi de la thermodynamique ne s'applique qu'à l'énergie des particules, qui n'existaient pas lors de la toute première phase du Big Bang. La deuxième loi de la thermodynamique n'est donc pas pertinente dans ce contexte et elle est inutile en tant qu'argument théiste.

Il y a quatre lois de la thermodynamique, numérotée de zéro à trois[3]. Si mon adversaire ne le sait pas, j'ai marqué facilement un point rhétorique, mais si je veux être fairplay, il est important d'enchaîner rapidement avec une question plus pertinente : « Puisque vous avez l'air de considérer que la deuxième loi, qui est pensée d'un point de vue interne à l'univers, s'applique à l'univers comme tout, est-ce que la première loi s'applique également ? La première loi qui établit que ni l'énergie, ni la matière ne peuvent être créées, est-ce qu'elle ne disqualifie pas la création de l'univers ? »

Certains de mes adversaires ont émis des commentaires qui n'étaient que pure folie. À l'université d'Arizona, Bob Siegel, juif converti, devenu pasteur et animateur radio, affirmait que l'une des preuves de l'existence de Dieu était que Dieu lui parlait personnellement.

« Dieu vous parle ? lui ai-je demandé.

— Oui, en effet.

— Et sa voix, elle est comment ? Est-ce que Dieu est plutôt un ténor ou un baryton ?

3. Les quatre principes de la thermodynamique ont une expression mathématique précise mais, pour faire simple, le principe zéro dit que si deux systèmes sont en équilibre thermique avec un troisième, alors ils sont tous en équilibre thermique. Le premier principe dit que l'énergie ne peut être ni créée ni détruite. Le deuxième principe dit que l'entropie d'un système clos tend à atteindre sa valeur maximale (l'entropie est la quantité d'énergie non disponible pour le travail, qu'on désigne parfois de façon informelle comme « désordre » ou « chaos »). Le troisième principe conclue que le zéro absolu ne peut être atteint dans un temps fini. Il y a également quelques tentatives pour définir un quatrième principe (la cinquième loi), donc le chiffre n'est pas arrêté.

— Un baryton, a répondu Bob.

Frémissement dans l'assemblée : la voix de Dieu devait beaucoup ressembler à la voix de Bob Siegel.

Je participais à un débat avec un prêtre de Colorado Springs et il avait utilisé les trois dernières minutes de son discours préliminaire pour mettre une chanson chrétienne sur le poste. « Fermez les yeux, écoutez cette musique, a-t-il dit, et vous sentirez l'esprit de Dieu. » Nous avons donc écouté, même si j'ai remarqué que les libres-penseurs dans le public ne fermaient pas tous les yeux. Quand je me suis levé pour faire mon propre discours, j'ai commencé par dire que j'avais effectivement ressenti quelque chose en écoutant cette musique. J'avais entendu une cadence répétitive alternant entre des accords de septième de dominante et des accords majeurs, avec de temps en temps des accords suspendus sur la quinte, stratégie de composition pour créer des effets de transe. J'avais senti une émotion mais pas le Saint-Esprit.

En mars 2006, j'ai débattu contre Todd Friel, animateur radio d'un talk-show très populaire, à l'Université du Minnesota. Todd est un drôle de type, ancien comique de one-man-show avec plein de bons mots en réserve. Quand on l'a présenté, il a été accueilli par de nombreux applaudissements et des encouragements du public ; il était visiblement très content d'être en présence d'amis et d'admirateurs. Quand, ensuite, j'ai été présenté à mon tour, il y a eu une explosion plus forte encore d'applaudissements, qui a duré exactement le même temps, de la part des étudiants athées et agnostiques qui n'avaient pas l'intention de se laisser distancer par les croyants. Vous auriez dû voir le visage de Todd quand il a vu ça : « Ceux-là ne sont pas de mon côté. » Le débat a été plutôt animé, sans être terriblement profond, et je croyais que Todd aurait voulu oublier cette performance. À ma grande surprise, il a choisi de la publier sur Internet pour montrer à tous comment il expédiait les non-croyants. J'ai entendu des gens dire que son intervention avait plutôt eu l'effet inverse.

La plupart de mes adversaires ont été bien meilleurs que lui. J'ai rencontré à deux reprises l'auteur chrétien et pasteur Greg Boyd : une fois sur l'historicité de Jésus et une autre fois sur la résurrection.

Il s'exprime très bien et très amicalement, et comme il joue de la batterie, nous avons plaisanté en disant que nous pourrions aussi bien abandonner le débat pour jouer de la musique toute la soirée. Bien qu'il croie en la bible de façon assez conservatrice, il a été très critiqué par d'autres chrétiens pour sa défense d'une « théologie ouverte » (une doctrine qui nie l'omniscience de Dieu) ainsi que son engagement en faveur de la séparation de l'Église et de l'État.

Certains débatteurs, bien sûr, sont des experts dans leur domaine et j'ai été forcé de me confronter à des arguments scientifiques et philosophiques assez sophistiqués, qu'il n'était pas toujours facile d'écarter.

J'ai débattu avec le philosophe d'Oxford, Richard Swinburne, à l'University College de Dublin en Irlande, en 2007, à propos de l'existence de Dieu. Notre désaccord reposait sur les concepts de simplicité et complexité. Selon lui, le fait que chaque électron se comporte exactement de la même manière qu'un autre électron était la preuve d'un contrôle externe, ou d'un créateur, sans qui les électrons iraient en tous sens au hasard, de façon chaotique, et aucune vie ne serait possible. J'ai signalé, comme le font la plupart des athées, que l'argument du dessein divin échouait parce qu'il essayait de rendre compte d'une complexité en y ajoutant une donnée plus complexe encore (Dieu), de laquelle relèverait chaque chose que l'on voudrait expliquer. « Dieu est défini comme un être personnel et un être personnel n'est pas simple », ai-je dit à Swinburne. Il s'est tourné vers moi et m'a répliqué que Dieu était la personne la plus simple possible, puisque Ses caractéristiques sont définies en des termes infinis, et que les mathématiciens savent que le zéro et l'infini sont les concepts les plus simples. (Hein ?) Il me semblait que Swinburne se trompait, en faisant du zéro l'égal de sa réciproque, et en rendant l'infiniment complexe infiniment simple. De toute façon, le zéro n'est pas « simple ». Zéro ce n'est rien. Si la « simplicité » de l'infinie complexité de Dieu (on dirait un oxymore) est comparable à zéro, alors Dieu est comparable au rien.

Lors de mon débat avec Phil Fernandes en 2000 (pendant lequel il m'a accusé de n'être pas ouvert d'esprit), j'ai soulevé le fait que les affirmations théistes ne sont pas réfutables. Pour qu'une proposition soit vraie, on doit pouvoir créer d'autres propositions qui, si elles s'avèrent vraies, rendent la proposition initiale fausse. L'impossibilité à prouver la vérité de ces autres propositions renforce la vérité de la première. La proposition « tous les ours polaires sont blancs » est réfutable parce qu'il peut y avoir une proposition « il existe un ours polaire noir » qui vient contredire la première. Le fait que nous n'ayons pas encore trouvé d'ours polaire noir renforce notre affirmation sur les ours polaires blancs. Si vous ne pouvez pas trouver des propositions de ce genre qui pourraient prouver (sans le prouver vraiment) que vous avez tort, alors vous pouvez déclarer votre proposition vraie ou fausse. Je ne pense pas que Fernandes ait compris le principe de la réfutabilité[4]. Pendant le contre-interrogatoire, je lui ai demandé de nous dire comment une personne pouvait théoriquement débattre avec lui :

« Donnez-moi un exemple de proposition qui, si elle était vraie, rendrait votre hypothèse fausse.

Fernandes a répondu :

— Je crois que si vous pouviez expliquer les débuts de l'univers, que l'athéisme expliquait cela de façon plus adéquate que le théisme. Si vous pouviez expliquer…

— Mais quoi en particulier ? Donnez-moi une proposition.

— Je vous en donne une. Donnez-moi des preuves solides pour croire que Dieu n'existe pas. C'est-à-dire, la cosmologie du Big Bang — Robert Jastrow, qui est lui-même agnostique, admet que la cosmologie du Big Bang, qu'il décrit dans son ouvrage *God and the astronomers* comme "des scientifiques prenant d'assaut la plus haute des montagnes et, une fois arrivés en haut, qui découvrent que ce qui les attendait depuis des siècles, c'est une bande de théologiens", ce qui montre que l'univers a bien un début absolu, le début de l'espace, de la matière, du temps. »

— Donc, ce que vous dites, c'est que si un jour des scientifiques répondaient à cette question, vous rejetteriez votre croyance en un dieu ?

4. Cf. Victor Stenger, *Dieu, l'hypothèse erronée - Comment la science prouve que Dieu n'existe pas*, H&O, 2009. Ndé.

— Ce n'est que l'une des raisons. J'en ai bien d'autres.

— D'accord mais si des scientifiques arrivent à combler ce vide et qu'ils arrivent en disant « Haha ! Maintenant nous savons ! », est-ce que vous rejetteriez votre croyance en un dieu ? Est-ce que vous seriez assez honnête pour dire que votre proposition est réfutable ?

— Vous... bon, puisqu'on en est là, j'aimerais vous dire quelque chose... Quelle preuve faudrait-il à Phil Fernandes pour rejeter l'existence de son frère ? Je l'ai rencontré ! Personnellement. Je le connais. J'ai marché main dans la main avec lui.

— Il n'est donc pas réfutable pour vous...

— Comment voulez-vous réfuter — je crois que vous pouvez avancer une bonne preuve dans un débat qui pourrait me réfuter, mais comment voulez-vous prouver à quelqu'un qu'une autre personne n'existe pas, alors qu'ils se sont rencontrés en personne et qu'ils entretiennent une relation intime ?

— Donc Jésus vous parle et c'est la raison pour laquelle vous croyez en lui ? Il vous parle et vous avez une...

— Non, je croyais en lui avant de l'entendre me parler.

— Mais est-ce qu'il vous parle ?

— Je crois que Dieu communique avec nous par Sa Parole, grâce aux circonstances, à la prière, et des choses comme celles-là. Et, par ailleurs, Thomas d'Aquin communiquait avec lui aussi et ce n'était pas un idiot, donc je ne crois pas que je devrais être mis sous cette étiquette. (Rire de l'assistance.)

— Et si j'étais assez stupide pour vous dire : "je sais au plus profond de mon cœur — j'en ai fait personnellement l'expérience — que l'athéisme est réel, et je sais que vous n'avez aucun moyen pour me convaincre du contraire." Que diriez-vous de mon attitude ?

— Oh, je dirais — et je ne veux pas que cela soit mal pris — mais je dirais en gros que vous êtes une personne peu ouverte d'esprit au sens où vous n'avez pas ouvert votre esprit à d'autres possibilités. (Rire de l'audience, applaudissements.) Quoi qu'il en soit, j'ai l'esprit buté. Vous ne pouvez pas me prouver que mon frère n'existe pas, parce que je le connais personnellement et que je marche main dans la main avec lui.

L'argument de la réfutabilité est une arme à double tranchant bien entendu. Souvent, on me demande ce qui me ferait changer d'avis. « Qu'est-ce que vous considéreriez comme une preuve de l'existence de Dieu? » Je peux penser à des douzaines d'exemples. Si vous me disiez que Dieu vous a prédit que le 14 mars prochain, à 14h27, une météorite composée à 82 % de fer, 13 % de nickel et 3 % d'iridium, pesant 382 grammes, s'approchant de la terre depuis le sud-ouest et l'atteignant avec un angle de quatre-vingt-deux degrés, allait frapper votre maison (pas la mienne bien sûr), entrer dans le bâtiment, faire un trou dans votre tapis Navajo à l'étage et dans le canapé au rez-de-chaussée, pour finir cinquante centimètres sous le sol de votre garage, et si cela se produisait comme il aurait été prédit, alors je considérerais cela comme une preuve solide contre l'athéisme. Si Jésus se matérialisait devant le public lors d'un débat, que cela soit enregistré sur une vidéo, et s'il nous disait où creuser exactement en Israël pour retrouver l'arche d'alliance contenant les tablettes de la Loi — bon, vous avez compris l'idée. L'athéisme est délicieusement vulnérable à la réfutation. Pas le théisme.

Le contre-interrogatoire est la partie la plus amusante des débats. C'est le moment où le public voit enfin les participants se parler, être mis en position délicate, et penser en temps réel. Pour cette raison, certains débatteurs ne veulent pas de contre-interrogatoire. À la fin de mon débat avec l'apologiste chrétien Norman Geisler, il a refusé de se soumettre au contre-interrogatoire, préférant lire de bout en bout sa présentation à partir de fiches. (Pour être honnête, certaines personnes sont meilleures à l'écrit qu'à l'oral.) En réalité, il lisait des *réfutations* qu'il avait préparées *avant* le débat, sans savoir ce que j'allais dire. Après que j'ai demandé au Dr Shelly combien il y avait de lois de la thermodynamique, il a décliné aussi le contre-interrogatoire. Bien entendu, les questions du public sont un peu la même chose qu'un contre-interrogatoire: après les présentations formelles, les réponses sont toujours plus spontanées que les remarques préparées, et je pense plus agréables, parce qu'elles impliquent l'assistance.

Parfois j'ai été pris au dépourvu pendant ces temps d'improvisation, donc je comprends les hésitations des autres. Après les questions formelles au cours de mon premier débat avec Doug Wilson, alors que j'étais fatigué par des heures de discours, un homme m'a posé une question. Je pensais que j'avais déjà tout entendu mais ce type m'a demandé : « M. Barker, êtes-vous un homosexuel *pratiquant* ? » Cela sortait tellement de nulle part que je me suis mis à rire et que j'ai été incapable de parler pendant quelques secondes. Je ne voulais pas avoir l'air de prendre violemment mes distances envers les homosexuels, comme si c'était mal d'être gay, mais je ne voulais pas non plus donner à cet homme l'impression qu'il m'avait percé à jour. J'ai marmonné quelque chose du genre : « Je ne suis pas homosexuel, mais si je l'étais, je n'en aurais pas honte et, en outre, je ne vois pas la pertinence de cette question avec le sujet que nous traitons. » J'ai compris plus tard la raison de sa question. Dans son esprit, l'athéisme est un refus de se conformer aux standards moraux, je devais donc lutter avec des tentations sexuelles (comme lui devait probablement le faire) et, comme son église lui apprenait apparemment que l'homosexualité est un fléau, cela *devait* être la raison pour laquelle je ne croyais pas en Dieu, et pas pour toutes ces raisons bidons que j'avais exposées minutieusement au cours du débat. J'ai ensuite réussi à trouver la réponse parfaite : « Non, je ne suis pas homosexuel — mais depuis que je *vous* ai rencontré… »

En plus de vingt ans de défense de l'athéisme, j'ai rarement été menacé ou harcelé. La plupart des auditoires sont respectueux, même les foules en principe les plus « hostiles ». Cependant, il est arrivé que des personnes perdent leur sang-froid. Une fois, je parlais devant un large public à la Kansas State University, à Manhattan dans le Kansas et, en plein milieu de mon intervention, un prêtre baptiste qui se tenait au milieu de la pièce, un type tout maigre avec une chemise blanche et une cravate noire, s'est levé et a commencé à hurler : « Blasphème ! » Il a crié de plus en plus fort, m'admonestant pour mon apostasie. J'ai écouté encore une minute puis j'ai essayé de dire quelque chose mais il ne s'arrêtait plus. Quand il a vu les étudiants qui assuraient la sécurité s'approcher de lui, il s'est rapidement rassis. « Vous pensez vraiment que j'ai commis un blasphème ? Merci du compliment », lui ai-je répondu.

C'est une bonne stratégie de remercier les gens quand ils pensent vous insulter. Si quelqu'un me dit que je vais aller brûler en enfer, je lui dis : « Merci ! Les plus grands sont en enfer. Elizabeth Candy Stanton, Mark Twain, Johannes Brahms, George Gershwin, Albert Einstein, Bertrand Russell, Margaret Sanger… J'avais peur que vous me disiez « allez au paradis » et vous pourrez converser éternellement avec Jerry Falwell[5]. » Mark Twain a dit la même chose en mieux : « Je choisirais le paradis pour le climat et l'enfer pour la compagnie. »

Je donnais une conférence à l'Université d'État de l'Iowa en 2004, pendant la Semaine du Premier Amendement, organisée par des étudiants et par mon ami Hector Avalos (un professeur de religion athée). Chaque jour de la semaine était consacré à chacune des cinq libertés énoncées dans la Constitution. J'étais là pour parler de la liberté religieuse. En plein milieu de ma communication, mon micro est tombé en panne et j'ai dû élever la voix pour qu'on m'entende. Quelqu'un est allé en coulisse vérifier sur l'ampli et a découvert qu'on avait coupé le son sur ma sortie. Uniquement *ma* sortie. Quand on m'a dit ce qui s'était passé, je me suis exclamé : « Génial ! Ce n'est pas si souvent qu'on dit des choses provocantes au point de mériter la censure — surtout pendant la semaine de la Liberté d'expression. Merci pour le compliment. »

En 2007, à l'Université de Californie, à Monterey Bay, une femme a fait irruption en hurlant : « Cet homme est un menteur ! Ne croyez pas ce qu'il dit ! » Elle essayait d'avertir les étudiants avant qu'ils ne soient abusés par Satan. Nous l'avons laissée parler pendant une minute, puis j'ai essayé de la remercier pour ses conseils mais elle ne voulait pas s'arrêter. Elle s'est avancée tout devant, s'est tournée vers le public en répétant encore et encore : « Cet homme est un menteur ! Cet homme est un menteur ! » C'est à ce moment que nous avons compris qu'elle était vraiment irrationnelle et nous lui avons demandé de partir. Je lui ai rappelé — du moins j'ai essayé, puisqu'elle n'arrêtait pas de crier — qu'elle

---

5. Pasteur américain et télévangéliste, mort en 2007. Il a suscité de nombreuses controverses, lors de ses attaques contre l'avortement, les noirs, les homosexuels ou encore les musulmans. Il a notamment affirmé que Dieu avait puni l'Amérique le 11 septembre 2001 à cause des gays et des avortements. Ndt.

enfreignait la loi et je lui ai cité le verset qui dit que les croyants doivent « être soumis aux autorités humaines ». Elle ne voulait toujours pas s'arrêter. C'est la seule fois où la police a dû faire sortir quelqu'un de la pièce pendant que je parlais.

Le débat le plus rassurant, le plus agréable et intéressant de tous, a été celui avec Hassanain Rajabali, un érudit musulman, en janvier 2003, au Centre islamique du Queens, à New York. (Nous nous sommes rencontrés l'année suivante à Dearborn dans le Michigan, pour un débat en équipe, entre Richard Carrier et moi contre Rajabali et Michael Corey.) Nous avions convenu auparavant de débattre du sujet « Dieu existe-t-il ? » Mais après une discussion avec les organisateurs musulmans, ils m'ont dit que la formulation partait du principe que Dieu n'existait pas, ce qui était une insulte à Allah, et par conséquent ils m'ont demandé si cela ne me gênait pas si on l'intitulait plutôt « Est-ce que Dieu n'existe pas ? » Ce à quoi j'ai consenti, tout en leur montrant les conséquences. J'allais devoir ouvrir le débat en disant « Oui, Dieu n'existe pas », et Rajabali devrait répondre par : « Non, Dieu n'existe pas pas. » Comme une double négation équivaut à une affirmation, cela revenait au même, sauf que je devais commencer le premier et donner le ton de la soirée. Le public devait se diviser en deux : les femmes d'un côté, les hommes de l'autre. La gauche de mon champ de vision était presque entièrement occupée par des femmes dans des vêtements sombres, avec foulards, châles et voiles, et l'autre partie par des hommes vêtus comme bon leur semblait. Même si quelqu'un m'avait averti que lorsque le nom de Dieu était prononcé, les gens répondaient par une petite phrase en arabe, c'était tout de même amusant d'entendre la foule « m'interrompre » de temps en temps.

J'étais content de faire ce débat parce que jusqu'alors je n'avais fréquenté que très peu l'islam. J'avais appris quelques petites choses sur la vie de Mahomet et j'avais parcouru le Coran. Comme je débattais avec un vrai fidèle d'Allah, j'étais très inquiet à l'idée de lire la vingt-troisième sourate du Coran, « Les Croyants », et j'ai été surpris d'apprendre que, pour être un bon musulman, il faut être humble dans sa prière, éviter les vains discours, être activement charitable et limiter ses relations sexuelles avec ses femmes ou ses esclaves. (Je n'en ai pas parlé pendant le débat parce que je partais du principe que les musulmans américains n'avaient pas d'esclaves.)

Les principaux arguments de Rajabali étaient la moralité et l'existence. J'avais du mal à suivre son raisonnement mais, en gros, il insistait sur le fait que l'existence d'êtres contingents comme nous nécessitait un contexte plus haut dans lequel notre identité faisait sens. L'Univers anthropique existe dans un cadre de référence et cette référence est Dieu, qui n'a pas besoin de cadre de référence parce qu'Il est infini. Quand je lui ai demandé la preuve de l'existence de Dieu, il a répondu par : « Le fait que vous et moi existions. »

Pendant le débat, Rajabali a dit qu'Allah est un Dieu « juste » et « infiniment miséricordieux », j'ai donc sauté sur cette occasion qui me permettait de réfuter positivement l'existence de Dieu ainsi définie. La justice implique que la punition soit administrée avec une sévérité exactement proportionnelle à la gravité du crime qui a été commis. Nous ne mettons pas des enfants en prison parce qu'ils ont volé des biscuits et nous ne demandons pas à un meurtrier de payer une amende de 50 $. La miséricorde, d'un autre côté, implique que la punition soit administrée avec *moins* de sévérité qu'il n'est nécessaire. Lorsqu'un officier de police vous laisse partir avec un avertissement plutôt qu'avec une amende parce que vous avez dépassé la limite de vitesse, c'est de la miséricorde.

Si Dieu est infiniment miséricordieux, Il ne peut pas être juste. Si Dieu est toujours juste (pour ne pas dire infiniment juste) alors Il ne peut être infiniment miséricordieux. Un Dieu qui est à la fois infiniment miséricordieux et juste n'existe donc pas, Il *ne peut pas* exister. C'est l'un des arguments positifs qui prouvent que Dieu n'existe pas, en montrant que ses attributs sont contradictoires (ou incohérents). Si Dieu est défini comme un célibataire marié, nous n'avons pas besoin de discuter de preuves ou d'arguments, nous pouvons simplement conclure à une impossibilité logique. (Cf. chapitre 7 pour les arguments d'incohérence.) En réponse, Rajabali m'a réprimandé parce que je n'arrivais pas à penser des dimensions multiples dans le même temps. « Quand le Qu'ran dit que Dieu est miséricordieux, et que Dieu est juste, ces caractéristiques simultanées ne peuvent être compartimentées, nous devons les comprendre comme un tout. » J'imagine que ceci explique cela.

Par ailleurs, j'ai fait remarquer que si Dieu est infiniment miséricordieux, alors je n'irais pas en enfer. La façon dont je vis ou dont je pense n'aurait pas d'importance, puisque sa clémence infinie m'absoudrait de tous mes crimes, même des plus grands et notamment celui de refuser de croire en Dieu, de ne pas accepter Son autorité ou d'avoir commis un acte délictueux.

Le centre islamique du Queens est énorme. Il occupe presque un pâté de maisons à lui tout seul et comprend beaucoup de salles et de classes. Il y a une mosquée aussi. Je n'avais jamais vu de mosquée. Avant le débat, j'ai donc demandé à Ali Khalfan, l'organisateur qui était mon contact principal, si je pouvais la voir. Il m'a emmené de l'autre côté du bâtiment et nous sommes entrés dans la mosquée. J'ai vu des tapis au sol et beaucoup de gens agenouillés qui priaient en direction du mur opposé. C'était plus petit que ce que je pensais mais très joli. Comme j'avais lu des choses sur l'islam, je savais ce qu'était le mur qibla, qui oriente les croyants vers La Mecque quand ils prient, et j'ai montré la niche ou l'alcôve à Ali en lui demandant à voix basse : « Est-ce que c'est la direction de La Mecque ? » Il m'a répondu par l'affirmative d'un signe de tête. « Mais ce n'est pas vrai », j'ai répondu. J'ai pointé mon doit en direction du sol en disant : « C'est ça le chemin le plus cours vers La Mecque. » Il n'a pas souri. En pointant à nouveau mon doigt vers l'est, je lui ai dit : « Si vous priez dans cette direction, vos prières se perdent dans l'espace et ratent La Mecque. » Il ne souriait toujours pas alors je lui ai murmuré : « À quoi est-ce que vous vous attendiez en invitant un athée ? »

J'imagine qu'il est possible que les prières soient soumises à la loi de la gravité et qu'elles tournent autour de notre planète mais j'ai préféré ne pas soulever ce problème. De son côté, Ali a continué à se montrer amical et il a encaissé calmement mes hérésies. Mais je me demande s'il a jamais pensé au fait que la *qibla* (le mur orientant la prière) est un concept qui implique une terre plate. Et quelle importance peut avoir la direction dans laquelle on prie ? Si Dieu est partout, pourquoi ne pouvons-nous pas nous retourner et lui parler directement ?

Après le débat, j'ai dit à Ali que j'étais vraiment impressionné par la gentillesse des gens. Ils m'avaient fait des cadeaux et préparé des plats délicieux. Ils étaient agréables, attentionnés, pleins d'humour et éloquents. « Les gens de votre centre sont très gentils », lui ai-je dit. Il a répondu : « Tu sais, Dan, c'est Allah qui m'ordonne d'être aimable avec toi. » J'étais stupéfait. *Allah m'ordonne d'être aimable avec toi.* Je n'ai pas dit un mot, mais je pensais. « Donc tu n'as pas vraiment envie par toi-même d'être aimable avec moi ? Est-ce que tu préférerais être cruel ? Est-ce que tu te retiens ? Tu ne trouves pas en moi des qualités pouvant susciter ton admiration ? Tu te forces à faire semblant d'être mon ami pour satisfaire ton Dieu ? Et cela doit m'impressionner ? »

Je suis sûr qu'il n'a pas perçu combien son commentaire était insultant. Ni qu'il manquait de moralité. « Si Allah te l'ordonne, est-ce que tu seras méchant avec moi ? Où est l'amitié dans tout ça ? » Si je n'ai pas formulé toutes ces questions, c'est parce que je crois que les gens doivent être jugés par leurs actes, pas par leurs croyances, et son comportement était vraiment admirable.

Pendant l'un de mes débats sur la résurrection de Jésus avec John Morehead, à Sacramento en Californie, j'ai connu un autre moment assez amusant. Au cours de notre échange, il a mentionné le fait qu'il pouvait donner au moins vingt noms de spécialistes de la bible qui soutenaient comme lui que la résurrection était un fait historique. J'étais prêt pour ce genre d'arguments. « Je ne pense pas qu'il faille se réclamer d'une autorité dans un débat, ai-je répondu. Mais puisque vous le faites et que vous donnez votre propre liste, je vais vous donner la mienne. » Je lui ai donné une liste de soixante-quinze spécialistes de la bible, parmi lesquels des chrétiens pratiquants, tous munis d'un doctorat en langues bibliques ou dans d'autres domaines similaires, et je lui ai également donné le nom des universités et des institutions dans lesquelles ils enseignaient. Chacun d'entre eux était convaincu que la résurrection de Jésus était un mythe ou une légende.

L'idée selon laquelle la vérité devrait être énoncée à partir de la loi du nombre, comme le voudrait la démocratie, est un thème très répandu parmi les croyants. Si cela était vrai, nous devrions traiter les femmes comme des citoyens de seconde zone, parce que si nous faisions un sondage dans le monde entier, nous trouverions un sexisme endémique. Idem avec le racisme. Certains disent que le seul fait que les chrétiens sont très nombreux dans le monde devrait faire taire leurs adversaires — dommage, les athées, vous avez perdu. Certains disent qu'il y a eu plus d'atrocités commises par les athées Staline et Mao que par les Croisés ou par l'Inquisition, comme si la recherche de la vérité pouvait se réduire à empiler des cadavres et à choisir le plus petit tas. (Pourquoi est-ce que la religion devrait avoir un tas de cadavres à elle d'ailleurs ?) Michael Horner aime bien parler du « consensus parmi les savants » pendant les débats (comme si les savants avaient été recensés) alors qu'il veut sûrement dire « le consensus parmi les savants que j'ai choisi de lire ». Bien sûr, il est important de prêter attention aux experts, mais nous ne devrions pas transformer l'autorité en dogme. Nous devrions envisager en chaque proposition et chaque argument les mérites et les inconvénients. N'importe quel savant s'attend à ce que nous, lecteurs, nous testions ses conclusions en toute indépendance. La question n'est pas : « Le christianisme est-il populaire ? » ou « Est-il utile ? » La seule question qui importe devrait être « Est-il vrai ? »

En avril 2008, j'ai débattu avec Dinesh D'Souza, auteur de *What's So Great About Christianity*, dans la chapelle de la Mémoire à Harvard. Organisé par l'aumônerie humaniste d'Harvard et l'Alliance laïque des étudiants, le thème était « Christianisme vs athéisme ». Le débat était modéré par les étudiants de l'École de la Divinité. Dinesh est un conférencier agréable avec une grande connaissance de l'histoire mais une vision superficielle de la bible. Il affirme en effet que le concept occidental d'égalité universelle est né avec le christianisme et il cite l'épître aux Galates à l'appui : « Il n'y a plus ni juif, ni grec, il n'y a plus ni esclave ni libre, il n'y a plus ni homme ni femme ; car tous vous êtes un en Jésus-Christ. » Si D'Souza avait fait le minimum de recherches sur la bible — par exemple, s'il avait lu la très courte épître de Saint Paul aux Galates — il aurait su que ce verset ne s'applique qu'aux chrétiens baptisés, et uniquement à propos de la question très précise de la circoncision. (C'est vrai — ils discutaient pour décider si les nouveaux convertis devaient être mutilés ou non.) Bien pire, Paul continue en disant que les descendants d'Ismaël, les Arabes (aujourd'hui les musulmans) devraient être « chassés ». Nous sommes bien loin de l'égalité universelle!

D'Souza a montré une ignorance encore plus grande en philosophie et en sciences, disant que s'il y avait des lois naturelles il devait bien y avoir un législateur. J'ai souligné que c'était une erreur. Les lecteurs de *La philosophie pour les nuls* savent qu'il y a une différence entre des lois prescriptives (les limitations de vitesse, par exemple) et les lois descriptives (la loi en carré inverse appliquée à l'attraction gravitationnelle). D'Souza mélange les torchons et les serviettes, en espérant abuser un auditoire crédule, même si on m'a dit que beaucoup de gens dans le public d'Harvard avaient immédiatement trouvé son argument suspect.

John Allen Paulos, dans son ouvrage *Irreligion*, donne un exemple extraordinairement original de cette manœuvre malhonnête, en donnant la définition du mot « est ». « Il n'est pas difficile de naviguer entre les différentes acceptions du mot "est" pour arriver à des conclusions plutôt douteuses. Par exemple, en partant de "Dieu est amour", "L'amour est aveugle" et "Le frère de mon père est aveugle", nous pourrions arriver à la conclusion: "Dieu existe et c'est mon oncle." » De très nombreux débatteurs théistes font exactement la même erreur.

On cite Jésus disant qu'il venait pour accomplir les vieilles lois théocratiques — qui sont sans doute des lois prescriptives — et pas pour les abolir ou les améliorer (Mathieu 5:17). Nous, libres-penseurs, nous voulons tout le contraire. C'est pourquoi j'adore les débats et ma nouvelle « vocation. »

Deuxième partie

Pourquoi je suis athée

V

Pourquoi je suis athée

Si une chose est sûre, c'est que l'existence de Dieu ne va pas de soi. Il n'y aurait pas de débats autour de la question « Dieu existe-t-il? », si la réponse était évidente. Quelqu'un aurait déjà gagné le prix Nobel pour avoir démontré l'existence d'une force jusqu'alors inconnue dans le cosmos. N'importe quel scientifique dans le monde se serait rué sur l'occasion de prouver une fois pour toutes que Dieu est réel. Bien sûr, quelques philosophes et théologiens pensent que cela ne se produira jamais parce qu'un être surnaturel est, par définition, hors de portée de la science qui ne peut examiner que le monde naturel.

Néanmoins, la plupart des gens qui ne sont pas philosophes sont persuadés qu'il existe une foule de preuves en faveur d'un dieu. Miracles, conversions, prédictions avérées, révélation biblique, résurrection de Jésus, questions scientifiques non résolues (qu'ils confondent avec des preuves), coïncidences qui ne peuvent être le fait du hasard, expériences intérieures, démonstrations de gentillesse désintéressée et bien d'autres choses qui prouvent au croyant que Dieu existe. Quelques-uns avancent des arguments rationnels (que nous examinerons dans le chapitre suivant). Comme beaucoup de ces croyants ne peuvent concevoir d'être non-croyants, ils essaient de trouver des motifs extérieurs à l'athéisme. Plutôt que d'accepter le simple fait qu'il n'y a pas de preuve de l'existence d'un dieu, ce qui remettrait en question leur vision du monde, beaucoup de chrétiens disent avoir deviné la « véritable » raison de ne pas croire. Voici quelques exemples des arguments *ad hominem* que j'ai entendus :

- « Vous ne supportez pas d'être soumis à des principes moraux et vous voulez vous sentir libre de vivre une vie égoïste de pécheur. »
- « Vous n'aimez pas l'autorité. »
- « Vous voulez être différent et attiser le désordre. »
- « Vous êtes arrogant et vous détestez Dieu. Vous voulez être supérieur à Dieu, comme Lucifer (Satan). »
- « Votre cœur se trompe. »
- « Vous avez été blessé par des croyants, ou vous avez été choqué par des déviances et des crimes de l'Église qui ne sont pas représentatifs. »
- « Vous êtes déçu que toutes vos prières n'aient pas été entendues. »
- « Vous vous sentez abandonné par Dieu qui n'a pas répondu à vos prières comme vous le souhaitiez. »
- « Vous êtes froid, superficiel et pessimiste. »
- « Vous êtes en colère. »
- « Vous êtes trop stupide ou trop aveugle pour ne pas voir ce qui est évident aux yeux de tous. »
- « Vous avez été séduit par des scientifiques et refusez la possibilité des miracles. »
- « Vous êtes athée parce que vous ne connaissez pas le sens profond de l'amour. »

Aucune de ces accusations n'est vraie. Aucune n'est pertinente. Lorsqu'une personne attaque le caractère de l'interlocuteur plutôt que les faits ou les arguments, c'est un signe sûr qu'elle se trouve dans une position de faiblesse. Bertrand Russell a démontré que l'argument *ad hominem* est le dernier recours de celui qui est en train de perdre. Mon athéisme n'a rien à voir avec toutes ces assertions. Et même si c'était le cas, est-ce que cela serait une preuve de l'existence de Dieu ?

Il faut préciser qu'un argument *ad hominem* n'est pas la même chose qu'une attaque sur la personnalité. L'argument *ad hominem* utilise la personnalité de l'interlocuteur pour invalider ses arguments. Par exemple, ce n'est pas un argument *ad hominem* que de dire « Mon adversaire est un voleur. » Cela l'est en revanche, si vous dites : « La conclusion de mon adversaire est fausse parce que mon adversaire est un voleur. » Mon interlocuteur peut très bien être une personne horrible avec des buts inavoués, mais cela ne rend pas pour autant ses conclusions ou son raisonnement faux.

Le seul moment où le caractère de l'adversaire peut être utilisé à bon escient dans un débat, c'est lorsque cela concerne le sujet particulier de la moralité, et qu'il convient d'examiner une possible hypocrisie, ou lorsqu'une preuve oculaire est avancée ; alors seulement prouver que l'opposant a des antécédents malhonnêtes peut décrédibiliser son propos. Dans ce cas, le fait d'attaquer le caractère n'est pas un argument *ad hominem.* Si l'Église catholique par exemple affirme que le fait de croire dans le Christ fait de vous une personne meilleure, il n'est alors pas déloyal d'évoquer le scandale des abus sexuels dans le clergé pour contrer cette affirmation. (Qui est plus à même de représenter la religion que les prêtres eux-mêmes ?) En revanche, cela serait une manœuvre *ad hominem,* et donc inappropriée, si vous disiez : « Ne croyez rien des enseignements de l'Église, ses chefs sont tous pédophiles. »

Lorsque Pierre (si l'histoire est vraie) a dit à ses amis qu'il avait vu Jésus ressuscité, le fait qu'il ait menti peu de temps auparavant en reniant Jésus affaiblit la crédibilité de son témoignage. Ce n'est pas une attaque *ad hominem* que de le souligner parce que ce n'est pas la prémisse d'un raisonnement logique, c'est l'évaluation de la fiabilité du témoin.

L'affirmation que je suis athée parce que je ne comprends pas l'amour est particulièrement ironique. Je sais très bien ce qu'est l'amour, et c'est l'une des raisons pour lesquelles je ne pourrai plus jamais être chrétien. L'amour, ce n'est pas le rejet de soi. Ce n'est pas le sang et la souffrance. Ce n'est pas tuer son fils pour apaiser sa propre vanité. Ce n'est ni la haine ni la colère, ce n'est pas condamner des millions de gens aux tourments éternels parce qu'ils vous ont vexé ou qu'ils ont désobéi à vos lois. L'amour ce n'est pas l'obéissance, le conformisme ou la soumission. C'est une caricature d'amour que celui qui repose sur l'autorité, la punition ou la récompense. Le véritable amour, c'est le respect et l'admiration, la compassion et la bienveillance, prodigués librement par un être humain sain et confiant.

L'argument de la colère est tout aussi fascinant. La colère n'est pas en soi mauvaise si elle ne se traduit pas par de l'agressivité. Paul dit que les croyants devraient être en colère (Épître aux Éphésiens 4:26). Jésus a été en colère (Marc 3:5). Les chrétiens se mettent souvent en colère. Je le suis rarement, surtout lorsque je discute athéisme avec des croyants, mais la plupart des chrétiens projettent leurs propres sentiments sur moi et disent que je suis en colère lorsque je cite des versets particulièrement horribles de la bible, ou que j'adresse des critiques au christianisme, qui les mettent *eux* en colère. Que se passerait-il si je disais : « La raison pour laquelle tu es chrétien, c'est parce que tu es en colère » ? La plupart des athées, et des croyants, ont toutes les raisons d'être en colère quand on voit la façon dont la religion obscurcit le jugement et suscite des comportements dangereux, mais c'est là le *résultat* de la raison et de l'éthique, et pas leur cause.

Le mot « athée » n'est pas un label, c'est à peine une description (même si, bien sûr, n'importe quel mot peut être transformé en label pour devenir accessible au public). Dans la mesure où je ne crois pas en un dieu, je suis décrit comme un athée par défaut. *S'il y a* une preuve justifiant une hypothèse, je considérerai joyeusement cette information. Si cependant l'affirmation est illogique en elle-même ou si elle se fonde sur quelque chose d'étranger à une recherche honnête, elle peut être invalidée comme une pensée pieuse, une erreur ou un mensonge. Les théistes n'ont pas de dieu : ils ont une croyance. L'athéisme est un défaut de théisme, un défaut de *croyance* en dieu(x). Je suis athée parce qu'il n'y a aucune raison de croire.

Certains théistes disent que cela est absurde. Ce n'est pas parce que quelques athées ne sont pas convaincus qu'il y a de bonnes raisons de croire qu'il faut rejeter l'abondance de preuves acceptées par le reste du monde, insistent-ils. Ces croyants me demanderaient de dire : « Je suis athée parce qu'il n'y a aucune preuve *que j'accepte* l'existence de Dieu. » Bien sûr que c'est vrai. On me demande de juger et je dois utiliser ma raison. Mais s'ils suggèrent que je dois être d'accord avec ce qu'ils appellent des « preuves », j'en suis incapable. Aucune de leurs « preuves » n'établit l'existence d'un être surnaturel, donc ceux qui continuent à croire agissent de façon irrationnelle. S'ils veulent que je croie aussi, ils doivent *me* convaincre et pas se convaincre eux uniquement.

Si je voulais rentrer dans leur jeu, je pourrais leur opposer que même si peu d'adultes croient au père Noël, il y a beaucoup de preuves de son existence. L'hypothèse d'un père Noël réel n'est pas à écarter, pourrais-je leur dire, puisqu'il apparaît d'une certaine façon dans les millions de témoignages de jeunes personnes, dans les paroles des chansons et dans les spectacles de Noël et que c'est une tradition qui existe de longue date. (Mes enfants ont vraiment entendu les sabots des rennes et les clochettes du traîneau. Ce n'est que plusieurs années plus tard que je leur ai dit que ce n'était que moi, leur papa, qui jouait avec leur imagination.) Est-ce que toutes les preuves de l'existence du père Noël disparaissent juste parce que vous devenez sceptique ? Je suis libre de croire au père Noël si je veux. La preuve de son existence demeure, pourrais-je dire, en dépit de votre doute.

Ainsi, les *faits* demeurent — mais ils ne prouvent pas l'existence d'un véritable père Noël. Ce sont des preuves de quelque chose d'autre : la culture, l'histoire et l'imagination charmante des enfants. Ce sont des preuves du consumérisme et de l'esprit de Noël, des contes et des comptines, des jeux, des récits de communauté, de la littérature pour enfants. Mais il n'y a pas de preuves que le père Noël soit réel. Nous le savons parce que chacune des prétendues preuves peut être expliquée en des termes naturels et comprises comme les éléments d'une fabrique mythique. Le fait que la plupart des adultes croient en Dieu n'est pas une raison valable de croire pour moi ou pour quiconque, pas plus que le fait que les enfants croient au père Noël ne m'oblige à y croire. La possibilité que la foi en Dieu soit utile n'est pas non plus une raison valable. Beaucoup disent que leur comportement est meilleur grâce à leur foi en Dieu, mais c'est également le cas pour des millions d'enfants qui changent d'attitude vers la fin décembre. La plupart d'entre nous ont grandi et sont devenus des « A-noëlistes », et d'autres sont devenus des « A-thées ». Nous avons grandi et nous nous satisfaisons d'explications naturelles pour ces mythes.

Bien sûr, même le sceptique le plus endurci admet que l'explication naturelle n'exclut pas complètement d'autres possibilités. Peut-être y a-t-il un degré plus grand de compréhension qui autorise l'existence du père Noël même si nous sommes incapables de le prouver maintenant. Le fait que les enfants possèdent une imagination très inventive n'indique pas forcément que tout ce qu'ils imaginent est faux. Cependant, je peux toujours affirmer que s'il n'y a pas d'explication naturelle qui rende compte de tous les faits, il n'y a pas non plus un besoin pressant de trouver des explications surnaturelles. C'est simplement du bon sens. Sans cette limite rationnelle, il n'y aurait pas de fin et on pourrait empiler sur n'importe quelle hypothèse des strates complètement fantaisistes. (On parle en général du Rasoir d'Occam, principe selon lequel nous devrions normalement accepter l'explication qui nécessite le moins d'hypothèses.) On pourrait forcer les sceptiques à passer leur vie entière à essayer de réfuter un nombre infini de théories fantaisistes.

Par exemple, peut-être que le père Noël est un ambassadeur d'une planète éloignée peuplée de créatures rouges et blanches qui veillent sur les activités de petites personnes choisies parmi nous (les elfes et les enfants ?) cherchant des êtres humains « favorables » pour en faire les transmetteurs psychiques des messages du renne sacré qui lévite lorsque les enfants rêvent au moment du solstice d'hiver, tandis que la plupart des adultes sont devenus incapables de croire. Est-ce que quelqu'un peut prouver que ce scénario est faux ? (Vous le lisez ici pour la première fois.) Puisque je n'ai ni les moyens ni l'envie de réfuter cette idée, est-ce que l'on peut considérer alors que ce paragraphe est une preuve de la vérité de cette théorie ?

Une personne rationnelle accorderait au récit du paragraphe précédent une probabilité de réalité très faible (virtuellement nulle). Cependant, si une explication naturelle survient concernant l'existence de ce paragraphe (par exemple l'aveu que je l'ai inventé), alors la probabilité peut descendre à zéro et la discussion rétrograde de la sphère spatiale à la sphère personnelle.

Affirmer qu'une chose est une preuve ne fait pas de cette chose une preuve réelle. Les théistes avancent un grand nombre de preuves traditionnelles de leur foi et, à première vue, il est vrai qu'elles semblent abonder. Un sceptique s'attaquant à cette pléthore de prétendues « preuves » pourrait être comparé à David s'attaquant à Goliath ! Après tout, les athées sont en minorité. Comment est-il possible qu'un si grand nombre de croyants ait tort ? Comment tous ces faits peuvent-ils être ignorés ?

On ne les ignore pas. Rappelons-nous que David a vaincu Goliath (dans l'histoire, pas dans l'Histoire). Beaucoup de gens ont examiné de près ces « preuves » en faveur d'une divinité et ont découvert leurs failles. Il en sera question dans le chapitre suivant plus en détail. La raison principale pour laquelle je suis athée est que l'on peut trouver des explications naturelles à leurs affirmations, comme pour le père Noël, et que la probabilité de l'existence d'un être surnaturel peut aisément être ramenée à zéro.

Au nom de l'honnêteté, elle *doit* être ramenée à zéro.

J'ai souvent entendu des chrétiens dire que nous devons « commencer avec Dieu ». (Cela a été le cas dans mes débats avec Rajabali, dont je traite au chapitre 4.) N'est-ce pas intéressant ? Pourraient-ils dire que nous devons « commencer avec les licornes » ou « avec les OVNIs » ? Nous ne pouvons commencer qu'à partir d'un point sur lequel nous sommes d'accord, et continuer à partir de celui-ci. Nous sommes d'accord sur le fait qu'il y a un univers naturel — pas de discussion là-dessus. Ce sont les personnes croyantes qui tiennent à ce que l'on ajoute une dimension « surnaturelle » ou transcendante qui va au-delà de ce sur quoi nous sommes d'accord. Il n'est ni raisonnable, ni juste de leur part de se contenter de croiser les bras en attendant que je réfute leurs allégations. N'importe quel juge impartial serait d'accord pour que nous commencions avec ce que nous *connaissons,* et partir de là. Nous devrions commencer avec la nature. Nous devrions commencer avec la non-existence de Dieu et alors les croyants pourraient argumenter *en faveur de* l'existence de Dieu au lieu de demander aux athées d'argumenter *contre* elle. Le fardeau de la preuve, dans n'importe quelle discussion, repose sur les épaules de celui qui lance une affirmation, non sur celles de celui qui doute de celle-ci.

Quelqu'un m'a un jour fait cette objection que mes critiques étaient des tentatives pour « trouver des justifications » aux preuves de l'existence d'un dieu. Je n'essaie pas de les justifier, j'essaie de les expliquer. Le succès de cette approche rationnelle repose sur quelque chose que tout le monde soutient en théorie mais que presque personne n'applique : une complète impartialité des deux côtés. Je suis désireux de changer d'avis, mais je ne vois pas beaucoup de croyants admettre qu'ils pourraient se tromper — qu'ils pourraient être ceux qui ont un problème. Les croyants n'ont en général qu'un seul but, me gagner à leur cause. L'impartialité, qui est louée pour les sujets profanes, n'est plus de mise lorsqu'on aborde les sujets religieux, et elle est remplacée par la loyauté. Dans la mesure où la plupart des opinions des croyants sont comme une extension (ou parfois un substitut) de leur personnalité, lorsque vous les mettez en doute, cela est souvent perçu comme une attaque personnelle — leur identité est contenue dans leur culture religieuse, comme le sens de leur vie, leur moralité, leur code de l'honneur, leur intelligence, leur jugement et tout ce qui fait d'eux des individus. (« Comment osez-vous dire que ma grand-mère bien aimée a cru toute sa vie à un mensonge ! ») La plupart d'entre eux ont investi beaucoup de temps, d'énergie et d'argent dans leur foi, et ils ne sont pas prêts à reculer ni à « perdre la face. » Ils préféreraient plutôt gagner des points de dévotion au sein de leur communauté de croyants plutôt que d'accorder une quelconque crédibilité à un Robin des Bois athée.

Bien entendu, rien de tout cela ne vient prouver la validité de l'une ou de l'autre position. Si c'était le cas, ce serait un raisonnement *ad hominem*. Les chrétiens peuvent être loyaux et malhonnêtes, mais ils peuvent tout à fait avoir raison. Les athées peuvent être honnêtes et rationnels, et avoir tort. Le manque d'impartialité de la plupart des croyants ne fait que souligner la difficulté qu'il y a pour eux à discuter avec un athée. L'une des questions que je pose le plus souvent à mes adversaires religieux est la suivante : « Je changerais volontiers d'avis si on me prouvait que j'avais tort. En feriez-vous autant ? » La plupart d'entre eux disent avec fierté : « Pas question ! »

La critique de la bible n'est pas nécessaire aux athées — Dieu pourrait être Brahma ou Yahvé — mais elle peut être utile pour répondre aux chrétiens qui avancent « les preuves des écritures ». Certains croyants affirment qu'il est injuste de rejeter le christianisme dans la mesure où la bible a été étudiée de bout en bout et interprétée correctement dans le contexte de l'histoire et du « message complètement unifié de l'Écriture ». Si nous, les sceptiques, nous avions une meilleure compréhension, disent-ils, si nous prenions un peu plus le temps, si nous pouvions lire la bible en hébreu ou en grec ancien, si nous étudiions avec de bons professeurs, si nous suivions des cours d'herméneutique, si nous faisions un doctorat en histoire ou en théologie ou en philosophie, etc. Ils nous demandent d'être qualifiés avant de prendre une décision définitive.

Mais est-ce que leur exigence est juste? Il y a des millions de chrétiens non qualifiés qui n'ont pas la moindre familiarité avec la bible, et pourtant leur décision de croire semble louable. Les bancs des églises sont remplis d'adorateurs bibliquement illettrés. S'il est nécessaire d'être diplômé de théologie avant de prendre une décision en connaissance de cause, alors, des millions de chrétiens devront être jetés hors de l'Église. Même l'athée le moins renseigné sur le sujet en sait assez sur la bible pour juger de sa fiabilité ou de sa pertinence. Combien de chrétiens en savent autant sur le Coran? Pourtant, ils se sentent tous qualifiés pour rejeter l'islam qui compte pourtant des millions de fidèles. Est-ce que le rejet de l'hindouisme par les baptistes est fondé sur une analyse exhaustive des Vedas? Est-il juste qu'un catholique rejette le judaïsme avant d'avoir mémorisé le Talmud en langue originale? Combien de luthériens ou de pentecôtistes peuvent citer ne serait-ce qu'un passage du livre de Mormon?

Combien de livres athées un chrétien moyen lit-il dans sa vie?

Tout le monde sait que la bible contient des récits de miracles et c'est une raison suffisante pour conclure qu'il y a bien d'autres façons de passer le temps que d'étudier les écritures. (Et, non, ce n'est pas un refus *a priori* du surnaturel. C'est le même critère de régulation naturelle auquel font appel les chrétiens quand ils considèrent d'autres religions. Combien de baptistes croient vraiment que les amulettes de la Rome antique guérissaient des maladies ?) La plupart des croyants, parce qu'on le leur répète sans cesse, sont accros à l'idée que leur bible est le livre le plus inspiré, le plus important, le plus grand du monde et que, donc, les miracles dont il rend compte sont vrais — des personnes très biens sont capables croire des choses pareilles. Mais les autres sont libres de ne pas penser ainsi. On m'a appris, cela m'a été enseigné sincèrement, que l'Écriture est la mesure ultime de la vérité, et je ne pouvais imaginer pendant toutes ces années que la bible elle-même pouvait être soumise à une mesure plus haute encore de vérité : la raison.

Bien sûr, est-ce que ça n'est pas tout le problème ? La question n'est pas de savoir ce que nous pensons, mais *comment* nous pensons. Épistémologie. Les scientifiques et les rationalistes augmentent leurs connaissances en apposant des limites. Les croyants font le contraire, puisque la foi n'a pas de frontières. Sans limites, tout est possible. Je pourrais affirmer, par exemple, que ce livre n'a pas été écrit de façon conventionnelle : je me suis concentré le plus que je pouvais et en un instant il s'est matérialisé sur ma table, complet, mis en page, prêt pour l'impression. Qui croirait une affirmation aussi absurde ? Mais si vous ne le croyez pas, pourquoi croire certains événements encore plus absurdes rapportés par la bible ? Nous connaissons tous les limites de la vérité. Le scientifique et l'historien — ou toute autre personne à la recherche d'une connaissance contrôlable — applique des critères spécifiques, stables dans le temps, pour l'aider à déterminer le vrai du faux.

La plupart des partisans de la religion, qui sont normalement très capables d'analyser les idées d'autrui avec une grande précision, suspendent leurs facultés rationnelles dès qu'il s'agit de leurs propres croyances. Soudain, tout est possible, et même probable. « La bible dit que c'est ainsi, je le crois », disent certains. Nous qui doutons sommes accusés de « parti pris » contre les miracles ou de « préjugé » lorsque nous refusons le surnaturel, alors que nous suivons simplement la procédure que suivent tous les hommes lorsqu'ils veulent apprendre quelque chose. Si je dis que je peux honnêtement conclure, à la suite d'un raisonnement inductif, que tous les corbeaux sont noirs ou que les gens ne ressuscitent pas d'entre les morts, en me fondant sur l'observation attentive du monde qui m'entoure, alors est-il juste de dire que de telles opinions proviennent d'un rejet *a priori* de toutes les possibilités ?

Quand des ministres de l'Église, dépourvus de formation en science, font des prédictions cosmologiques qui défient les lois naturelles, pourquoi auraient-ils plus de crédit que des physiciens, des mathématiciens ou des biologistes dont c'est le métier ? Ce n'est certainement pas parce qu'ils sont qualifiés — c'est bien sûr, comme avec les charlatans, parce qu'on les croit qualifiés. Certains prêtres peuvent avoir quelques connaissances en science ou sur certains sujets, mais ils n'ont pas d'avantage particulier. Je le sais. J'ai été l'un des leurs et j'ai rencontré plus de milles prêtres. Ils n'ont rien de plus. Pas de privilège, pas de chemin intérieur, pas de facultés supérieures, pas de savoir sublime. L'action des prêtres est efficace uniquement si les gens veulent qu'elle le soit. Aucun prédicateur vivant ne peut réussir sans l'aide de gens crédules qui lui donnent les noms de « pasteur », « révérend » ou « mon père ».

Beaucoup de ministres du culte ont acquis un certain respect en œuvrant avec une grande décence pour limiter la violence et améliorer le comportement des gens, et leurs contributions à un monde meilleur sont applaudies par tous, croyants ou athées. Mais nous pourrions faire de même avec n'importe qui. Les prêtres n'ont pas le monopole de la compassion, ni de la charité. Il y a des centaines d'athées exemplaires qui ne font pas de leurs bonnes actions une raison suffisante pour guider (comme un berger guide ses moutons) d'autres êtres humains, ou pour prendre la parole chaque semaine devant leur « troupeau » et pontifier en expliquant au monde comme leur (non)religion est bonne. De nombreux athées, baptistes et méthodistes, avancent main dans la main dans les manifestations pour les droits civiques. La plupart des athées que je connais font œuvre de charité et participent à des actions humanitaires et sociales. Les ministres de l'église, les prêtres et les rabbins ne sont pas automatiquement de meilleures personnes.

Lorsque j'ai été ordonné prêtre, j'ai bénéficié d'une autorité sur la bible et sur la religion chrétienne. Je n'ai jamais prétendu être le plus grand théologien ou le plus grand spécialiste de la bible du monde (je gagnais des âmes), mais personne n'a jamais fait la moindre objection concernant la « sagesse » de mes sermons, et mon ministère a été plutôt fructueux. Mes diplômes n'ont jamais été contestés. Puisque j'étais « un homme de Dieu », j'avais automatiquement droit au respect. Mais maintenant que je suis athée, tout cela semble compter pour rien aux yeux des croyants. Mes opinions sont à présent « ridicules » selon eux. Il semblerait que les chrétiens ne sont pas honnêtes lorsqu'ils demandent aux non-croyants de laisser sa chance à la bible. Je lui ai prêté la plus grande attention, plus que n'importe lequel d'entre eux ne l'a sans doute jamais fait. La plupart des athées en savent bien plus long sur la bible que bien des croyants. La plupart d'entre nous ont fait plus que donner leur chance au christianisme, à l'islam et au judaïsme, et nous avons fait tout ce travail qui nous aurait gagné le respect si facilement accordé aux autres, si seulement nous avions été croyants. Mais la seule chose qui puisse impressionner les croyants est le fait même de croire. J'étais considéré comme un meneur, mais uniquement dans la mesure où je menais les gens exactement là où ils voulaient être menés (c'est-à-dire au paradis). Si je devais entrer à nouveau dans une église, est-ce qu'ils écouteraient mon prêche ? Est-ce qu'ils voudraient entendre ce que j'ai maintenant appris sur la bible ?

J'ai été l'un de ces croyants sincères, et je sais que j'ai toujours été bien intentionné. Je n'essayais pas de m'illusionner délibérément ou bien de me cacher la vérité. J'étais ma propre victime. Beaucoup de croyants sont des gens très bien qui veulent que leurs vies soient les meilleures possible. Ils essaient de faire ce qui est juste, du mieux qu'ils le peuvent. Lorsque je prêchais les évangiles, je ne propageais pas consciemment une supercherie. J'étais juste englué dans l'erreur, ne voyant que ce qu'on m'autorisait à voir, forçant les faits pour les faire entrer dans ma vision préconçue (mal conçue) du monde.

Les gens sont toujours surpris de m'entendre dire que je suis aussi bien athée qu'agnostique, comme si cela affaiblissait d'une certaine manière mes certitudes. Je réponds d'habitude par une question : « Est-ce que vous êtes républicain ou Américain ? » Les deux mots désignent des concepts différents et ne sont pas exclusifs l'un de l'autre. L'agnosticisme s'adresse à la connaissance; l'athéisme à la croyance. L'agnostique dit : « Je ne sais pas si Dieu existe. » L'athée dit : « Je ne crois pas que Dieu existe. » Vous pouvez dire les deux en même temps. Certains agnostiques sont athées, d'autres sont théistes.

L'agnosticisme est le refus de prendre pour un fait une affirmation en faveur de laquelle il n'y a pas de preuves suffisantes. Cela pourrait être appliqué à n'importe quel domaine de la vie, que cela soit la science, les ovnis, la politique et l'histoire, bien que le mot soit le plus souvent utilisé dans le contexte religieux où il a été utilisé pour la première fois. Le mot *agnostique* a été créé par Thomas Huxley, qui a ajouté le préfixe *a-* (sans) à *gnostique*, formé à partir du grec ancien *gnosis* (connaissance). L'un des lieux communs erronés à propos de l'agnosticisme est qu'il s'agit d'une voie médiane entre le théisme et l'athéisme — mais cela ne peut pas être le cas, puisqu'ils ne s'adressent pas aux mêmes domaines. Si vous répondez à la question « Croyez-vous en un dieu? » par « oui » (quelle que soit votre définition de « dieu »), alors vous êtes théiste. Si vous ne pouvez pas répondre « oui », alors vous êtes athée : vous ne croyez pas en un dieu.

Une autre erreur répandue fait des agnostiques des gens qui disent ne rien savoir, des sceptiques (à la Hume) qui affirment que rien ne peut exister en dehors de l'esprit. Bien que certains continuent à pousser la philosophie jusqu'à ce point extrême, la plupart des agnostiques contemporains disent avoir des connaissances étayées par des preuves sur un certain nombre de sujets. Ils peuvent avoir de solides opinions et même essayer d'avancer des propositions sur des questions épineuses, mais s'ils manquent de données ou si un élément entre en contradiction avec d'autres données, alors ils n'affirmeront pas que c'est un fait. L'agnosticisme est une position raisonnable.

Il s'est donc avéré que le mot *athéisme* signifiait bien moins de choses que ce que je pensais. C'est simplement l'absence de croyance. Ce n'est pas une philosophie de vie, il ne fournit pas de valeurs particulières. Il ne dicte pas une conduite morale. Dans mon cas, *devenir* athée a été un mouvement positif — je me suis débarrassé du bagage négatif que constituait mon erreur religieuse, ça a été comme si on annulait une énorme dette. Cela m'a ramené à zéro, à un point où j'étais libre de penser par moi-même. Les athées qui veulent aller au-delà du zéro, qui veulent en fait déposer de l'argent sur leur compte — et je crois que c'est ce que beaucoup font — vont embrasser une philosophie positive (humanisme, féminisme, ou tout autre système éthique matérialiste). Ou alors ils vont défendre des valeurs : charité, philanthropie, science, beauté, art — toutes ces choses qui donnent du relief à la vie. Mais pour être athée, vous n'avez besoin d'aucune philosophie positive de remplacement, ni même d'être une bonne personne. Vous êtes athée si vous êtes dépourvu de toute croyance en un dieu.

L'athéisme en soi n'est pas une croyance. Il y a une différence entre le fait de ne pas croire en un dieu et le fait de croire qu'il n'y a pas de dieu — dans un cas il y a absence de croyance, dans l'autre il y a croyance. Les deux positions sont athées (absence de théisme), encore que l'usage populaire (« Tout le monde croit en quelque chose ») semble avoir ignoré la possibilité de la première. Georges Smith dans *Atheism: The Case Against God* parle d'une différence entre athéisme « implicite » et « explicite » ou « critique ». Michael Martin dans *Atheism : A Philosophical Justification* parle d'un « athéisme négatif » et d'un « athéisme positif ». D'autres parlent d'athéisme « dur » et « modéré ». J'aime les désigner « athéisme » minuscule contre « Athéisme » majuscule. Bien qu'il y ait certainement parmi les athées un sous-ensemble d'Athées durs, l'athéisme n'est en soi qu'une *absence de croyance* en dieu(x), que cette absence soit imputable à un rejet critique des assertions théistes, au manque de familiarité avec le sujet (comme avec un bébé ou une culture non-théiste), ou encore aux réserves de principe des agnostiques ou des sceptiques.

L'athéisme et le non-théisme sont la même chose, même si bien sûr ils peuvent être marqués différemment dans la société contemporaine. Smith propose que le terme *anti-théistes* soit utilisé pour les « Athées », ce sous-ensemble qui rejette positivement l'existence d'un dieu. Bien sûr, la plupart des athées pourront parler de « rejeter »

Dieu ou de façon informelle diront qu'« il n'y a pas de dieu ». Il ne semble pas absurde de penser qu'un « défaut de croyance en Dieu » soit une croyance assouplie « qu'il n'y a pas de dieu » lorsque des tentatives répétées pour prouver cette existence ont échoué. Cependant, même les athées qui « nient » l'existence d'un dieu (ce que je fais souvent dans des conversations informelles) devront capituler et admettre qu'un défaut de croyance n'est pas une croyance, si on les accule au mur de la philosophie.

Dans le monde occidental, « Dieu » désigne la divinité judéo-chrétienne et « dieu » désigne tous les autres. Donnez-moi une définition de dieu et je vous dirai si je suis un théiste, un athée ou un Athée (un anti-théiste). Sans aucun doute, je suis un anti-yahvé-iste et un anti-zoroastre-iste puisque ces créatures sont absurdes et en contradiction avec elles-mêmes et puisqu'il existe des explications naturelles à l'origine de tels mythes. Si vous entendez par « dieu » une espèce naturelle d'extraterrestres supérieurs en orbite autour de Proxima Centauri, alors je suis un athée (modéré, négatif), parce qu'agnostique. Je n'ai pour le moment aucun fondement solide pour croire en de telles choses, bien que je sois ouvert au débat. Si vous voulez identifier « dieu » avec le principe de « l'amour » (ou bien quelque autre invention sémantique fumeuse de la théologie libérale) alors j'imagine que vous pourrez m'appeler « théiste » grâce à cette définition boiteuse et impersonnelle — même si j'éviterais le mot parce qu'il serait dénué de sens et source de confusion. À l'oreille, « dieu » et « Dieu » sont identiques. Appeler un phénomène naturel « dieu » est ambigu dans la mesure où il implique traditionnellement l'existence d'un être supérieur ou d'un esprit transcendant. Si « dieu » est juste le synonyme d'un autre concept naturel pour lequel nous avons déjà une appellation, alors nous pouvons — nous devons — l'écarter.

Certaines personnes évitent le mot « athée » à cause des connotations péjoratives qui lui sont communément attachées. Dans un contexte où elles pourraient être catégorisées et éventuellement mal comprises, elles préfèrent utiliser le terme de rationaliste, agnostique ou non-théiste. Je ne m'oppose pas à cela. Je pense qu'il peut y avoir de très bonnes raisons de garder ses opinions pour soi, par exemple pour l'harmonie familiale ou la sécurité de l'emploi. Pour cette raison, certains athées rejoignent les universités unitaristes-universalistes. (L'unitarisme est une religion sans credo, qui peut être une excellente couverture, surtout si vous cherchez à faire carrière dans la magistrature.) Certaines personnes détestent purement et simplement les catégories, quelles qu'elles soient. D'un autre côté, certains athées, comme moi par exemple, voient cet *a priori* négatif comme un avantage, parce que nous avons la chance d'être à l'avant-garde. Si on en vient à discuter de religion et que vous êtes athée, pourquoi ne pas le dire ? Certains d'entre nous pensent que le mot a eu suffisamment mauvaise presse et qu'il est temps de changer son image. C'est pourquoi j'ai écrit la chanson « Athée voisin et ami ».

Bien que « l'athéisme » soit un mot construit négativement — « pas théisme » — cela ne doit pas en faire un concept négatif. C'est une double négation. Pensez à tous ces concepts négatifs qui sont construits comme des mots négatifs : non-violence, indépendance, antidote, antibiotiques. Si une croyance en un dieu est irrationnelle et potentiellement dangereuse, l'athéisme — l'absence de cette croyance — est positif.

Depuis que j'ai abandonné le fondamentalisme, j'ai été frappé de constater que les athées, contrairement à ce que je prêchais alors, pour la plupart d'entre eux, étaient très attentifs aux valeurs humaines. Pourquoi donc ? Peut-être parce que toutes les personnes qui ont le courage d'être considérés comme athées doivent être profondément motivées par quelque chose. Cela peut être :

- la colère face à l'immoralité religieuse,
- le dégoût de l'anti-intellectualisme superstitieux,
- la peur des dangers de l'intolérance chrétienne,
- l'insatisfaction ressentie lorsque les divisions religieuses interfèrent avec une compassion véritable,
- l'empathie pour les victimes de la bigoterie sectaire,
- l'indignation face à l'hypocrisie des croyants,
- l'impatience lorsque les églises sont des obstacles au progrès social.

Quelle que soit cette motivation morale, elle prend naissance dans un esprit profondément sensible à la justice et à la compassion, concevant de l'amour pour les êtres humains réels et pour *ce* monde, et pas uniquement à cause d'une approche rationnelle de la vérité qui réfute les arguments en faveur d'un être surnaturel. Mon propre dégoût de la moralité religieuse (si ce n'est pas un oxymore) est un dommage collatéral de ma volonté de trouver un système meilleur de principes éthiques (pas un code, pas de règles) pour mes semblables et pour moi-même.

« Est-ce que des athées ont jamais construit des hôpitaux ? » me demande-t-on parfois. Oui. L'exemple le plus évident est celui de l'Union soviétique dont le gouvernement officiellement athée a fait construire des centaines d'hôpitaux. Aux États-Unis, les centres hospitaliers universitaires (comme celui de ma ville, Madison, dans le Wisconsin) sont complètement laïques, construits grâce à l'argent du contribuable, qu'ils soient croyants ou athées. Les athées essaient de ne pas faire étalage de leurs vues comme beaucoup de confessions qui appellent leurs hôpitaux « Hôpital baptiste » ou « Clinique Sainte-Marie ». Bien sûr, la plupart de ces hôpitaux religieux touchent de l'argent public et ils font payer des prix tout aussi élevés, si bien qu'on y voit très peu de « charité ». La gloire pour la religion, l'addition pour le contribuable. Avant que la bigoterie religieuse ait diminué, combien de croyants se rendraient dans le Premier Hôpital athée ?

Deux non-croyants de Baraboo, dans le Wisconsin, qui ont sagement utilisé leurs noms plutôt que leurs croyances religieuses pour nommer leur travail, ont édifié la fameuse Ochsner Clinic à la Nouvelle Orléans. L'University College Hospital à Londres a été fondé par des gens déçus du sectarisme des hôpitaux confessionnels qui accordaient des traitements de faveur à leurs membres. (Le philosophe Jeremy Bentham a participé à la première étape du projet.) L'un des membres de la FFRF, le Dr Edward Gordon, était un médecin athée qui consacrait son temps et son argent à donner des soins médicaux gratuits aux pauvres villageois des montagnes philippines. Il a gravi ces montagnes et s'est occupé de ces gens, travaillant aux côtés de médecins catholiques qui faisaient souvent payer leurs services, sans jamais se préoccuper de ce qu'il pouvait recevoir en échange, tout à la satisfaction d'aider les autres.

Qu'en est-il de la foi ? Beaucoup de croyants sont d'accord avec nous, les athées, pour dire que les preuves de Dieu sont minces, et même inexistantes. Beaucoup conviennent que les arguments en faveur de Dieu sont, au bout du compte, peu convaincants à moins que l'on ne soit disposé à croire. Tout est dans la foi, disent-ils. La foi ne serait pas nécessaire, nous rappellent-ils, si l'existence de Dieu était avérée comme faisant partie de la réalité. Il serait impossible de distinguer les (bons) croyants des (mauvais) non-croyants. Puisque la foi est une vertu, les preuves de l'existence de Dieu annuleraient la possibilité de briller par notre caractère. Si le fait de croire était facile, cela compterait pour rien dans la démonstration de notre loyauté et de notre confiance en notre Père.

Mais ce n'est qu'une échappatoire. Si la seule façon d'accepter une affirmation est la foi, cela revient à admettre que l'affirmation ne peut être considérée à cause de ses mérites propres. Si quelque chose est vrai, on n'invoque pas la foi. En revanche, on utilise la raison pour en apporter la preuve. La foi est une faillite intellectuelle. Avec la foi, on n'a plus besoin de faire aucun effort pour prouver ses affirmations et dépasser les objections. « Il suffit de croire. »

La vérité ne demande pas à être crue. Elle demande à être testée. Les scientifiques ne joignent pas leurs mains tous les samedis ou dimanches en chantant « Oui, la gravité existe ! Je sais qu'elle existe ! J'aurai foi en elle ! Je serai fort ! Je crois dans mon cœur que ce qui est jeté en l'air, air, air, doit retomber au sol, sol, sol. Amen ! » Si c'était le cas, nous penserions qu'ils ne sont pas bien sûrs de leur coup.

La foi est en réalité de l'agnosticisme. La foi est ce qui vient à la rescousse quand la connaissance fait défaut. Quand quelqu'un dit « La réunion est à 7 h 30, je crois », il exprime un doute. Lorsque vous ajouter « je crois » à un commentaire, est-ce que cela le rend plus fort ?

Si la foi est un critère valide, alors tout est permis. Si les musulmans ont foi en Allah, alors ils doivent avoir raison. Les hindous ont raison. Les Grecs et les Romains avaient raison. Il y a plus de gens qui disent avoir vu ou avoir été guéri par Elvis Presley que de gens qui disent avoir vu Jésus ressuscité. Avec la foi, *tout le monde* a raison. Imaginez un athée qui refuserait de considérer toutes les affirmations religieuses en arguant : « Vous devez avoir foi dans le fait que Dieu n'existe pas. Si vous croyez dans votre cœur que rien ne transcende la nature et que l'humanité est le plus haut juge de la moralité, alors vous saurez que l'athéisme est vrai. Il fera de vous quelqu'un de meilleur. » Est-ce que les chrétiens n'auraient pas raison de ricaner ?

L'Épître aux Hébreux (11:1) dit : « Or la foi est une ferme assurance des choses qu'on espère, une démonstration de celles qu'on ne voit pas. » En d'autres termes, la foi est la preuve de la non-preuve. C'est gratuit. C'est une façon d'arriver où l'on veut en venir en ne fournissant aucun effort. L'Épître aux Hébreux (11:6) dit : « Or sans la foi il est impossible de lui être agréable ; car il faut que celui qui s'approche de Dieu croie que Dieu existe. » Même la bible admet que l'on ne peut pas savoir si Dieu existe. Il faut « croire qu'il existe ». Abracadabra.

On rapporte que Jésus disait : « Je vous le dis en vérité, si vous aviez de la foi comme un grain de sénevé, vous diriez à cette montagne : Transporte-toi d'ici là, et elle se transporterait ; rien ne vous serait impossible. » (Matthieu 17:20) Combien de faussaires de la foi pourraient réussir ce simple test ? Si les croyants n'accomplissent pas des actes incroyables (qui ne peuvent être accomplis naturellement), alors comment savent-ils que leur foi en Dieu est valable ? Comment savent-ils qu'ils sont vraiment sauvés ? Paul dit : « Car c'est par la grâce que vous êtes sauvés, par le moyen de la foi (...). Ce n'est pas par les œuvres, afin que personne ne se glorifie. » Mais Jacques dit : « Vous voyez donc que l'homme est justifié par les œuvres, et non par la foi seulement. » (Jacques 2:24) Alors, les croyants sont-ils sauvés par leurs œuvres ou non ?

Les religieux accusent parfois les non-croyants d'avoir la foi. Chaque fois que vous appuyez sur un interrupteur, vous vous en remettez à la foi. Mais ce n'est pas de la foi : c'est une attente rationnelle fondée sur l'expérience et sur la connaissance du phénomène de l'électricité. Si la lumière ne s'allume pas, ma vision du monde ne vole pas en éclats. Je m'attends à ce qu'occasionnellement la lumière ne s'allume pas à cause d'une ampoule grillée ou d'un court-circuit ou de toute autre raison naturelle. C'est l'opposé de la foi religieuse. La lumière ne s'allume pas parce que je m'y attends. Ou plutôt, mon attente est basée sur l'expérience. Si les lumières devaient ne pas s'allumer la plupart du temps, je modifierais en conséquence mes attentes. (Ou bien je réparerais mon système électrique.) Mais la foi religieuse n'est pas réparable. Elle reste forte en dépit du manque de preuves, et même en présence de preuves contraires.

Parfois, nous, non-croyants, pouvons exprimer notre foi, mais lorsque nous le faisons nous ne prétendons pas que cela fonde la vérité de notre discours. Nous affirmons souvent notre confiance en des choses qui ne sont pas démontrées à cent pour cent. Par exemple, je respecte profondément mon père, d'après ce que je connais de lui. J'ai « foi » et confiance dans son caractère. Mais cela ne veut pas dire que je sais tout, ni que je ne peux pas me tromper à son sujet. Il est possible que mon père soit en réalité un serial-killer qui n'a pas encore été attrapé, bien que j'en doute. (J'espère qu'il sourit en lisant cela.) Par conséquent, même si j'exprime des sentiments avec une confiance presque absolue, je sais que je peux me tromper, et j'admets que ma foi n'est pas un savoir. Mon père a gagné mon respect. Dieu non. Les scientifiques font quelque chose de semblable lorsqu'ils affirment qu'un « fait » peut être affirmé lorsque les preuves excèdent un certain seuil, communément admis à quatre-vingt-quinze pour cent. En réalité, je pense que toute connaissance est ainsi faite : nous ne pouvons sans doute pas dire que nous connaissons quelque chose à cent pour cent, peut-être à part « Je pense, donc je suis », et même cette affirmation est critiquable. Mais la confiance scientifique n'est pas la foi, c'est un essai pour accepter la vérité d'une hypothèse ayant été vérifiée à plusieurs reprises, et il est possible de faire marche arrière à la lueur d'une nouvelle preuve. Les données et les méthodes des tests sont rendues publics, vérifiés par des pairs et ouverts à l'examen de chacun. Cela n'est en rien comparable à la foi religieuse, qui franchit le fossé séparant la possibilité du fait. Ou, plus souvent, l'impossibilité du fait.

Certains croyants disent que ce n'est qu'une question de degré. Si les scientifiques sont autorisés à franchir la barre des quatre-vingt-quinze pour cent, raisonnent-ils, alors les croyants peuvent être autorisés à faire le saut vers la certitude à partir de n'importe quelle probabilité. Même si c'était vrai, après examen des preuves et du raisonnement, je suis convaincu que la probabilité de l'existence de Dieu n'excède pas les cinquante pour cent, ni même les cinq pour cent. Si nous devions autoriser tous les sauts de l'esprit, alors nous pourrions retourner la question : toute assertion excédant les cinquante pour cent peut être considérée comme « vraie », et à l'inverse, en dessous de cinquante, comme « fausse ». Si les théistes peuvent dire « Dieu existe » avec moins de cent pour cent de certitude, ils peuvent me laisser dire, même si j'admets moins de cent pour cent d'incertitude, que « Dieu n'existe pas ».

La bible dit que les « méchants sont comme la balle que le vent chasse au loin » (Psaumes 1:4). Cela me convient. Je préfère le vent de la libre-pensée aux chaînes de l'orthodoxie.

VI

Réfuter Dieu

Les théistes affirment qu'un dieu existe ; les athées non. Les fanatiques religieux mettent souvent les athées au défi de prouver qu'un dieu n'existe pas, mais ils font erreur. En général, les athées disent que l'existence de dieu n'est pas prouvée, ils ne disent pas qu'ils ont la preuve de son inexistence. Bien entendu, si un dieu en particulier est défini de façon incohérente, qu'on lui attribue des qualités incompatibles entre elles, alors il est logiquement prouvé que cette créature n'existe pas (cf. le chapitre suivant). Certains athées pensent que ce débat est parfaitement inutile tant que le terme « dieu » n'aura pas reçu une définition claire. Des mots comme « esprit » et « surnaturel » n'ont aucun référent réel, alors pourquoi devrions-nous débattre de concepts qui n'ont aucun sens ?

Certains théistes essaient d'abord de défendre un dieu général, indéfini, un concept raisonnable de dieu, tentant d'établir l'existence probable d'une entité *quelconque* ayant une volonté réfléchie, un créateur, avant de défendre *leurs* propres choix particuliers (il s'agit en général des dieux traditionnels). Ce débat est tout à fait légitime — « Y a-t-il un dieu ? » s'oppose à « Est-ce que Dieu existe ? » — mais il ne faudrait pas commettre l'erreur de penser qu'il s'agit d'une controverse équitable entre deux positions parfaitement symétriques : « oui » pour les théistes, « non » pour les athées. L'obligation de la preuve repose toujours sur les épaules de celui qui affirme, pas de celui qui infirme. Si un individu affirme qu'un appareil anti-gravité existe, la tâche de prouver qu'il n'existe pas ne doit pas incomber à ses détracteurs. Celui qui fait une proposition doit faire valoir ses arguments face à des doutes bien légitimes. Les autres ont tout à fait raison de suspendre leur adhésion avant qu'une preuve substantielle ne soit produite.

De nombreux théistes ont essayé de faire la preuve de l'existence d'un dieu depuis des siècles. Il y a bien des arguments théologiques et chacun d'eux a fait l'objet de livres. La plupart d'entre eux se réduisent à la stratégie du « Dieu des lacunes »[1]. Au mieux, les théistes peuvent prouver qu'il existe des lacunes dans l'état des connaissances humaines, mais en aucun cas ils ne peuvent remplir ces lacunes avec leur dieu. Après tout, que se passera-t-il si ces lacunes sont un jour comblées ? Les failles dans le savoir sont en réalité le moteur de la démarche scientifique — si nous avions toutes les réponses, la science n'aurait pas de raison d'être. Les paragraphes suivants résument brièvement quelques-uns des arguments théologiques les plus fréquemment invoqués et leurs réfutations. (Vous trouverez des débats plus approfondis sur quelques-uns de ces arguments ailleurs dans le livre.) L'athéisme est la position par défaut qui reste lorsque toutes les affirmations théistes ont été rejetées.

« Comment pouvez-vous expliquer la complexité de l'ordre de l'univers ? Je ne peux pas croire que la beauté de la nature ne soit qu'accidentelle. La création exige un créateur. »

C'est sans doute l'argument le plus banal de l'existence de dieu, mais il ne fait que supposer ce qu'il voudrait prouver. Toute tentative d'« explication » exige un contexte plus large dans lequel la chose à expliquer trouve sa signification. Si l'on veut expliquer l'univers naturel, on exige implicitement un ordre supérieur, ce qui revient à faire surgir sans le moindre effort la réponse à la question que l'on vient de poser. L'univers (ou le cosmos) est tout ce qu'il y a. Ce n'est pas une *chose*. Un dieu ferait sans doute partie de ce « tout » et, si l'univers exige une explication, alors dieu exige un dieu, et ceci à l'infini. Si par « univers », on entend uniquement notre propre univers observable au sein d'un cosmos plus grand contenant d'autres univers, peut-être pourrions-nous dire que c'est une « chose ». Mais alors, même dans ce cas, son contexte serait

1. Ou « Dieu bouche-trou ». Ndt.

naturel et pas surnaturel, et l'inventeur, s'il existait, serait naturel, ce qui ferait glisser la question vers la complexité du cosmos dans son entier, et nous retombons sur le même problème.

L'esprit du créateur serait au moins aussi complexe et ordonné que la nature qu'il aurait créée et soulèverait alors la même question : « Qui a créé dieu ? » Richard Dawkins appelle ce dieu le dernier Boeing 747, renchérissant sur l'objection selon laquelle une tempête dans un dépotoir ne pourrait sans doute pas produire un avion aussi sophistiqué. Il remarque que l'inventeur d'une telle machine doit posséder un esprit encore plus complexe que la machine elle-même. Cependant, si un système fonctionnel requiert un concepteur, alors l'esprit du concepteur, étant encore plus fonctionnel que sa création, réclame également un concepteur. Si ce n'est pas le cas, l'argument n'est pas honnête. Cela revient à placer la conclusion que l'on veut dans la prémisse. Ce procédé est connu sous le nom de « raisonnement circulaire » et il est illogique. (Cela me rappelle un dessin animé dans lequel un guérisseur descendait d'un volcan en éruption et annonçait aux gens : « Dieu m'a dit que sa colère serait apaisée par le sacrifice d'une personne autre que moi-même. ») On peut voir une organisation de l'univers mais parler de dessein pour l'univers n'est qu'une ruse sémantique[2] de fondamentalistes. Ce que nous voyons dans la nature (par opposition aux créations humaines) n'est pas un dessein intelligent. Les organismes vivants sont le résultat d'opérations inconscientes et indifférentes de sélection naturelle qui élaborent des systèmes complexes sur de très longues périodes de temps, en retenant les avantages qui permettent la survie au détriment des éléments défectueux, qui ne peuvent donc pas se reproduire, et qui sont donc éliminés soit parce qu'ils ne sont pas capables de se défendre, de se nourrir, de lutter contre les conditions météorologiques, ou bien parce qu'ils sont

2. Dan Barker joue sur le double sens de « design » en anglais, qui désigne d'une part l'agencement d'éléments entre eux, et d'autre part l'intention qui a présidé à cet agencement, l'acte créateur lui-même. Cela renvoie comme nous allons le voir au concept de « intelligent design », en français « dessein intelligent », développé par le Discovery Institute, centre de réflexion conservateur chrétien créé en 1990 aux États-Unis. Ndt.

tués dans des combats ou des accidents, ou parce qu'ils ne sont pas choisis pour s'accoupler, etc.

Les seuls gènes qui sont transmis sont les gènes de parents ayant réussi à se reproduire au sein de leur environnement, et ces gènes ont de meilleures chances d'être plus adaptés à la survie si l'environnement ne change pas trop à la génération suivante. (L'extinction d'une race est l'élimination suprême, même si elle laisse en quelque sorte la place vacante pour d'autres espèces. Nous, les humains, devons beaucoup à l'extinction d'autres races, comme les dinosaures.) L'évolution explique comment la complexité naît de la simplicité. Le créationnisme ne peut faire de même : il essaie d'expliquer la complexité par une complexité plus grande encore, et, ce faisant, il n'explique rien.

De nombreux théistes acceptent l'évolution — comment pourraient-ils ne pas le faire, avec toutes les preuves et les démonstrations qui viennent à l'appui de la sélection naturelle ? — mais ils nous rappellent que l'apparition de molécules autoréplicantes n'a pas encore été expliquée. Ils ont raison. Même si nous avons plusieurs hypothèses vraisemblables, nous ne savons toujours pas ce qui s'est passé. Mais cela n'autorise pas les théistes à nous dire tranquillement : « Vous voyez, vous ne savez pas. Nous, nous avons la réponse. Nous sommes plus malins que les scientifiques ! » Cet argument en faveur de Dieu repose sur l'ignorance, pas sur des faits. C'est un argument du type « Dieu des lacunes ». Si nous n'arrivons pas encore à résoudre une énigme naturelle, cela ne veut pas dire qu'il n'y a pas de réponse. Pendant des millénaires, les humains ont élaboré des réponses mythiques aux « mystères » qu'étaient la foudre et la fertilité. Mais plus nous en savons, moins nous avons besoin de dieux. La croyance en Dieu ne fait que remplacer un mystère par un autre mystère, et par conséquent ne répond à rien.

« L'univers s'avère être parfaitement réglé pour l'existence. Les chances que toutes les variables s'accordent par hasard pour permettre cet équilibre particulier de constantes qui rend la vie possible sont tellement faibles qu'il est virtuellement impossible que cela se soit produit par accident. Il est nécessaire qu'il y ait eu un "horloger" de l'univers. »

L'expression « parfaitement réglé » contient les prémisses de la conclusion puisque, pour que quelque chose soit réglé, il faut qu'il y ait quelqu'un qui règle, mais si nous le considérons métaphoriquement et que nous disons plutôt « semble parfaitement réglé », comme nous l'avons fait avec « semble agencé », alors nous pouvons nous intéresser à l'argument. Néanmoins, il présente de nombreux défauts. Tout d'abord, comment pouvons-nous savoir que les constantes ont pu varier et évaluer leur marge de variabilité ? L'unique façon de calculer des probabilités est de diviser un nombre par un autre. Ainsi, si nous étions en présence de variables, quel serait le ratio entre l'éventail des valeurs possibles et celui des valeurs permettant l'apparition de la vie ? Tant que ces chiffres ne sont pas connus, il n'y a aucune façon d'assigner une quelconque probabilité. Nous pouvons seulement dire que cela semble improbable au vu de nos connaissances.

Deuxièmement, la vie telle que nous la connaissons n'est pas la seule forme de vie qui puisse surgir dans l'univers. On pourrait en effet ne pas parier sur les probabilités de l'existence d'une forme de vie particulière, mais bien plutôt sur celles de l'existence d'une forme de vie quelconque, qui semble hautement probable. Tant que nous ne savons pas combien de formes de vie sont possibles, il n'y a aucun moyen de produire des chiffres.

Troisièmement, quelles sont donc les probabilités ? S'il n'y a qu'une seule possibilité d'« accorder » les constantes entre elles dans l'univers, alors les chances que la vie apparaisse sont très faibles. Mais si plusieurs configurations sont possibles, si plusieurs big bang peuvent survenir, alors cela fait grimper le nombre de chances d'apparition de la vie. Comment pouvons-nous savoir combien d'univers, combien de big bangs sont possibles ? Ce nombre est déjà plus grand que zéro puisque nous savons que cela s'est déjà produit une fois. Comment pouvons-nous savoir que cela n'a été qu'un unique événement ? Quelle loi, quel principe viendrait limiter le nombre des univers possibles à un unique exemplaire ? Après tout, les théistes croient que nous ne devrions pas appauvrir notre imagination pour ce qui concerne la conception d'un être éternel et omnipotent, alors pourquoi limiterions-nous notre conception du cosmos ?

La plupart des cosmologistes utilisent à présent le mot « cosmos » pour décrire l'ensemble des choses qui existent et le mot « monde » pour ce qui relève de l'univers observable, le nôtre, au sein du vaste cosmos. Beaucoup de cosmologistes, pour ne pas dire la majorité, sont maintenant convaincus qu'un multivers est possible. Le terme de multivers désigne l'ensemble des univers possibles, et de nombreux scénarios sont envisageables. Le physicien Paul Davies affirme que nous pouvons envisager « un multivers limité », encore que je me demande quelle pourrait être cette limite. (Il voulait sans doute dire qu'il n'était pas infini.) Selon lui, nous avons tiré « le gros lot cosmique », ce qui est une façon de dire que nous nous trouvons dans l'un des univers qui permet l'apparition de la vie évidemment. Certains multivers sont spatiaux, prenant en compte l'immense inflation de l'univers primordial, ce qui signifie que les dimensions du cosmos sont tellement immenses qu'elles peuvent accueillir des milliards de « bulles d'univers », parmi lesquels nous ne sommes qu'une bulle parmi toutes les bulles de cette énorme coupe de champagne. D'autres proposent une enfilade de Big Bangs, les uns après les autres, dans un univers oscillant dont le nôtre n'est qu'une énième réalisation. (Cela semble moins probable, en dépit de l'accélération de l'expansion de l'univers que nous constatons aujourd'hui.) D'autres encore proposent des millions d'univers multidimensionnels coexistant côte à côte. Enfin, certains scientifiques suggèrent l'existence d'univers fragmentés dans des réalités parallèles, dans lesquelles sont réalisés conjointement tous les possibles à partir d'instants *t*. Cela reviendrait à faire de nous l'un de ces possibles, tandis que nos « moi alternatifs » suivraient d'autres voies dans d'autres univers, chacun étant convaincu d'être unique. Il existe bien d'autres scénarios de multivers.

Nous n'avons pas encore la preuve de l'existence d'un multivers fait de plusieurs univers. Tout ce que nous pouvons dire c'est que c'est plausible, et qu'il en existe au moins un. Ce qui est important ici c'est que s'il y en a plus d'un, alors le numérateur de la fraction qui détermine la probabilité augmente, rendant « l'accord parfait » des constantes permettant accidentellement la vie (dans l'hypothèse où elles pourraient varier) beaucoup plus probable. En réalité, beaucoup pensent que le numérateur est beaucoup plus grand que le dénominateur et que donc ce serait véritablement un miracle que la vie ne soit jamais apparue nulle part dans le cosmos. D'autres pensent même que ce nombre est tellement grand que les univers sont susceptibles de se répéter et que vous (ou quelqu'un d'identique) avez peut-être déjà lu ce livre.

Mon frère Darrell m'a demandé de lui expliquer ce principe — la loi des grands nombres et de la probabilité — que nos cerveaux n'arrivent pas à saisir de façon intuitive. Je lui ai donc demandé d'imaginer la chose suivante :

Je possède une boîte contenant douze pièces de monnaie toutes différentes. Je secoue une fois la boîte de façon à produire un certain agencement. Puis, je lui donne une boîte identique et je lui demande de la secouer également une seule fois. Est-ce qu'il a des chances d'obtenir le même résultat ? Darrell m'a répondu : « Non, bien sûr, c'est très improbable. » Ensuite, je lui ai demandé d'imaginer mille personnes, possédant toutes une boîte avec douze pièces de monnaie, qu'elles secoueraient toutes une fois. Que se passerait-t-il d'après lui ? Darrell a répondu que, dans ce cas, il était prêt à parier qu'il y aurait sans doute des boîtes qui parviendraient au même résultat que le mien. Et si au lieu de correspondre à ma boîte, elles devaient uniquement correspondre à d'autres boîtes dans le lot ? Et si on secouait ces boîtes mille fois ? Et ainsi de suite. Darrell a convenu que, dans ces conditions, nous trouverions plusieurs gagnants.

Mais les chiffres que je viens de donner sont minuscules par rapport aux dimensions de l'univers. Dans beaucoup de scénarios de multivers, ce sont des milliards divisés par des milliards pour des multitudes d'univers. Dans certains scénarios, le nombre est infini — si on peut penser l'infinitude de Dieu, pourquoi pas celle du cosmos ? La majorité de ces univers seront mort-nés, ne produisant rien qui ressemble à de la vie. Mais d'autres non. Beaucoup d'entre eux parviendront à atteindre l'état qui est celui de notre univers.

Les théistes pourraient objecter que nous n'avons pas de preuve directe de l'existence d'un multivers, mais eux n'en ont pas non plus de l'existence de dieu.

« L'univers est gouverné par des lois naturelles. Qui dit loi, dit législateur. Par conséquent, il faut qu'il y ait un administrateur divin. »

L'univers n'est pas « gouverné » par quoi que ce soit, pas plus qu'il « n'obéit » à des lois. Il y a une différence entre des lois prescriptives et des lois descriptives. Les lois naturelles ne sont que les définitions humaines de la façon dont les choses se comportent normalement et ne sont pas des mandats prescriptifs comme le sont les lois sociales. Lorsque je lâche un crayon, il ne pense pas : « Oh, la force est relâchée et je suis donc libre de mes mouvements. Je ferais mieux de me rapprocher du centre de la terre ou je vais avoir des ennuis avec mon créateur. » Un photon ne se restreint pas en se disant : « Du calme ! Il ne faudrait pas que j'aille plus vite que la vitesse de la lumière. » Les lois naturelles, à la différence du code de la route, décrivent ce qui se passe, pas ce que nous voudrions qu'il se passe. Le fait d'utiliser ces lois nous permet de faire des prévisions, si bien que, lorsque la matière « se comporte » de façon normale, elle *semble* se conformer à ce que nos esprits avaient prévu. (« Vous êtes vraiment une goutte d'eau très docile. Vous accélérez exactement comme on s'attend à ce que vous le fassiez, conformément aux lois de la gravité, et vous respectez également les lois de frottement en laissant la résistance de l'air ralentir votre allure de façon à atteindre une vitesse constante. ») En outre, si cet argument était valide, l'esprit de dieu, n'étant pas un fatras de synapses, serait également « gouverné » par des lois qui lui donneraient son ordonnance, ce qui impliquerait l'existence d'un législateur plus puissant encore.

« Il est improbable que la complexité de la vie ne soit qu'accidentelle. La deuxième loi de la thermodynamique, qui établit que tout système tend au désordre, rend l'évolution impossible. Il faut qu'il y ait eu un créateur. »

Aucun biologiste n'affirme qu'un organisme a soudainement fait son apparition à partir d'un agencement aléatoire d'atomes ou que l'existence d'une espèce en particulier était inévitable. La vie telle que nous la connaissons — les humains par exemple — n'avait pas *obligation* d'advenir. N'importe quelle possibilité parmi les milliards d'autres tout aussi viables aurait pu s'adapter, ce qui augmente la probabilité qu'une espèce en particulier survive à l'impitoyable sélection naturelle. Qui n'attendait pas après nous.

Parler de probabilités après qu'un fait est établi, c'est un peu comme si le gagnant de la loterie nous expliquait : « Il était hautement improbable que parmi les millions de participants j'ai pu choisir le bon ticket, quelqu'un a donc voulu que je gagne. » Il est en effet hautement improbable de pouvoir prédire la victoire d'une personne en particulier — ce qui est exactement ce que chaque participant voudrait lorsqu'il achète son ticket. Mais il est, au contraire, très probable que quelqu'un gagne. En fait, ce serait un vrai miracle si personne ne gagnait jamais à la loterie. Dans certains jeux, il y a forcément un gagnant, il n'y a donc pas de mystère. Dans la gigantesque loterie de la sélection naturelle, nous ne devrions pas être surpris qu'il y ait des « vainqueurs ».

Les gens qui sont impressionnés par l'argument du dessein divin sont comme ce type qui s'émerveillait que les fleuves suivent les frontières des états. Comment ont-ils réussi ce tour de force ? Cela a dû coûter très cher de détourner toute cette eau. Sans compter que certains fleuves traversent les villes les plus importantes, rien que pour nous ! Il n'y a pas d'autre explication selon lui que celle du dessein intelligent. Mais c'est un dessein *a posteriori,* rétrospectif — ce sont nos esprits qui décèlent une organisation après coup. Il n'est pas obligatoire qu'un fleuve soit utilisé comme frontière (d'ailleurs beaucoup ne le sont pas) et il n'était pas non plus obligatoire que notre forme de vie, pas plus que toute autre, apparaisse. Nous ne pouvons pas pousser la comparaison trop loin parce que, s'il est vrai que l'évolution et les rivières ont toutes deux des ramifications, le « courant » se comporte différemment. Mais nous pouvons comprendre comment les gens considèrent la ligne, naturelle, sinueuse, ininterrompue, tracée entre des formes de vie primitives et leurs propres parents, en la comparant au cours d'un fleuve suivant le chemin offrant le moins de résistance, et se demandant alors « Comment cela a-t-il été possible ? Comment suis-je arrivé là ? Cela doit suivre un plan. »

Les créationnistes citent mal en général la deuxième loi de la thermodynamique, qui dit que le désordre augmente dans un système clos. La terre fait actuellement partie d'un système ouvert, obtenant son énergie du soleil. Grâce à l'immense apport de l'énergie solaire, la complexité augmente régulièrement, comme c'est le cas dans la croissance d'un embryon, la formation des cristaux ou des tempêtes. Au bout du compte bien sûr le soleil va s'éteindre et la vie sur terre disparaîtra.

« Des millions de gens connaissent intimement Dieu par le biais d'expériences spirituelles. »

Beaucoup de théistes affirment que l'on peut avoir une connaissance directe de leur dieu, quel qu'il soit, grâce à la méditation, à la prière ou à l'expérience mystique. Par le passé, j'ai eu ces expériences et donc je comprends cet argument, mais ces expériences ne renvoient en fait à aucune réalité extérieure à l'esprit. Le mysticisme peut être expliqué par la psychologie. Il n'est pas nécessaire de compliquer notre compréhension de l'univers par des hypothèses farfelues. Nous savons que bien des êtres humains inventent régulièrement des mythes, entendent des voix, ont des hallucinations et parlent avec des amis imaginaires. Nous ne savons pas si un dieu existe.

Des millions de gens affirment qu'ils connaissent une divinité, mais cela nous en apprend plus long sur l'humanité que sur la réalité de ces dieux. Le grand nombre des croyants n'y change rien. Les religions sont toutes radicalement différentes, et faire appel à l'expérience intérieure ne fait qu'attiser le conflit. Ceux qui croient en un dieu en particulier n'ont aucun mal à invalider les expériences intérieures de ceux qui croient à d'autres dieux que les leurs. Ils devraient donc reconnaître que la race humaine est dotée d'une forte propension à « connaître » subjectivement des choses erronées. Pourquoi seraient-ils exempts eux-mêmes de cette faculté d'erreur ?

En outre, si je devais dire que j'ai l'intime conviction que dieu n'existe pas, qui me croirait sur parole ? (Cf. chapitre 19 à propos des expériences intérieures.)

« Pourquoi est-ce qu'autant de gens croient en dieu s'il n'existe pas ? Comment expliquer cette croyance ? Si notre cerveau est un récepteur, où est le transmetteur ? »

Les religions apparaissent pour diverses raisons naturelles, par exemple à cause de la mort, de la maladie, des invasions, des rêves et de la peur de l'inconnu. Il faut citer également l'utilité d'une histoire tribale qui vient souder un peuple, la nécessité d'expliquer l'organisation de la nature (une erreur utile consistant à « envisager le pire » qui confère automatiquement un avantage pour la survie sur ceux qui sont dénués d'une telle stratégie), le besoin pour nos enfants prématurés (par rapport aux autres espèces) de se soumettre à l'autorité d'une figure paternelle jusqu'à ce qu'ils soient suffisamment grands pour penser par eux-mêmes, et ainsi de suite. Les religions peuvent être des mécanismes puissants pour donner un sens à la vie et à l'identité culturelle ou personnelle. Mais en plus de la religion, nous sommes particulièrement bien disposés au sexisme et au racisme, et bien que ces attitudes aient sans doute pu avoir une utilité pour nos ancêtres tribaux en raison du caractère brutal de l'évolution, personne ne défendrait le maintien de ces attitudes à la lumière de la science et de la morale actuelles. L'argument récepteur / transmetteur pourrait tout aussi bien être employé pour prouver l'existence de nos ancêtres défunts ou de ce à quoi nous rêvons (pour plus de détail sur ce sujet, cf. chapitre 19).

« La compréhension spirituelle fait défaut aux athées et ils peuvent donc difficilement critiquer l'expérience religieuse de Dieu. Ce serait comme si des aveugles niaient l'existence de la couleur. »

La « foi » serait-elle donc une sorte de sixième sens qui donne accès à un autre monde ? Si c'était le cas, pourquoi ne l'avons-nous pas tous ? L'analogie avec la cécité est inadaptée car les aveugles ne contestent pas le sens de la vue, pas plus qu'ils ne contestent l'existence des couleurs. Les aveugles savent qu'ils ont des yeux et des connexions nerveuses qui les relient au cortex visuel. Ils savent également que le fait qu'ils sont privés de la vue provient d'un dysfonctionnement d'une partie de ce mécanisme. L'aveugle et le voyant vivent dans le même monde et peuvent comprendre les principes naturels qui sont à l'œuvre. Le spectre de radiations électromagnétiques que nous appelons « lumière » peut être perçu indépendamment du sens de la vue. Nous pourrions construire une machine qui émettrait une fréquence sonore correspondant à la fréquence lumineuse si bien qu'un aveugle pourrait l'entendre, en faire l'expérience. On n'a pas besoin de la foi en ce qui concerne l'expérience de la couleur. Si un « sens spirituel » est refusé aux athées, alors où se trouve-t-il, comment fonctionne-t-il et qu'est-ce qui, précisément, doit être défectueux chez certaines personnes pour qu'elles n'y aient pas accès ?

Les théistes ne proposent aucun moyen alternatif de tester la faculté « spirituelle », et c'est pourquoi nous devons la mettre en doute. Le sceptique ne nie pas la réalité d'une expérience religieuse subjective, mais il sait qu'elle peut être expliquée par la psychologie, sans qu'il soit nécessaire de faire référence à un hypothétique royaume transcendant. Les rêves, par exemple, peuvent sembler réels, mais très peu de gens imaginent qu'ils entrent en relation avec un autre monde lorsqu'ils dorment.

L'un des signes en faveur de la guérison des maladies psychiatriques est la diminution de l'obsession religieuse des patients[3]. Lorsqu'ils arrêtent de dire qu'ils parlent à Moïse ou qu'ils *sont* Moïse, nous prenons cela pour un signe encourageant. Ce ne sont pas ceux d'entre nous qui ne parlent pas au divin qui ont un problème, ce sont les autres. L'accusation selon laquelle les athées sont handicapés tandis que les croyants sont les seuls êtres humains « complets » est infondée et arrogante.

« Nous ressentons tous la différence entre le bien et le mal et cette conscience nous place sous une loi qui nous dépasse. Le besoin moral universel renvoie à quelque chose d'extérieur à l'humanité. Il est tout à fait logique que Dieu, qui n'est pas un être physique, se mette en relation avec nous par des moyens aussi sublimes. »

Voici un autre argument fondé sur l'ignorance. Les systèmes éthiques se fondent sur les valeurs que les humains accordent à la

3. Cf. Wendell Watters, *Mortelle religion - Du caractère pathogène de la doctrine chrétienne*, H&O, 2011. Ndé.

vie : « bien » est ce qui permet la survie, « mal » est ce qui la met en péril. Nous n'avons pas besoin d'une divinité pour savoir qu'il n'est pas bien de tuer, mentir ou voler. Les humains ont toujours eu la possibilité d'utiliser leurs cerveaux pour déterminer ce qui est juste et raisonnable.

Il n'y a pas de « besoin moral universel » et tous les systèmes éthiques ne concordent pas entre eux. La polygamie, le sacrifice humain, l'infanticide, le cannibalisme (eucharistie), le fait de battre les femmes, l'automutilation, le bandage des pieds, la guerre préventive, la torture de prisonniers, la circoncision, l'excision, le racisme, le sexisme, les amputations punitives, la castration et l'inceste sont parfaitement « moraux » dans certaines cultures. Est-ce que c'est une erreur divine ?

Dire que dieu n'est « pas un être physique » est contradictoire. Un *être* doit être une forme quelconque de matière dans l'espace-temps. Mais même si cet être non-physique existait, quelles influences pourrait-il avoir sur des créatures physiques comme nous ? Le siège des valeurs est le cerveau physique, donc si la moralité nous désigne un dieu, nous devons être lui. Le concept de dieu n'est que la projection d'idéaux humains. (Cf. chapitre 12 pour plus de détails sur la moralité.)

« S'il n'y a pas de consensus moral alors il n'y a pas de bien et de mal en absolu. Sans Dieu, aucune base éthique n'est possible et l'ordre social serait voué à la destruction. Nos lois sont fondées sur les écritures. »

C'est un argument qui défend le fait de *croire* en un dieu mais qui ne prouve pas l'existence de ce dernier. L'exigence d'une moralité « absolue » naît de l'inquiétude des fanatiques religieux qui ne font pas confiance (ou bien à qui on a dit de ne pas faire confiance) à leur raisonnement moral. (Voltaire les raillait ainsi : « Si Dieu n'existait pas, il faudrait l'inventer. ») Les gens sages sont à l'aise avec le relativisme de l'humanisme parce qu'il fournit un cadre cohérent, rationnel et flexible à un comportement *humain* éthique — sans l'aide d'une divinité.

Les lois américaines et de beaucoup d'autres démocraties se fondent sur une constitution laïque, pas sur la bible. Tout écrit qui vient appuyer la justesse d'une loi n'est valable que parce qu'il a été éprouvé par des valeurs humaines, qui sont préexistantes aux Dix Commandements.

Il n'y a aucune preuve que les théistes soient des personnes plus morales que les athées. En réalité, c'est plutôt le contraire, comme en témoignent des siècles de violence inter-religieuses. La plupart des athées sont des personnes heureuses, productives et morales. Il y a eu des chrétiens qui étaient des personnes extraordinaires, et des personnes extraordinaires qui étaient athées. Il y a eu des personnes épouvantables qui étaient chrétiennes et d'autres qui étaient athées. Staline était un athée épouvantable. Hitler était un chrétien horrible. Les gens devraient être jugés sur leurs actions et non sur leurs croyances. (Cf. chapitre 10 et chapitre 12 pour une analyse plus détaillée de ces questions morales.)

« Tout a une cause, et toute cause est l'effet d'une cause antérieure. Quelque chose doit être au début de la chaîne. Dieu, qui existe hors du temps et de l'espace, est la cause première absolue, le moteur immobile, le créateur et le soutien de l'univers. »

La prémisse majeure de ce raisonnement, « tout a une cause » est en contradiction avec la conclusion « Dieu n'a pas de cause ». On ne peut pas dire les deux choses à la fois. Si *tout* a une cause, alors il ne peut y avoir de cause première. S'il est possible de penser qu'un dieu n'a pas de cause, alors il est possible de penser que l'univers n'en a pas non plus.

Certains théistes, observant que tout « effet » réclame une cause, affirment que Dieu n'est pas un effet mais une cause. Mais personne n'a jamais observé une cause non causée et ce n'est pas parce que l'on se contente d'en inventer une que cela prouve quelque chose. Si on peut penser l'éternité d'un dieu, alors on peut penser l'éternité de l'univers. Le verbe « causer » est transitif. La causalité réclame la temporalité. Si Dieu existe en dehors du temps, il ne peut rien causer. (Cf. chapitre 8 sur ce sujet.)

« Dieu ne peut être prouvé. Mais si Dieu existe, le croyant rafle la mise (il va au paradis) et le non-croyant perd tout (il va en enfer). Si

Dieu n'existe pas, le croyant ne perd rien et le non-croyant ne gagne rien non plus. Il y a donc tout à gagner à croire en Dieu. »

Ce pari, formulé pour la première fois par le philosophe Blaise Pascal, n'est pas du tout un argument. C'est de la pure intimidation. Cela n'est en rien une défense de l'existence de dieu ; c'est un argument pour croire, basé sur la menace de la violence. « Si tu ne crois pas, tu seras torturé. » Avec ce genre de raisonnement, nous serions bien inspirés de choisir la religion dont l'enfer est le plus terrible. L'enfer islamique semble plus horrible encore que l'enfer chrétien, alors, chrétiens, « et si vous aviez tort ? »

Il n'est pas vrai que le croyant ne perd rien. Nous affadissons la vie terrestre en lui préférant le mythe de l'au-delà. Nous sacrifions l'honnêteté pour maintenir un mensonge. La religion exige du temps, de l'énergie et de l'argent, et détourne ainsi les ressources humaines nécessaires à l'amélioration de ce monde-ci. La conformité religieuse, instrument des tyrans, menace la liberté.

Il n'est pas vrai non plus que le non-croyant ne gagne rien. Rejeter la religion peut être une expérience positive et libératrice qui vous ouvre des perspectives et autorise la liberté de chercher par vous-même. Les libres-penseurs ont toujours été à la pointe du progrès social et moral. Les non-croyants ont plus de temps à leur disposition ! Comme ils ne dépensent pas leur argent et leur énergie pour un monde surnaturel inexistant, les non-croyants ont plus de disponibilité pour faire de *ce* monde-*ci* un monde meilleur. (Comment les pauvres paroissiens expliquent-ils à leurs enfants affamés que Dieu a davantage besoin qu'eux de l'argent des courses ?)

Quelle personne pourrait torturer éternellement un honnête sceptique ? Si leur dieu est aussi injuste, alors les théistes sont plus en danger que les athées. Peut-être que, pris d'un accès de perversité, Dieu se mettra à damner tout le monde, croyants et non-croyants.

Pascal était catholique et il croyait donc en un dieu chrétien. Pourtant, Allah est peut-être le véritable dieu, auquel cas le pari de Pascal est beaucoup plus risqué que prévu.

J'ai mon propre jeu : le pari de Barker. Imaginons qu'il y ait un dieu mais qu'il récompense uniquement ceux qui ont le courage de ne pas croire en lui. Ce dieu-là n'est pas moins probable que le dieu de Pascal. En croyant en un dieu, les chrétiens s'exposent aux risques d'une torture éternelle ! Ils seront bien attrapés quand ils seront morts (et les athées aussi).

Quoi qu'il en soit, fonder la croyance en une divinité sur la peur ne peut en aucun cas susciter l'admiration. Il ne s'ensuit pas qu'un tel être est digne d'être adoré.

« Dieu est un être tel qu'aucun être plus grand ne peut être pensé. Si Dieu n'existait pas dans la réalité, alors on pourrait le penser plus grand qu'il n'est, donc Dieu existe. »

Il y a des douzaines de variantes de l'argument ontologique, mais le premier a l'avoir formulé ainsi est Saint Anselme de Canterbury. La faille de ce raisonnement consiste à considérer l'existence comme un attribut. L'existence est un prérequis. Rien ne peut être grand ou parfait s'il n'existe pas, donc l'argument se mord la queue.

Une bonne façon de démontrer la fausseté de ce raisonnement consiste à remplacer « être » et « Dieu » par d'autres termes (« Paradise Island est une île… ») Vous pouvez ainsi prouver l'existence d'un « vide » parfait, ce qui reviendrait à dire que rien n'existe !

L'argument s'effondre parce que l'on peut concevoir Dieu comme masse infinie, ce qui est contredit de façon empirique. C'est tout mélanger que de supposer que l'existence en esprit peut avoir un quelconque rapport avec l'existence en fait. Même si la comparaison se tient, pourquoi l'existence en fait serait « plus haute » (quoi que cela veuille dire) que l'existence en esprit ? Peut-être est-ce le contraire ?

Pas étonnant que Bertrand Russell ait déclaré que tous les arguments ontologiques n'étaient que des erreurs grammaticales !

« La bible est fiable sur le plan historique. Il n'y a pas de raison de douter de la fiabilité des témoignages avancés dans un tribunal. Dieu existe parce qu'Il s'est révélé dans les écritures. »

La bible est le reflet d'une culture à un moment donné de l'histoire. Si beaucoup d'événements ont lieu dans un cadre historique, ce n'est pas le cas pour tous. Par exemple, il n'y a aucune source attestant de l'histoire de Jésus en dehors des Évangiles, qui ont été écrits par des anonymes de trente à quatre-vingts ans après la date supposée de la crucifixion (selon la source à laquelle vous vous référez – cf. chapitre 15). De nombreux récits, comme celui de la création, entrent en contradiction avec les recherches scientifiques. Les histoires de la bible ne sont que cela : des histoires.

La bible est contradictoire. Un exemple frappant de cet aspect est le décalage entre les généalogies de Jésus rapportées par Matthieu et par Luc. Le récit de la crucifixion, rapporté par au moins cinq sources différentes, est désespérément contradictoire. Les savants ont relevé des centaines d'erreurs dans le texte biblique qui n'ont jamais été résolues de façon satisfaisante par les apologistes (cf. chapitre 13 et chapitre 16).

La bible, comme les autres écrits religieux, peut être expliquée en termes naturels. Il n'y a pas de raison qu'elle soit entièrement vraie ou fausse. Le christianisme est plein de similitudes avec les mythes païens et l'émergence de ce culte messianique au IIe siècle s'explique par ses origines comme secte juive. Les auteurs des Évangiles reconnaissent qu'ils écrivent de la propagande religieuse (Jean 20:31), ce qui est un indice que nous devrions prendre le texte avec des pincettes.

Thomas Paine, dans *Le Siècle de la Raison*, a remarqué que l'écriture ne peut être une révélation. La révélation (si elle existe) est un message divin adressé *directement* à une personne. À partir du moment où cette personne le rapporte, elle n'est alors plus qu'un témoignage de seconde main. Personne n'est obligé de le croire, surtout pas si elle est invraisemblable. Il est bien plus probable que les récits de miracles soient le fait d'une erreur sincère, d'une illusion ou d'interprétations théologiques fanatiques d'événements parfaitement naturels.

Des affirmations outrancières réclament des preuves outrancières. Un des critères de l'histoire critique est la supposition d'une régularité naturelle au fil du temps. Celle-ci exclut la possibilité de miracles qui, par définition, « dérogent » aux lois de la nature. Si nous admettons les miracles, alors tous les documents, y compris la bible, n'ont plus aucune valeur historique. (Cf. Troisième partie, « Qu'est-ce qui ne va pas avec le christianisme? » pour plus de détails sur la bible.)

« De nombreux scientifiques croient en Dieu. Si un grand nombre de gens qui comptent parmi les plus intelligents de la planète sont théistes, alors il doit être raisonnable de croire en Dieu. »

Cela n'est rien d'autre qu'un argument d'autorité, auquel les athées pourraient aussi bien et même mieux faire appel. Les intellectuels sont un groupe sociologique moins religieux que le reste de la population et les scientifiques parmi eux sont les moins religieux de tous. S'il est facile de trouver des scientifiques croyants pour en faire des symboles, aucun d'eux ne peut démontrer sa foi de façon scientifique. La croyance est en général un sujet culturel ou personnel, bien distinct de leur métier et personne, pas même un scientifique n'est à l'abri des séductions de la religion.

« La nouvelle science de la physique quantique montre que la réalité est incertaine et moins concrète. Les miracles ont maintenant droit de cité. Une vision théiste du monde n'est plus incompatible avec la science. »

Un miracle est censé être une mise en suspens des lois naturelles qui serait le signe d'un monde transcendant. Si la nouvelle science admet la possibilité de miracles naturels (une contradiction dans les termes) alors il n'y a pas de monde surnaturel et pas de Dieu.

Dans la physique quantique, « l'incertitude » ne renvoie pas à la réalité, mais à notre *connaissance* de la réalité. Il y a désaccord sur « indétermination » — certains pensent qu'elle n'existe qu'en esprit et d'autres que la nature est irréductiblement indéterminée — mais la seule chose qui est « incertaine », c'est l'esprit.

Le théisme présuppose un monde surnaturel. La science se limite au monde naturel. Le théisme ne peut donc *jamais* être compatible avec la science, par définition (sauf si le dieu est défini comme un être naturel, ce qui n'est pratiquement jamais le cas).

« La foi en Dieu n'est pas intellectuelle. La raison est limitée. La vérité de Dieu ne peut être connue que par un saut dans la foi, qui transcende la raison sans la contredire toutefois. »

Ceci n'est pas un argument. Reconnaître que quelque chose n'est pas intellectuel fait sortir cette chose du domaine de la discussion. Oui, la raison *est* limitée — elle se limite aux faits. Si on ignore les faits, on se condamne aux hypothèses ou aux vœux pieux.

La *foi* est l'acceptation de la vérité d'une proposition en dépit de preuves insuffisantes et décevantes. Cela n'a jamais rien eu à voir avec la raison. La foi, dès lors qu'elle est invoquée, est l'aveu transparent que les affirmations religieuses ne tiennent pas debout.

Sartre disait que croire, c'est savoir que l'on croit ; savoir que l'on croit, ce n'est pas croire.

Même si le théisme était une hypothèse cohérente (ce qu'il n'est pas), il faudrait encore le prouver. C'est pourquoi certains théistes minimisent le rôle de la *preuve* et de la *raison*, en mettant l'accent sur la *foi*, en affirmant parfois de façon ridicule que la science a besoin de la foi ou que l'athéisme est une religion.

« Il y a de nombreuses preuves de l'existence de pouvoirs psychiques, de la réincarnation, etc. Vous devez reconnaître qu'il y a bien quelque chose derrière tout ça ! »

La majorité des scientifiques disqualifient ces nombreuses preuves venant à l'appui des affirmations « parascientifiques ». Si on les examine de façon rigoureuse, elles apparaissent en général comme des contresens ou carrément des impostures. Même si elles étaient fondées, les phénomènes mystérieux recevraient des explications parfaitement naturelles. Et si ce n'était pas le cas, cela ne voudrait pas forcément dire qu'un dieu existe. Dans ces conditions, les sceptiques préfèrent suspendre leur jugement plutôt que de tirer des conclusions hâtives et superstitieuses.

Il faut souligner que même si les arguments théistes que je viens de citer étaient valides, ils n'établiraient pas l'existence d'un créateur comme entité unique, pas plus qu'ils n'établiraient celle d'un créateur personnel, parfait et existant.

De même, aucun de ces arguments théistes n'aborde la question du chaos, de la laideur et de la souffrance dans le monde, qui rendent le créateur omnipotent responsable du mal.

Ainsi, après examen attentif de ces arguments insuffisants en faveur de la religion, l'athéisme reste l'unique position rationnelle.

Définitions

Religion : système de pensée ou pratique qui affirme transcender notre monde naturel et exige de se conformer à un credo, un livre saint ou un sauveur.

Dieu : être qui a créé et/ou qui régit l'univers. Il est en général défini par des attributs personnels tels que l'intelligence, la volonté, la sagesse, l'amour et la haine ; et par des attributs surhumains comme l'omnipotence, l'omniscience, l'immortalité, la toute-bienveillance et l'omniprésence. On le représente le plus souvent en interaction avec les humains mais il est parfois assimilé à une « force » impersonnelle ou à la nature elle-même.

Théisme : croyance en un dieu personnel (ou plusieurs dieux).

Déisme : croyance en un dieu impersonnel (ou plusieurs dieux), ou un dieu qui n'existe plus, qui est absent ou indifférent.

Athéisme : absence de croyance en un dieu quel qu'il soit.

Agnosticisme : refus d'admettre la vérité d'une proposition pour laquelle les preuves ou les justifications logiques sont insuffisantes. La plupart des agnostiques suspendent leur croyance en un dieu.

Libre-pensée : pratique qui consiste à former des opinions sur la religion en se basant sur la raison, sans recourir à l'autorité, à la tradition ou aux croyances établies.

Rationalisme : idée selon laquelle toutes les croyances devraient faire l'objet d'un examen rationnel. Les traitements de faveur que l'on accorde à la *foi* ou à l'*autorité* et qui ne sont pas autorisés dans d'autres disciplines sont inacceptables lorsque l'on analyse la religion.

Vérité : degré auquel une proposition correspond à la réalité et à la logique.

Réalité : ce qui est directement perceptible grâce aux sens naturels, ou constatable indirectement grâce à l'usage de la raison.

Raison : un instrument de pensée critique qui limite la vérité d'une proposition par des tests de **vérification** (quelle preuve ou quelles observations la confirment ?), **reproductibilité** (une autre personne peut-elle arriver au même résultat ?), **réfutabilité** (qu'est-ce qui, en théorie, peut la disqualifier et est-ce que toutes ces tentatives de disqualification ont échouées ?), **économie** (est-ce l'explication la plus simple, qui requiert le plus petit nombre de suppositions ?) et **logique** (est-elle dénuée de contradictions et d'illogismes ?).

Humanisme : l'humanisme laïque est une conception rationnelle et naturelle qui fait de l'humain la mesure de toutes choses.

Tous ces mots ont reçu des définitions très différentes. Les définitions de *religion* et de *dieu* bien sûr peuvent varier en fonction du croyant. La plupart des athées se considèrent comme des libres-penseurs, rationalistes, agnostiques et humanistes parce qu'on ne peut pas les étiqueter comme faisant partie d'un groupe. *L'agnosticisme* est ici défini conformément au sens que lui donnait Huxley, bien que l'usage populaire le considère de façon erronée comme une voie médiane entre le théisme et l'athéisme.

Toute personne qui, pour une raison ou pour une autre, ne peut pas dire « Je crois en un dieu » est athée.

VII

Les Tout-aqueux

Je suis un athée avec un a minuscule — je n'ai pas de croyance — en ce qui concerne la question générale de l'existence de dieu(x). Il y a certainement des définitions de dieu que je n'ai pas examiné et j'imagine que le nombre de possibilités est infini. Moi-même je peux en inventer beaucoup, tout comme vous. Formellement, je ne peux pas dire que je sais ou que je crois que tous ces êtres hypothétiques et jusqu'à présent indéfinis n'existent pas. Cela prendrait toute une vie de recherche minutieuse pour les éliminer tous, je me contente donc de suspendre ma croyance.

Je pense, de façon informelle, qu'il est justifié de dire que Dieu n'existe pas dans la mesure où l'absence de preuves de Cette Créature La rend hautement improbable. Les croyants qui présentent leur intime conviction de « connaître Dieu » comme une preuve partielle de leurs affirmations me permettront sans doute de faire de même si j'ajoute à tous les arguments rationnels en faveur de l'athéisme mon intime conviction que « les dieux n'existent pas ».

Être athée avec un a minuscule sur la question générale ne signifie pas que je ne sois pas un Athée avec un a majuscule — ayant une croyance ou une connaissance — lorsqu'il s'agit de la définition spécifique d'un dieu particulier. Je peux dire que je *sais* que certains dieux — comme le Dieu de la bible — n'existent pas parce qu'ils ne peuvent pas exister. Beaucoup de définitions de « Dieu » sont incohérentes. Elles font état simultanément de propriétés qui sont irréconciliables; par conséquent, ces êtres n'existent pas. Ce n'est pas être dogmatique — c'est de la pure logique.

Les doctrines religieuses sont extrêmement vulnérables parce qu'elles s'expriment de façon absolue. Les termes « tout », « toujours », « jamais » et « infiniment » devraient déclencher le signal d'alarme. J'ai déjà mentionné l'impossibilité d'un être qui est à la fois infiniment clément et (infiniment) juste. Les caractéristiques superlatives comprennent également la doctrine cardinale sur la nature du Dieu chrétien: omniscience, omnipotence, omniprésence et toute-bienveillance.

D'après le christianisme, Dieu est omniscient. Ce dogme fondamental est rarement défini ou examiné. C'est une donnée. (Est-ce qu'un dieu pourrait être autre chose qu'omniscient?) Si nous grattons un peu la surface pourtant, nous constatons que cette omniscience — le fait de tout savoir dans le passé, le présent et le futur — est impossible. Le concept se mord la queue et crée un obstacle que même une divinité ne peut éluder. (Si les croyants peuvent mélanger les superlatifs, je peux faire de même avec les métaphores.)

« Connaître », c'est avoir en esprit une image ou une idée vraies. Un être qui connaît *tout*, doit se connaître lui-même. Par conséquent, l'esprit d'un être omniscient doit contenir une image de lui-même en lui. Il devrait également contenir une image de cette image, et une image de cette dernière image, et ainsi de suite. Il devrait savoir qu'il contient ces images et avoir une image de lui sachant qu'il ne contient pas uniquement ces images mais les images de lui sachant qu'il contient la connaissance de ces images — bref, vous voyez où je veux en venir. Les mathématiciens savent que leurs équations sont fausses lorsque l'infini surgit. Les programmateurs informatiques essaient de se prémunir contre les boucles infinies qui bloquent le système provoquant un bug. (Quand votre ordinateur plante, c'est souvent à cause d'une boucle infinie.) Un être omniscient créerait un bug. Il n'est pas fonctionnel.

Imaginons que vous vouliez faire une carte parfaite de la terre. Cette carte serait tellement précise qu'elle comprendrait non seulement les océans, les continents, les villes, les routes et tous les repères géographiques, mais aussi les brins d'herbe, les tuiles des toits et les bulles dans le sillage d'une baleine de l'océan Pacifique — tout. Cette carte devrait être mise à jour régulièrement. Elle devrait être immense de façon à permettre une bonne résolution, tellement grande qu'il serait impossible de l'accrocher à un mur. Vous pourriez commencer par faire une carte géante, de plusieurs kilomètres carrés, que vous poseriez dans le désert où elle n'occulterait pas trop de la surface qu'elle serait censée représenter. Pour être parfaitement à jour, cette carte devrait se faire figurer elle-même. Ainsi, sur la carte, une petite carte serait dessinée. Et pour être parfaite, cette petite carte devrait inclure les petits détails présents sur la carte, y compris un tout petit dessin du petit dessin, etc. Il devient évident qu'une telle carte est impossible. Le degré de résolution nécessaire exigerait une carte au moins aussi grande que la Terre elle-même, qui occulterait donc la Terre, et alors il serait absurde d'avoir une copie d'une chose que l'on peut observer directement. Nous pourrions nous en débarrasser et reconnaître que la carte est la réalité elle-même.

Imaginons maintenant que cette carte n'est pas uniquement un tracé géographique en deux dimensions mais une image en quatre dimensions de notre univers, prenant en compte le temps et l'espace. Imaginons aussi que cette carte soit constamment mise à jour, comme essaie de le faire notre cerveau avec notre vie quotidienne, bien que cette carte soit parfaite et qu'elle inclue tout au sein de l'horizon des événements de notre univers en expansion. Cette carte virtuelle du réel pourrait être numérique de façon à être mise à jour plus efficacement, grâce aux potentialités d'un super-ordinateur. Essayons de visualiser une représentation automatisée de l'univers, aussi grand que la galaxie, quelque part dans l'espace. Comme l'ordinateur fait partie de l'univers, il faudrait qu'il contienne une représentation de lui-même. Pour être parfait, il devrait garder une trace de lui gardant trace de lui-même. Cela s'ajouterait à sa taille. Cela prendrait tellement de temps et d'énergie de se « représenter soi-même en train de se représenter » qu'il serait pris dans une boucle infinie, épuisant ses ressources et l'empêchant de faire une tâche utile. (Certains virus informatiques fonctionnent de cette façon.) Ou bien cela créerait un bug et interromprait son activité.

Si Dieu existe, peut-être peut-il accomplir cette tâche relativement simple (pour lui) de représenter l'univers en existant quelque part « en dehors » de l'univers dans une dimension incroyablement vaste, se « penchant » ou « regardant à travers » notre cosmos. (Cette hypothèse semble présenter des problèmes de cohérence, dont je parle ailleurs.) Mais là n'est pas le problème. Le problème est Dieu lui-même. Pour que Dieu sache tout, il faut qu'il sache tout des galaxies inconnues et des systèmes planétaires extrasolaires, qu'il sache où sont les mines de diamant inexplorées et les chaussettes que j'ai perdues, mais également qu'il sache tout sur *lui-même.* Il doit savoir ce qu'il va penser l'instant d'après. Il doit anticiper qu'il aura besoin de savoir ce qui vient après et ainsi de suite dans le futur infini. Comme un virus informatique, un Dieu omniscient est pris dans une boucle infinie en essayant de suivre sa propre trajectoire et ne peut avoir une seule pensée. (Peut-être est-ce la raison pour laquelle le Dieu de l'Ancien Testament plante aussi souvent.) La méthode que Dieu utilise pour stocker et récupérer les données dans son super-esprit importe peu, il doit avoir une forme quelconque de représentation interne. Si les théistes affirment que l'intelligence de Dieu est complètement différente d'une intelligence humaine ou informatique, alors ils reconnaissent que l'idée d'omniscience est vide de sens. Si « tout savoir » n'a rien de comparable avec le savoir, alors l'expression n'a aucun intérêt pour l'intelligence humaine et nous pourrions aussi bien dire « Dieu est mmpfghrmpf » en lieu et place de « Dieu est omniscient ».

Quelques théologiens reconnaissent ces problèmes et bricolent une définition de l'omniscience. Certains, comme Greg Boyd, affirment que Dieu a une « omniscience limitée », qu'il connaît tout ce qui est connaissable mais que tout n'est pas connaissable, comme Dieu lui-même. D'autres suggèrent que « tout savoir » signifie juste « savoir plus que tout le monde » ou « super-savoir ». Peut-être Dieu en sait tellement plus que nous que cela revient au même. D'accord, mais cela souligne le fait que l'omniscience — l'omniscience totale — est incohérente. Peut-être un dieu moindre existe, mais un dieu véritablement omniscient ne peut exister. Par conséquent, il n'existe pas.

Le Dieu chrétien ne peut être à la fois omniscient et absolument bienveillant. Si Dieu était omniscient, en créant Adam, il aurait su qu'il allait pécher. Il aurait *su* que les êtres humains allaient souffrir.

Sans entrer dans les justifications théologiques du mal, un Créateur omniscient aurait délibérément placé les humains sur la voie du péché. Si ce n'est pas de la malice, c'est au moins une négligence criminelle. Ceux qui invoquent le « libre arbitre » oublient que nous agissons tous conformément à une nature humaine qui est supposée avoir été créée par Dieu lui-même. Vous pouvez essayer de débattre de la question du péché mais vous ne pourrez pas échapper au fait qu'Adam n'a pas créé sa propre nature. Au moment de la création, une divinité omnisciente aurait prévu la souffrance et la damnation de la plus grande partie de sa création. C'est mesquin. Dieu aurait mieux fait d'avorter plutôt que de livrer ses enfants à une telle misère. Peut-être un dieu moins grand (ou plus malveillant) existe, mais le problème du mal fait mentir l'affirmation selon laquelle un dieu peut être à la fois absolument bon et tout-puissant.

Qu'entendent les croyants par tout-puissant? (Ignorons le fait que le Dieu biblique est plus faible que des chars de fer, Juges 1:19). « Pouvoir » peut être entendu de deux manières: faculté et autorité. Le mot « tout-puissant » contient « puissant » qui renvoie plus à l'idée d'« obliger à » que de « commander », bien que les chrétiens affirment que leur Dieu possède à la fois la force et la capacité à commander. Le pouvoir est la capacité de faire une certaine quantité de travail dans un intervalle de temps donné. Le pouvoir (ou l'énergie) est une force physique, au moins, et si Dieu n'est pas au moins matériellement puissant, alors il n'est pas Dieu. Un Dieu tout-puissant doit être capable de contrebalancer la force la plus puissante qui soit dans l'univers. Imaginez un trou noir créé par toute la masse de l'univers s'écroulant en un point donné. Dieu doit posséder une énergie physique au moins aussi grande que celle-ci. Et s'il est tout-puissant, il peut potentiellement l'emporter sur l'énergie combinée d'un grand nombre d'univers comme le nôtre. Il doit être, en principe, infiniment puissant.

L'univers (ou plus exactement le cosmos) comprend toute la matière/énergie disponible partout. Si Dieu possède une énergie qui a non seulement créé mais en plus interagit avec le monde matériel, alors, par définition, il fait partie de l'univers naturel ou l'univers fait partie de lui, ce qui revient au même. Quelle que soit la source de l'énergie divine, elle existe *quelque part*, élargissant les dimensions du cosmos. Surnaturel ne signifie pas en dehors de la nature. Un Dieu tout-puissant ferait la masse du cosmos infiniment grande, fait qui est contredit par l'expansion de l'univers (ou si Dieu est à l'extérieur de notre univers de poche, par l'uniformité de cette expansion) ou par le fait que nous ne sommes pas compressés en permanence par la gravité de la matière infinie ou brûlés vifs en étant en présence d'un trou noir aussi grotesquement gigantesque.

Certains trouvent qu'il est étriqué de vouloir représenter Dieu comme un énorme être physique avec une masse infinie. Dieu œuvre depuis une dimension « spirituelle », disent-ils, et par conséquent ne s'ajoute pas au monde matériel. D'une certaine façon, Dieu peut manipuler la masse / énergie existante dans l'univers sans s'ajouter à elle et sans l'attirer toute à lui. Mais si « toute-puissance » veut dire quelque chose, cela doit indiquer quelque chose aux humains, qui ne sont pas transcendants, eux. Par définition, un « esprit » n'est pas physique, donc un « dieu spirituel » ne peut en aucune façon avoir du pouvoir — du pouvoir réel. Selon les croyants cependant, lorsque Dieu révèle son pouvoir, il se manifeste sous la forme d'un acte physique dans le monde tangible : tremblement de terre, crue, étoile filante, soleil immobile, nuées de criquets, une mer ouvrant un passage à un peuple tout entier, une voix émergeant du buisson ardent pour parler à Moïse, des ballons de foot changeant de trajectoire, etc., etc.

Si Dieu « dirige » la nature depuis l'extérieur, il doit toutefois le faire de façon agir sur la matière. Il faut qu'il y ait une connexion matière / énergie pour qu'il y ait mouvement. (Évidemment, dire que dieu est « énergie » revient à nier qu'il soit « esprit ».) Si « tout-puissant » ne renvoie pas à « puissant » tel que les humains l'entendent, alors la phrase est incohérente. Nous pourrions aussi bien dire « Dieu est rrrghphrrth » au lieu de « Dieu est tout-puissant ». Dans la mesure où nous savons qu'une masse infinie réelle (pas la « masse infinie » mathématique qui n'est qu'un postulat pour les trous noirs) permettant la vie et l'existence des choses est impossible, nous savons qu'un Dieu tout-puissant n'existe pas, ne peut pas exister.

L'idée même d'existence demande un pouvoir limité, une masse limitée, une énergie limitée. Puisque « l'esprit » n'a pas de pouvoir, alors un être spirituel et puissant ne peut exister.

Ceux qui affirment que Dieu n'a pas à être infiniment puissant pour contrebalancer la plus grande force possible de l'univers oublient que Dieu est censé avoir *créé* l'univers à partir de lui-même. L'argument d'une omnipotence limitée (un pouvoir suffisamment grand pour faire absolument n'importe quoi) implique que Dieu connaît des restrictions sur un univers qu'il a créé, aussi grand soit-il. Aurait-il pu avoir créé un univers vingt fois plus volumineux que celui-ci ? Cinq cents fois ? Si ce n'est pas le cas, alors il n'est pas omnipotent. La vieille devinette n'est pas complètement inepte : Dieu peut-il créer une pierre si lourde qu'il ne puisse pas la soulever ? Dans tous les cas, Dieu semble à court de toute-puissance. Éviter la question en disant que Dieu ne ferait jamais une chose pareille implique que le pouvoir de Dieu est limité par des liens et qu'il est esclave de son propre caractère.

Après tout, pourquoi Dieu aurait-il besoin de pouvoir ? Le pouvoir est ce que l'on utilise lorsqu'on a un problème, un obstacle à franchir, une nécessité quelconque. Si Dieu est capable de manipuler la matière et l'énergie grâce à quelque magie spirituelle, alors à quoi lui sert son pouvoir ? Admettre que Dieu utilise son pouvoir revient à concéder que Dieu rencontre des problèmes, des défis, qu'il a des besoins. Pourquoi noyer la race humaine dans le déluge ? Pourquoi ne nous a-t-il pas tout simplement fait disparaître ? Pourquoi précipiter les partisans de Qora'h dans un gouffre ? (Nombres, 16) Pourquoi ne pas simplement souffler à Moïse qu'il fallait les exclure de la tribu ? (Quelqu'un pourrait répondre que Dieu adore voir torturer des gens — « Ça vous apprendra à mettre en doute l'autorité de Moïse ! » Cela porte un sérieux coup à l'affirmation de bienveillance universelle.)

La combinaison de l'omniscience, de la toute-puissance et de la toute-bienveillance est cette épine dans le pied de la théologie traditionnelle parce qu'elle pose le Problème du Mal. Même si, techniquement, le problème du Mal n'est pas un argument d'incohérence — l'existence du mal est une preuve empirique positive contre l'existence d'une divinité entièrement bonne — c'est le « tout » qui rend les notions incompatibles. Si Dieu sait par avance que, de façon directe ou indirecte, le mal sera la conséquence de ses actes, alors il n'est pas tout-bienveillant. Il est au moins en partie responsable des dommages. Si Dieu a le désir et le pouvoir d'éliminer le mal, pourquoi ne le fait-il pas ?

Si Dieu sait et peut tout, alors il n'est pas absolument bon puisqu'il ne met pas définitivement un terme au mal. C'est particulièrement vrai lorsque ce sont ses enfants qui le lui demandent, qui disent l'aimer et qui prient pour obtenir sa protection, prenant ses paroles au pied de la lettre lorsqu'il disait « Tout ce que vous demanderez avec foi par la prière, vous le recevrez. » (Matthieu 21:22) Puisque les chances d'obtenir ce que l'on demande par la prière sont très aléatoires, nous avons la preuve empirique que Dieu, s'il existe, est indifférent. Il ne peut être « tout » à la fois. Comment pourrait-il avoir créé un ange nommé Lucifer qui présentait une difformité de caractère le poussant à se conduire mal ? Si ceci est délibéré, Dieu est complice du mal. Si c'était accidentel, Dieu n'est pas omnipotent.

L'omnipotence contredit l'omniscience. Être omniscient signifie que tous les faits futurs sont connus par une personne toute-connaissante. Cela signifie que l'ensemble des faits connaissables sont fixes. Si les faits ne peuvent être changés, cela limite alors le pouvoir de Dieu. Si Dieu sait ce qui va se passer demain, alors il est impuissant à le changer. S'il le change quand même, alors il n'est pas omniscient.

Si les théistes pensent que Dieu est tout-puissant, ou même seulement très puissant, ou qu'il limite lui-même son pouvoir, ils doivent penser que Dieu est au moins libre d'exercer son pouvoir comme il l'entend. Savoir si les humains ont un libre arbitre ou pas est une bonne question — les athées, comme les théistes, ne sont pas d'accord sur ce point. Mais il y a très peu de croyants, pour ne pas dire aucun, qui pensent que Dieu lui-même n'a pas de libre arbitre. Après tout, Dieu est d'ordinaire défini comme une personne et, pour nous, une personne a normalement la faculté de prendre des décisions, ce qui implique le concept de liberté, qu'elle soit réelle ou illusoire. Puisque Dieu, selon les théistes, n'est pas illusoire et est une personne parfaite, alors sa liberté est parfaite, du moins est-on en droit de le penser. Sans quoi les chrétiens adorent un robot.

Pour prendre une décision en toute liberté, il faut être en face d'au moins deux options, que l'on peut écarter selon que l'on choisit l'une ou l'autre (ou une troisième, si le choix est entre plusieurs termes). Pour pouvoir choisir librement, il doit y avoir une période d'incertitude ou d'indétermination pendant laquelle les options restent libres et pendant laquelle vous pouvez changer d'avis avant qu'il ne soit trop tard. Le libre arbitre, s'il existe, exige que vous ne connaissiez pas le futur. Cependant, si vous êtes omniscient, vous savez déjà tout de vos futurs choix et vous n'êtes alors pas libre de changer ce que vous savez par avance. Vous ne pouvez pas prendre de décisions. Il n'y a pas ce temps d'incertitude, de flexibilité, avant le choix. Vous n'avez pas de libre arbitre. Si vous changez ce que vous pensiez savoir par avance, en exerçant votre prérogative d'omnipotence, alors vous n'êtes plus omniscient. Vous ne pouvez avoir à la fois le libre arbitre et l'omniscience. Si Dieu est tel qu'il possède à la fois le libre arbitre et la faculté de connaître le futur, alors Dieu n'existe pas.

Par ailleurs, cela s'accorde avec ma position compatibiliste sur le libre arbitre humain. (Tous les athées ne sont pas d'accord avec moi.) Je suis un déterministe, ce qui signifie que je ne pense pas que le libre arbitre tel que l'entendent les libertariens existe. Dans la mesure où nous ne connaissons pas l'avenir — et c'est certainement une bonne chose parce que c'est notre effort constant pour anticiper l'avenir qui fait de nous ce que nous sommes, des esprits programmés pour la survie —, nous avons *l'illusion* du libre arbitre, ce que j'entends en réalité par « libre arbitre ».

Je concède que ma définition du libre arbitre est sujette à débat. En ce qui me concerne, faire comme si nous le possédions en admettant ouvertement que ce n'est pas le cas est une bonne solution pour continuer à vivre et à émettre des jugements moraux fondés sur des motifs choisis « librement », ce qui fonde par ailleurs la responsabilité. Dans n'importe quelle circonstance, si nous connaissions l'avenir, nous ne nous préoccuperions pas de savoir si le libre arbitre existe. Cela ne devrait pas nous inquiéter d'en avoir l'usage ou non puisque même Dieu, s'il est omniscient, n'en a pas.

L'omniprésence pose également problème. Être « présent » signifie, pour ce qui est de la matière et/ou de l'énergie, occuper l'espace-temps en un point aux coordonnées spatio-temporelles particulières. La technologie nous permet d'accroître nos sens grâce aux machines, comme c'est le cas avec la télévision qui permet aux spectateurs d'être « présents », mais cela exige également des connexions physiques : caméra, micro, détecteur, receveur, émetteur. Dieu n'est pas « présent » à tous les endroits de l'univers, pas dans un sens ordinaire en tout cas. Dire que Dieu est présent « spirituellement » n'a pas de sens, à moins que l'on définisse « esprit ». Puisque l'esprit est normalement défini comme une chose « immatérielle » ou « transcendante » (ce qui revient à identifier ce qui n'est pas, pas ce qui est), cela signifie qu'être présent spirituellement revient à n'être pas présent du tout. Nous pourrions aussi bien dire que « Dieu est sshhffhgtyrh » au lieu de « Dieu est omniprésent ». Les théistes qui avancent que Dieu existe « en dehors du temps » ne font que compliquer les choses. Si vous vivez « en dehors » des coordonnées temporelles, alors vous ne pouvez être présent « dans » l'espace-temps. Vous êtes non-présent plutôt qu'omniprésent. Si Dieu est défini comme un être omniprésent — c'est-à-dire occupant une réalité physique — tout en étant non-matériel ou non-temporel, alors Dieu n'existe pas.

L'Évangile selon saint Jean déclare : « Celui qui croit en moi, des fleuves d'eau vive couleront de son sein, comme dit l'Écriture. » (7:38) Pour moi, cela veut dire que ceux qui croient en un dieu omniprésent, entièrement libre, tout-connaissant, tout-bienveillant et tout-puissant sont tout-aqueux : trempés jusqu'aux os !

VIII

Kalâmité cosmologique

« Papa, si Dieu a tout créé, qui a créé Dieu ? » Ma fille Kristi m'a posé cette question quand elle avait cinq ans.

« Bonne question », lui ai-je répondu. Même un enfant sent les difficultés que pose l'argument théologique cosmologique.

Selon l'argument cosmologique traditionnel, puisque tout a une cause, il doit y avoir une cause première, « un premier moteur immobile ». Aujourd'hui aucun philosophe théiste ne défend ce raisonnement parce que si *tout* a une cause, alors Dieu aussi. Il faut tirer Dieu de ce mauvais pas pour pouvoir répondre à cette question enfantine.

L'une des solutions a consisté à affirmer que seuls les *effets* réclament une cause. Comme la cause première n'est pas un effet, elle échappe à la causalité. Une autre tentative est d'imaginer une cause contingente à l'univers qui se trouverait au sommet d'une pyramide de rapports au lieu d'être le maillon d'une chaîne temporelle d'événements. Mais cette tactique pour délivrer la conclusion (le créateur) de la causalité exigée par tout autre chose — sans que la preuve soit faite de l'existence d'objets « sans cause » ou « non contingents » — fait du créateur un postulat du raisonnement, alors que c'est justement ce que l'on essaie de prouver. Ces versions échouent à tirer Dieu d'affaire.

Aujourd'hui, est proposée une version plus sophistiquée de l'argument cosmologique, qui fait le lien entre les premiers courants théologiques musulmans et la cosmologie actuelle du Big Bang. Selon l'argument cosmologique du Kalâm — un argument de la théologie islamique médiévale qui explique le commencement et la cause de l'univers — l'infini n'est qu'un concept. Un infini en acte n'existe pas. Si la succession des événements temporels est infinie, nous ne pouvons pas la traverser pour arriver au moment présent. Pourtant, nous y sommes ; par conséquent, la succession des événements doit avoir eu un commencement. Aujourd'hui, les cosmologistes confirment presque unanimement que notre univers observable a commencé avec le Big Bang, une singularité[1] qui fait advenir non seulement la matière et l'énergie, mais également l'espace et le temps.

À partir de là, les philosophes chrétiens comme William Lane Craig soutiennent une version actualisée de cet argument cosmologique qui, selon eux, permet d'éviter les anciennes apories :

1 - Tout ce qui commence à exister a une cause.

2 - L'univers a un début.

3 - Par conséquent l'univers a une cause.

Cette version est séduisante pour ceux qui croient déjà en un dieu. En ce qui me concerne, je la trouve suspecte. La clause « Tout ce qui commence à exister » semble artificielle. Nous avons peu de chances d'entendre une pareille formulation hors d'un contexte théologique. Cela ressemble à une construction *ad hoc* destinée à estomper les efforts apologétiques précédents.

Le Kalâm n'est-il pas un raisonnement circulaire ?

L'étrange proposition « Tout ce qui commence à exister a une cause » implique que la réalité peut être divisée en deux sous-ensembles : les choses qui commencent à exister (CE) et les choses qui ne commencent pas à exister (NCE). Pour que cet argument cosmologique fonctionne, l'ensemble des NCE ne peut être un

1. Le Big Bang n'est pas un « événement ». Un événement a lieu dans le temps et l'espace : il requiert un contexte. Comme le temps et l'espace font partie de l'univers lui-même, faire du Big Bang un « événement » le placerait dans un contexte l'excédant, ce qui revient à la présomption de transcendance.

ensemble vide[2], mais surtout, il doit comprendre *plus d'un seul élément* si on ne veut pas qu'elle soit simplement un synonyme de Dieu. Si Dieu est le seul élément susceptible d'être un NCE, alors l'ensemble des CE n'est qu'un masque pour le créateur et la prémisse « tout ce qui commence à exister a une cause » équivaut à « tout ce qui n'est pas Dieu a une cause ». Comme dans les tentatives précédentes, Dieu se retrouve dans la prémisse du raisonnement censé prouver son existence, ce qui produit un raisonnement circulaire.

D'où les théistes tirent-ils l'idée qu'il existe une catégorie NCE ? Par quelles observations, par quels arguments, la possibilité qu'existent des objets n'ayant pas commencé à exister est-elle garantie ? Ce n'est certainement pas grâce à l'argument théologique qui présuppose l'existence de cette catégorie d'objets. Et ce n'est pas non plus par la science, qui n'observe rien de la sorte. Si les théistes tirent cette idée des documents religieux ou d'une « expérience intérieure », leur argument est plutôt présuppositionnaliste qu'évidentialiste[3].

Dire que l'ensemble des NCE doit pouvoir accueillir plus d'un élément, ce n'est pas la même chose que de dire qu'il doit contenir forcément plus d'un élément. La catégorie peut en réalité contenir seulement un seul des candidats éligibles. L'argument cosmologique serait pertinent s'il pouvait être démontré que le NCE contient exactement un élément à partir de plusieurs choix possibles, et s'il

2. Un ensemble vide ne peut être pertinent. Nous pouvons dire « Je n'ai pas d'amis » parce que nous savons ce qui définit la catégorie « ami » et nous pouvons désigner des exemples positifs de cette catégorie dans la vie réelle. Un ensemble vide n'est significatif que s'il a la possibilité d'être non-vide, et cela n'est le cas que lorsque nous pouvons désigner un élément de cet ensemble. Dans le cas des NCE, nous n'avons aucun exemple, donc une catégorie vide équivaut à pas de catégorie du tout.

3. Je n'accuse pas les théistes d'argumentation fallacieuse. Il n'est pas impossible de *concevoir* l'absence de début : le récent modèle en 2D de Stephen Hawking en est un exemple fascinant et certains athées ont émis l'hypothèse que l'univers était éternel. Mais ces idées viennent *après* l'argument cosmologique, et comme elles sont généralement rejetées par les théistes, elles peuvent difficilement être considérées comme une base solide pour justifier de l'existence des NCE. En outre, l'idée *elle-même* d'un début de l'univers implique « la réalité en son entier » pas n'importe quel élément en particulier.

s'avérait que l'heureux élu était un créateur personnel. Mais il n'est pas question de savoir si la catégorie contient ou pas plus d'un élément, mais de savoir si elle *ne peut pas* en contenir plus d'un. Si elle *ne peut pas*, alors l'argument est circulaire. Ce serait comme si un dictateur organisait des élections auxquelles il pourrait seul se présenter : les choses sont d'emblée faussées. (Je suis redevable à Michael Martin de ses observations sur ce sujet, dont il m'a fait part au cours de notre longue correspondance par e-mail.)

En outre, si le seul candidat pour les NCE est Dieu, alors la deuxième prémisse « L'univers a un début » pourrait être réduite à « L'univers n'est pas Dieu. » Si NCE est synonyme de Dieu, l'argument finit par ressembler à cela :

1 - Tout sauf Dieu a une cause.

2 - L'univers n'est pas Dieu.

3 - Par conséquent, l'univers a une cause.

À défaut d'être utile, c'est logique. La circularité du raisonnement apparaît de façon évidente lorsque les théistes construisent leur réflexion à partir de ce syllogisme. À partir de la conclusion « l'univers a une cause », Craig développe son argument en faveur d'un dieu personnel :

« Nous savons que ce premier événement a dû être causé. La question est la suivante : comment un premier événement peut-il exister si la cause de cet événement existe de façon constante et éternelle ? Pourquoi l'effet n'est-il pas aussi éternel que la cause ? Il semble que le seul moyen de sortir de cette aporie est d'inférer que la cause de l'univers est un agent personnel qui choisit de créer un univers dans le temps. Les philosophes appellent ce type de causalité "causalité agentielle" et comme l'agent est libre, il peut introduire de nouveaux effets en créant librement les conditions qui n'étaient pas initialement présentes. »[4]

Ce recours à un créateur personnel repose sur la prémisse initiale : « Nous savons que ce premier événement a dû être causé. » Cependant, comme nous l'avons montré, si Dieu est le seul élément qui puisse intégrer la catégorie NCE, l'argument (intentionnellement

4. W.L. Craig *Reasonable Faith : Christian Truth And Apologetics* (Wheaton, Illinois : Crossway Books, 1994) p. 117.

ou non) se mord la queue. Pour éviter cela, les théistes doivent proposer au moins un candidat, réel ou hypothétique, autre que Dieu pour l'ensemble des NCE.

Nous n'avons connaissance d'aucun objet NCE dans l'univers naturel (comment le pourrions-nous ?) et nous ne pouvons pas non plus proposer un quelconque élément du monde naturel[5] qui n'ait pas commencé à exister. Si « commencer » signifie « commencer dans le temps », nous ne pouvons pas trouver un tel objet dans l'univers parce que le temps lui-même naît avec le Big Bang. Aucun élément du monde réel ne transcendant le temps, rien ne peut « ne pas » commencer à exister. Si l'on part du principe que la cosmologie actuelle du Big Bang est juste, il serait incohérent de dire que quelque chose a eu lieu avant qu'ait « commencé » le temps.

Mais peut-être y a-t-il, hors de l'univers[6], quelque chose qui puisse correspondre au NCE en plus de Dieu. (Craig semble suggérer cette hypothèse ontologique lorsqu'il « infère »[7] que la cause externe de l'univers est une « causalité agentielle », ce qui signifie qu'elle aurait pu être différente.) Le NCE pourrait être ouvert à une force impersonnelle autant qu'à une force personnelle — ou à plusieurs forces impersonnelles ou personnelles. Cela ne conduirait pas forcément au polythéisme, ni au déisme, ni à violer le principe d'économie — il pourrait être tout à fait vrai que seule la force personnelle existe parmi cet éventail de possibles.

Pourtant, si les théistes admettent la possibilité théorique d'un élément transcendant impersonnel dans le NCE — et il semble qu'ils soient obligés de l'admettre, comme d'autres hypothèses non-théistes — et s'ils ne l'ont pas éliminé de façon convaincante de l'ensemble des possibilités, alors ils doivent rester ouverts à la possibilité que l'origine de l'univers puisse recevoir une explication purement naturelle.

---

5. Bien sûr, dans le monde conceptuel, il y a des choses sans début, par exemple l'ensemble des nombres négatifs. Mais l'argument du Kalâm est que l'infini n'existe pas dans le monde réel.
6. Nous retomberions sur le même problème, parce que l'existence du surnaturel est ce que les théistes veulent établir.
7. Comment peut-on inférer quelque chose à partir d'observations portant sur l'univers naturel au sujet de ce qui se trouve *en dehors* de l'univers ?

Transcendant ne signifie pas surnaturel.

Les théistes ont-ils éliminé avec succès tous les candidats possibles pour les NCE sauf un ? Sur quel critère ont-ils établi qu'une force impersonnelle ne pouvait avoir créé l'univers ? Après tout, l'expérience de l'univers nous prouve que bien des causes impersonnelles « créent » des effets naturels.

Craig semble justifier l'hypothèse d'une force externe personnelle par l'existence dans l'univers naturel d'intelligences complexes et d'agents dotés d'une volonté personnelle — les humains par exemple — et par la nécessité qu'un créateur soit au moins aussi complexe que sa créature[8]. Sans quoi la création serait supérieure au créateur, ce qui est impossible.

Mais est-ce impossible ? Que signifie exactement « supérieur » ? L'érosion de l'eau a créé le Grand Canyon ? Qui est « supérieur » ? Des rocs détachés provoquent des éboulis. Nous construisons des machines « supérieures » à nous : des chariots élévateurs, des avions. Nous créons des machines qui « pensent » plus vite que nous — voyez la défaite du champion d'échec Gary Kasparov contre l'IBM Deep Blue. Un homme et une femme d'intelligence moyenne peuvent avoir ensemble un enfant génial. La nature est pleine d'exemples qui montrent que la complexité peut surgir de la simplicité.

Si cela est vrai dans le monde naturel, pourquoi ne serait-ce pas également vrai pour le monde surnaturel ou transcendant, s'il existe ? Si nous pouvons, comme le fait Craig, faire une inférence à partir de ce monde pour l'autre monde, alors nous ne pouvons pas éliminer la possibilité que l'univers (ou Dieu) soit né de causes plus simples que lui. Il n'y a aucune façon de rejeter l'hypothèse selon laquelle une force impersonnelle a créé les conditions de possibilité de la naissance de l'univers.

Ce principe vaut en biologie. Le fait que nous descendions d'ancêtres plus simples, et eux-mêmes d'ancêtres plus simples encore

8. C'est d'ailleurs un des arguments permettant de réfuter la téléologie. Si la complexité fonctionnelle exige un concepteur, alors le concepteur réclame également un concepteur parce que le concepteur serait au moins aussi sophistiqué que la chose conçue. Un créateur Dieu, s'il existait, possèderait un esprit fonctionnel, complexe, merveilleux, organisé, résolu. Mais c'est un autre sujet.

fait l'objet d'un consensus écrasant parmi les biologistes. Les théistes qui sont d'accord pour reconnaître que l'univers est né du Big Bang il y a de cela quinze milliards d'années ne devraient pas être gênés de constater que les formes de vie ont connu une évolution au cours de cette période. (Les quelques théistes qui acceptent la cosmologie mais rejettent la biologie doivent choisir leurs experts sur des critères plus théologiques que scientifiques.) Si les théistes comme Craig pensent que nous pouvons tout inférer à partir de l'observation de la nature sur les caractéristiques d'un créateur transcendant, alors nous, les naturalistes, sommes habilités à jouer au même jeu. Nous pourrions « inférer » que le créateur (s'il existe) a évolué à partir d'une source moins complexe et impersonnelle.

Certains théistes rejettent l'évolution biologique à partir d'organismes simples (certains rejettent tout simplement la macro-évolution, d'autres l'évolution de l'ADN), mais même s'ils avaient raison, cela ne réglerait pas le problème. Complexe / simple ne signifie pas nécessairement personnel / impersonnel. Qui peut dire que la personnalité n'a pas émané d'une cause impersonnelle ? L'impersonnel peut être plus complexe. Si c'est impossible, les théistes doivent expliquer pourquoi.

Même si ce raisonnement est faux (en dépit d'une abondance de preuves), pour que l'argument cosmologique tienne, les théistes doivent au moins reconnaître la possibilité d'une ou de plusieurs transcendances impersonnelles. Ils doivent se colleter avec la possibilité d'une entité « là-haut » qui ne soit pas Dieu. Ils doivent la définir et ensuite l'éliminer, pour éviter l'accusation de raisonnement circulaire.

Les théistes qui comprennent cette exigence objectent que ce « quelque chose », même s'il était défini précisément, serait purement théorique. C'est vrai, mais c'est vrai aussi pour Dieu[9]. S'ils avaient la preuve de Dieu, l'argument cosmologique n'existerait pas.

9. Stephen Hawkin, dans son introduction à *Before the beginning* de Martin Rees, dit que Dieu est une « construction théorique ».

Le Kalâm comprend-il en lui-même sa propre réfutation ?

Si l'infini ne peut exister en acte dans la réalité, alors Dieu, s'il est vraiment infini, ne peut pas exister.

Pour contourner ce problème, certains théistes insistent sur le fait que Dieu ne fait pas partie de la réalité « actuelle » (naturelle). Ils parlent souvent d'un lieu « au-delà » de l'univers, un royaume transcendant dans lequel Dieu existe « hors du temps ». Craig s'extasie que « *l'univers ait une cause.* Cette conclusion devrait nous stupéfier, nous remplir de respect, parce que cela veut dire que l'univers s'est mis à exister par l'entremise de *quelque chose* de plus grand et au-delà de lui. »[10] [Ce n'est pas nous qui soulignons.]

Bien sûr, si vous vivez « hors du temps », alors vous n'avez pas besoin de commencer à être dans le temps. Un être transcendant, vivant « au-delà » de la nature, est commodément exempté des limites imposées par les lois naturelles. Et toutes les objections qui voudraient que Dieu ait une cause ou un concepteur (en extrapolant le raisonnement qui essaie de prouver son existence) peuvent être rejetées par les théistes qui insistent sur le fait que Dieu est hors circuit, qu'il n'est pas affecté par la causalité naturelle puisqu'il est hors du temps.

Pourtant les théistes continuent à décrire cet être « atemporel » dans des termes temporels. Pour nous, pauvres mortels, des expressions comme « Dieu a décidé de créer l'univers » sonnent un peu comme « Annie Laurie a décidé de faire une tarte ». Si ces expressions ne sont pas équivalentes et analogues au langage humain normal et si elles ne sont pas redéfinies de façon cohérente, alors elles sont inutiles. Nous pourrions aussi bien dire « Dieu blop waddlé de scrumpwitcher l'univers. »

Le verbe « créer » est transitif. Nous ne connaissons pas de verbe transitif opérant hors du temps. (Comment le pourrions-nous ?) Par conséquent lorsque nous entendons ce mot, nous nous le représentons de la seule façon possible : un sujet exerce une action sur un objet. Si l'on considère le point auquel l'action est effectuée, il doit

10. Craig, *Reasonable Faith,* p. 116.

y avoir un état antérieur à ce point où l'action n'était pas encore effectuée et cela doit être vrai aussi bien dans que hors du temps.

Dire que « Dieu a créé le temps » n'a pas de sens pour nous. S'il l'avait vraiment fait en dépit de notre manque d'imagination, cela n'aurait pas pu se produire « après » sa décision de le faire, parce que l'« avant » n'existait pas. Nous pourrions pourtant imaginer que l'acte de création a « suivi » la décision de créer. Ou encore, pour éviter des termes temporels, que l'acte de créer succède à la décision dans un ordre logique. En logique, nous disons qu'une conclusion « suit », bien que cela ne se produise ni dans le temps, ni dans l'espace. Craig est d'accord pour dire que « l'origine de l'univers est causalement antérieure au Big Bang, bien qu'elle ne soit pas temporellement antérieure à lui »[11] mais il ne semble pas comprendre que la causalité exige la temporalité.

Que cela soit dans ou hors du temps, la décision d'un agent personnel d'effectuer une action précède l'action elle-même. Même si la décision et l'action étaient simultanées[12], nous ne pourrions toujours pas placer l'action avant la décision. Imaginez un peu Dieu disant : « Oups, je viens juste de créer l'univers, je ferais bien de me dépêcher de le décider. »

Cela signifie donc que des événements antécédents entretenant des relations causales doivent exister dans l'esprit d'un créateur transcendant le temps, si cet être existe. En affirmant que « l'infini en acte ne peut exister dans le réel », l'argument du Kalâm se tire une balle dans le pied. Bien que le Kalâm prenne en compte la succession dans le temps, la même logique s'applique aux événements antécédents atemporels, si tant est qu'ils aient existé dans la réalité.

---

11. Craig L. W. « The Origin and Creation of the Universe : a Response to Adolf Grunbaum », *British Journal for the Philosophy of Science 43* (Cité dans « Some Comments on William Craig's Creation and Big Bang Cosmology » http://www.infidels.org/library/modern/adolf_grunbaum/comments.html (1994) par Adolf Grunbaum.)

12. La création simultanée n'est pas uniquement difficilement concevable, elle est également problématique. Sans succession temporelle, il n'est pas possible de déterminer l'ordre de la cause et de l'effet. Si la création avait lieu simultanément, nous ne pourrions pas exclure la possibilité que l'univers ait créé Dieu (Certains athées ne disent-ils pas que « Dieu » est une création humaine ?)

Si les séries étaient infinies, alors Dieu n'aurait jamais pu traverser la totalité de ses propres causes mentales antécédentes jusqu'à arriver à « Que la lumière soit ». Par conséquent, si l'on s'en tient au Kalâm, il doit forcément y avoir eu un « premier antécédent » dans l'esprit d'un Dieu en acte, ce qui signifie que Dieu « a commencé » à exister (c'est-à-dire « a logiquement commencé » mais les théistes ont accepté de désigner des actions atemporelles avec un langage temporel).

Si les théistes ripostent que l'argument du Kalâm ne s'applique qu'à l'impossibilité d'un infini mathématique en acte au sein de l'univers matériel et que le domaine transcendant et atemporel du créateur comprend une tout autre « infinité » qui n'est pas soumise aux mêmes lois, alors, à nouveau, ils prennent leurs prémisses pour des conclusions. Exempter par définition la conclusion des prémisses en exemptant d'emblée le surnaturel (cette même chose que les théistes veulent prouver), c'est produire un raisonnement circulaire. S'il est vrai que « un infini en acte ne peut exister dans le réel », alors un être qui est infini ne peut faire partie de la réalité. En d'autres termes, le Kalâm réfute la réalité d'un Dieu n'ayant pas commencé à exister. Si l'infini n'est qu'un concept, comme le souligne le Kalâm, alors un Dieu infini n'est qu'un concept.

Si nous prenons le Kalâm au sérieux, il n'y a pas d'autre solution que de considérer que Dieu (s'il existe) a un début, que ce soit hors ou dans le temps[13]. Si cela est vrai, l'expression « Tout ce qui a commencé à exister… » comprend Dieu. Si l'on s'en tient à l'argument cosmologique, il s'ensuit que Dieu a une cause.

Nous en revenons à mon bac à sable.

Par ailleurs, je n'ai jamais entendu une seule définition satisfaisante de ce que voulait dire « exister hors du temps ». Cela ressemble plus à un faux-fuyant, à une tentative d'esquiver le problème. « Exister » (en tant qu'objet) signifie occuper un temps et un espace. Les choses qui existent sont mesurables.

---

13. Le Livre de la Genèse représente la divinité hébraïque créant le monde dans le temps : « Au premier jour, au deuxième jour, etc. » Pour ceux qui interprètent littéralement la bible, les actions de Dieu sont donc temporelles et par conséquent sous la juridiction du Kalâm.

Saint Augustin offrait une approche philosophique et scientifique naïve en suggérant que Dieu existait hors du temps. Il est impossible d'être « hors du temps », comme si le temps avait des limites ou des frontières. Saint Augustin et de nombreux chrétiens contemporains pensent encore comme si le monde était plat. Le temps est une dimension, pas une chose. Comme toutes les dimensions, elle n'a pas d'existence en soi, et pas de début, de fin, ou de limite. Si vous voulez mesurer quelque chose, par exemple la taille de cette page, vous commencez par établir un point de repère, le point zéro, et, à partir de ce point, vous comptez le nombre de centimètres qui le séparent de l'autre côté conformément à une certaine dimension. Cela fait sens de dire combien de centimètres fait cette page mais pas vraiment pour la dimension elle-même. Combien mesure cette dimension ? Le point zéro a été choisi arbitrairement en fonction de la dimension. N'est-il pas absurde de demander quel est le début ou la fin de cette dimension ? Il est logique de se demander où est la limite du livre mais qu'en est-il de la limite de la dimension ? Elle n'est nulle part. Le temps est une dimension de l'espace-temps. Les choses qui existent peuvent être mesurées en fonction de cette dimension. Nous pouvons parler en toute logique du « début de la guerre de Sécession » mais nous ne pouvons pas raisonnablement parler du « début du temps » comme si c'était juste une très longue règle. Ce serait essayer de mesurer le concept de mesure lui-même, ce qui revient à piétiner allègrement toute logique.

Nous avons lu des choses sur cette fourmi hypothétique rampant sur la surface d'un énorme ballon. Comme ceux qui croient que la terre est plate se demandent où est le bout de la terre, où que se trouve cette fourmi, elle ne verra ni la fin ni le bout du ballon. Tous les points de la surface sont identiques si bien que nous pourrions faire de chacun le début et la fin. C'est aussi vrai avec la dimension du temps. Chaque instant est maintenant. Chaque point du temps est le « début » et la « fin ». Il est inutile de demander : « Quand commence le temps ? » ou « Qu'est-ce qui se passait avant que le temps ne commence ? » En fait, les scientifiques soulignent que la dimension du temps est simplement un effet secondaire du déplacement d'objets dans le temps. Avant que la matière n'existe, il n'y avait pas d'avant.

Si Dieu est hors du temps, alors est-ce que le temps est hors de Dieu ? Si c'est le cas, il doit y avoir quelque chose au-delà de Dieu dans le cosmos.

Dire que Dieu n'existe pas dans l'espace-temps revient à dire que Dieu n'existe pas du tout. Et même s'il était vrai que Dieu existe « hors du temps », en dépit de notre échec à saisir intuitivement ce qui semble être une aberration, alors comment peut-il interagir avec nous qui sommes des êtres purement temporels ? Ce serait comme un auteur essayant d'entrer en relation avec l'un des personnages fictifs de son roman — vous ne pouvez pas être ici et ailleurs.

C'est là que les théistes nous rappellent que si nous avons une connaissance scientifique du début de l'univers, nous n'en avons aucune en ce qui concerne Dieu. C'est vrai, mais c'est une auto-accusation. Oui, la science est une tentative matérielle — il est impossible de prouver le surnaturel avec les outils du monde naturel — mais dire que nous n'avons aucune preuve que Dieu a un commencement vient rappeler que nous n'avons aucune preuve de Dieu tout court. L'argument du Kalâm a été avancé mille ans avant que les scientifiques n'adoptent la théorie du Big Bang, et il n'avait alors qu'un intérêt non-scientifique, tout comme maintenant.

Le Kalâm mélange-t-il les torchons et les serviettes ?

Une façon de montrer que l'argument du Kalâm pourrait n'être qu'un jeu sur les mots est d'identifier le présupposé surnaturaliste caché dans la seconde prémisse. Voici à nouveau l'argument :

1 - Tout ce qui commence à exister a une cause.

2 - L'univers a commencé à exister.

3 - Par conséquent, l'univers a une cause.

Notez comme les mots « tout » et « univers » sont associés. Dans ce syllogisme, on considère que les deux termes sont d'une même essence et qu'ils relèvent du même plan logique. Considérons maintenant cet argument erroné :

1 - Tous les torchons qui sont bleus servent à essuyer les plats.

2 - Cette serviette est bleue.

3 - Par conséquent, cette serviette sert à essuyer les plats.

L'argument est faux parce que… il mélange les torchons et les serviettes. Une serviette n'entre pas dans l'ensemble des torchons.

« L'univers » pour les philosophes (comme « le cosmos » pour les cosmologistes) est l'ensemble de toutes les choses. Un ensemble rassemble plusieurs éléments. Un ensemble peut être le sous-ensemble d'un autre ensemble ou le sous-ensemble de lui-même, mais en aucune façon il ne peut être un élément de lui-même[14]. Pourtant, l'argument cosmologique fait comme si l'univers était un élément de son propre ensemble. La première prémisse fait référence à toute « chose », et la deuxième semble considérer « l'univers » comme un élément de l'ensemble « choses ». Mais puisqu'un ensemble ne doit pas être considéré comme l'un de ses éléments, l'argument cosmologique mélange les torchons et les serviettes.

On ne peut pas faire une inférence ou une loi d'une relation entre des éléments au sein d'un ensemble qui s'applique logiquement à l'ensemble en entier. Le fait que chaque membre d'un orchestre joue en harmonie avec les autres membres de cet orchestre ne veut pas dire que tous les orchestres du monde jouent en harmonie les uns avec les autres. Le fait qu'un écart de deux unités sépare chaque nombre d'un ensemble de son voisin ne signifie pas que cet ensemble soit séparé de son voisin d'un écart de deux

14. Je sais que des tentatives théoriques existent pour considérer les catégories comme des éléments d'elles-mêmes — « la catégorie de toutes les catégories » devrait s'inclure elle-même, ou la « catégorie des concepts » étant un concept, devrait également s'inclure — mais je pense que tous ces exemples mélangent les niveaux logiques et créent des confusions sémantiques. Une catégorie-ensemble n'a pas le même référent qu'une catégorie-concept. (Toutes les catégories-concepts ont sans doute le même référent.) Pour être utile, un concept doit se réduire à son plus petit niveau référentiel et éviter ainsi les paradoxes : la « catégorie des catégories des catégories des catégories, etc. » est évidemment artificielle, elle manque d'un référent utile. Le « catalogue des catalogues où il ne figure pas lui-même » est paradoxal, donc impossible. Dans tous les cas, « l'univers » est un ensemble de choses matérielles (plus petit référent), pas « un ensemble de concepts ». (Je remercie Doug Krueger et Alan Gold pour leurs remarques éclairantes.)

unités. Un raisonnement de ce type exporte une vérité d'un niveau vers un autre. Quand vous dites « Tout ce qui commence à exister a une cause », vous ne pouvez pas vous prendre par la main et dire que la catégorie qui comprend toutes ces choses (l'univers), même s'il a eu un genre de début, doit être régie par la même loi ou conserver les mêmes relations que les éléments qu'il contient.

Voici comme exemple un raisonnement fallacieux qui utilise le mot « commencer » :

1 - Toute nation commence par une révolution.

2 - Les Nations Unies ont commencé il y a dix ans.

3 - Par conséquent, il y a eu une révolution il y a dix ans.

C'est illogique parce les Nations Unis ne sont pas une nation individuelle, et que le mot « commencer » signifie tout autre chose lorsqu'il est appliqué à la catégorie en entier. Ainsi, dans l'argument cosmologique, la proposition « commence à exister » ne doit pas désigner la même chose lorsqu'il s'agit de « l'univers » ou lorsqu'il s'agit des « choses » individuelles contenues dans l'univers.

Craig explique ainsi l'argument cosmologique du Kalâm :

« La logique de l'argument est valable et très simple. Il a la même structure logique que l'argument : "Tous les hommes sont mortels, Socrate est un homme, donc Socrate est mortel." La question est donc de savoir si chacune des étapes est vraie. Je crois que c'est le cas[15]. »

Mais cela n'est pas vrai. L'argument de « tous les hommes sont mortels » n'a pas la même structure que le Kalâm. Socrate est un homme, mais l'univers n'est pas une « chose ». L'argument aurait la même structure logique que le Kalâm s'il disait : « Tous les hommes sont mortels ; la race humaine est composée d'hommes ; par conséquent la race humaine est mortelle. » En reformulant ainsi, le caractère illogique de ce syllogisme saute aux yeux.

Bertrand Russell a évoqué le problème dans son débat avec le Père Frederick Copleston en 1948 : « Je devrais dire que l'univers est là, et c'est tout... Je peux vous donner un exemple pour vous expliquer ce qui me semble être votre erreur. Tout homme qui existe a

15. Craig, *Reasonable Faith,* p. 72.

une mère, et il me semble que vous en concluez que la race humaine a par conséquent une mère mais évidemment la race humaine n'a pas de mère — ce sont des sphères logiques différentes[16]. »

Que signifie « tout »? Tout seul, c'est le synonyme d'univers (ou de cosmos). Mais dans l'argument cosmologique, « tout » ne renvoie pas à « toutes les choses qui existent » parce qu'elle est limitée par la clause « qui commencent à exister ». Cela signifie (comme nous l'avons vu) qu'il y a des choses (NCE) qui ne font pas partie de cet ensemble en particulier. « Tout » est compris comme faisant référence à chacun des éléments individuels de la catégorie CE. Cela est renforcé par le fait que la relative « qui a commencé à exister » est singulière, faisant référence à une « chose » dans la catégorie CE. (Craig utilise « tout ce qui » ce qui signifie « toute chose qui ».)

Une « chose » est un objet ou un système distinct des autres objets ou systèmes. Le dictionnaire Webster[17] définit *chose* comme : « toute chose conçue ou à laquelle on fait référence existant comme une entité individuelle et distincte ; *en part.* a) une entité unique distinguée de toute autre [chaque chose dans l'univers]... » (Ce dictionnaire définit également *chose* comme un concept abstrait, mais nous pouvons considérer que les théistes considèrent que Dieu et l'univers sont des objets réels.)

Une « chose » peut donc être distinguée et pour être distinguée, elle doit être limitée. Quand je dis que j'ai mangé une framboise, je dis que ce que j'ai mangé n'était pas un melon ou une pêche. Quand je dis que ma fille est rousse, cela veut dire qu'elle n'est ni blonde ni brune. Dire que mon ami vient de New York veut dire qu'il ne vient pas de Chicago, de Paris ou de toute autre ville. Pour être considérée comme une « chose », un objet doit être intégré à un contexte plus large à l'intérieur duquel et par lequel il est limité. L'objet doit pouvoir être « trié » parmi d'autres objets.

Est-ce que l'univers est une « chose »? Quand l'argument cosmologique avance sa deuxième prémisse — l'univers a commencé

16. In *Bertrand Russell on God and Religion,* ed. Al Seckel, (New York : Prometheus Books, 1986), p. 131.
17. *Webster's New World Dictionary of the American Language.* Ndt.

à exister — nous sommes obligés de considérer que l'univers est un élément au sein de la catégorie « chose ». Mais est-ce que « l'ensemble de toutes les choses » peut être une « chose » lui-même ? Est-ce que l'ensemble de toutes les choses peut être distingué des autres choses ou des autres ensembles ? Dans quel contexte l'univers existe-t-il au sein duquel il puisse être identifié comme un objet distinct des autres ?

Si nous ne faisons que *suggérer* que l'univers (le cosmos) est une « chose » distincte (pas uniquement un concept), cela implique l'existence d'un monde au-delà de l'univers dans lequel il est contenu, qui le limite et le définit. Cela revient à supposer la transcendance. Les philosophes théistes espèrent que personne ne remarquera que le langage qu'ils utilisent fait apparaître comme par magie un monde au-delà de la nature, présentant « l'univers » de loin comme si « il » avait un environnement. Il est plus facile pour des non-théistes, qui ne sont pas tentés de mélanger les sphères logiques, d'éviter ce genre de courts-circuits logiques[18].

Copleston, répondant à Russell, a demandé : « Mais vous êtes sur le point de dire que nous ne pouvons pas, ou ne devons pas, ne serait-ce que poser la question de l'existence de l'ordre total des choses — de l'univers tout entier ? »

« Oui, a répondu Russell. Je ne pense pas que cela fasse grand sens. Je pense que le mot « univers » est un mot pratique dans certains cas mais je ne pense pas qu'il ait véritablement un sens. »[19] (Aujourd'hui, les cosmologistes substitueraient le mot « cosmos » au mot « univers », ce qui revient au même : à l'entièreté de l'existant.)

Quelles propositions pourraient nous dire ce que n'est pas l'univers ? Le Grand Canyon n'est pas dans le New Jersey, les pyramides égyptiennes n'ont pas été construites au XXe siècle et les balles de base-ball ne sont pas en gelée. Où donc n'y a-t-il pas d'univers ? De

---

18. Les athées sont parfois accusés d'avoir un « préjugé contre le surnaturel » mais nous pouvons répliquer que les théistes ont un « préjugé contre le naturel ».
19. In *Bertrand Russell on God and Religion*, p. 129.

quoi n'est-il pas fait ? En quoi est-il différent d'un non-univers ?[20] Ces questions sont absurdes quand on pose la question de « l'ensemble de toutes les choses ».

En somme, pour sauver l'argument cosmologique du Kalâm, les théistes doivent répondre à ces trois questions au moins :

1 - Est-ce que Dieu est le seul objet permis dans l'ensemble des choses qui n'ont pas commencé à exister ? Si c'est le cas, nous avons affaire à un raisonnement circulaire. Dans le cas contraire, quels sont alors les autres candidats pouvant avoir causé l'univers et comment ont-ils été éliminés ?
2 - Est-ce que la logique du Kalâm ne s'applique qu'aux antécédents temporels dans le monde réel ? Si c'est le cas, cela présuppose l'existence d'antécédents non-temporels dans le monde réel, mais alors cela rend la question caduque. Si ce n'est pas le cas, alors l'impossibilité d'un infini en acte réfute l'existence d'un Dieu infini.
3 - Est-ce que l'univers (le cosmos) est un membre de lui-même ? Si ce n'est pas le cas, alors comment son « début » peut-il être comparé aux autres « débuts » ?

En l'absence de réponses convaincantes à ces questions, nous devons refuser la validité de l'Argument Cosmologique du Kalâm en faveur de l'existence d'un dieu.

---

20. Nous pourrions dire « L'univers n'est pas entièrement composé de côtes de porc » mais cela ne différencie pas l'univers d'un autre ensemble. Nous ne tomberons jamais sur « un ensemble de toutes choses » fait entièrement de côtes de porc qui pourrait nous faire dire « Oh, cela n'est pas l'univers ». (Si c'était le cas, nous devrions admettre qu'il s'agit uniquement d'un sous-ensemble de toutes les choses qui existent — une partie de l'univers, pas un autre univers.) Nous pouvons trouver des rivières dans le New Jersey, des pyramides construites au XXe siècle et de la gelée sous différentes formes, et nous serions d'accord pour dire que leur existence contribue à l'ensemble comprenant toutes les choses que ces choses ne sont pas.

IX

Cher théologien

Cher théologien,

J'ai plusieurs questions et je pensais que vous étiez la bonne personne pour y répondre. Il est parfois difficile d'être assis tout seul, ici, au ciel, sans personne à qui parler… Je veux dire, vraiment parler. Je peux toujours discuter avec les anges bien sûr, mais comme ils n'ont pas de libre arbitre et que j'ai créé toutes les pensées qui traversent leur esprit soumis, ce ne sont pas des interlocuteurs très stimulants.

Bien sûr, je peux parler avec mon fils, Jésus, et avec le troisième membre de notre sainte trinité, le Saint-Esprit, mais comme nous sommes la même personne, il n'y a rien que nous puissions apprendre les uns des autres. Pas de dialogues enlevés et spirituels. Nous savons tous ce que savent les autres. Nous ne pouvons pas vraiment jouer aux échecs non plus. Jésus m'appelle parfois « Père » et ça me fait chaud au cœur, mais comme lui et moi avons le même âge et les mêmes pouvoirs, cela ne veut pas dire grand-chose.

Vous êtes cultivé. Vous avez étudié la philosophie et les religions du monde. Vous avez un diplôme et êtes donc tout à fait qualifié pour entreprendre une discussion avec quelqu'un de mon niveau — non pas que je ne puisse parler à personne, il y a toujours ces ignorants qui remplissent les églises et me flattent avec leurs suppliques à répétition, mais bon, parfois, nous avons envie d'une interaction avec un pair. Vous avez lu les œuvres des érudits. Vous avez écrit des articles et publié des livres sur moi, vous me connaissez mieux que n'importe qui.

Cela doit vous surprendre que j'aie quelques questions à vous poser. Non pas des questions rhétoriques visant à vous inculquer des leçons spirituelles, mais de véritables, d'authentiques questions. Cela ne devrait pas vous choquer parce que, après tout, je vous ai créé à mon image. Vous avez hérité votre curiosité de moi. Vous diriez que l'amour, par exemple, est un reflet de ma nature en vous, n'est-ce pas ? Il est sain de se poser des questions et vous tenez cela de moi aussi.

Quelqu'un m'a un jour dit que nous devions essayer toutes les possibilités et retenir celle qui est la bonne. Ma première question est la suivante : **D'où est-ce que je viens ?**

Quand je regarde autour de moi, je ne vois ici, au paradis, que des objets que j'ai créés et moi. Je ne vois pas d'autres créatures pouvant rivaliser avec moi, et je ne remarque rien au-dessus de moi susceptible de m'avoir créé, à moins que cette personne ne soit en train de jouer à cache-cache. Dans tous les cas, pour autant que je sache (et je suis censé tout savoir), il n'y a rien à part moi, une entité de trois personnes, et mes créatures. J'ai toujours existé, dites-vous. Je ne me suis pas créé moi-même parce que, si c'était le cas, alors je serais plus grand que moi-même.

Alors d'où est-ce que je viens ?

Je sais comment vous procédez pour la question de votre propre existence. Vous remarquez que la nature, et tout particulièrement l'esprit humain, montre qu'il existe un plan compliqué. Vous n'avez jamais vu un tel plan sans architecte. Vous en concluez que les êtres humains doivent avoir un créateur, et ce n'est pas moi qui vous contredirai.

Mais, et moi ? Comme vous, j'observe que mon esprit est subtil et compliqué. Il est beaucoup plus compliqué que votre esprit ; sinon, je ne pourrais pas avoir créé votre esprit. Je fais preuve d'organisation et de détermination dans ma personnalité. Parfois ma sagesse me surprend moi-même. Si vous pensez que votre existence est la preuve d'un créateur, alors que pensez-vous de ma propre existence ? Ne suis-je pas merveilleux ? Est-ce que je n'ai pas un fonctionnement bien huilé ? Mon esprit n'est pas un fatras de pensées désordonnées — il exhibe ce que vous appelleriez la preuve d'un plan. Si vous avez besoin d'un architecte, pourquoi pas moi ?

Vous pourriez penser que cette question est un blasphème, mais ce n'est pas un crime pour moi. Je peux poser toutes les questions que je veux et je trouve que c'est une bonne question. Si vous dites que toute chose a besoin d'un concepteur et qu'ensuite vous dites que ce qui n'est pas tout (Moi) n'a pas besoin d'un concepteur, est-ce que vous ne vous contredisez pas ? En m'excluant de l'argument, votre conclusion n'est-elle pas présente dans votre raisonnement ? Je ne dis pas que je ne suis pas d'accord avec votre conclusion. Comment le pourrais-je ? Je me demande juste pourquoi ce raisonnement est correct pour vous alors qu'il ne l'est pas pour moi.

Si vous dites que je n'ai pas besoin de poser la question de savoir d'où je viens parce que je suis parfait et omniscient tandis que les humains sont faillibles, alors vous n'avez pas du tout besoin de l'argument du dessein divin, non ? Vous supposez déjà que j'existe. Vous pouvez faire cette supposition bien sûr et je ne vous refuserai pas cette liberté. Ce type de raisonnement circulaire et *a priori* peut être rassurant pour vous, mais cela me fait une belle jambe. Je ne sais toujours pas d'où je viens.

Vous dites que j'existe de toute éternité et je n'y vois pas d'objection — si seulement je savais ce que cela veut dire. Il m'est difficile de concevoir une existence éternelle. Je n'arrive tout simplement pas à me souvenir d'une époque aussi lointaine. Cela me prendrait une éternité de me rappeler l'éternité et je n'aurais pas le temps de faire autre chose ; il m'est donc impossible de confirmer que j'existe depuis toujours. Et même si c'était vrai, pourquoi est-ce que l'éternel serait mieux que le temporel ? Est-ce qu'un long sermon vaut mieux qu'un sermon plus court ? Que signifie « mieux » ? Est-ce que les gros sont mieux que les maigres ou les vieux mieux que les jeunes ?

Selon vous, il est important que j'aie toujours existé. Pour l'instant, on va dire que vous avez raison. La question que je pose n'est pas celle de la durée de mon existence mais celle de son origine. Je ne vois pas en quoi le fait d'être éternel résout le problème. Je veux toujours savoir d'où je viens.

Je ne peux imaginer qu'une seule réponse possible et j'aimerais connaître votre réaction. Je sais que j'existe. Je sais que je n'ai pas pu me créer moi-même. Je sais aussi qu'il n'y a pas de Dieu plus grand qui aurait pu me créer. Comme je ne vois rien au-dessus de moi, peut-être dois-je chercher mon créateur en dessous de moi. Peut-être — c'est une hypothèse, donc, soyez indulgent — est-ce vous qui m'avez créé ?

Ne vous offusquez pas. J'essaie de vous flatter. Puisque je comporte en moi la preuve du dessein de l'univers et que je ne vois pas où un tel dessein a pu être conçu en dehors de moi, je suis obligé de chercher un concepteur, ou des concepteurs, dans la nature elle-même. Vous faites partie de la nature. Vous êtes intelligent — c'est ce que disent vos lecteurs. Pourquoi est-ce que vous n'auriez pas la réponse à ma question ? Vous ne pouvez pas me dépanner sur ce coup-là ?

Bien sûr, si vous m'aviez créé, alors je ne pourrais pas vous avoir créé. La raison pour laquelle je suis persuadé que je vous ai créé, c'est parce que vous m'avez fait penser que c'était le cas. Vous dites souvent qu'un Créateur peut vous inspirer des pensées. N'est-il pas possible que vous m'ayez mis des pensées dans la tête ? Et maintenant, voilà que nous nous retrouvons tous les deux à nous demander d'où nous venons.

Certains d'entre vous disent que la réponse à cette question n'est intelligible que par Dieu lui-même. Merci. C'est encore sur moi que ça retombe. D'un côté, vous utilisez la logique pour essayer de prouver mon existence. D'un autre, lorsque la logique conduit à une impasse, vous l'abandonnez en invoquant la « foi » et le « mystère ». Ces mots peuvent être des machins utiles pour vous afin de désigner les faits ou la vérité, mais ils ne renvoient à rien qui ait un sens pour moi. Vous pouvez prétendre que « mystère » désigne quelque chose de terriblement important, mais cela ne veut tout bonnement rien dire pour moi.

Certains parmi vous affirment que je ne « viens » de nulle part — que j'existe. J'ai pourtant entendu les mêmes dire que rien ne vient de rien. On ne peut pas dire les deux choses à la fois. Soit j'existe, soit je n'existe pas. Qu'est-ce qui a causé mon existence, par opposition à pas d'existence du tout ? Si je n'ai pas besoin d'une cause, pourquoi en auriez-vous besoin ? Puisque je ne peux pas me contenter de dire que c'est un mystère, je dois accepter la seule explication possible. C'est vous qui m'avez créé.

Est-ce si terrible comme idée ? Je sais que vous pensez que les humains ont créé d'autres dieux : Zeus, Thor, Mercure, Elvis. Vous admettez que ces divinités répondent au désir humain, au besoin humain et à la peur humaine. Si les croyances sacrées de ces milliards d'individus peuvent être écartées parce que ce sont des produits de la culture, pourquoi pas les vôtres ? Les Perses ont créé Mithra, les Juifs ont créé Yahvé et vous m'avez créé. Si je me trompe, corrigez-moi.

Voici ma deuxième question : **À quoi tout cela rime-t-il ?**

Peut-être que je me suis créé moi-même, peut-être qu'un autre dieu m'a créé ou peut-être est-ce vous qui m'avez créé — mais mettons cela de côté. Je suis là... mais pourquoi suis-je là ? Beaucoup d'humains s'en remettent à moi parce qu'ils ont besoin d'un but dans la vie, et j'ai souvent dit que leur but devait être de me plaire (Apocalypse 4:11). Si votre but est de me plaire, alors quel est mon propre but ? De me plaire à moi-même ? Est-ce là tout ?

Si j'existe pour mon propre plaisir, alors c'est égoïste. C'est comme si je vous avais créés uniquement pour m'amuser avec des jouets vivants. N'y a-t-il pas de principe supérieur que je pourrais moi-même considérer ? Quelque chose à admirer, adorer et révérer ? Suis-je condamné à rester assis pour l'éternité à m'amuser d'un culte que me rendent d'autres personnes ? Ou à m'adorer moi-même ? À quoi cela rime-t-il ?

J'ai lu vos articles sur le sens de la vie et ils sont pertinents dans le contexte théologique des buts religieux, même s'ils ne sont pas d'une grande utilité dans le monde réel. Beaucoup d'entre vous ont la sensation que leur but dans la vie est d'atteindre la perfection. Comme vous autres, humains, êtes de votre propre aveu bien en deçà de la perfection (et je suis d'accord avec vous), les progrès personnels vous fournissent une quête. Cela vous donne des choses à faire. Vous espérez être un jour aussi parfait que moi — ou l'idée que vous vous faites de moi. Mais comme je suis déjà parfait, par définition, je n'ai pas besoin d'un tel but. Je dois juste traînasser ça et là.

Pourtant, je me demande toujours pourquoi je suis là. C'est bon d'exister. C'est génial d'être parfait. Mais je n'ai rien à faire. J'ai créé l'univers et toutes ces différentes lois naturelles qui le gouvernent, depuis les quarks qui composent la matière jusqu'aux amas galactiques ; et ça fonctionne tout seul. J'ai dû créer ces lois pour ne pas me retrouver à faire des tâches très répétitives, comme lancer des rayons de lumière dans l'espace, précipiter la chute des objets sur la terre, coller les atomes ensemble pour qu'ils forment des molécules et des milliards d'autres petites choses enquiquinantes plus dignes d'un esclave que d'un maître. Vous avez découvert la plupart de ces lois et vous pourriez bien être sur le point d'avoir une belle vision d'ensemble. Une fois que ce sera fait, vous saurez ce que je sais : que je n'ai absolument rien à faire dans l'univers. C'est d'un ennui.

J'aurais pu créer plus d'univers et plus de lois, mais à quoi bon ? J'ai déjà fait des univers. Je crée comme j'éternue ou comme j'écris des nouvelles ; ça me vient comme ça. Je pourrais me livrer à une orgie de création. Créer, créer, créer. Après tout, les gens peuvent se rendre malades en abusant de quelque chose : c'est comme quand on mange une boîte de chocolats, le dernier n'est pas tout à fait aussi bon que le premier. Une fois que vous avez eu 10 enfants, avez-vous besoin de 20 autres ? (C'est à vous que je pose la question, pas au pape.) Si le mieux n'est pas l'ennemi du bien, alors je suis obligé de continuer jusqu'à avoir enfanté un nombre infini d'enfants et d'univers. Si je dois m'imposer des choses, alors je suis un esclave.

Beaucoup d'entre vous affirment qu'il n'est pas approprié de chercher des buts en soi, qu'il faut regarder à l'extérieur. Je ressens la même chose. C'est à peine si je peux me donner des buts à moi-même. Si je le faisais, il faudrait que je considère mes raisons de le faire. Je devrais pouvoir expliquer pourquoi j'ai choisi tel objectif plutôt que tel autre, et si ces explications se trouvaient en moi, je serais pris dans un cercle sans fin d'auto-justifications rationnelles. Comme je n'ai pas de Pouvoir Supérieur à moi-même, je n'ai pas de buts. Rien qui donne un sens à ma vie. Tout est dénué de sens.

Bien sûr, je peux me décharger du sens sur vous — me plaire, atteindre la perfection, etc. — et peut-être cela ne concerne que vous. Mais cela ne vous dérange-t-il pas, même un petit peu, que ce qui donne sens à votre vie ne trouve pas de sens à la sienne ? Et si c'est vrai, alors n'est-il pas vrai aussi qu'en fin de compte votre vie non plus n'a pas vraiment de sens ? Si ça peut vous rendre heureux d'avoir un point de repère extérieur auquel vous raccrocher, pourquoi ne serait-ce pas la même chose pour moi ? Moi aussi je veux être heureux et je veux trouver ce bonheur dans quelque chose d'extérieur à moi. Est-ce un crime ?

D'un autre côté, si vous pensez que j'ai le droit et la liberté de trouver le bonheur en moi-même et dans mes créations, alors pourquoi n'auriez-vous pas le même droit ? Vous, que j'ai créé à mon image ?

Je sais que certains d'entre vous ont trouvé une solution au problème. Vous appelez cela « amour ». Vous pensez que je suis tout seul là-haut et que j'ai créé les humains pour satisfaire mon désir d'une relation avec une entité autre que moi-même. Bien sûr, cela ne fonctionnera jamais parce qu'il m'est impossible de créer quelque chose qui ne fasse pas partie de moi-même, mais disons que j'essaie quand même. Disons que j'ai créé le mécanisme que l'on appelle « libre arbitre » qui donne aux humains le choix. Si je vous donne la liberté (en aménageant un peu le concept puisqu'en réalité rien n'existe hors de mon pouvoir) de ne pas m'aimer, alors si certains d'entre vous, quelques-uns, ou l'un d'entre vous choisit de ne pas m'aimer, alors j'ai obtenu quelque chose que je n'avais pas auparavant. J'ai obtenu une relation avec quelqu'un qui aurait pu choisir une autre alternative. C'est de l'amour d'après vous ?

C'est une riche idée. Sur le papier. Dans la vie réelle cependant, il s'avère que des millions de gens ont décidé de ne pas m'aimer, et il faut bien que je fasse quelque chose avec ces infidèles. Je ne peux pas les dé-créer. Si je peux me contenter de détruire les non-croyants, j'aurais plus vite fait de ne créer que des croyants au début. Puisque je suis omniscient, j'aurais dû savoir quelles créatures allaient avoir tendance à me choisir. Il n'y aurait pas eu de conflit avec le libre arbitre puisque ceux qui ne m'auraient pas choisi auraient été éliminés d'emblée avant d'avoir été créés. (Un genre de sélection surnaturelle.) Cela me semble plus charitable que l'enfer.

Vous ne pouvez pas avoir une relation d'amour avec quelqu'un qui n'est pas votre égal. Si vous, les humains, n'avez pas une âme éternelle comme moi, alors vous êtes des compagnons inutiles. Si je ne peux pas respecter votre droit d'exister indépendamment et votre droit de choisir quelque chose d'autre que moi, alors je n'aurais pas pu aimer ceux qui me choisissent vraiment. Il faudrait que je trouve une place pour ces millions d'âmes éternelles qui me rejettent, quelles que puissent être leurs raisons. Appelons cet endroit « l'enfer », un endroit qui n'est pas Dieu, pas moi. Il aurait fallu que je crée cet enfer, sinon les non-croyants et moi serions obligés de nous fréquenter. Laissons de côté les difficultés techniques, par exemple comment réussir à créer l'enfer et ensuite le séparer de moi, hors de qui rien n'existe. (Ce n'est pas comme si je pouvais créer quelque chose et ensuite le jeter comme ça — il n'y a pas de poubelle cosmique.) Le truc c'est que comme je suis censé être parfait, ce lieu d'exil doit être diamétralement opposé à moi : le mal absolu, la douleur, les ténèbres et les tourments.

Si j'avais créé l'enfer, alors je ne m'aimerais pas.

Et si j'avais vraiment créé l'enfer, ce ne serait pas très malin de le crier sur tous les toits. Comment est-ce que je saurais si les gens m'aiment pour ce que je suis ou par peur du châtiment ? Comment puis-je attendre de l'amour d'une personne que j'effraie ? La menace des tourments éternels peut forcer les gens à obéir, mais elle n'inspire en aucun cas de l'amour. Si vous me menaciez et tentiez de m'intimider sans cesse, je devrais reconsidérer mon admiration pour vous.

Que ressentiriez-vous si vous mettiez au monde des enfants en sachant qu'ils vont connaître des tourments éternels dans un lieu que vous aurez conçu pour eux ? Est-ce que vous pourriez vous supporter ? Est-ce qu'il n'aurait pas été plus sage de ne pas les mettre au monde ?

Je sais que, pour certains d'entre vous, l'enfer n'est qu'une métaphore. Est-ce que c'est la même chose pour le paradis ?

Quoi qu'il en soit, c'est tout l'argument de l'amour qui est faux. Puisque je suis parfait, je ne manque de rien. Je ne peux pas me sentir seul. Je n'ai pas besoin d'être aimé. Je ne veux même pas être aimé parce que vouloir, c'est manquer de quelque chose. Souscrire au fait de donner et de recevoir de l'amour de Dieu, c'est admettre que je peux être blessé par ceux qui ont choisi de ne pas m'aimer. Si vous pouvez me blesser, alors je ne suis pas parfait. Si j'ignore ou élimine ceux qui ne m'aiment pas, en les envoyant en enfer, alors mon amour n'est pas sincère. Si ma seule activité est de jeter les dés du libre arbitre et de recueillir les fruits de ceux qui ont choisi de m'aimer, alors je suis un monstre égoïste. Si vous jouiez comme ça avec la vie des gens, je dirais que vous êtes insensible, suffisant, peu sûr de vous, égoïste et manipulateur.

Je sais que vous avez essayé de me tirer d'affaire. Vous expliquez que Votre Serviteur n'est pas responsable de la souffrance des incroyants parce que le rejet de Dieu est le fait de leur volonté, pas de la mienne. Leur nature était corrompue, selon vous. Mais alors, qui leur a donné leur nature humaine? Si certains êtres humains décident de mal se comporter, d'où leur vient l'idée? Si vous pensez que cela vient de Satan, qui a créé Satan? Et pourquoi est-ce que certains humains seraient plus prédisposés à se laisser influencer par Satan que d'autres? Qui a créé cette prédisposition? Si j'avais créé un Satan parfait avant sa chute, pourquoi se serait-il précipité dans la perdition? Si je suis parfait, comment ai-je pu créer quelque chose qui allait finir par refuser la perfection? Quelqu'un a dit un jour que l'on reconnaît l'arbre à ses fruits.

Voici un titre pour votre prochain volume théologique: Ève était-elle parfaite? Si elle l'était, elle n'aurait pas pris le fruit. Si elle ne l'était pas, j'ai créé l'imperfection.

Peut-être pensez-vous que tout cela me donne une raison d'être — et vous retombez ainsi sur vos pieds — mais cela me donne surtout la migraine. (Si vous ne me permettez pas d'avoir des migraines, comment pouvez m'imputer des peines d'amour perdu?) Je ne pourrais pas vivre en sachant que mes actes causent du tort à d'autres. Eh bien, je ne devrais pas dire cela. Puisque je pense que vous m'avez créé, j'imagine que je devrais vous laisser me dire comment je dois vivre. Si vous pensez que cela est cohérent avec mon caractère de tolérer à la fois l'amour et la vengeance, alors je n'ai pas le choix. Si vous êtes mes créateurs, alors je peux insuffler de la tendresse d'un côté de ma bouche et de la brutalité de l'autre. Je pourrais danser avec celui qui m'aime sur les os de mes enfants perdus et dire que cela me plaît. Ce serait très humain en effet.

J'ai mille questions encore, mais je me contenterai de deux autres seulement : **Comment est-ce que je décide ce qui est bon et ce qui est mauvais ?**

Je ne sais pas comment je suis arrivé là, mais j'y suis. Disons que mon but est de former des personnes justes parmi toutes mes créatures. Disons que je suis là pour vous aider à apprendre à être aussi parfait que moi, et le meilleur moyen d'y parvenir pour vous c'est d'agir comme moi — ou comme je veux que vous agissiez. Votre but est de devenir un miroir de moi. Cela ne serait-il pas merveilleux ? Je vous donnerais des règles et des principes, et vous essaieriez de vous y conformer. Que cela ait ou non un sens, au moins ça nous occupera tous les deux. J'imagine que, de votre point de vue, cela ferait terriblement sens puisque vous pensez que j'ai le pouvoir de récompenser et de punir.

Je sais que certains théologiens protestants pensent que je ne récompense pas les bonnes actions mais uniquement le fait de croire en mon fils, Jésus, qui a racheté toutes vos mauvaises actions. Eh bien, Jésus n'a passé que trente-six heures d'une vie éternelle en enfer et il est maintenant de retour bien au chaud à mes côtés. Vous parlez d'une tape sur les doigts ! Il n'a pas été relâché pour bonne conduite — on l'a juste libéré. (Il avait des relations.) Si mon jugement était aussi juste, il exigerait que Jésus paie le prix fort… pas vrai ?

En outre, je n'arrive pas à comprendre pourquoi vous pensez que j'accepterais le sang d'un individu en échange du crime d'un autre. Est-ce juste ? Si vous vous rendez coupable d'un crime, est-ce que la loi autorise votre frère à purger votre peine à votre place ? Si quelqu'un cambriole votre maison, penseriez-vous que justice est faite si c'était un ami de votre cambrioleur qui devait payer vos nouveaux meubles ? Pensez-vous vraiment que je suis un tyran assoiffé de sang qui se satisfait de la mort d'un être pour racheter les crimes d'un autre ? Avez-vous une si piètre idée de la justice que vous acceptiez joyeusement une doublure pour vos crimes ? Et la responsabilité personnelle ? Devrais-je accueillir au paradis des croyants qui ont esquivé les charges qui pesaient contre eux ? Quelque chose ne tourne pas très rond, là.

Mais ignorons ces objections. Supposons que Jésus et moi avons ensemble tout réglé de façon à ce que le mal soit puni et le bien récompensé. Comment faire la différence ? Vous insistez sur le fait que je ne me réfère à aucun règlement. Vous me demandez d'être l'Autorité Ultime. Je dois simplement décider et vous devez vous fier à ma décision. Suis-je libre de décider ce que je veux ?

Supposons par exemple que je décide que vous devez m'honorer un jour par semaine. J'aime le chiffre sept. Je ne sais pas pourquoi, peut-être parce que c'est le premier chiffre inutile. (Les hymnes ne sont jamais composés en mesure 7/4.) Divisons le calendrier en groupes de sept jours et appelons-les des semaines. Pour l'harmonie, je diviserai chaque phase lunaire grossièrement en sept jours aussi. Le dernier jour de la semaine — ou le premier, je m'en fiche — je me le réserve. Appelons-le sabbat. Cela semble bien, donc je suppose que c'était la chose à faire. Je ferai une loi vous obligeant à respecter le sabbat et, si vous y obéissez, je déclarerai que vous êtes de bonnes personnes. En fait, je vais en faire l'un de mes Dix Commandements et j'ordonnerai que vous soyez exécutés si vous me désobéissez. Cela se tient parfaitement, bien que je ne sache pas exactement pourquoi.

Aidez-moi. Comment suis-je censé choisir ce qui est moral ? Puisque je ne peux consulter aucune autorité, la chose à faire apparemment est de choisir au hasard. Les actions deviendront justes ou mauvaises simplement parce que je l'aurai décidé ainsi. Si, de façon saugrenue, je décide que vous ne devez pas fabriquer des sculptures ou des moulages « des choses qui sont en haut dans les cieux, qui sont en bas sur la terre, et qui sont dans les eaux plus bas que la terre », alors, c'est comme ça. Si je décide que le meurtre est juste et que la compassion est mauvaise, alors vous devrez l'accepter.

Est-ce là tout ? Je décide, bon gré, mal gré, ce qui est juste et ce qui ne l'est pas ? Ou pire, je décide en me fiant à ce qui me fait plaisir ou pas ? J'ai lu dans quelques-uns de vos livres que vous désapprouvez des attitudes aussi égoïstes.

Certains d'entre vous disent que, comme je suis parfait, je ne peux pas faire d'erreurs. Quoi que je choisisse, ce sera en accord avec ma nature. Et comme je suis parfait, alors mes choix le seront aussi. En toutes circonstances, mes choix seront de toute façon meilleurs que les vôtres, d'après vous. Mais que signifie « parfait » ? Si ma nature est parfaite, alors je suis à la hauteur d'un modèle. Si je corresponds à un modèle, alors je ne suis pas Dieu. Si la perfection a un sens en elle-même, indépendamment de moi, alors je suis contraint de me conformer à elle. Si, d'un autre côté, la perfection est simplement définie comme conformité à ma nature, alors cela ne veut rien dire. Ma nature peut être ce qu'elle veut, la perfection sera définie en fonction d'elle. Voyez-vous le problème que cela pose ? Si « perfection » égale « Dieu », alors c'est juste un synonyme pour moi et nous pouvons faire sans ce mot. En fait, nous pourrions faire sans les deux mots. Choisissez.

Si je suis parfait, alors il y a certaines choses que je ne peux pas faire. Si je ne suis pas libre de ressentir l'envie, le désir ou la malice, par exemple, alors je ne suis pas omnipotent. Je ne peux pas être plus puissant que vous si vous pouvez ressentir des choses que je ne peux pas ressentir.

En outre, si vous pensez que Dieu est parfait par nature, que signifie « nature » ? On utilise le mot pour décrire la façon dont les choses sont ou se comportent dans la nature, et comme vous pensez que je suis au-delà de la nature, pour vous, cela doit plutôt renvoyer à quelque chose comme « caractère » ou « attributs ». Avoir une nature ou un caractère signifie que nous sommes faits d'une certaine manière et pas d'une autre. Cela signifie qu'il y a des limites. Pourquoi suis-je ainsi et pas autrement ? Comment ai-je décidé que ma nature serait ce qu'elle est ? Si ma nature est clairement définie, alors je suis limité. Je ne suis pas Dieu. Si ma nature n'a pas de limites, comme le suggèrent certains d'entre vous, alors je n'ai pas de nature du tout et dire que la nature de Dieu « est telle ou telle » n'a aucun sens. En fait, si je n'ai pas de limites, alors je n'ai pas d'identité. Et si je n'ai pas d'identité, je n'existe pas.

Cela me ramène à l'énigme initiale : **Qui suis-je ?**

Si je ne sais pas qui je suis alors comment est-ce que je peux décider ce qui est juste ? Est-ce que je me contente de farfouiller un peu en moi-même jusqu'à ce que je tombe sur quelque chose ?

Il y a un fil que je peux suivre, comme certains d'entre vous l'ont suggéré pour eux-mêmes. Je pourrais fonder mes jugements sur ce que j'estime être le meilleur pour les hommes. Vous, les hommes, avez des corps physiques qui évoluent et interagissent dans le monde physique. Je pourrais déterminer ces actions salutaires et profitables pour des êtres matériels dans un environnement matériel. Je pourrais faire de la moralité quelque chose de matériel — qui serait relatif à la vie humaine et non à mes caprices. Je pourrais déclarer (en tant que conclusion et non en tant que décret) que porter préjudice à la vie humaine est mauvais, tandis que l'aider et l'améliorer est bon. Ce serait comme si je livrais un mode d'emploi avec ma créature. Il faudrait pour cela que je sache tout de la nature humaine et de l'environnement dans lequel vous, les humains, vous vivez, et que je vous communique toutes ces idées.

Cela semble très logique, mais cela transforme mon travail : je ne détermine plus la moralité, je me contente de la communiquer. Si la moralité se découvre dans la nature, alors vous n'avez pas besoin de moi, si ce n'est peut-être pour un petit coup de pouce. Je vous ai pourvu d'esprits compétents, capables de raisonner et de produire une réflexion scientifique. Il n'y a aucun mystère dans l'étude des hommes et de leur interaction avec la nature ; vous devriez être capable de découvrir vous-mêmes l'ensemble des lois qui règlent ces rapports. Certains d'entre vous ont entrepris de le faire des millénaires avant Moïse. Même si vos règles entrent en contradiction avec les miennes, je ne pourrais pas désigner d'autorité plus haute que vous. Au moins, vous seriez capable de donner les raisons qui sont au fondement de vos règles, ce que je ne peux faire qu'en me soumettant moi-même à la science.

Si la moralité est définie par la façon dont les humains existent dans la nature, alors vous n'avez pas du tout besoin de moi. Je suis tiré d'affaire ! D'après ce que j'ai lu, la plupart d'entre vous ont les pieds sur terre sans avoir besoin de mon aide. Je pourrais léguer quelques tablettes de pierre expliquant ce que je répute vrai ou faux mais cela ne vous dispenserait pas d'observer le fonctionnement de mes règles dans le monde réel. Je pense que nous sommes tous d'accord pour dire que les conclusions d'une raison terre à terre valent toujours mieux que les caprices d'une divinité flottant on ne sait où.

C'est une merveilleuse approche du problème, mais ce qui me dérange, c'est que ce qui vous aide à savoir ce qui est moral dans votre environnement ne m'aide pas du tout en ce qui me concerne. Je n'ai pas d'environnement. Je suis là, voletant dans les airs. Je vous envie beaucoup.

Pas plus que l'approche humaniste n'aide ceux d'entre vous qui veulent enraciner la moralité dans quelque chose d'absolu, hors de vous. Cela doit être terriblement effrayant pour ceux qui ont besoin d'une ancre de se rendre compte qu'il n'y a pas de fond dans l'océan. Eh bien, c'est effrayant pour moi aussi. Je n'ai pas d'ancre. C'est pourquoi je vous demande votre aide.

Merci d'avoir prêté attention à cette lettre et de m'avoir fait une place dans un emploi du temps aussi chargé que le vôtre. Répondez-moi quand vous en aurez le temps, pour ma part, j'ai toute l'éternité.

Cordialement,

Votre Serviteur.

Troisième partie

Qu'est-ce qui ne va pas avec le christianisme ?

X

La bible et la moralité

Ceux qui croient en Dieu n'ont pas le monopole de la moralité. Pendant toutes mes années de prêche, pour moi la question ne se posait pas : la bible était la pierre de touche de la morale et il ne m'était jamais venu à l'esprit de vérifier cette affirmation. Mais quand j'ai commencé à abandonner la foi pour la raison, j'ai examiné « le Verbe divin » sous un autre jour. Dans le chapitre suivant, j'expose les fondements naturels de la morale — comment être bon sans l'aide de Dieu — et je montre comment les non-croyants ont en fait une meilleure compréhension des problèmes éthiques que ceux qui prennent la bible au sérieux. Mais il faut d'abord que j'expose pourquoi j'ai arrêté de considérer la bible comme le Livre du Bien[1].

Le mot « moral » n'apparaît nulle part dans la bible. Pas plus que « moralité » ni « éthique ». S'inquiéter de savoir si la bible est un bon guide moral renvoie à une question fondamentale qui a son origine hors de la bible elle-même.

Cela ne veut pas dire que la bible n'a rien à dire sur les comportements. L'expression « faire ce qui est juste » apparaît tout au long des écritures, mais elle est en général suivie de « aux yeux du Seigneur ». Faire le bien à ses « propres yeux », c'est péché. Quelques passages parlent de bien ou de mal faire sans qu'il soit fait mention d'une divinité, mais dans le contexte général de la théologie biblique, tous les comportements réputés justes par les chrétiens et les juifs sont évalués par rapport à la sagesse divine et non

1. En anglais, « Good Book » désigne de façon courante la bible. Ndt.

par rapport aux principes moraux ou éthiques de l'humanité. Le livre des Proverbes (16:25) dit : « Telle voie paraît droite à un homme, Mais son issue, c'est la voie de la mort. »

De façon ironique, la première fois qu'apparaît l'expression « faire ce qui est juste » dans la bible, c'est lorsque Abraham met en doute la moralité de Dieu. Abraham conteste la décision de Dieu de faire périr les innocents de Sodome et il réussit à le faire changer d'avis : « Faire mourir le juste avec le méchant, en sorte qu'il en soit du juste comme du méchant, loin de toi cette manière d'agir ! loin de toi ! Le juge de toute la terre ne fera-t-il pas ce qui est juste ? » (Genèse 18:25) *Le juge de toute la terre ne fera-t-il pas ce qui est juste ?*

Dieu a consenti à descendre jusqu'à dix le nombre de justes requis pour empêcher le massacre mais il a quand même fini par tuer tous les habitants de Sodome, y compris les enfants, les bébés et les fœtus « injustes ». Il semble que Abraham ait été plus moral que son dieu, sujet sur lequel nous nous pencherons plus tard. Et la question qu'il pose est plutôt légitime : « Le juge de toute la terre ne fera-t-il pas ce qui est juste ? » Quand un parent fumeur ordonne à son enfant de ne pas fumer, on peut pardonner l'enfant qui demande : « Et toi ? Tu fumes bien ! » Si le fondement de la moralité repose sur une seule entité, en vertu de quoi cette entité est-elle responsable ? Qu'est-ce qui rend Dieu moral ?

Les vrais chrétiens ne devraient pas demander si la bible est morale, ou si Dieu est moral. Si Dieu est la source de la morale, demander si Dieu est moral c'est comme demander si la justice est juste. Lorsque l'on demande sérieusement si Dieu ou la bible sont moraux (en s'exposant à une possible réponse négative) on présuppose que la moralité est indépendante de Dieu et que l'on sait déjà ce que cela veut dire, indépendamment de la bible. Si le mot « moral » a un sens en lui-même, alors le juste et le mal peuvent être compris sans Dieu, et le fait de juger la moralité de Dieu le place sous une juridiction plus haute. Cela est vrai même si le verdict est en sa faveur. Pour le croyant, poser la question de la moralité de Dieu, c'est blasphémer. Cela veut dire que le « juge suprême » peut lui-même être jugé.

Mais, bien sûr, « Dieu est-il moral ? » est une question parfaitement légitime. Elle est légitime non seulement pour les libres-penseurs qui se situent hors du cercle religieux et qui ne sont pas par conséquent tenus de le réduire à une tautologie ontologique basique décrivant la perfection de la divinité, mais elle doit l'être également pour les chrétiens qui, s'ils sont honnêtes, en ont besoin pour adorer leur dieu. Pouvez-vous adorer quelqu'un qui n'est pas respectable ? Quand les chrétiens ou les juifs disent que « Dieu est bon », ne sont-ils pas en train de juger Dieu ? Ne pensent-ils pas que son caractère mérite louanges et admiration ? Ou bien, obéissent-ils aveuglément à un être omnipotent ? (Je pourrais « respecter » la force d'un ouragan, mais je ne dirais pas qu'elle est bonne, pas plus que je ne l'admirerais.) La plupart d'entre nous ne considèrent pas que louer la puissance soit le signe d'une grande qualité morale. Par conséquent, si les croyants estiment que Dieu est bon, cela doit être parce qu'ils ont jugé que Dieu est moralement digne de respect. Vous ne pouvez pas louer ce que vous n'admirez pas.

Il s'avère que cette question est un piège pour les croyants. Si on les pousse un peu, ils seront obligés d'admettre qu'ils ne peuvent pas juger Dieu et que celui-ci est moral par définition. La façon d'agir de Dieu n'a pas vraiment d'importance : Dieu est bon parce que Dieu dit qu'il est bon, et nous devrions l'adorer non pas parce qu'il a gagné notre admiration mais parce qu'il l'a exigée. La moralité n'est pas une question qui devrait occuper des esprits humains selon les croyants. C'est quelque chose qui devrait être déterminé par l'esprit parfait, omniscient et omnipotent de Dieu.

Le judaïsme, le christianisme et l'islam, les trois religions « révélées » qui partagent directement ou non la loi juive, prétendent trouver leur réponse à la question morale dans un livre sacré émanant d'un esprit existant hors du monde matériel. La prescription morale est simple : il suffit d'obéir aux écritures.

Sans même se demander si les systèmes éthiques humaniste ou naturaliste sont valables ou même possibles, ni si nous avons vraiment besoin d'un code moral externe, nous pouvons toutefois nous demander si une telle solution religieuse est adaptée. La bible est-elle un bon livre ? La bible est-elle un guide acceptable pour un comportement moral ?

La bible est en effet remplie de commandements de vie très spécifiques. Examinons-les. Le Quatrième Commandement dit : « Souviens-toi du jour du repos, pour le sanctifier comme l'Éternel, ton Dieu, te l'a ordonné. » C'est l'un des fameux dix commandements, donc on ne peut l'ignorer. De prime abord, il semble suffisamment clair, mais que veut-il dire exactement ? Comment « se souvenir » du sabbat et que se passe-t-il si on ne le fait pas ? Dans le livre des Nombres, le « Seigneur » donne un exemple en particulier de la façon dont la loi du Sabbat est appliquée, mais il explique d'abord qu'il y a une différence entre pécher délibérément et accidentellement, comme dans la théorie moderne de l'« intention ». Même si cela permet plusieurs degrés de punition, cela n'atténue pas le crime lui-même. Un péché reste un péché :

« Si c'est une seule personne qui a péché involontairement, elle offrira une chèvre d'un an en sacrifice pour le péché. Le sacrificateur fera l'expiation pour la personne qui a péché involontairement devant l'Éternel : quand il aura fait l'expiation pour elle, il lui sera pardonné. Pour l'indigène parmi les enfants d'Israël et pour l'étranger en séjour au milieu d'eux, il y aura pour vous une même loi, quand on péchera involontairement. Mais si quelqu'un, indigène ou étranger, agit la main levée, il outrage l'Éternel ; celui-là sera retranché du milieu de son peuple. Il a méprisé la parole de l'Éternel, et il a violé son commandement : celui-là sera retranché, il portera la peine de son iniquité. » (Nombres 15:27, 30-31)

Bien parlé. Il y a péché accidentel et péché délibéré, bien que le premier semble difficilement pouvoir être considéré comme un « péché ». Dans tous les cas, le passage qui suit immédiatement cette clarification montre ce qui arrive à une personne qui viole *délibérément* la loi du Sabbat :

« Comme les enfants d'Israël étaient dans le désert, on trouva un homme qui ramassait du bois le jour du sabbat. Ceux qui l'avaient trouvé ramassant du bois l'amenèrent à Moïse, à Aaron, et à toute l'assemblée. On le mit en prison, car ce qu'on devait lui faire n'avait pas été déclaré. L'Éternel dit à Moïse : Cet homme sera puni de mort, toute l'assemblée le lapidera hors du camp. Toute l'assemblée le fit sortir du camp et le lapida, et il mourut, comme l'Éternel l'avait ordonné à Moïse. » (Nombres 15:32-36)

Ça a le mérite d'être clair : il ne faut pas ramasser du bois le samedi. Si vous ramassez du bois, les croyants ramasseront des pierres. Est-ce là un bon guide moral ? Quand j'étais enfant, chaque année ma famille passait plusieurs semaines à camper dans les montagnes californiennes. Mes frères et moi avions pour mission de ramasser du bois pour le feu. Cela arrivait souvent le week-end. Pourtant mes évangélistes de parents n'avaient-ils pas lu la bible ? (Peut-être mon péché était celui d'« ignorance ». Où vais-je donc trouver une chèvre ?) L'homme qui a été lapidé devait selon toute vraisemblance ramasser du bois pour nourrir sa famille. C'est lui qui agissait moralement.

Certains croyants affirment que ces lois primitives de l'Ancien Testament sont aujourd'hui obsolètes et ont été remplacées par Jésus — mais cela ne fait que confirmer ce que je viens de dire ! S'ils utilisent cet argument, ils admettent qu'au moins une partie de la bible n'est pas recevable pour la société d'aujourd'hui. Combien d'entre nous, lorsqu'ils s'apprêtent à ramasser du bois, se demandent quel est le jour de la semaine ? Quelle qu'en soit votre interprétation, le 15ᵉ chapitre des Nombres fait partie de la bible, comme la loi du Sabbat fait partie des Dix Commandements, et nous ne constatons aucune condamnation morale de la part des chrétiens, aucune levée de boucliers, aucune dénonciation pour ces actes barbares et honteux commis par leur « Dieu aimant ». Nous ne voyons pas certaines pages de la bible arrachées avec dégoût. Que se passerait-il si un ayatollah devait ordonner l'exécution d'une personne pour avoir ramassé du bois le jour sacré de l'islam et ainsi offensé Allah ? Que penserions-nous d'une telle outrecuidance immorale et sanguinaire ?

Confrontés à ce genre de problèmes posés par les Évangiles, comme par exemple écoper de la peine capitale pour avoir ramassé du bois un samedi (le sabbat juif) ou un dimanche (le sabbat chrétien), certains chrétiens libéraux sont d'accord pour dire que des pans entiers de la bible sont désormais obsolètes. Le texte ne doit pas être lu de façon littérale, affirment-ils. Nous devrions plutôt chercher la « leçon spirituelle » qui sous-tend l'anecdote. (Cela revient à dire : « Je vais vous donner une leçon sur l'obéissance en vous racontant que j'ai tué quelqu'un. Faites abstraction de la violence de l'histoire, parce que je vous aime et que je veux que vous sachiez combien je suis juste et bon. »)

Il y a une sous-catégorie de fondamentalistes, les dispensationalistes, qui affirment que les règles de l'Ancien Testament valaient en effet uniquement pour cette période de l'histoire, et que nous avons maintenant des règles différentes parce que le plan divin se dévoile par étapes ou dispensations. (Bien que Jésus ait dit qu'il venait pour que ne change pas « un seul iota ou un seul trait de lettre » de la loi de l'Ancien Testament.) D'autres chrétiens évangéliques affirmeront que des mesures plus sévères étaient nécessaires lors des débuts difficiles d'une nation israélite assiégée de toutes parts. Le peuple élu était en guerre, c'est pourquoi un « rationnement moral » était justifié — mais maintenant que le christianisme est en place, ces mesures ne sont plus nécessaires. (Cela ne les empêche pas de prêcher que le monde est plus que jamais corrompu et que les forces du mal continuent de s'en prendre aux croyants.) Tous ces arguments libéraux conviennent au moins d'une chose : certaines parties de la bible ne sont plus utiles pour le comportement humain. Nous devons tous, croyants et non-croyants, quelle que soit notre façon de raisonner, admettre que la bible peut être terriblement brutale.

Reconnaissons, théologisons, démythologisons, libéralisons et rationalisons tout notre soûl — ces écritures barbares sont toujours bien en place dans les librairies. Beaucoup de tribunaux utilisent la bible comme modèle de vérité et les présidents américains placent leur main sur elle lors de leur investiture — une pratique d'ailleurs qui n'est pas exigée par la Constitution. Mais toute version d'un « livre sacré » contenant des décrets barbares ne peut être *entièrement* acceptable pour le monde moderne. Peut-être pourrions-nous objecter que certaines parties sont toujours d'actualité, mais dans son ensemble la bible est indéniablement défectueuse.

Les croyants accusent souvent les sceptiques d'ignorer le bien et de ne retenir que les parties violentes de la bible. Les croyants demandent pourquoi nous ne nous joignons pas à eux pour mettre en valeur toute la beauté et la charité de la bible. Cela pourrait être une question pertinente si nous ne pouvions la retourner contre eux et leur demander pourquoi ils ne se joignent pas à nous pour dénoncer les horreurs de la bible. À ce moment-là, ils se disent que ces questions ne sont pas aussi intéressantes que prévu.

Imaginons que vous m'invitiez chez vous pour que j'admire votre magnifique jardin. « Regarde ce magnifique iris », diriez-vous.

Je hocherais alors la tête en disant : « Oui, il est magnifique. » (J'ai vu mieux, mais il n'est pas mal.)

— Et là-bas, cette superbe rose.

— Très joli, répondrais-je alors, tout en ne pouvant pas m'empêcher de remarquer que votre jardin est plein de détritus et de broussailles. Certaines plantes sont objectivement flétries et des insectes grignotent leurs feuilles.

Remarquant mon inattention, vous me diriez alors : « Oh, il ne faut pas s'intéresser à ça. Je veux que tu ne voies que le bon côté des choses.

— Mais tu m'as invité pour que je voie ton “magnifique jardin” et je dois dire que je suis plutôt déçu. C'est vrai qu'il y a quelques jolies fleurs, qui ressortent d'ailleurs singulièrement au milieu de toute cette laideur mais, vraiment, l'impression générale est atroce.

— Mais c'est parce que tu ne regardes pas bien. Tu dois ignorer tout cela. Ces choses que tu as choisi de regarder ne me dérangent pas. Ajuste ta vision. Ne te concentre pas sur ce qui est laid, cherche ce qui est beau. Je ne suis pas responsable des maladies. C'est quelqu'un d'autre qui a jeté ses ordures ici — à l'origine, ce jardin était parfait. Qui peut dire ce que sont les mauvaises herbes ? Je ne peux pas les arracher parce que sans elles, il n'y aurait pas de contraste et nous ne pourrions pas apprécier la beauté des fleurs.

— Oui, certaines ne sont pas mal, mais regarde comme c'est laid à côté. Tu n'es pas un très bon jardinier.

— Je pensais que tu étais mon ami.

— Eh bien, à quoi servent les amis ?

Ceux qui sont capables de considérer la bible en toute objectivité, qui ne sont pas handicapés par l'exigence d'adoration ou de respect, peuvent remarquer qu'il y a plusieurs obstacles majeurs pour la considérer comme un guide valable du comportement humain :

1 - La bible plaide par autorité et non par raison, affirmant que « force fait loi ».
2 - La bible n'affirme nulle part que tout être humain a le droit d'être traité avec respect et justice — les humains n'ont pas la même importance que Dieu.
3 - Les modèles bibliques, en particulier Yahvé, Elohim et Jésus, sont des exemples moraux très pauvres, qui ignorent souvent leurs propres leçons de charité (aussi rares soient-elles) pour appliquer impitoyablement leurs leçons tyranniques.
4 - Beaucoup des préceptes moraux de la bible sont tout simplement mauvais et même parfois dangereux.
5 - Après plus ample réflexion, les quelques enseignements « positifs » sont banals, peu originaux, inadaptés et hors de propos (cf. ci-dessous). Tout bien considéré, c'est un jardin horrible.

L'auteur Ruth Green désigne la bible comme un « fourre-tout moral ». Beaucoup choisissent quelques-unes de ses pages, d'autres les ignorent, et les rares à l'utiliser vraiment comme un guide moral le font pour des raisons religieuses plus que morales. Ces croyants qui sont de braves gens — et je pense que c'est vrai pour beaucoup d'entre eux — et qui se fient aux modèles bibliques accordent du crédit à quelque chose qui ne l'exige pas. Il s'avère que les chrétiens n'ont pas le monopole de la moralité. En moyenne, ils ne sont pas plus moraux que les non-croyants. Certains peuvent objecter qu'ils sont *moins* moraux. Ces quelques exemples brandis par la communauté chrétienne ne sont pas moins éclairants que ceux des non-croyants charitables. Mais, malgré leur discours sur la nécessité d'un guide moral, ils ne peuvent pas raisonnablement avancer que la bible est un bon guide pour le comportement moderne.

Force fait loi

Quand quelqu'un vous ordonne de faire quelque chose, il est naturel de demander « Pourquoi ? » Pourquoi observer le sabbat ? La bible nous dit que nous devrions observer le sabbat, « pour le sanctifier ». Le mot « saint » signifie « différent », « sacré » ou « pur » et n'a rien à voir avec « bon » ou « juste ». En d'autres termes, ce commandement ne concerne pas l'éthique, il concerne la supériorité de Dieu. Quand des croyants sincères disent que quelque chose est « mal », c'est parce qu'une divinité « sainte » l'a *décrété* ainsi, pas parce qu'il y a une bonne raison morale à cela. L'enfant demande « Papa, pourquoi est-ce que je ne peux pas faire ça ? » et Papa répond « Parce que je te l'ai défendu ! » Si le commandement est violé, cela devient un crime de désobéissance — il ne faut pas offenser la figure de l'autorité.

« Car nous connaissons celui qui a dit : À moi la vengeance, à moi la rétribution ! et encore : Le Seigneur jugera son peuple. C'est une chose terrible que de tomber entre les mains du Dieu vivant. » (Épître aux Hébreux 10:30-31)

« Je vous dis, à vous qui êtes mes amis : ne craignez pas ceux qui tuent le corps et qui, après cela, ne peuvent rien faire de plus. Je vous montrerai qui vous devez craindre. Craignez celui qui, après avoir tué, a le pouvoir de jeter dans la géhenne ; oui, je vous le dis, c'est lui que vous devez craindre. » (Jésus, Luc 12:4-5)

« La crainte de l'Éternel est le commencement de la science. » (Salomon, Proverbes 1:7)

L'humaniste, d'un autre côté, recherche des raisons ou des principes indépendants de toute autorité. L'enfant demande « Pourquoi est-ce que je ne peux pas faire cela ? » Papa ou Maman répond « Si tu le fais, tu vas te faire mal. Je t'aime et je ne veux pas que tu te fasses mal. » Ou bien les parents disent : « Tu vas faire mal à quelqu'un. » C'est un crime contre l'Homme, pas contre Papa. Une divinité peut donner les raisons qui président à ses décrets, mais elles peuvent être absurdes. Si Dieu donne ses raisons, alors il fait appel à une instance extérieure à lui — une instance à laquelle nous pouvons directement nous référer, en contournant son autorité. Si Dieu a besoin de raisons, alors il n'est pas Dieu.

Pour le théiste, la punition est administrée par le père offensé. Quiconque « outrage l'Éternel » sera châtié. Pour l'humaniste, en revanche, les conséquences et non la punition sont l'effet naturel du comportement lui-même. Cela ne veut pas dire qu'un parent humaniste laissera son enfant gambader sur un boulevard à grande circulation ; cela veut dire que le fondement moral de l'interdiction sera lié à la dangerosité et pas au « Verbe du Père ». L'enfant de l'humaniste qui désobéit et se met à courir dans la rue ne commet pas un « péché » en outrageant l'ego ou la « sainteté » paternelle — ce qui est mauvais dans cette situation, c'est la possibilité d'être renversé par une voiture. En d'autres termes, c'est une raison naturelle.

S'il était dangereux de ramasser du bois le week-end, alors l'humanité devrait le savoir depuis le temps. Puisque nous sommes tous d'accord sur le fait que cela ne présente pas grand danger, celui qui fait exécuté une personne pour avoir commis ce « crime » est immoral. Même s'il y avait un risque lié au fait de ramasser du bois — par exemple parce que cela menaçait le moral des troupes — cela ne justifierait quand même pas la peine capitale. On n'envoie pas les gens qui traversent au feu rouge à la chaise électrique et on ne pend pas les enfants qui volent des gâteaux.

À moins… à moins que vous ne vous placiez du point de vue de l'autorité et que cette autorité décrète, pour une raison quelconque, que cette action *L*'offense. Les gens qui croient vivre sous le joug d'un seigneur aussi vaniteux et mesquin ne sont pas guidés par la morale ; ils sont guidés par la peur. En fin de compte, la bible n'est pas un code moral, c'est un martinet.

Plutôt que de poser aux croyants la question stupide (selon eux) « Dieu est-il moral ? » il pourrait être plus intéressant de leur demander : « Que vous faudrait-il pour que vous trouviez la bible immorale ? » Si la bible ordonnait de tuer, est-ce que ce serait immoral ? Ou de violer ? Et si elle ordonnait de voler, de mentir, de commettre l'adultère ? Et si son personnage principal insultait, menaçait tout le monde, et agissait de façon irrationnelle ? Est-ce que ce serait immoral ? Jusqu'à quel point exactement la bible peut-elle être mauvaise avant que vous ne pensiez à la rejeter ? Les chrétiens osent-ils se poser cette question ? (La bible ordonne ou encourage d'ailleurs tous ces comportements.)

Cette question s'oppose au programme chrétien de foi en les écritures et de loyauté envers Jésus. C'est dans la nature de la croyance de ne pas examiner de trop près son objet. « L'amour est aveugle » ou plutôt « la cécité est amour ». Ce serait insultant de demander à votre amoureux de prouver qu'il ou elle n'est pas malintentionné. Dimanche après dimanche, on a martelé l'esprit des croyants pour qu'ils pensent que la bible est un « Livre Saint ». On leur a appris que penser par soi-même était inadapté, voire criminel. Le livre des Proverbes dit : « Confie-toi en l'Éternel de tout ton cœur, Et ne t'appuie pas sur ta sagesse » (3:5) et l'épître aux Corinthiens 10:5 : « Nous renversons les raisonnements et toute hauteur qui s'élève contre la connaissance de Dieu, et nous amenons toute pensée captive à l'obéissance de Christ. » Ne doutez pas de la bible. Pourquoi ? Parce que la bible vous l'ordonne. Raisonnement circulaire bien entendu.

Très peu de chrétiens se demandent si la bible est moralement acceptable. (S'ils le font, on les étiquette comme « libéraux ».) Cette question est une hérésie pour beaucoup de croyants. L'important pour eux n'est pas de supposer ou de juger que la bible est un livre moral, mais d'accepter son autorité. Dans l'esprit des chrétiens, l'autorité remplace la moralité. Dieu est souverain.

« Fais ceci parce que je l'ai dit. » C'est ce que l'on dit en général aux petits enfants. Un nourrisson n'a pas les facultés nécessaires pour faire de raisonnement tout seul, donc ses parents font usage de leur autorité pour lui interdire quelque chose qui peut être dangereux pour lui. Mais « l'autorité » dans ce cas n'est pas ce qui détermine ce qui est bon ou mauvais. C'est uniquement un outil pour exercer un contrôle minimal et renforcer la protection que constituent les conseils rationnels autour de l'enfant jusqu'à ce que celui-ci soit assez grand pour raisonner tout seul. Les parents qui traitent ainsi leur enfant, mettant momentanément l'accent sur l'autorité plutôt que sur la rationalité, peuvent toutefois toujours expliquer à un autre adulte pourquoi l'action est dangereuse selon eux. L'enfant, des années plus tard, doit pouvoir obtenir une explication raisonnable de ses parents. Si ce n'est pas le cas, ses parents sont des tyrans.

Outre son caractère puéril, la moralité comprise comme autorité est dangereuse. Les gens qui s'en remettent complètement à l'autorité sont des proies faciles pour les dictateurs. Les gourous peuvent manipuler les adeptes qui leur obéissent aveuglément. Beaucoup des neuf cents adeptes de la secte du révérend Jim Jones ont avalé le cocktail empoisonné, en étant *conscients* de ce qui allait se passer, parce qu'ils étaient sûrs qu'il était en étroite relation avec Dieu. Les nazis catholiques et luthériens portaient des ceintures « Dieu est avec nous », car ils étaient persuadés que Hitler accomplissait l'œuvre de Jésus en exterminant les juifs, comme il l'a affirmé dans l'un de ses discours. Certains fanatiques chrétiens, comme les scientistes chrétiens, les pentecôtistes et autres fondamentalistes, laissent leurs enfants mourir de maladies parfaitement curables parce que leur église leur dit que s'opposer au plan naturel de Dieu est un péché, ou que Jésus guérira « toute maladie ».

Voici une bonne question pour ceux qui pensent que l'autorité de Dieu est un fondement valable de la morale: si Dieu vous disait de tuer quelqu'un, le feriez-vous? Certains chrétiens répondent immédiatement « oui », arguant que dans certains cas la mort est justifiée (peine capitale, guerre, légitime défense) ou que le « donneur de vie » a le droit de retirer la vie.

Essayez alors cette autre question avec un croyant homme: si Dieu vous demandait de violer quelqu'un, le feriez-vous? Certains chrétiens, ne connaissant pas les diverses incitations bibliques au viol, répondront: « Dieu ne me demanderait jamais ça! » Mais ils ne font qu'éviter la question. Si Dieu est la source de toute morale, et si Dieu vous demandait de faire quelque chose que *vous* considérez comme immoral, est-ce que votre opinion aurait une importance? D'après la bible, nous devons simplement obéir à Dieu, même lorsque c'est difficile. Pour Abraham, c'était difficile d'obéir à l'ordre divin qui lui commandait de tuer son fils, Isaac, mais il était prêt à le faire et son obéissance est citée comme un modèle! Jephtah a eu les mêmes difficultés à tuer sa fille, mais il était lié par son vœu à Dieu et il le fit, sans être condamné. Ces deux hommes, s'ils avaient été vraiment moraux, auraient défié Dieu sans prendre en compte les conséquences divines. Ils auraient dû dire à Dieu: « Tu as la force, mais pas le droit. »

Imaginons un homme disant à sa femme : « Prouve-moi ton amour en m'aidant à dévaliser une banque. Si tu ne m'aides pas, je te battrai. » Nous dirions que c'est un salaud criminel. Pourtant, c'est cette même mentalité autoritaire qui est enseignée dans la bible : Dieu décide ce qui est juste et ce qui est faux et si vous ne vous tenez pas à carreau, vous finissez en enfer.

En ce qui me concerne, si le paradis et l'enfer bibliques existaient, je choisirais l'enfer. L'idée de passer l'éternité à faire semblant d'adorer un tyran qui torture ceux qui osent insulter son autorité me semble plus infernale que de brûler éternellement dans les flammes de l'enfer. Il est hors de question qu'un tel despote bénéficie de mon admiration.

Les humains n'ont pas de droit inhérent à la justice et au respect

Nulle part dans la bible il n'est dit que tout être humain possède un droit inhérent au respect ou à la justice. En général, tout va de Dieu vers les humains, et jamais l'inverse. Un véritable guide moral devrait avoir quelques principes. Si les humains sont censés traiter leurs congénères d'une façon et pas d'une autre, alors devrait être examinée quelque part la valeur générale de la vie humaine et de ses *droits.* Mais cela n'apparaît nulle part dans la bible.

Il y a quelques passages où Dieu semble respecter certains personnages clés, comme par exemple quand l'ange demande à la Vierge Marie si elle accepte d'être fécondée par l'Esprit Saint. Mais même à ce moment, sa réponse est soumise et ils ne sont pas sur un pied d'égalité : « Je suis la servante du Seigneur. » (Luc 1:38) Tout est pour Dieu. Si Dieu peut donner des droits, il peut les reprendre, ce qui veut dire qu'il n'y a pas de droits proprement humains dans le plan de Dieu.

La vision biblique de la nature humaine est négative. Les humains ne méritent pas le respect ; ils méritent la damnation. Nous sommes tous souillés par le Péché Originel. L'épître aux Romains (3:12) dit : « Il n'en est aucun qui fasse le bien, Pas même un seul. » Onze versets plus loin : « Car tous ont péché et sont privés de la gloire de

Dieu. » Job (le sexiste) disait : « L'homme né de la femme ! Sa vie est courte, sans cesse agitée. (…) Comment d'un être souillé sortira-t-il un homme pur ? Il n'en peut sortir aucun. » (Job 14:1-4)

La vision d'une humanité foncièrement corrompue est difficilement compatible avec un système éthique fondé sur le respect mutuel. Au contraire, cela tend à produire une image de soi négative pour ceux qui ont grandi avec la bible, ainsi qu'une attitude cynique envers le genre humain. C'est l'effet Pygmalion. Regardez le télévangéliste Jimmy Swaggart[2] qui a tellement prêché que nous étions tous corrompus qu'il l'est devenu lui-même ! S'il avait été élevé avec une vision plus saine de la nature humaine, peut-être n'aurait-il pas cédé au démon de la tentation sexuelle et n'aurait-il pas été obsédé par ce qui le scandalisait. (Ou peut-être est-ce l'inverse ? Dans tous les cas, la bible a nourri le problème.)

Il est aussi historiquement prouvé que ceux qui croient sincèrement dans la bible respectent peu les droits de l'homme dès qu'il s'agit de gens qui n'appartiennent pas à leur église. Je connais des chrétiens qui ne veulent faire des affaires qu'avec d'autres chrétiens autant que possible. Nous savons les atrocités qu'ont commises les chrétiens et d'autres fanatiques religieux : les Indiens d'Amérique, les juifs, les noirs américains, les Sud-Africains, et des millions de peuples païens qui ont eu le malheur insigne de naître hors de la « vraie » foi. Nous connaissons tous les croisades menées au nom de Jésus, l'inquisition espagnole, le bain de sang en Irlande du Nord et les phalanges chrétiennes du Moyen-Orient.

Les protestants américains bien-pensants d'aujourd'hui qui essaient de prendre leurs distances avec ces manifestations d'intolérance et de brutalité devraient se poser la question : est-ce que je préférerais que mon enfant se marie avec un catholique, un juif, un musulman ou un athée ? Paul conseillait aux chrétiens : « Ne vous mettez pas avec les infidèles sous un joug étranger. Car quel rapport y a-t-il entre la justice et l'iniquité ? Ou qu'y a-t-il de commun entre

3. Pasteur américain pentecôtiste et télévangéliste qui a été impliqué dans divers scandales sexuels à la fin des années 1980. Il est souvent cité dans la culture populaire et notamment musicale comme un symbole de l'hypocrisie des chrétiens évangéliques. Ndt.

la lumière et les ténèbres ? » (Deuxième Épître aux Corinthiens 6:14) L'intolérance constitutive des chrétiens ne peut être édulcorée.

Matthieu 7:18-20 dit : « Un bon arbre ne peut porter de mauvais fruits, ni un mauvais arbre porter de bons fruits. Tout arbre qui ne porte pas de bons fruits est coupé et jeté au feu. C'est donc à leurs fruits que vous les reconnaîtrez. » Ceux d'entre nous qui sont étrangers aux religions sanguinaires n'ont aucune peine à dénoncer les « fruits » portés par l'arbre du christianisme. Si la bible contient quelques bribes de respect ou de justice envers les êtres humains, elles sont tristement absentes des interprétations qui en sont faites et des institutions qui en découlent.

Les bonnes actions dans la bible sont presque toujours liées à une récompense céleste, « la volonté de Dieu » permettant d'éviter le châtiment, ou bien à une mission de prosélytisme. Dans la plupart des cas la « charité chrétienne » est dispensée pour prouver la supériorité du christianisme ou pour convertir des âmes, pas parce que la vie humaine a une valeur en soi et qu'elle est en cela digne de respect.

Les bons chrétiens ne trouvent pas leur motivation dans la bible. Ils font le bien parce que ce sont de braves gens. Bertrand Russell a dit : « Les hommes ont tendance à avoir les croyances qui conviennent à leurs passions. Les hommes cruels croient en un Dieu cruel et ils utilisent leur croyance pour excuser leur cruauté. Seuls les hommes bienveillants croient en un Dieu bienveillant, et ils seraient bons de toute façon. »

Les personnages bibliques sont de piètres modèles

Nous entendons beaucoup de sermons qui affirment que « Dieu est amour », mais un simple coup d'œil à la bible suffit pour s'apercevoir que Dieu tue énormément de gens. Il a d'abord noyé toute la population de la planète, ne sauvant qu'une famille. Il a envoyé la peste pour tuer tous les premiers-nés en Égypte, humains et animaux. Il a fait pleuvoir du feu et du soufre sur Sodome, tuant tout le monde — garçons, filles, bébés, femmes enceintes, animaux. Il a envoyé ses guerriers israélites détruire les tribus païennes voisines — hommes, femmes, enfants.

Dans 1 Samuel 6, l'arche de l'Éternel fut transportée dans le pays et cinq fermiers de Beth Schémesh « se réjouirent en la voyant ». Ils ouvrirent la boîte et offrirent un holocauste au Seigneur, et pour ce terrible péché Dieu « frappa les gens de Beth Schémesch, lorsqu'ils regardèrent l'arche de l'Éternel; il frappa cinquante mille hommes parmi le peuple. Et le peuple fut dans la désolation, parce que l'Éternel l'avait frappé d'une grande plaie. » Est-il moral de tuer 50 000 personnes pour un outrage aussi dérisoire? Et quelle était la nature de leur crime exactement? Ces hommes essayaient, à leur façon, de rendre grâce à ce même dieu qui les a châtiés. Un Dieu clément n'aurait-Il pas compris leur erreur innocente? C'est comme si mon enfant m'offrait pour mon anniversaire une carte « Papa, je tème » et que je le punissais (de mort!) parce qu'il a mal orthographié le mot amour. (Par ailleurs, peut-on raisonnablement penser qu'il existait un village de plus de 50 000 habitants à cette époque?)

Dans I Samuel 25, un homme très travailleur, nommé Nabal a refusé de remettre le produit de ses récoltes à David et ses troupes qui passaient par là. « Et je prendrais mon pain, mon eau, et mon bétail que j'ai tué pour mes tondeurs, et je les donnerais à des gens qui sont je ne sais d'où? » Ce n'est pas là une plainte déraisonnable. Nabal avait une obligation morale envers ses travailleurs. Pour le punir d'avoir protégé ce qu'il possédait légalement, « l'Éternel frappa Nabal, et il mourut ».

Dans Nombres 25:16-17, « L'Éternel parla à Moïse, et dit: Traite les Madianites en ennemis, et tuez-les. » Voici ce qui se produisit six chapitres plus loin: « Ils s'avancèrent contre Madian, selon l'ordre que l'Éternel avait donné à Moïse; et ils tuèrent tous les mâles. (...) Les enfants d'Israël firent prisonnières les femmes des Madianites avec leurs petits enfants, et ils pillèrent tout leur bétail, tous leurs troupeaux et toutes leurs richesses. Ils incendièrent toutes les villes qu'ils habitaient et tous leurs enclos. Ils prirent toutes les dépouilles et tout le butin, personnes et bestiaux. » Ce n'est pas si terrible, pas vrai? Ils ont massacré les hommes et brûlé leurs villes, mais ils ont sauvé les femmes et les enfants. Continuons:

« Et Moïse s'irrita contre les commandants de l'armée, les chefs de milliers et les chefs de centaines, qui revenaient de l'expédition. Il leur dit : Avez-vous laissé la vie à toutes les femmes ? (...) Maintenant, tuez tout mâle parmi les petits enfants, et tuez toute femme qui a connu un homme en couchant avec lui [comment pouvaient-ils savoir ça ?] mais laissez en vie pour vous toutes les filles qui n'ont point connu la couche d'un homme. »

C'est pire encore après. Comme ils partageaient le « butin » ils comptèrent tous les animaux, l'or, les bijoux « et trente-deux mille personnes ou femmes qui n'avaient point connu la couche d'un homme » et « le tribut de l'Éternel était de trente-deux personnes ». On ne sait pas exactement ce qui est arrivé aux trente-deux chanceuses mais après voir vu leurs pères, leurs sœurs, leurs frères et leurs mères sauvagement assassinés par les pillards israélites, elles préféraient sans doute honorer leurs propres familles et être brûlées en offrande à Dieu plutôt que de servir de « butin » aux prêtres de Jéhovah.

Qui oserait dire que cela est moral ? C'est Dieu lui-même, se comportant comme un dieu. Écoutons ces menaces proférées par le Dieu aimant du Lévitique (26:14-38) :

- « Mais si vous ne m'écoutez point et ne mettez point en pratique tous ces commandements, (...) j'enverrai sur vous la terreur, la consomption et la fièvre, qui rendront vos yeux languissants et votre âme souffrante ; et vous sèmerez en vain vos semences : vos ennemis les dévoreront (...) et vous serez battus devant vos ennemis. »
- « Je vous châtierai sept fois plus pour vos péchés (...) votre terre ne donnera pas ses produits, et les arbres de la terre ne donneront pas leurs fruits (...) j'enverrai contre vous les animaux des champs, qui vous priveront de vos enfants, qui détruiront votre bétail (...) je ferai venir contre vous l'épée (...) »
- « J'enverrai la peste au milieu de vous (...) dix femmes cuiront votre pain dans un seul four (...) vous mangerez, et vous ne serez point rassasiés (...) vous mangerez la chair de vos fils, et vous mangerez la chair de vos filles (...) Je réduirai vos villes en déserts (...) Je dévasterai le pays (...) Je vous disperserai

> parmi les nations et je tirerai l'épée après vous (...) Alors le pays jouira de ses sabbats, tout le temps qu'il sera dévasté (...) Tout le temps qu'il sera dévasté, il aura le repos qu'il n'avait pas eu dans vos sabbats (...) vous périrez parmi les nations. »

Le sabbat sera donc observé, même si Dieu doit tuer tout le monde pour cela. Est-ce que ce chapelet de menaces provient d'un esprit stable et aimant ?

Le Deutéronome répète beaucoup de ces menaces, y compris l'alléchante : « Au milieu de l'angoisse et de la détresse où te réduira ton ennemi, tu mangeras le fruit de tes entrailles, la chair de tes fils et de tes filles que l'Éternel, ton Dieu, t'aura donnés (...) L'homme d'entre vous le plus délicat et le plus habitué à la mollesse aura un œil sans pitié pour son frère, pour la femme qui repose sur son sein, pour ceux de ses enfants qu'il a épargnés. »

Le Dieu biblique punit les enfants et les petits-enfants pour des choses qu'ils n'ont pas commises et appelle cela « clémence ». Exode 34:6-7 : « Et l'Éternel passa devant lui, et s'écria : L'Éternel, l'Éternel, Dieu miséricordieux et compatissant, lent à la colère, riche en bonté et en fidélité, qui conserve son amour jusqu'à mille générations, qui pardonne l'iniquité, la rébellion et le péché, mais qui ne tient point le coupable pour innocent, et qui punit l'iniquité des pères sur les enfants et sur les enfants des enfants jusqu'à la troisième et quatrième génération ! » Qui penserait que *cela* est moral ?

Si votre grand-père était un voleur de chevaux, doit-on vous jeter en prison ? (Et je demande à ces Américains convaincus d'être des héritiers de l'Europe, qui pensent que les descendants des victimes doivent recevoir réparation, de me restituer leurs maisons et leurs terrains s'ils sont sérieux. Après tout, ce sont leurs ancêtres qui ont volé leur terre à mes ancêtres.)

Un adulte sage sait que les enfants sont parfois difficiles — ce ne sont que des enfants. Mais Dieu ne semble pas comprendre cela. Dans II Rois 2:23-24 « Il [Elisha] monta de là à Béthel ; et comme il cheminait à la montée, des petits garçons sortirent de la ville, et se moquèrent de lui. Ils lui disaient : Monte, chauve ! monte, chauve ! Il se retourna pour les regarder, et il les maudit au nom de l'Éternel. Alors deux ours sortirent de la forêt, et déchirèrent quarante-deux de ces enfants. » On dirait une version non censurée du Petit Chaperon Rouge ou des Trois Petits Cochons, mais les vrais croyants de la bible sont obligés de faire semblant que toutes ces absurdités sont historiques et morales.

L'appétit destructeur de Dieu est sans pareil, à commencer par l'histoire de Caïn et Abel. Des millions d'animaux ont été sacrifiés pour apaiser la colère et la vanité de la divinité israélite. Dieu a même accepté un sacrifice *humain*: la fille de Jephtah (Juges 11:30-40). Dans II Samuel 21:1-14 le sacrifice de sept des fils de Saul, par pendaison, a seul réussi à apaiser Dieu.

Dans le Lévitique 27:28-29, Dieu ordonne que les humains « dévoués » (sacrifiés) soient mis à mort: « Aucune personne dévouée par interdit ne pourra être rachetée, elle sera mise à mort. » On appelle cela purement et simplement un sacrifice humain. (Je suppose qu'il vaut mieux que les croyants n'aient pas non plus d'animaux de compagnie dévoués.)

Dieu a vendu les Israélites au roi de Mésopotamie pour huit ans (Juges 3:8). On ne sait pas ce qu'Il fit de l'argent. Il les a aussi vendus aux Moabites pour dix-huit ans (3:14), à Canaan pour vingt ans (4:2-3), à Madian pour sept ans (6:1), aux Philistins pour quarante ans (13:1) et aux Babyloniens pour soixante-dix ans. Cela représente plus d'un siècle et demi d'esclavage — environ deux fois plus long que le temps de l'esclavage aux États-Unis. Cela est-il moral?

Dans l'Exode 21, juste après les Dix Commandements, Dieu nous donne des lois pour traiter les esclaves. « Si tu achètes un esclave hébreu, il servira six années (...) et son maître lui percera l'oreille avec un poinçon (...). Si un homme vend sa fille pour être esclave, elle ne sortira point comme sortent les esclaves... » et ainsi de suite. Non seulement, c'est une pratique assumée d'esclavagisme, mais qui plus est *sexiste*, qui permet de traiter les femmes comme des propriétés de moindre valeur. Dieu n'a jamais dénoncé l'institution de l'esclavage, il l'encourage.

Dieu pratique la discrimination envers les handicapés: « Tout homme qui aura un défaut corporel ne pourra s'approcher: un homme aveugle, boiteux, ayant le nez camus ou un membre allongé ; un homme ayant une fracture au pied ou à la main ; un homme bossu ou grêle, ayant une tache à l'œil, la gale, une dartre, ou les testicules écrasés (...) il ne profanera point mes sanctuaires. » (Lévitique 21:18-23) De qui est-ce la faute si vous êtes borgne ou nain ? J'ai déjà vu des prêtres au nez camus s'approcher des autels — pourquoi désobéir ainsi aux écritures ? Ne savent-ils pas que Dieu n'aime pas les handicapés ?

Dieu tente délibérément de nous induire en erreur. Ezéchiel 14:9 : « Si le prophète se laisse séduire, s'il prononce une parole, c'est moi, l'Éternel, qui aurai séduit ce prophète ; j'étendrai ma main contre lui, et je le détruirai du milieu de mon peuple d'Israël. » La Deuxième épître aux Thessaloniciens rapporte que : « Dieu leur envoie une puissance d'égarement, pour qu'ils croient au mensonge. » (2:11)

Dieu utilise un langage qui ne serait jamais accepté dans une église : « Voici, je détruirai vos semences, Et je vous jetterai des excréments au visage, Les excréments des victimes que vous sacrifiez, Et on vous emportera avec eux. » Malachie (2:3) « Et l'Éternel dit : Tu mangeras des gâteaux d'orge, que tu feras cuire en leur présence avec des excréments humains. » (Ezéchiel 4:12) En d'autres termes, Dieu leur dit : « Bouffe de la merde. » Est-ce que c'est un joli langage pour faire un exemple moral ? Ailleurs :

- « Je raclerai la maison de Jéroboam, comme on racle la fiente, jusqu'à ce qu'il n'en reste plus. »[4] (I Rois 14:10)
- « Voici, j'en veux à toi, dit l'Éternel des armées, Je relèverai tes pans jusque sur ton visage, Je montrerai ta nudité aux nations, Et ta honte aux royaumes. » (Nahum 3:5-6)

Voici quelques versets particulièrement misogynes qui font l'éloge des abus sexuels : « Le Seigneur rendra chauve le sommet de la tête des filles de Sion, L'Éternel découvrira leur nudité. » (Esaïe 3:17) « Nudité » est une traduction euphémistique pour l'hébreu *poth* qui désigne le vagin, littéralement « ouverture pivotante ». Certaines

4. On a choisi pour cette citation la traduction de Martin 1744 qui édulcore moins le texte biblique par rapport à la traduction plus policée de Louis Segond, à laquelle nous nous sommes référés jusque-là. Ndt.

pseudo-traductions, comme la NIV (New International Version) ont essayé de masquer cette image un peu embarrassante d'une divinité abusive en traduisant malhonnêtement *poth* par « crâne ».

Dieu a créé le mal (Esaïe 45:7) et l'enfer. Dieu punit tout le monde à cause du péché d'Adam. Dieu est favorable uniquement à une seule race, ce qui est du racisme. Il est jaloux (Exode 20:5) et, même, il dit que son nom est *Jalousie* : « Tu ne te prosterneras point devant un autre dieu ; car l'Éternel porte le nom de jaloux, il est un Dieu jaloux. » (Exode 34:14) Les Israélites peuvent peut-être être pardonnés pour avoir désigné leur divinité par le nom générique de « Dieu » (« El » ou « Elohim ») ou par l'imprononçable « YHWH » plutôt que par son véritable nom. C'est vrai qu'il serait un peu étrange de commencer une prière par « Cher Jaloux ».

Nous n'avons pas le temps de mentionner tous les passages de la bible où Dieu commet, ordonne ou tolère le meurtre. Dans le livre de Ruth Green *Born Again Skeptic's Guide to the Bible*, l'auteur utilise dix pages pour répertorier tous les meurtres de Jéhovah. Est-ce là le genre de compagnon que nous voulons pour la vie de nos enfants ? Cela ressemble plus à un film de série B ultra-violent qu'à un guide de bonne conduite.

En entendant ces accusations, certains chrétiens peuvent demander : « Pourquoi toujours attaquer Dieu ? » Je répondrais « Pourquoi toujours vouloir le défendre ? » Les apologistes chrétiens peuvent triturer les versets de la bible pour démontrer que « Dieu est amour » mais en quoi est-ce utile ? La seule chose que l'on risque de prouver, c'est que la bible est contradictoire. L'amour de Hitler pour sa femme, son chien et ses proches n'excuse pas l'Holocauste.

À propos de Jésus

Certains chrétiens se plaindront, disant qu'ils ne sont pas concernés par le dieu de l'Ancien Testament parce que Jésus l'a remplacé. Les mots et les actions de Jésus Christ sont le modèle parfait, affirment-ils. Voyons si c'est vrai.

Dans Luc 12:47-48, Jésus a dit : « Le serviteur qui, ayant connu la volonté de son maître, n'a rien préparé et n'a pas agi selon sa volonté, sera battu d'un grand nombre de coups. Mais celui qui, ne l'ayant pas connue, a fait des choses dignes de châtiment, sera battu de peu de coups. » Jésus encourage les gens à battre leurs esclaves ! Est-ce là un exemple de supériorité morale ? Certains chrétiens diront que c'est juste une parabole fondée sur la culture de l'époque et que Jésus ne souhaitait pas qu'on la prenne au pied de la lettre. Mais si on examine le contexte, ce n'est pas le cas. Jésus vient de donner une parabole sur les serviteurs quelques versets plus tôt et Pierre a demandé une explication (12:41). La citation provient de l'explication, pas de la parabole elle-même. De toute façon, quel horrible langage ! Même si c'était une métaphore, elle n'est pas très judicieuse. Ce serait comme un politicien faisant une blague antisémite ou raciste et disant après : « C'était juste une blague. »

Pourquoi Jésus, cet incomparable modèle moral, n'a-t-il jamais dénoncé l'esclavage ? Pourquoi le Fils de Dieu, aimant et sage, a-t-il oublié de dire que l'asservissement des hommes est une institution brutale ? Pourquoi l'a-t-il intégré à ses enseignements comme si c'était la chose la plus naturelle du monde ? Je vais vous dire pourquoi : parce qu'il l'approuvait. L'Ancien Testament encourage l'esclavage et Jésus, étant l'égal de Dieu, qui est censé avoir écrit les lois anciennes, *doit* approuver l'esclavage. Tout cela ne vise pas à reconnaître qu'un homme nommé Jésus a vraiment prononcé ces mots dans l'histoire. Cela prouve simplement que les Évangiles ont été écrits par des êtres humains qui étaient prisonniers de leur culture. Non seulement ils refusaient de dénoncer l'esclavage, mais ils ne pouvaient même pas concevoir que cela posait un quelconque problème.

Jésus ne s'est jamais insurgé contre la pauvreté ou n'a jamais fait quoi que ce soit pour l'éliminer. En fait, comme Mère Teresa, il enseignait que les pauvres devaient accepter leur sort. Dans Marc 14:3-9, certains disciples de Jésus s'insurgeaient du coût de l'huile utilisée pour oindre la tête de Jésus parce qu'« on aurait pu le vendre plus de trois cents deniers, et les donner aux pauvres ». Jésus répondit : « vous avez toujours les pauvres avec vous, et vous pouvez leur faire du bien quand vous voulez, mais vous ne m'avez pas toujours ». Cela est égoïste et inhumain. Il n'offre aucune solution pour éliminer la pauvreté et considère que le fait de nourrir les pauvres est une activité optionnelle qui n'est pas aussi importante que de l'adorer *lui* — comme de nombreux évangélistes modernes qui gaspillent les dons des fidèles par leur mode de vie luxueux. Ou comme le pape, qui vit dans l'opulence. Où sont passées les sages paroles de Jésus sur le gaspillage et l'inégalité ? Où sont les programmes sociaux pour réduire la pauvreté ?

Jésus a indiqué que lui et ses fidèles étaient une classe à part, au-dessus des autres, libre de disposer des biens et du labeur des autres. Dans Marc 2:23, lui et ses disciples passant au milieu de champs de blé prirent ce qu'ils voulaient, ce qui était doublement illégal puisque c'était le jour du sabbat. Dans Matthieu 21, Jésus apprend à ses disciples à se saisir d'un cheval sans demander auparavant la permission à son propriétaire. C'est le genre de choses que pouvaient faire un propriétaire terrien ou un roi avec ses paysans.

Jésus maintient la même vision des femmes que dans l'Ancien Testament. Pas une seule femme n'est choisie pour faire partie des douze apôtres ou pour la Cène. Ce sont d'ailleurs des arguments avancés par le pape contre l'ordination de femmes. Mais oublie-t-il que les apôtres étaient juifs ? Comment avons-nous pu avoir des papes italiens, polonais, allemands, des archevêques irlandais ou des prêtres mexicains ?

Jésus était violent. Il envoya des démons dans un troupeau de pourceaux et « tout le troupeau se précipita des pentes escarpées dans la mer, et ils périrent dans les eaux » (Matthieu 8.32). Pourquoi ne pas montrer un peu plus de respect pour la vie ? Il fabriqua aussi un fouet et menaça les changeurs, les chassant du temple (Jean 2:15). Ces gens avaient leur petite affaire, grâce à laquelle ils nourrissaient leur famille. Par ailleurs, ils offraient aux fidèles la possibilité de faire des offrandes au temple dédié au père de Jésus, c'est-à-dire à Jésus lui-même ! N'était-ce pas pure folie ?

Sa violence était mâtinée d'irrationalité. « Le matin, en retournant à la ville, il eut faim. Voyant un figuier sur le chemin, il s'en approcha ; mais il n'y trouva que des feuilles, et il lui dit : Que jamais fruit ne naisse de toi ! Et à l'instant le figuier sécha. » (Matthieu 21:18-19 répété dans Marc 11:13-14, où il est ajouté que ce n'était pas la saison des figues.) Est-il bien raisonnable de détruire une plante parce qu'elle ne donne pas de fruits juste au moment où vous avez faim (hors saison) ? Est-ce le signe d'une bonne santé mentale ?

Dans Luc 19, tandis qu'il raconte une parabole, Jésus a des mots très durs : « Au reste, amenez ici mes ennemis, qui n'ont pas voulu que je régnasse sur eux, et tuez-les en ma présence. » Il se compare ouvertement avec « l'Éternel » dans cette parabole. Dans Matthieu 10:34, Jésus dit : « Ne croyez pas que je sois venu apporter la paix sur la terre ; je ne suis pas venu apporter la paix, mais l'épée. » Dans Luc 22:36, il dit à ses disciples : « que celui qui n'a point d'épée vende son vêtement et achète une épée ».

Il était insensible. Dans l'Évangile selon Matthieu (15:22-28), Jésus refuse de guérir un enfant malade et cède devant l'insistance de la mère. Que se serait-il passé si la mère n'avait pas été aussi pressante ? Aurait-il continué à retenir ses faveurs magiques en laissant mourir l'enfant ? Et pourquoi devrait-on supplier Dieu pour qu'il agisse ? Si je n'amène pas directement mes enfants gravement malades à l'hôpital, qu'ils me demandent pourquoi et que je leur réponds : « parce que vous ne me l'avez pas demandé » ou « parce que vous ne me l'avez pas demandé avec suffisamment d'humilité », serais-je considéré comme un bon père ?

Dans Matthieu 19:12, Jésus encourage la castration : « Car il y a des eunuques qui le sont dès le ventre de leur mère ; il y en a qui le sont devenus par les hommes ; et il y en a qui se sont rendus tels eux-mêmes, à cause du royaume des cieux. Que celui qui peut comprendre comprenne. » Les croyants d'aujourd'hui ont vite fait d'interpréter ce verset de façon imagée. La *New International Version* traduit de façon assez libre (et optimiste) « devenir eunuque » par « renoncer au mariage ». Mais le sens littéral est « castrer » et beaucoup de religieux chrétiens se sont émasculés dans l'histoire, notamment l'un des pères de l'Église, Origène, et des ordres monastiques. Jésus n'indique pas qu'il s'agit d'une parabole ou que les mots ont une autre signification que littérale. *Que celui qui peut comprendre comprenne.* Ce n'est pas un précepte moral — c'est n'importe quoi. La castration empêche les naissances, tout comme l'avortement, alors pourquoi les pro-life ne manifestent-ils pas devant les églises ? Après tout, Jésus n'a jamais mentionné l'avortement. Il n'a jamais expliqué aux femmes comment faire avec une grossesse non désirée. Les chrétiens modernes qui donnent ces conseils ne suivent donc pas le modèle christique.

Nous entendons beaucoup parler de l'humilité de Jésus, mais ses discours semblent bien peu humbles. Il regarde ses disciples « avec colère » (Matthieu 12:6), « plus grand que Jonas » (Matthieu 12:41) et « plus grand que Salomon ». Il semble également atteint de la paranoïa qui affecte les dictateurs : « Celui qui n'est pas avec moi est contre moi. » (Matthieu 12:30) Bien sûr, ce n'est pas vrai. C'est juste que Jésus ne pouvait pas concevoir l'idée de neutralité. Est-ce qu'il aurait dit : « Celui qui n'est pas contre moi est avec moi ? »

Mais la pire des leçons de Jésus est sans doute celle à propos de l'enfer. Il n'a pas inventé le concept de châtiment éternel, mais c'est avec Jésus qu'a commencé la diffusion de la doctrine chrétienne de l'enfer. Dans l'Ancien Testament, l'enfer c'est la mort ou la tombe. Avec Jésus, l'enfer devient un lieu de tourments éternels. Dans Marc 9:34, Jésus dit que l'enfer est « le feu qui ne s'éteint point ». Dans Matthieu 13:41-42, Jésus donne une description (assez jouissive) de l'endroit qu'il a créé : « Le Fils de l'homme enverra ses anges, qui arracheront de son royaume tous les scandales et ceux qui commettent l'iniquité : et ils les jetteront dans la fournaise ardente, où il y aura des pleurs et des grincements de dents. » Les chambres à gaz de Hitler étaient atroces et la souffrance y était abominable mais elles ne brûlaient pas en permanence. Les victimes de l'Holocauste ne souffrent plus mais les victimes de la colère de Dieu hurleront pour toujours.

Je ne crois pas en Jésus ni en Dieu, donc je me rends coupable d'une « iniquité » selon le verset que je viens de citer. Tous ceux qui pensent qu'il est moral qu'une personne comme moi — qui utilise la raison et la bienveillance dans sa vie — soit éternellement punie pour ses opinions n'ont absolument aucune once de moralité en eux. Tout système de pensée ou de croyance reposant sur une menace de violence physique constitue une faillite morale. Pour cette seule raison, Jésus doit être dénoncé, c'est un tyran.

Qui pourrait dire qu'il est sage? Les leçons morales de Jésus nous dispensent ces perles de sagesse:

- Ne faites pas de projets pour l'avenir. (Matthieu 6:34)
- N'économisez pas d'argent. (Matthieu 6:19-20)
- Ne devenez pas riche. (Marc 10:21-25)
- Vendez tout ce que vous avez et donnez-le aux pauvres. (Luc 12:33)
- Ne travaillez pas pour de la nourriture ou de la viande parce que ces denrées sont périssables. (Jean 6:27)
- N'ayez pas de désir sexuel. (Matthieu 5:28)
- Épouser une femme divorcée, c'est commettre l'adultère. (Matthieu 5:32)
- Agissez de façon à ce que les gens aient envie de vous persécuter. (Matthieu 5:11)
- Dites à tout va que vous être un être particulier et meilleur que les autres. (Matthieu 5:13-14)
- Haïssez votre famille. (Luc 14:26)
- Prenez l'argent de ceux qui n'ont pas d'économies et donnez-le à de riches investisseurs. (Luc 14:26)
- Si quelqu'un vous vole quelque chose, n'essayez pas de le récupérer. (Luc 6:30)
- Si quelqu'un vous gifle, incitez-le à recommencer. (Matthieu 5:39)
- Si vous perdez un procès, donnez plus que ce qui vous est demandé. (Matthieu 5:40)
- Si quelqu'un veut vous forcer à parcourir un kilomètre, faites-en deux. (Matthieu 5:41)
- Si quelqu'un vous demande quelque chose, donnez-le lui sans poser de question. (Matthieu 5:42)
- Si vous faites une mauvaise action avec votre main droite, coupez-la, idem avec votre œil. (Matthieu 5:29-30 — dans un contexte sexuel.)
- Si vous êtes un homme, une bonne façon de gagner des points pour le paradis est d'éviter les femmes. (Matthieu 19:12)

Nous pourrions dire beaucoup de choses d'autres personnages bibliques, comme Noé (ivrogne), Abraham (qui a menti à propos de sa femme), Loth (père incestueux), Moïse (meurtrier), David (adultère et meurtrier), Salomon (polygame), Pierre (qui fait tourner les épées et ment comme un lâche), Paul (qui exige le silence des femmes) et bien d'autres. Les croyants peuvent soutenir que ce ne sont que des mortels, que nous devons bien nous attendre à ce qu'ils agissent parfois en conformité avec leur nature corrompue, et que cela prouve bien que nous avons besoin d'un Sauveur qui nous aime en dépit de notre humanité. Il n'y a que dans un contexte théologique que cela peut être une réponse plausible, encore que très insatisfaisante. Reste qu'il est difficile de trouver des modèles moraux cohérents dans la bible. Nous pourrions accorder le bénéfice du doute aux personnages humains de la bible mais pourquoi tant d'indulgence envers les divinités — Dieu et Jésus — qui se conduisent comme des voyous ou des déments passibles d'enfermement ?

De nombreux préceptes moraux de la bible sont irrecevables

Nous avons déjà remarqué que la bible encourageait l'esclavage. Il a fallu la guerre de Sécession aux États-Unis pour que nous réussissions à nous débarrasser de ces pratiques inhumaines, tâche rendue encore plus compliquée par les prêtres (apportant majoritairement leur soutien aux sudistes) qui s'appuyaient sur la bible pour défendre leur position. Toutes les églises n'étaient pas activement pour l'esclavage mais celles qui l'étaient n'avaient aucune difficulté à trouver dans les écritures des justifications. Pourquoi une divinité morale n'a-t-elle pas anticipé cela ? Un seul mot de Jésus, s'il est véritablement Dieu, aurait pu nous épargner ces deux milles ans d'esclavage un peu partout dans le monde. Malheureusement, il existe encore dans certains pays.

Même si l'expression « péché originel » n'apparaît nulle part dans la bible, le concept biblique selon lequel la nature humaine est fondamentalement mauvaise est une doctrine insidieuse. Jésus reconnaît que les humains peuvent bien se comporter, mais nous sommes néanmoins mauvais par nature : « Si donc, méchants comme vous l'êtes, vous savez donner de bonnes choses à vos enfants… » (Matthieu 7:11, Luc 11:3) Peut-on faire pire comme traumatisme psychologique que de dire à des enfants qu'ils sont intrinsèquement mauvais ? Imaginez les conséquences pour leur estime d'eux-mêmes ! Combien d'enfants s'endorment le soir dans la peur de l'enfer ?

Jésus dit : « Si quelqu'un ne demeure pas en moi, il est jeté dehors, comme le sarment, et il sèche ; puis on ramasse les sarments, on les jette au feu, et ils brûlent. » (Jean 15:6) Tout au long de l'histoire, l'église a interprété littéralement ce verset, l'utilisant pour condamner les hérétiques au bûcher et à d'autres tortures. Quelqu'un a sans doute dit à Giordano Bruno, à Miguel Servet et aux autres victimes de l'Inquisition catholique et de la Réforme que la bible était un livre moralement supérieur.

Exode 22:18 dit : « Tu ne laisseras point vivre la magicienne. » Ce seul verset est responsable de la mort de centaines, peut-être de milliers de femmes prises pour des sorcières. Quiconque pense que c'est une bonne leçon éthique devrait devenir fasciste. Il est manifestement *immoral* de se débarrasser de ses ennemis, réels ou imaginaires, par le génocide.

L'une des idées les plus dangereuses de la bible est le concept de Maître et Seigneur. Les principes bibliques les plus nobles sont l'obéissance, la soumission et la foi, plus que la raison, l'intelligence et les valeurs humaines. Les fidèles deviennent les humbles serviteurs d'un dictateur, ils sont censés s'agenouiller devant leur roi, maître, seigneur, dieu — en priant avec ferveur et en écoutant ses ordres. Selon la bible, en fin de compte nous serons tous *forcés* de nous incliner devant Jésus : « Tout genou fléchira devant moi, Et toute langue donnera gloire à Dieu. » (Épître aux Romains 14:11) La relation maître / esclave est tellement ancrée dans le monde juif / chrétien / musulman que les penseurs indépendants sont considérés comme des rebelles hérétiques et corrompus. Les prophètes, les papes et les ayatollahs se sont servis de cette dichotomie humiliante pour manipuler leurs fidèles crédules. Et même s'ils ne l'avaient pas fait — même si l'église avait eu une histoire sans taches — quel est le mérite de la soumission ?

Les États-Unis d'Amérique sont une nation rebelle. Nous avons fait la révolution pour nous débarrasser de notre seigneur et maître. C'était un acte bon et moral que de se débarrasser de la tyrannie du roi. Il semble donc incongru que tant d'Américains, qui n'accepteraient jamais un dictateur au gouvernement, soient tellement avides de payer leur tribut au Seigneur universel. Jésus dit : « Rendez à César ce qui est à César, à Dieu ce qui est à Dieu. » Et aux individus ? Et la démocratie ? Jésus considérait que les êtres humains sont les rouages d'une machine plus grande, que ce soit celle de Dieu ou celle de César. Cela va à l'encontre de notre société moderne représentative. Il n'est pas moral de se soumettre à Dieu ou à César.

Les bons enseignements de la bible

Beaucoup de chrétiens parlent de la bible mais ne savent pas de quoi ils parlent. Ils *pensent* qu'elle est pleine de conseils merveilleux. Beaucoup sont choqués, incrédules ou même offensés lorsque les sceptiques citent d'horribles passages des écritures. Au cours de nombreux débats ou d'émissions télé et radio, j'ai cité des versets répugnants de la bible et des gens du public qui connaissaient mal leur bible m'ont demandé : « Mais quelle bible lisez-vous donc ? » Et j'ai répondu : « Quelle bible ne lisez-vous pas ? » La plupart des enseignements « positifs » de la bible sont inadaptés et dangereux.

J'ai participé à un débat à Atlanta en 1998 sur le thème « La bible est-elle un guide acceptable pour un comportement moral ? » Mon adversaire était le Dr Walter Lowe, professeur de théologie systématique à la Candler School of Theology de l'Université Emory. Pendant son exposé, préparé à l'avance, il n'a pas utilisé une seule fois la bible pour appuyer ses assertions ! Il a passé son temps à déconstruire la position des sceptiques et à présenter un « cadre » pour certaines interprétations libérales du christianisme, comme si la disqualification du scepticisme pouvait remplacer la démonstration établissant que la bible est un bon livre. Ma propre présentation était truffée de citations précises démontrant l'immoralité de la bible. Sa réfutation se résumait à accuser mon interprétation de « fondamentalisme ». Je mettais de la mauvaise volonté à accorder le bénéfice du doute à la bible, affirmait-il, ou à comprendre que les principes moraux étaient au-dessus et au-delà de la lettre.

J'entends souvent cette critique. Si nous, libres-penseurs, étions suffisamment évolués pour étudier les écritures comme elles *devraient* être étudiées (à un degré plus haut de critique, avec les bons éléments contextuels et culturels, etc.), alors nous aurions moins de problèmes pour les comprendre. Mais cela revient à dire : « Si vous partagiez mon point de vue, alors vous diriez la même chose que moi. » *Tout le monde* est persuadé d'avoir la bonne interprétation de la bible. Je suis d'accord que prendre le texte pour argent comptant est simpliste ; toutefois, les érudits libéraux doivent reconnaître que le scepticisme sur l'intégrité des écritures est majoritaire. Ils ne peuvent contester qu'il y a beaucoup de désaccords entre les érudits, les théologiens et les croyants à propos du « vrai » sens du texte.

Si un dieu essaie d'envoyer un message aux masses humaines, pourquoi a-t-il fait en sorte que les seules personnes pouvant comprendre immédiatement son véritable message soient les docteurs en études bibliques ? Comment pouvons-nous en effet savoir à quelles autorités nous référer ? Ce que signifie la bible *en langage clair et simple,* c'est ce que lisent la plupart des gens. Si c'est confus en langage simple, alors le texte manque son but. Dans tous les cas, le Dr Lowe n'a pas expliqué comment sa compréhension libérale sophistiquée adoucit la brutalité des écritures. Quelle que soit la façon dont vous l'interprétez, appliquer la peine de mort pour avoir ramassé du bois est cruel et barbare.

Les libres-penseurs savent ce que dit la bible. Mark Twain déclarait ainsi : « Ce ne sont pas les passages de la bible que je ne comprends pas qui me dérangent, ce sont les passages que je comprends. »

Vers la fin du débat, j'ai demandé au Dr Lowe de me donner un exemple de bon enseignement moral dans la bible. Il était incapable de citer un seul verset. Curieusement, il n'a pas mentionné les Dix Commandements, ni les Béatitudes ni « tends l'autre joue », ni « aime ton prochain comme toi-même », ni la « règle d'or », qui sont les exemples historiques de la moralité du « Livre Saint ». Néanmoins, une inspection plus approfondie de ces « bons » préceptes montre qu'ils sont plutôt banals.

Les Dix Commandements

Après un discours dans lequel j'ai mentionné les poursuites entreprises par la Freedom From Religion Foundation pour ôter les Dix Commandements des textes fédéraux du gouvernement du Colorado afin qu'ils réintègrent le domaine privé (celui des églises), une femme m'a demandé : « Comment pouvez-vous contester les Dix Commandements ? C'est le code le plus parfait qui ait jamais été donné aux humains ! Ces lois sont le fondement de notre pays. » Les gens qui avancent ce genre de choses n'ont sans doute jamais étudié les Dix Commandements (ni l'histoire américaine).

Seuls trois commandements ont un lien avec la loi américaine : l'homicide, le vol et le parjure. (Les lois sur l'adultère et sur le sabbat apparaissent toujours dans les livres de certains états mais ce sont des artefacts de théocratie.)

Les quatre premiers commandements n'ont aucun rapport avec l'éthique ou la morale :

Premier Commandement : « Tu n'auras pas d'autres dieux devant ma face », prononcé par *Elohim* (ironie du sort, c'est le pluriel de « dieu », *El*), « Seigneur » des Israélites. C'est plutôt la fondation d'Israël que celle des États-Unis d'Amérique. On peut y voir une affirmation monothéiste (un seul dieu) ou hénothéiste (un seul dieu suprême) et, dans les deux cas, c'est contraire à la constitution américaine qui garantit la liberté de culte et de conscience, contre l'institution d'une seule religion. Aux États-Unis, nous sommes libres d'adorer plusieurs dieux, un seul dieu ou pas de dieu du tout. Elohim n'apparaît dans aucun texte institutionnel.

Deuxième Commandement : « Tu ne te feras point d'image taillée, ni de représentation quelconque des choses qui sont en haut dans les cieux, qui sont en bas sur la terre, et qui sont dans les eaux plus bas que la terre. » Il est assez amusant que cette défense apparaisse dans plusieurs blocs de marbre gravés en divers endroits du monde. Si c'était une loi, ce serait une violation de la liberté d'expression. De prime abord, cela met l'art hors jeu ! (Des versions ultérieures de ce commandement interdisent les images « moulées ».) Et comment les chrétiens se débrouillent-ils avec ce commandement ? Leurs églises et leurs maisons sont pleines d'images de saints et de vierges. En fait, l'Église catholique a essayé de contourner cette injonction en supprimant carrément le deuxième commandement ! Certaines des bornes en granit des Dix Commandements qui sont devenues propriété publique omettent (avec humour) ce commandement-là et divisent le dernier en deux pour avoir le compte.

Troisième Commandement : « Tu n'invoqueras point le nom de l'Éternel, ton Dieu, en vain. » Cela revient à interdire toute critique du président ou d'autres figures publiques officielles. C'est antidémocratique et contraire à la liberté d'expression.

Quatrième Commandement : « Souviens-toi du jour du sabbat. » Selon l'application biblique de cette loi (comme nous l'avons vu dans Nombres 15) des millions d'Américains méritent la peine de mort.

Les quatre premiers commandements sont des édits religieux et pas des indications morales. Ils n'ont rien à voir avec la morale ou avec la façon dont nous devons traiter nos pairs. Elles ne doivent certainement pas avoir leur place dans un pays qui « ne fera aucune loi qui touche l'établissement ou interdise le libre exercice d'une religion ».

Cinquième Commandement : « Honore ton père et ta mère, afin que tes jours se prolongent dans le pays que l'Éternel, ton Dieu, te donne. » C'est le premier du Décalogue qui ait un rapport avec la moralité, bien qu'il n'y ait aucun détail expliquant exactement comment honorer ses parents. Devons-nous leur obéir en toutes circonstances ? Jusqu'à quand ? Jusqu'à leur mort ? L'idée exprimée par ce commandement présente bien sûr des mérites mais il est d'une faible utilité pour ce qui est de la mise en pratique au-delà de l'expression du principe général selon lequel il faut respecter ses parents. N'est-ce pas une subtile variante de l'injonction de soumission à l'autorité dans la bible ? Est-ce qu'un principe moral n'ajouterait pas que tu ne dois pas faire de mal à tes parents, que tu ne dois pas profiter d'eux, que tu dois les traiter avec le respect dû aux êtres humains ? Et si tes parents sont ignorants et de mauvais conseillers ? Et s'ils font partie d'une secte ? S'ils sont mauvais ? Nous savons tous que certains parents ne méritent ni obéissance ni respect. Comment « honorer » un père incestueux ? Notez aussi que la justification « pour que tes jours se prolongent » en appelle à l'intérêt personnel et pas à la valeur intrinsèque des parents.

Sixième Commandement : « Tu ne tueras point. » C'est la première déclaration authentiquement morale du Décalogue : en effet elle concerne un tort réel dans le monde réel, même si elle est inconditionnelle. Est-ce que cela veut dire que la peine capitale est condamnable ? La légitime défense ? La guerre ? L'euthanasie ? L'inconvénient de cette loi tient à son caractère absolu — les bonnes lois font des distinctions. Le caractère sanguinaire des actes et des ordres de Dieu affecte particulièrement l'impact de ce commandement. En outre, les interdictions de meurtre existaient bien avant l'apparition des Dix Commandements ou des Israélites. Ce n'est pas comme si la race humaine avait attendu des tablettes descendues d'une montagne pour savoir que tuer n'était pas bien. Les lois contre le meurtre et l'homicide, fondées sur l'autoconservation et la stabilité sociale, ont émergé dans presque toutes les cultures avant et après Moïse, et il eût été étrange que les Israélites n'aient pas de principe similaire (cf. chapitre 11 pour plus de détails sur ce commandement).

Septième Commandement : « Tu ne commettras point l'adultère. » C'est aussi une bonne idée, même si l'adultère n'est pas illégal. Et s'il l'était, il serait difficile de le punir de la peine capitale : « Si un homme commet un adultère avec une femme mariée, s'il commet un adultère avec la femme de son prochain, l'homme et la femme adultères seront punis de mort. » (Lévitique 20:10) L'adultère est une promesse non tenue entre des adultes consentants et ne concerne pas le gouvernement. Dans beaucoup de cas, pour ne pas dire la majorité, cela affecte la relation et la famille si cela se termine par un divorce. (Mais d'autres choses, comme le fondamentalisme, produisent exactement le même effet.) Mais l'adultère entre adultes consentants n'entre pas dans la catégorie des crimes malveillants et nocifs. C'est un véritable problème éthique, mais ça n'est pas un crime. Pourquoi est-ce que les Dix Commandements n'évoquent pas le viol ? Et l'inceste ? Pourquoi n'y a-t-il pas un bien utile « Tu ne battras point ta femme » ? Pourquoi les Dix Commandements ne disent pas qu'il est immoral pour un mari de forcer sa femme à avoir des relations sexuelles ? Pourquoi la bible ne dit-elle pas que c'est mal d'avoir des relations sexuelles, y compris avec votre épouse, si vous savez que vous êtes porteur d'une maladie sexuellement transmissible (ce que dirait la bible si elle avait un quelconque rapport avec notre vie d'aujourd'hui). Même si l'adultère est une chose importante, cela mérite-t-il de figurer au top ten ? Dans la bible, les femmes sont la propriété des hommes (cf. le Dixième Commandement) et donc l'adultère est assimilé au vol.

Huitième Commandement : « Tu ne voleras point. » C'est en général un bon conseil, qui ferait une excellente loi. Hormis en temps de guerre, la plupart des cultures, avant et après la bible, ont respecté des règles qui protégeaient la propriété privée. Mais y a-t-il des exceptions ? Les Dix Commandements, rédigés en des termes absolus, n'autorisent pas de situations de dilemmes. Serait-il immoral de voler du pain à une personne riche pour nourrir votre enfant affamé ? Robin des Bois n'est-il pas considéré comme un héros populaire ? Néanmoins, la plupart des cultures reconnaissent qu'il est condamnable de prendre la propriété d'un individu sans sa permission. Les chrétiens veulent-ils insinuer que, sans les Tablettes du Mont Sinaï, les hommes n'auraient jamais pensé que voler c'est mal ?

Neuvième Commandement : « Tu ne porteras point de faux témoignage contre ton prochain. » C'est également un bon principe général mais il n'y a pas de loi universelle en Amérique contre le mensonge. Nous avons d'excellentes lois contre le parjure et la publicité mensongère. Mais nous savons tous qu'il est parfois nécessaire de mentir, pour protéger quelqu'un par exemple. Les mensonges, en temps de guerre, peuvent être considérés comme positifs. On a d'ailleurs considéré que la prostituée biblique Rahab était vertueuse parce qu'elle avait menti pour protéger les espions israélites (Hébreux 11:31). Si je savais où se trouvait une femme recherchée par un mari violent, je penserais qu'il est de mon devoir de mentir à cet homme. La vraie moralité consiste à savoir jauger les mérites relatifs des conséquences d'une action plutôt que d'une autre. Elle est flexible. La bible, de son côté, donne des ordres absolus sans envisager la possibilité de dilemmes éthiques. Comme pour le meurtre ou le vol, la plupart des cultures dans l'histoire ont fait de l'honnêteté un idéal, avec ou sans les Dix Commandements.

Dixième Commandement : « Tu ne convoiteras point la maison de ton prochain ; tu ne convoiteras point la femme de ton prochain, ni son serviteur, ni sa servante, ni son bœuf, ni son âne, ni aucune chose qui appartienne à ton prochain. » S'il y avait des lois fondées sur ce commandement, notre système économique s'effondrerait. Remarquez que la femme est traitée comme un bien comme un autre. Il n'est pas dit : « Tu ne convoiteras point le mari de ta voisine » parce que l'on présuppose que tout, y compris les lois, s'adresse aux mâles. C'est tout bonnement un commandement idiot. Comment pouvez-vous ordonner à quelqu'un de ne pas convoiter ? Et pourquoi le feriez-vous ? Si on a établi que le vol est mauvais, alors on n'a pas besoin de ce commandement. Si je vous dis que vous avez une très belle maison et que j'aimerais qu'elle soit à moi, est-ce immoral ? (Certains affirment que « convoiter » dans ce verset signifie plus exactement « voir d'un mauvais œil » ou jeter un sort sur quelque chose, ce qui serait une condamnation de la sorcellerie. Mais le mot hébreu *châmad*, d'après le *Strong's Concordance* signifie « apprécier la beauté, adorer, convoiter, chose désirable, apprécier, désirer, avoir soif d'une chose plaisante, précieuse »).

Les Dix Commandements sont donc composés de quatre édits religieux qui n'ont aucun lien avec l'éthique, trois interdictions unidimensionnelles qui sont déconnectées des lois modernes et trois absolus banals qui sont vaguement utiles mais pas particuliers au système judéo-chrétien. Chacun de nous pourrait facilement produire un code éthique du comportement plus raisonnable et plus profond que celui-là.

Dans la perspective de la critique biblique, les Dix Commandements posent un problème bien plus grave. C'est la mauvaise liste! La liste la plus courante (telle qu'elle est inscrite sur les monuments en granit des Capitoles de Denver et d'Austin) provient d'Exode 20, mais les gens ne savent généralement pas que l'appellation « Dix Commandements » n'apparaît pas dans ce chapitre.

Quand Moïse entreprend sa première ascension de la montagne, il redescend les mains vides. Il ne fait que répéter ce que Dieu lui a dit et c'est cette liste de décrets qui est entrée dans la tradition juive et chrétienne (comme dans le film clinquant du même nom) sous le nom des « Dix Commandements ».

Moïse est monté une deuxième fois et il est redescendu avec des lois gravées de la main de Dieu, les dix commandements, encore qu'ils ne soient pas formellement désignés ainsi. Moïse a brisé ces tablettes quand il a vu les enfants d'Israël en train d'adorer le veau d'or. (Moi, si je portais un document écrit de la main même de Dieu, je pense que je ferais un peu plus attention que ça.)

Ainsi, Moïse est remonté une troisième fois pour les remplacer et Dieu lui a donné exactement la même liste que précédemment. (Cela signifie clairement que ces lois étaient plus importantes que celles énoncées dans Exode 20.) Cet ensemble de lois gravées dans de nouvelles tablettes, que Moïse a ramené de sa troisième ascension, mentionné dans Exode 34:28 et Deutéronome 4:13 (une reprise d'Exode 34), est le seul qui ait le nom de Dix Commandements. Le texte est plutôt instructif: « L'Éternel dit à Moïse: Taille deux tables de pierre comme les premières, et j'y écrirai les paroles qui étaient sur les premières tables que tu as brisées. Sois prêt de bonne heure, et tu monteras dès le matin sur la montagne de Sinaï… » Moïse obéit: « Moïse fut là avec l'Éternel quarante jours et quarante nuits. Il ne mangea point de pain, et il ne but point d'eau. Et l'Éternel écrivit sur les tables les paroles de l'alliance, les dix commandements. » Voici la liste donnée la troisième fois à Moïse, la version finale, autorisée et éditée des Dix Commandements:

1 - Tu ne te prosterneras point devant un autre dieu. (Comme dans Exode 20; jusque-là tout va bien.)

2 - Tu ne te feras point de dieu en fonte. (Donc est-ce que les images taillées sont autorisées maintenant ?)
3 - Tu observeras la fête des pains sans levain. (Ma famille ne l'a jamais fait !)
4 - Tu travailleras six jours et, le septième jour, tu te reposeras. (Autre correspondance.)
5 - Tu célébreras la fête des semaines. (Qu'est-ce que c'est ? Quand cela a-t-il lieu ?)
6 - Trois fois par an, tous les mâles se présenteront devant le Seigneur, l'Éternel. (Les mâles seulement ? Et comment exactement doivent-ils grimper là-haut ?)
7 - Tu n'offriras point avec du pain levé le sang de la victime immolée en mon honneur. (Pardon ?)
8 - Et le sacrifice de la fête de Pâque ne sera point gardé pendant la nuit jusqu'au matin. (Parce que la viande se conserve mal ?)
9 - Tu apporteras à la maison de L'Éternel, ton Dieu, les prémices des premiers fruits de la terre. (Cela vaut pour les fermiers donc beaucoup d'entre nous ne sont pas concernés.)
10 - Tu ne feras point cuire un chevreau dans le lait de sa mère. (OK, ça, c'est facile.)

Qu'est-ce que cela veut dire ? Est-ce que ce sont là les véritables Dix Commandements ? Il n'y a correspondance qu'à vingt pour cent avec le passage de l'Exode 20. Alors, les règles ont-elles changé entre-temps ? Dieu a-t-il perdu la mémoire ? Où sont passés l'homicide, le vol et le parjure ? Qu'est-ce que ça aurait été au quatrième passage ? Remarquez que ce ne sont pas des commandements accessoires : ce sont « les paroles qui étaient sur les premières tables que tu as brisées ». Si vous aviez jamais eu envie de faire bouillir une chèvre dans le lait de sa mère, au moins maintenant vous êtes prévenus. Si j'étais toujours chrétien, cela me gênerait de voir que ce Dieu que je pensais admirer est aussi distrait et mesquin. Et aussi bizarre.

Les autres religions ont des listes de lois. Les Dix Préceptes du Bouddhisme (au moins cinq cents ans avant notre ère) comprennent : 1) s'abstenir de détruire la vie 2) s'abstenir du vol 3) s'abstenir de l'impureté 4) s'abstenir de mentir 5) s'abstenir de consommer des boissons fortes et des liqueurs toxiques, plus cinq autres règles qui ne concernent que les moines. Remarquez que ce sont des « préceptes » et non des commandements, et même s'ils gâchent de la place avec des questions purement religieuses, ils sont sans doute plus faciles à observer. Ils prouvent que nous, êtres humains, ne sommes pas stupides et que nous pouvons parfaitement concevoir qu'il est mauvais de tuer, voler, mentir, et ce, bien avant que les Israélites n'en aient réclamé la paternité. La race humaine a tendance à faire des listes de comportements et les Dix Commandements ne sont pas uniques en leur genre.

Les choses se sont-elles améliorées avec l'arrivée de Jésus ? L'Ancien Testament est ancien, justement. Comme le disait Julia Sweeney dans son spectacle et son film hilarants *Letting Go of God*, « Le mot "ancien" est pourtant dans le titre ! » Peut-être le « Nouveau » va-t-il améliorer la situation ?

La règle d'or

L'expression « règle d'or » n'apparaît pas dans la bible. Pas plus que le fameux « fais aux autres ». Ce qui est rapporté, c'est que Jésus a dit : « Tout ce que vous voulez que les hommes fassent pour vous, faites-le de même pour eux, car c'est la loi et les prophètes. » (Matthieu 7:12) Et d'après l'évangile de Luc : « Ce que vous voulez que les hommes fassent pour vous, faites-le de même pour eux. »

La version de Matthieu est intéressante. Elle ressemble beaucoup à une formulation plus ancienne, du Rabbin Hillel en 10 de notre ère : « Ce qui est détestable à tes yeux, ne le fais pas à autrui. C'est là toute la Torah, le reste n'est que commentaire. » (Talmud, Shabbat, 31a) La règle d'or n'est pas réservée à Jésus, elle ne commence pas avec le christianisme.

Dans l'hindouisme (ou le brahmanisme), trois cents ans environ avant JC : « Telle est la somme du devoir : ne fais pas aux autres ce qui, à toi, te causerait de la peine. » (Mahabharata, 5, 15-17. La période védique de l'hindouisme remonte à 1 500 ans avant Jésus Christ.)

Dans le bouddhisme, nous pouvons lire : « Ne blesse pas les autres par des moyens que tu trouverais toi-même blessants. » (Udanavarga, 5, 18)

Le confucianisme, qui a commencé environ 500 ans avant notre ère, dit : « Ne faites pas à autrui ce que vous ne voudriez pas qu'on vous fasse à vous-même. » (Analectes, 15, 23)

Le taoïsme dit : « Considère le gain de ton voisin comme ton propre gain et sa perte comme ta propre perte. » (T'ai Shang Kan Ying P'ien. La date de ce texte est incertaine, entre 900 et 1200 avant EC. Le taoïsme s'est développé au IVe siècle avant EC[5].)

Zoroastrisme : « Cette nature seule est bonne qui empêche de faire à un autre ce qui n'est pas bon pour soi-même. » (Dadistan-i-dinik, 94, 5. Cette citation-là est postérieure au christianisme mais la religion elle-même s'est développée environ 1 500 ans avant EC.)

Certains théologiens affirment que la version chrétienne de la règle d'or est supérieure parce qu'elle est exprimée positivement : « Fais » plutôt que « Ne fais pas ». (Eh bien, que devons-nous en conclure pour les Dix Commandements ?)

Je pense de mon côté que la version négative est plus utile. Le problème du « fais aux autres » est le suivant : et si vous avez mauvais goût ? Et si vous êtes masochiste ? Devez-vous faire aux autres ce que vous aimeriez qu'on vous fasse ? Et si vous aimez qu'on vous fasse des prêches ? Devez-vous harceler ceux qui n'aiment pas ça ? Devez-vous préparer vos repas ou faire vos cadeaux en vous fiant à vos propres goûts ? Et si vous êtes un ascète ? Devez-vous empêcheriez les autres d'avoir une vie confortable ? Et si vous avez des goûts sexuels étranges ? Devez-vous faire aux autres ce que vous aimeriez qu'on vous fasse ?

---

5. EC ou Ère Commune est un système permettant de numéroter les années, équivalent à "après Jésus Christ" dans la mesure où son point de référence est la naissance supposée de Jésus de Nazareth, dont l'an 1 correspond à l'an 753 du calendrier romain *Ab Urbe Condita*. Religieusement neutre, cette notation est communément utilisée par les auteurs refusant de s'inscrire dans une vision uniquement occidentale et chrétienne de l'histoire. Ndt.

Cette règle ne mérite pas une médaille d'or. Il vaudrait mieux l'appeler « règle de bronze ».

Alors que la version positive vous dit de « faire aux autres », il y a beaucoup de gens qui n'ont pas du tout envie qu'on leur fasse quelque chose. Bien qu'elle soit exprimée de façon positive, la règle d'or ne donne pas véritablement d'indication positive. Elle ne dit pas « soyez gentils, pacifiques, compatissants les uns avec les autres ». La version négative, de son côté, permet aux gens d'être tranquille. Elle reconnaît l'essence de la moralité : essayer de minimiser le mal. J'aime les versions hindou et bouddhiste parce qu'elles identifient le mal comme le véritable coupable dans la décision morale.

Qu'elle soit formulée de façon négative ou positive, dans le cas suivant, elle n'est pas d'une grande aide : que faire si une femme déteste les massages tandis que son mari les adore ? La version positive préconise que le mari fasse à sa femme un massage, même si elle déteste ça. La version négative interdirait à la femme de faire un massage à son mari alors qu'il en rêve ! Dans les deux cas, ils sont perdants.

La règle de bronze de Jésus a parfois été appelée Loi de Réciprocité. Le concept général est qu'il faut réfléchir sur la façon dont vos actions peuvent affecter les autres, ce qui est essentiel au raisonnement éthique. Mais comme il n'est pas réservé à Jésus et que la version chrétienne est mal formulée, elle ne saurait être un argument pour dire que la bible est un guide moral.

Aime ton prochain

Étroitement lié à la Règle d'Or, il y a l'injonction « Aime ton prochain ». Dans le Lévitique 19:18, nous trouvons le commandement : « Tu ne te vengeras point, et tu ne garderas point de rancune contre les enfants de ton peuple. Tu aimeras ton prochain comme toi-même. » Bien qu'il n'apparaisse dans aucune version des Dix Commandements, Jésus et Paul font comme s'il se trouvait sur la liste principale.

Dans Matthieu 19:16, un homme demande à Jésus comment parvenir à la vie éternelle et Jésus lui répond : « observe les commandements ». L'homme demande : « Lesquels ? » Jésus répond : « Tu ne tueras point ; tu ne commettras point d'adultère ; tu ne déroberas point ; tu ne diras point de faux témoignage ; honore ton père et ta mère ; et tu aimeras ton prochain comme toi-même. » Si Dieu avait su que « aime ton prochain » allait devenir l'un de ses plus grands succès, pourquoi ne l'a-t-il pas fait figurer dans les Dix Commandements ? Par exemple à la place de la chèvre qui ne doit pas être bouillie dans le lait de sa mère ? (Évidemment, c'était bien avant les logiciels de traitement de texte et une fois que c'était gravé dans la pierre…) D'un autre côté, peut-être que ce réarrangement des règles en milieu de parcours est le signe d'un progrès moral. Peut-être que Dieu, une fois devenu humain, est vraiment devenu une meilleure personne. Peut-être que les dieux doivent aussi grandir. De prime abord, il semble qu'aimer son prochain soit plus important que de s'inquiéter de mélanger le sang et le levain.

Ce passage est problématique pour beaucoup de protestants, à qui l'on a appris que le salut n'est possible que par la foi et pas parce que l'on s'en tient aux commandements. Quand l'homme a demandé à Jésus comment parvenir à la vie éternelle, pourquoi Jésus n'a-t-il pas répondu : « Crois en moi », comme le prêchait Martin Luther, au lieu de « Observe les commandements », comme le prêchent les papes ? La bible est contradictoire.

Dans l'épître aux Romains 13:8-9, Paul fait la liste des commandements importants et il intègre aussi « aime ton prochain » : « car celui qui aime les autres a accompli la loi. En effet, les commandements : Tu ne commettras point d'adultère, tu ne tueras point, tu ne déroberas point, tu ne convoiteras point, et ceux qu'il peut encore y avoir, se résument dans cette parole : Tu aimeras ton prochain comme toi-même. » Dans l'épître aux Galates, Paul écrit : « Car toute la loi est accomplie dans une seule parole, dans celle-ci : Tu aimeras ton prochain comme toi-même. » Jacques le dit aussi (2:8). Donc, selon Jésus aussi nous devrions enlever ces Dix Commandements des biens de l'État. Nous n'avons besoin que de l'amour de notre prochain.

Si nous admettons tous que l'amour c'est bien, cette règle n'est pas spécifique. Elle ne donne aucun conseil sur la façon de traiter les autres. Que faire des gens qui ne s'aiment pas eux-mêmes — comment peuvent-ils aimer les autres « comme eux-mêmes » ? Et de ceux qui ont été élevés dans une famille bizarre ? Et de celui qui est suicidaire ?

Il faut comprendre qu'« aimer son prochain » dans l'Ancien Testament a moins de sens que dans le Nouveau Testament. Dans le Lévitique, l'expression concerne « les enfants de ton peuple » et pas la terre entière. Le mot « prochain » signifie seulement un compatriote. C'est évident quand on voit comment Dieu traitait les autres nations. Dans le contexte de l'Ancien Testament, « aimer son prochain » est même discriminatoire. Ce serait comme les chefs du Ku Klux Klan demandant à leurs membres d'« aimer leurs prochains ». Il est tout à fait permis au peuple élu de haïr les païens. Le Roi David disait ainsi qu'il les haïssait « d'une parfaite haine » (Psaumes 139:22).

Jésus a amélioré le concept en l'universalisant : « Vous avez appris qu'il a été dit : Tu aimeras ton prochain, et tu haïras ton ennemi. Mais moi, je vous dis : Aimez vos ennemis, bénissez ceux qui vous maudissent, faites du bien à ceux qui vous haïssent, et priez pour ceux qui vous maltraitent et qui vous persécutent. » (Matthieu 5:43) C'est une amélioration par rapport à l'impérialisme israélite, mais le fait qu'il soit moins discriminatoire n'en fait pas pour autant un guide moral exceptionnel. Nous ne pouvons certainement pas fonder de lois dessus — personne n'ira jamais en prison pour n'avoir pas aimé. Certains chrétiens pensent que « aime ton ennemi » est si peu naturel et intuitif, si extraordinairement inhabituel, que cela élève Jésus à un nouveau niveau de compassion. Mais je crois que c'est en fait moins moral que ce à quoi nous poussent nos instincts naturels. Il vaut mieux ne pas aimer certains de ses ennemis. Il vaut mieux les haïr. Si l'amour n'est qu'un impératif global ignorant les qualités de son objet, alors il est absurde. Bien sûr, nous, les humanistes, pouvons « aimer » la race humaine et traiter tous les peuples équitablement — innocent jusqu'à preuve du contraire, si vous préférez — mais en tant qu'acteurs moraux nous avons parfois l'obligation de *ne pas* aimer.

On ne peut commander l'amour. Personne n'a le droit de m'ordonner d'aimer quelqu'un. Je peux traiter les gens équitablement. Je peux respecter si le respect est dû. Mais je ne peux pas transformer cela en amour. L'amour, s'il a une quelconque signification, est réservé aux êtres qui me sont chers, à ceux qui ont mon admiration, ceux que je trouve séduisants ou dignes d'être aimés. Il est contraire à la nature humaine de s'attendre à ce que j'éprouve les mêmes sentiments envers tout le monde, et cela affaiblit le sentiment d'aimer tout le monde de la même manière. Quand vous dites « Je t'aime » à votre compagne, essayez d'ajouter « mais j'aurais pu le dire à n'importe qui parce que j'aime mon prochain et mon ennemi de la même façon ».

Et si mon prochain est un crétin ? Et si, après tous mes efforts pour me montrer gentil et juste, mon prochain continue à avoir un comportement destructeur ? Est-il sain que je continue à faire semblant de l'aimer ? Je pourrais m'inquiéter du mode de vie de cette personne (ou non) et lui souhaiter une amélioration pour son bien et pour le mien, mais je n'irais pas jusqu'à feindre l'amour. Le Jésus biblique aurait dû savoir qu'ordonner aux croyants de feindre une émotion est souvent inapproprié.

(À la Freethought Advance de Lake Hypatia en Alabama, il y a quelques années, une compétition se tenait pour savoir qui aurait la meilleure réponse à « Jésus t'aime ». Le gagnant avait répondu : « Je sais. Tout le monde m'aime. »)

Comme pour la plupart des autres lois bibliques, Jésus fait de « aime ton prochain » une condition de la récompense : « Si vous aimez ceux qui vous aiment, quelle récompense méritez-vous ? Les publicains aussi n'agissent-ils pas de même ? (...) Soyez donc parfaits, comme votre Père céleste est parfait. » (Matthieu 5:46-48. Le dieu biblique n'aime pas tout le monde, donc il n'est pas non plus parfait.) Essayez de dire à quelqu'un que vous aimez : « La raison pour laquelle je t'aime c'est parce que j'essaie d'atteindre la perfection et que j'espère obtenir un jour une récompense. » Ces préceptes sont basés sur l'intérêt personnel et visent un but « spirituel » qui ne concerne pas le monde réel où importe la moralité. Un meilleur guide du comportement humain prendrait en compte les conditions physiques, les cas individuels, la nature des sentiments humains et les résultats de certaines actions avant de donner un commandement général. « Aime ton prochain » est peut-être un sentiment noble, mais c'est un conseil moral inutile.

Les Béatitudes

Le mot « béatitudes » n'apparaît pas dans la bible. Les Béatitudes décrivent les huit premières maximes du « sermon de la montagne » (expression également absente de la bible) prononcées par Jésus au cinquième chapitre de l'évangile selon Matthieu, commençant tous par « Heureux les... »

Cinq des huit Béatitudes n'ont aucun lien avec la question morale. De prime abord, l'ensemble ressemble plus à un discours d'encouragement qu'à un code éthique de comportement. Tous les énoncés sont à la voix passive. Aucun d'eux n'est véritablement éthique en soi : ce sont les conditions nécessaires pour bénéficier d'une récompense future. Un bon code éthique mentionnerait les bénéfices (« Heureux les... ») de certains actes mais mettrait l'accent sur la valeur intrinsèque d'un comportement éthique pour ses mérites propres plutôt que de détailler les gains ou les pertes qu'ils permettent. Les huit Béatitudes sont :

1 - « Heureux les simples d'esprit : car le royaume des cieux est à eux ! »

La première célèbre une qualité somme toute peu admirable. Devons-nous tous devenir « simples d'esprit » ? Que signifie « simple d'esprit » ? Ce verset ne fait l'éloge d'aucune action positive qui soit spécifiquement éthique. Il suffit d'être « simple d'esprit » pour être heureux parce que cela ouvre les portes du paradis. De tels versets ont été cités lorsqu'il s'agissait de maintenir en sujétion les femmes et les esclaves grâce à la « carotte céleste ».

2 - « Heureux les affligés : car ils seront consolés. »

Comme dans la première, cette proposition ne fait l'éloge d'aucun comportement, à moins qu'on ne la comprenne comme l'ordre de s'affliger. Pourquoi ne pas plutôt encourager les gens à consoler ceux qui sont dans l'affliction ?

3 - « Heureux les débonnaires : car ils hériteront la terre ! »

Ce n'est pas non plus un éloge de la bienveillance. Cela dit simplement que si vous vous trouvez être une personne débonnaire, alors consolez-vous, vous ne serez pas oublié. Cela pourrait avoir une quelconque valeur si la bienveillance était comprise comme douceur et pacifisme, mais même dans ce cas ce n'est que la condition d'une rétribution future. C'est comme si on disait : « Sois gentil avec Mamie, comme ça, elle te mettra peut-être dans son testament. » D'ailleurs, la douceur est un attribut rarement évoqué dans l'histoire chrétienne, présente ou passée. L'hymne « En avant, soldats chrétiens »[5] est-il débonnaire ? Les télévangélistes sont-ils bienveillants ? Les visages des manifestants anti-avortement sont-ils remplis de douceur lorsqu'ils crient et empêchent l'accès des cliniques au nom de Dieu ? Et lorsque Jésus a maudit le figuier, bousculé les marchands du temple, massacré le troupeau de pourceaux, regardé ses disciples avec colère, était-il débonnaire ? Et tous ces croyants qui laissent des messages de menaces et d'insultes sur le répondeur de la Freedom From Religion Foundation ? La douceur peut être une stratégie de survie utile pour ceux qui se trouvent dans une situation de soumission à un maître, comme les esclaves ou les femmes chrétiennes, mais la plupart des situations dans la vie exigent des actes fermes, décidés et parfois énergiques pour corriger les inégalités et les abus, là où la « douceur » est inefficace.

4 - « Heureux ceux qui ont faim et soif de justice : car ils seront rassasiés ! »

Cela encourage simplement les rituels religieux, comme la prière. Cette proposition n'offre aucun conseil sur la façon de traiter les autres êtres humains. Si la « justice » est interprétée au sens politique, alors c'est un verset dangereux. La justice peut être un prétexte à la censure, la ségrégation, la persécution, les inégalités

---

3. « Onward, Christian Soldiers » hymne du XIXe siècle. Ndt.

sociales et l'intolérance. Des millions de gens ont été tués et persécutés au nom de la justice. Si « justice » signifie « moralité », alors pourquoi faim et soif? Pourquoi ne pas être tout simplement moral? Si vous avez faim et soif de bonté, vous admettez que vous n'êtes pas une bonne personne. Oublions donc le péché originel et commençons à nous comporter de façon éthique.

5 - « Heureux les miséricordieux: car ils obtiendront miséricorde. »

C'est peut-être admirable, mais combien d'entre nous (hormis nos parents) sont jamais en position de se montrer miséricordieux? La miséricorde implique une position d'autorité par rapport à d'autres individus: maître, roi, chef militaire, juge. Les parents chrétiens devraient observer cette injonction lorsqu'ils punissent leurs enfants conformément à la bible. La motivation reste mauvaise: « car ils obtiendront miséricorde ». Cette béatitude est en réalité une menace, qui sous-entend que Dieu ne sera pas miséricordieux avec ceux qui ne le sont pas. Pourquoi Dieu ne voudrait-il pas être miséricordieux? La personne se rendant coupable d'un « manque » de miséricorde n'est-elle pas justement celle qui a besoin de la miséricorde divine? Un principe moral meilleur dirait: « Heureux les gens prudents, car aucun être humain n'a le droit d'aller trop loin en voulant se défendre contre autrui. »

Ce verset peut être interprété négativement. De nombreux croyants sont désireux de pardonner les péchés de leurs pasteurs, prêtres et autres chefs spirituels, et ne souhaitent pas les dénoncer à la justice civile lorsqu'ils commettent des crimes. Ce fait est douloureusement évident dans les cas de pédophilie. Beaucoup de fidèles se rallient à la cause du prêtre, le consolant de leur « miséricorde » en une période difficile pour lui — tout en blâmant ou ignorant les victimes. Si cette béatitude permet ce genre de déresponsabilisation, alors c'est vraiment un très mauvais verset.

6 - « Heureux ceux qui ont le cœur pur: car ils verront Dieu! »

Que signifie « pur » en termes intelligibles? Si cela signifie « le manque d'envie de blesser les autres » alors c'est un terme positif. Si cela signifie « être spirituel, coupé des réalités du monde » alors c'est de la bigoterie, potentiellement dangereuse. Aucun bénéfice éthique ne peut émerger d'attitudes anti-sociales ou auto-dénigrantes. L'Apôtre Paul a parlé de la « pure conscience » qui peut être une attitude admirable dans certains groupes, mais si on n'explique pas mieux le genre de comportements qu'elle induit, alors c'est parfaitement inutile. En outre, comment une personne peut avoir « le cœur pur » si nous sommes tous souillés par le péché originel ?

7 - « Heureux ceux qui procurent la paix : car ils seront appelés fils de Dieu. »

C'est la meilleure de toutes. Nous voulons tous la paix, mais comment l'obtenir ? La bombe d'Hiroshima, qui a pourtant mis un terme à la guerre, était-elle pacifique ? Les têtes nucléaires sont-elles « heureuses » ? Les États-Unis sont actuellement « en paix » avec les Indiens d'Amérique, mais est-ce le fruit d'une politique pacifique et sainte envers ce peuple ? Par ailleurs, Jésus se contredit lui-même plus loin : « Ne croyez pas que je sois venu apporter la paix sur la terre ; je ne suis pas venu apporter la paix, mais l'épée. » Le théologien Hector Avalos, dans son livre *Fighting Words : The Origin of Religious Violence* souligne que le mot « paix » n'a pas le même sens dans les écritures que dans sa version moderne, le bien-pensant « aimons-nous les uns les autres ». La paix est une idée militaire, pas un idéal de tolérance. « Shalom » pourrait être traduit de façon plus exacte par « pacification ». Dans le Deutéronome 20:10-11, Dieu dit au peuple élu : « Quand tu t'approcheras d'une ville pour l'attaquer, tu lui offriras la paix. Si elle accepte la paix et t'ouvre ses portes, tout le peuple qui s'y trouvera te sera tributaire et asservi. » En d'autres termes, il y aura la « paix sur terre » quand tous les non-Juifs seront soit tués soit asservis. Selon Jésus, ces pacificateurs mercenaires seront « heureux ».

8 - « Heureux ceux qui sont persécutés pour la justice : car le royaume des cieux est à eux. Heureux serez-vous, lorsqu'on vous outragera, qu'on vous persécutera et qu'on dira faussement de vous toute sorte de mal, à cause de moi. Réjouissez-vous et soyez dans l'allégresse, parce que votre récompense

sera grande dans les cieux ; car c'est ainsi qu'on a persécuté les prophètes qui ont été avant vous. »

Cette béatitude est très dangereuse. D'abord, elle est encore une fois à la voix passive et n'énonce aucun comportement positif. « Heureux ceux qui sont persécutés » semble inviter, encourager et louer la confrontation et la discorde entre les êtres humains. Certains ont même interprété ce verset comme une invitation à se faire persécuter. Ce complexe de la persécution, qui ne fait bien entendu pas l'objet d'un consensus parmi les chrétiens, contredit la septième béatitude ! Si vous provoquez des troubles pour Jésus, vous serez béni et recevrez une grande « récompense dans les cieux ». Vous devez vous « réjouir et être dans l'allégresse » lorsque vos actes incitent les autres à vous faire du mal.

La persécution peut toucher tous ceux qui s'engagent dans une cause, qu'ils soient intègres ou non. Les libres-penseurs ont engrangé leur lot d'hostilité en œuvrant pour la séparation de l'Église et de l'État, sont-ils « bénis » pour autant ? Mais il est pervers de vouloir rechercher la persécution et de s'en « réjouir ». Devons-nous nous exclamer : « Super ! On m'a traité d'idiot ! Hurrah ! J'ai encore été menacé de mort ! »

Les Béatitudes sont immatures : « Les enfants, si vous arrêtez de vous battre et que vous faites attention à ce que je dis, je vous emmènerai au cinéma. » Comme elles donnent très peu de conseils comportementaux, mettant plutôt l'accent sur des dispositions d'esprit intérieures, elles sont parfois appelées par les prédicateurs anglo-saxons « *be*-attitude » (par opposition aux « *do*-attitude »)[6]. Ce sont des banalités. Par la faiblesse des conseils moraux qu'elles donnent, elles ne sont que des platitudes conservatrices destinées à contenter les pauvres et les mécontents pour qu'ils restent sagement à leur place. Ce ne sont absolument pas des guides de comportement valables.

6. Jeu de mots à partir des verbes « be », être, et « do », faire. Ndt.

Tends l'autre joue

J'ai entendu des chrétiens dire que le « tends l'autre joue » est ce qui fait la spécificité du christianisme, comme en témoigne l'exemple de la résistance non-violente de Martin Luther King. Voici comment ce conseil est exprimé dans le Sermon de la Montagne : « Vous avez appris qu'il a été dit : œil pour œil, et dent pour dent. Mais moi, je vous dis de ne pas résister au méchant. Si quelqu'un te frappe sur la joue droite, présente-lui aussi l'autre. » (Matthieu 5:38-39)

À première vue, cela ressemble à un plaidoyer pacifique, et si on l'interprète ainsi, c'est acceptable. Nous sommes à peu près tous d'accord pour dire qu'il est plus moral d'éviter la violence. Nous disons aux enfants de ne pas frapper leurs camarades à l'école, même s'ils ont été attaqués les premiers et d'essayer plutôt de résoudre leurs différends d'une autre manière. Mais dans la version que donne Jésus c'est moins de la résistance non-violente que de la non-résistance violente ! Inviter une personne brutale à aller plus loin dans son crime, ce n'est pas du pacifisme. C'est imprudent. Si quelqu'un fait irruption chez moi et menace ma famille, dois-je rester les bras ballants et le laisser faire ? Si une femme est violée, doit-elle inviter son agresseur à revenir chez elle ? Les membres chrétiens de la National Rifle Association[7] pensent-ils qu'ils doivent lâcher leurs armes ?

Certains pourront dire que l'expression « tends l'autre joue » n'est qu'une figure de style et que Jésus ne voulait certainement pas encourager les mauvais traitements. Mais si on regarde le contexte (Matthieu 5:40-42), on voit que c'est exactement ce qu'il voulait dire, puisqu'il ordonne aux croyants de récompenser doublement ceux qui volent ou enlèvent des gens.

Une règle plus raisonnable dirait « Si quelqu'un te frappe sur la joue droite, éloigne-toi de cette personne ! Défends-toi pour éviter d'être blessé. Demande de l'aide, porte plainte ou essaie d'empêcher

---

7. La National Rifle Association (NRA) est une association américaine qui défend la possession et l'usage des armes à feu aux Etats-Unis. Elle a été présidée par l'acteur Charlton Heston de 1998 à 2003. Ndt.

que cette personne fasse de même avec quelqu'un d'autre. Fais-lui savoir que ce genre d'attitudes est inacceptable. N'encourage pas la violence. »

L'humanisme permet la moralité

La bible contient une poignée de conseils potentiellement utiles, comme l'avertissement contre la paresse dans Proverbes 6:6-11 mais même cette tentative admirable pour améliorer le comportement des croyants échoue à démontrer que la paresse est immorale. Les considérations éthiques sont situationnelles et la paresse n'est immorale que dans la mesure où elle cause du tort à quelqu'un. Dans l'ensemble, la bible n'a pas une bonne maîtrise des questions éthiques.

Même si nous pensions tous que nous avons besoin d'un code éthique général, cela poserait un sérieux problème pratique. Comment savons-nous quel est ce code ? Qui décide des interprétations de la bible ? Des millions de fidèles, de chrétiens et de juifs croyant aux écritures, sont en désaccord sur les principaux problèmes éthiques. Ils ont des positions opposées sur les questions de la peine de mort, de l'avortement, du suicide médicalement assisté, de l'euthanasie, de l'ordination de femmes, des droits des femmes et des homosexuels, du contrôle des naissances, de la guerre et bien d'autres questions. À quoi cela sert-il d'avoir un code éthique divin si personne ne le comprend ?

Si la moralité a un sens, c'est celui de la responsabilité envers autrui. Les chrétiens ne croient pas que nous soyons redevables aux autres êtres humains mais à Dieu. Puisque Dieu n'existe pas, ils ne sont en réalité redevables à personne. Même si un dieu existe, dans les faits, ils ne sont pas directement en contact avec qui que ce soit dans le monde réel à qui ils doivent le respect, ce qui revient exactement au même. Comme ceux qui croient en la bible sont redevables à Dieu et non à l'humanité, ils peuvent demander son pardon à la divinité pour tous les crimes qu'ils commettent contre l'humanité. En d'autres termes, ils peuvent agir en toute impunité. Et c'est souvent ce qu'ils font.

Dire que Jésus est mort sur la croix pour le rachat de nos péchés n'est pas bon en soi. Je n'ai pas de péchés, mais si c'était le cas, je ne voudrais pas que Jésus paie pour mes fautes. Je dirais « Non merci. J'assume la responsabilité de mes actes. » Quelle personne se respectant un tant soit peu ne ferait pas de même ? Si je commets un crime, Jésus peut mourir mille morts que cela ne changera pas le fait que la faute m'en incombe. Si je suis accusé d'un crime, la loi enverra-t-elle quelqu'un d'autre en prison à ma place ? Quelle utilité cela aurait ? Ce serait une parodie de justice et je deviendrais un personnage encore plus répréhensible en rejetant mes responsabilités sur quelqu'un d'autre. Chanter « Jésus est mort pour mes péchés » c'est reconnaître que les actes condamnables n'ont rien à voir avec les conséquences qu'ils ont sur les personnes de chair et de sang que nous blessons.

Les humanistes sont redevables aux êtres humains, réels, naturels, vivants (et autres animaux doués de sensations) et aux lois humaines exécutables, pas à une divinité improbable et illusoire. Cela fait de l'humanisme un guide supérieur pour le comportement humain. L'humanisme n'est pas seulement meilleur que la bible, c'est aussi la seule façon d'être moral.

XI

Le crime est Son affaire

À la Freedom From Religion Foundation, nous avons une série de « non-tracts » à bas prix qui plaisent beaucoup à nos membres. Ils sont utilisés pour repousser les prosélytes et pour initier des amis curieux à la libre-pensée. Nous les appelons « non-tracts » — tracts pour les non-croyants — parce que le mot « tract » connote la propagande. Beaucoup de libres-penseurs sont heureux de vivre et de laisser les autres vivre, ils se contentent donc de répondre quand ils sont confrontés à des croyants. Je me rappelle toutefois un non-croyant qui était tellement exaspéré par l'église de son quartier qu'il s'était introduit dans le sanctuaire et avait glissé un exemplaire de *Cher croyant* dans chaque livre de prière. (Je ne conseille pas de faire cela mais je ne considère pas que ce soit déloyal.)

Les non-tracts ont été distribués sur tout le continent et nous avons eu beaucoup de retours. La Fondation reçoit régulièrement des lettres de lecteurs et certains de ces lecteurs enthousiastes sont même devenus des membres à part entière. Je me souviens que l'un d'eux m'a raconté avoir lu *Dix lieux communs sur les athées* sur le tableau d'une laverie et nous avoir aussitôt rejoints. En général toutefois, nous recevons surtout des lettres de croyants qui veulent corriger notre hérésie.

C'est le non-tract *Les contradictions de la bible* qui suscite le plus de réactions. Nous recevons de longues démonstrations tourmentées défendant point par point la « parole inerrante de Dieu » par des prêtres fondamentalistes et d'autres chrétiens pensant que ces dissonances peuvent être expliquées. Ils essaient de compenser les failles logiques par l'éloquence.

La première des contradictions évoquées par le non-tract compare les Dix Commandements dans l'Exode 20:13 « Tu ne tueras point » et ce passage de l'Exode 32:27 « que chacun tue son frère ». La bible est pleine de meurtres et de massacres commis, ordonnés ou tolérés par la divinité. Si ça, ce n'est pas une contradiction !

Pourtant, la majorité des croyants pense pouvoir expliquer cette contradiction avec un raisonnement circulaire ou par des arguments *ad hoc* d'une grande inventivité. La défense la plus courante affirme qu'en réalité l'Exode 20:13 veut dire « Tu ne commettras pas de *meurtre* ». Commettre un meurtre c'est tuer de façon illégale ou par préméditation. Si les Commandements interdisent seulement le « meurtre », alors les autres façons de tuer sont autorisées, voire encouragées. Dieu peut ordonner la peine capitale ou exiger un holocauste de païens sans enfreindre sa propre loi.

Évidemment, c'est une tautologie de définir le meurtre comme homicide « illégal » dans ce contexte. Comme les Dix Commandements *sont* censés être la loi, cela reviendrait à dire « Il est illégal de tuer de façon illégale ». Ce genre de réflexion circulaire exempte tous ceux qui tuent « au nom de Dieu, source de la loi ». Il n'est pas seulement illogique, mais également immoral, d'affirmer qu'il y a une loi au-dessus de la loi qui peut justifier des carnages inutiles. Beaucoup de chrétiens affirment que le massacre des idolâtres est permis parce que « Dieu sait mieux que nous ». Mais tout meurtrier a une bonne raison de commettre son crime. Pourquoi ce serait différent pour Dieu ? Pourquoi une divinité s'en sortirait-elle en ayant commis des atrocités qui enverraient n'importe qui en prison ?

La méchanceté c'est le désir de faire du mal et le meurtre, c'est prendre délibérément et cruellement la vie. Hormis pour l'euthanasie — qui consiste à mettre fin à la vie d'une personne de façon délibérée mais sans intention de nuire et (en général) à sa demande — et peut-être pour la légitime défense — cas dans lesquels la mort semble la violence minimale nécessaire pour se défendre — peu de gens mettraient en doute qu'il est mal de tuer, quel que soit le meurtrier, homme ou dieu.

Les Dix Commandements disent-ils vraiment « Tu ne commettras pas le meurtre » ? Le mot hébreu pour « tuer » dans l'Exode

20:13 est *ratsach*. (Le mot pour « tuer » dans Exode 32:27 est *haraq*.) Selon les versions, il y a environ dix mots hébreux qui ont été traduits par « tuer ». Les cinq verbes les plus courants sont (avec leurs traductions et leur fréquence d'apparition dans la version King James) :

muth : (825) mourir, occire, mettre à mort, tuer
nakah : (502) frapper, tuer, occire, battre, blesser, assassiner
haraq : (172) occire, tuer, assassiner, détruire
zabach : (140) sacrifier, tuer
ratsach : (47) occire (23), assassiner (17), tuer (6), mettre à mort (1)

J'utilise la version King James par commodité. D'autres traductions seraient un peu différentes mais cela donne une bonne idée générale. Les prédicateurs modernes doivent être bien plus malins que les traducteurs hébreux pour dire que *ratsach* signifie uniquement « assassiner ». *Muth, nakah, haraq, zabach* semblent être dispersés partout dans la bible dans une série de contextes assez imprécis et les traducteurs modernes jonglent de même avec les traductions et leurs synonymes.

Le mot signifie souvent ce que nous appellerions « meurtre » dans notre société moderne. En évoquant les « villes refuges » établies par Moïse pour accueillir les meurtriers, Deutéronome 4:42 dit « afin qu'elles servissent de refuge au meurtrier [*ratsach*] qui aurait involontairement tué [*ratsach*] son prochain, sans avoir été auparavant son ennemi, et afin qu'il pût sauver sa vie en s'enfuyant dans l'une de ces villes ». L'homicide involontaire n'est pas considéré comme un meurtre — il n'est ni prémédité ni commis avec intention de nuire.

Dans Nombres 35:6-34 on trouve peut-être le meilleur exemple de l'interchangeabilité de tous ces mots. « Ces villes vous serviront de refuge contre le vengeur du sang, afin que le meurtrier [*ratsach*] ne soit point mis à mort *[nakah]* avant d'avoir comparu devant l'assemblée pour être jugé » (35:11) « ou s'il le frappe de sa main par inimitié *[nakah]*, et que la mort en soit la suite, celui qui a frappé sera puni de mort [*nakah*], c'est un meurtrier [*ratsach*] » (35:21).

Ratsach peut désigner ainsi un homicide involontaire : « Mais si un homme pousse son prochain subitement et non par inimitié, ou s'il jette quelque chose sur lui sans préméditation, ou s'il fait tomber sur lui par mégarde une pierre qui puisse causer la mort, et que la mort en soit la suite, sans qu'il ait de la haine contre lui et qu'il lui cherche du mal, voici les lois d'après lesquelles l'assemblée jugera entre celui qui a frappé [*ratsach*] et le vengeur du sang. » (35:22-24)

Le verset 27 montre que ce *ratsach* peut être justifié : « et si le vengeur du sang le rencontre hors du territoire de la ville de refuge et qu'il tue [*ratsach*] le meurtrier [*ratsach*], il ne sera point coupable de meurtre ». Les versets 30 et 31 montrent que les mots sont interchangeables tout en indiquant que *ratsach* désigne la peine capitale : « Si un homme tue [*nakah*] quelqu'un, on ôtera la vie [*ratsach*] au meurtrier [*ratsach*], sur la déposition de témoins. (...) Vous n'accepterez point de rançon pour la vie d'un meurtrier [*ratsach*] qui mérite la mort, car il sera puni de mort [*muth*]. »

Si cela ne vous convainc pas, allez voir Proverbes 22:13 : « Le paresseux dit : Il y a un lion dehors ! Je serai tué [*ratsach*] dans les rues ! » Est-ce qu'un animal peut être coupable de meurtre ?

Dans un dernier espoir désespéré, les apologistes naïfs citent l'évangile selon Matthieu 19:18 où Jésus récite les Commandements, dans la traduction qu'en donne la bible King James : « Tu n'assassineras point [phoneuo]. » Mais des douze occurrences de *phoneuo* c'est la seule qui est traduite par « assassiner ». Partout ailleurs, on le traduit par « tuer », y compris dans les bibles plus récentes, la Revised Version, la Amplified Bible, la New Catholic Bible et la New Americain Bible. L'auteur de l'évangile selon Matthieu citait le Septante, une traduction grecque des écritures hébraïques, et c'est un exemple de plus de la difficulté à appréhender toutes les subtilités de cette langue. C'est un argument peu convaincant en faveur de « Tu n'assassineras point » qui est plutôt le signe d'un parti pris de traduction.

Si l'on considère les éléments bibliques, « Tu ne tueras point » est une meilleure traduction du sixième commandement que « Tu n'assassineras point ». Il y a toutefois un tout petit argument en faveur des littéralistes. Même si la divinité biblique abuse de *nakah, haraq* et *muth*, il n'y a aucun passage où Dieu *ratsach* lui-même. Il peut l'ordonner et l'approuver, mais jamais il ne le commettra directement, pas avec ce verbe en tout cas. Mais dans la mesure où le terme de *ratsach* est relativement rare, nous pouvons supposer que les auteurs de la bible n'ont jamais eu l'occasion d'assigner ce verbe aux massacres divins.

Mais cela est de toute façon sans objet puisque nous trouvons des versets où l'interdiction de tuer est répétée avec d'autres verbes hébreux. Ainsi, dans le Lévitique 24:17 « Celui qui frappera [*nakah*] un homme mortellement sera puni de mort [*muth*]. » L'Exode 21:12, quelque vingt et un versets après les Dix Commandements dit: « Celui qui frappera un homme mortellement [*nakah*] sera puni de mort. » D'après les écritures, peu importe le mot que l'on utilise: tuer est contraire à la loi.

Josué a *nakah* le peuple d'Aï (Josué 8:21) et David Goliath (I Samuel 19:5). Dans ces deux cas, les meurtres étaient justifiés même si le fait de *nakah* est strictement interdit. Qu'est-ce que cela apporte à la ligne de défense « *ratsach* = meurtre »? Si Josué et David ne sont pas des criminels, alors la bible est une fois de plus contradictoire.

Certains peuvent objecter que leur traduction importe peu, les Dix Commandements sont nécessaires pour fonder la loi et l'ordre. Mais est-ce vraiment le cas? Si Moïse n'avait pas existé, n'aurions-nous jamais eu l'idée que le meurtre est immoral? Sans « La Loi » serions-nous tous en train d'errer comme des petits dieux, à voler, piller et répandre le sang à chaque offense faite à notre vanité? Les quatre premiers Commandements n'ont rien à voir avec l'éthique (cf. chapitre 10) et toutes les autres valeurs relèvent de principes humanistes rationnels bien antérieurs à la religion juive. C'est mal de tuer, *même* selon la bible. Et comme le dieu biblique et ses fidèles sont des meurtriers, la bible est contradictoire.

Quand les guerriers israélites marchaient sur un village, massacrant et pillant au nom de l'Éternel, déchiquetant les animaux, les enfants, les hommes et les femmes, et ne conservant en vie que les vierges pour eux-mêmes (Nombres 31:15-18), ils ne disaient pas en enfonçant leur épée dans le ventre des femmes enceintes : « Au fait, il faut que vous sachiez que je ne vous *assassine* pas. Je vous tue légalement au nom de Dieu. » Et, quoi qu'il en soit, une distinction sémantique aussi subtile changeait-elle vraiment quelque chose pour les victimes de la justice divine ?

XII

Pour l'amour de Dieu

> *Si nous faisions de bonnes actions seulement pour l'amour de Dieu et en croyant que cela L'agrée, alors d'où provient le sens moral des athées ? [...] Leur vertu doit donc avoir un autre fondement que l'amour de Dieu.*
>
> Thomas Jefferson

Vous voyez qu'une personne se noie dans une rivière. Que devez-vous faire ? Si vous êtes d'accord avec Jefferson, vous vous considérerez comme un « animal social » éprouvant instinctivement de la compassion, que vous croyiez ou non en un dieu. Si vous êtes humaniste, vous aurez de l'empathie pour les souffrances d'un autre être humain. Si vous êtes chrétien, vous croirez que la vie de cette personne a de la valeur parce qu'il ou elle a été « créé à l'image de dieu ». Mais quel que soit votre critère d'évaluation, il vous restera à décider si vous vous jetez à l'eau ou pas. Vous ne pouvez pas tirer une petite liste de votre poche et vérifier « Règle 127 : que faire quand quelqu'un se noie ». Vous ne pouvez pas consulter un commandement sur les tablettes gravées qui dirait : « Tu te jetteras à l'eau pour sauver toute personne qui se noie. »

Les dilemmes comportementaux engagent un conflit de valeurs et, dans la vie réelle, cela veut dire qu'ils sont toujours en situation. Vous ne pouvez pas simplement suivre un code aveugle. Vous devez comparer les mérites relatifs des conséquences impliquées par les différentes actions, et la seule solution est de faire usage de sa raison. À quelle distance est cette personne ? Y a-t-il du courant ? Êtes-vous bon nageur ? N'allez-vous pas provoquer deux morts au lieu d'une ? Combien d'enfants avez-vous à charge ?

Il serait inutile de demander « est-il moral de plonger ? » Le seul intérêt d'une question aussi absurde est de vous faire sentir vertueux ou coupable.

Peut-être que vous prendrez vaillamment le risque de plonger. Ou bien vous pouvez malheureusement conclure que l'action la plus morale est de ne pas sauter dans l'eau mais de courir chercher de l'aide. Ce n'est pas le point d'appui de vos valeurs qui importe mais la situation.

En citant Dostoïevski (« Si Dieu n'existait pas, tout serait possible ») beaucoup de croyants sous-entendent que seuls les théistes ont des valeurs. Comme Jefferson cependant, ils savent certainement que ce n'est pas vrai. Les athées sont tout autant susceptibles de sauter que des chrétiens — peut-être même plus.

Pendant que je luttais pour me libérer du cocon du christianisme, le problème le plus difficile auquel j'ai été confronté a été l'idée de relativisme. Avant, je prêchais que le relativisme conduit au chaos, que, sans l'absolu, « tout est permis ». Je disais que, comme des bateaux sans gouvernail ou sans tableau de bord, les êtres humains sans absolu errent dans la vie, sans véritable but, agissant au hasard sans savoir ce qui est bon ou mauvais. Ça faisait un bon sermon.

Beaucoup de chrétiens pensent que le fondement de la morale doit être absolu. Cette base solide doit être ancrée hors de l'humanité, disent-ils, pour fournir une référence extérieure et objective par rapport à laquelle mesurer le comportement humain. Sans ce « code cosmique » pour vivre, nous nous fabriquerions une éthique individuelle à partir de nos intérêts personnels, de nos caprices et besoins. Une morale « dirigée vers soi » conduit au relativisme, insistent-ils — et le relativisme, au péché.

En outre, les croyants affirment que, sans un code externe et absolu, il n'y a pas d'impératif éthique. Pourquoi être bon s'il n'y a ni punition, ni récompense, ni policier omniscient pour faire respecter la loi ? Ils croient que, s'il n'y a pas de dieu, il n'y a pas de responsabilité. Comme la nature humaine est fondamentalement corrompue (il n'y a qu'à regarder l'Histoire ou les journaux) notre tendance à la destruction et au mal ne peut être combattue sans des lois strictes systématiquement appliquées. Nous ne sommes que des enfants turbulents qui ont besoin d'être domptés comme des chevaux sauvages et bridés par la sagesse de nos parents. La peur du châtiment et la perte de l'approbation parentale font office d'impératif moral.

Avant je trouvais l'argument convaincant. Encore un an après mon rejet de la religion, j'étais gêné à l'idée de voler de mes propres ailes. Cela m'a pris du temps pour m'habituer à l'idée que je pouvais établir mon propre code moral dans la vie — que je le *devais*. Même s'il n'y a pas de guide universel, j'ai un esprit, dont j'ai compris qu'il est le seul gouvernail dont j'avais besoin. Pour utiliser une autre métaphore, j'avais l'impression d'être en procès et que mon avocat était mort en plein milieu de la procédure, me laissant assurer ma défense moi-même devant le jury, ce qui m'a terrorisé jusqu'à ce que je me rende compte qu'il n'y avait en fait pas de jury non plus. J'étais à la fois le juge, le procureur, le jury, l'avocat ! La responsabilité m'écrasait au point de me renvoyer dans ma cellule, dans le doux cocon des absolus.

D'un autre côté, je mis peu de temps à comprendre qu'il n'y avait rien de mystérieux dans la morale. Même si quelques dilemmes éthiques extrêmes peuvent se présenter en de rares occasions au cours d'une vie, au jour le jour la morale n'est qu'une question de bienveillance, de respect et de raison.

Une fois que je me suis débarrassé du cadre psychologique religieux, j'ai compris que la « lutte » chrétienne pour la morale est exagérée. J'ai compris que le relativisme était tout ce que nous avions. Les valeurs humaines ne sont pas absolues — elles sont relatives aux besoins humains. Les humanistes disent qu'il faut chercher les fondements des valeurs morales dans la nature. Puisque nous faisons partie de la nature, et que rien n'existe « au-delà », il est nécessaire d'assigner une valeur aux actions au sein de la nature elle-même. C'est ce que font la majorité des gens tous les jours : d'ailleurs, nous le faisons tous sans vraiment y penser.

Voici un exemple simplifié qui montre que la nature offre une base solide aux valeurs humaines : le corps humain a besoin d'eau pour survivre. Comme la plupart des humains veulent survivre, leur refuser de l'eau peut être immoral. L'eau n'est pas cosmiquement « bonne » ou « mauvaise ». Elle l'est par rapport aux besoins de l'homme. Si l'évolution biologique nous rendait dépendants à l'arsenic, offrir de l'arsenic à quelqu'un serait bien vu alors qu'offrir de l'eau serait criminel. On passerait à côté de la question en disant que l'alternative « eau / arsenic » est absurde parce qu'on compare des noms et pas des verbes — qu'en fait il faudrait comparer les mérites relatifs de « refuser » ou « ne pas refuser ».

La morale exige d'éviter ou de minimiser le mal. Par définition. Qu'importe la sophistication des arguments philosophiques, au quotidien, les décisions morales se réduisent toujours au fait d'évaluer la valeur de choses comme l'eau et l'arsenic — des choses naturelles — et leur effet sur d'autres choses naturelles comme nos corps.

La « valeur » est un concept relatif. Et puisque les concepts, autant que nous le sachions, n'existent que dans nos cerveaux, qui sont eux matériels, il est absurde, voire dangereux, de parler d'absolus moraux cosmiques. L'assignation d'une valeur aux choses exige que l'on fasse usage de la raison. En d'autres termes, la morale provient de l'humanité. Si la vie intelligente n'était pas apparue sur cette planète, la morale n'existerait pas.

La morale est dans l'esprit — ainsi que la raison. Quel que soit le point de vue que l'on prenne sur la morale, on en revient toujours à l'esprit. Ceux qui ne font pas confiance à l'esprit humain doivent toutefois s'en remettre à un autre esprit pour les guider, que ce soit celui d'un dieu, d'un prophète, d'un prêtre ou d'un pape. Si un dieu existait, les décrets moraux auraient leur source dans *son* esprit. (J'utilise le mot « esprit » comme une fonction du cerveau, tout comme la digestion est une fonction de l'estomac ou la circulation une fonction du cœur. Il ne s'agit pas là de reconnaître que l'esprit / cerveau naturel de l'homme est en aucune façon comparable à l'esprit « spirituel » et intangible d'une divinité — quelle qu'elle soit — que les croyants placent hors de la nature.)

Pourquoi l'esprit d'un dieu — cet étranger — serait plus à même de juger les actions humaines que les humains eux-mêmes ? L'esprit et les actions humaines font partie du monde naturel ; pas l'esprit d'un dieu. Les esprits humains sont en interaction dans le monde réel. Un esprit humain ressent la douleur physique. L'esprit humain peut connaître la peine, le malheur, le remords et la gêne, à la différence de l'esprit d'une divinité parfaite. Un dieu peut-il verser des larmes, sentir une fleur ou serrer un enfant dans ses bras ? Un dieu transpire-t-il après une dure journée de travail au soleil, ou frissonne-t-il quand il se fraye péniblement un chemin dans le blizzard ? Quel esprit est dans la meilleure situation pour juger des actions humaines et des sentiments ? Quel esprit a davantage de crédibilité ? Qui a davantage d'expérience dans le monde réel ? Quel esprit a davantage le droit de le faire ?

Les chrétiens qui objectent que Jésus est devenu humain, que le « Verbe s'est fait Chair » pour donner à la divinité surnaturelle une occasion de connaître les souffrances des hommes, oublient que les Dix Commandements ont été écrits bien avant le Ier siècle. L'Homme de Galilée a dit : « Ne croyez pas que je sois venu pour abolir la loi ou les prophètes ; je suis venu non pour abolir, mais pour accomplir. Car, je vous le dis en vérité, tant que le ciel et la terre ne passeront point, il ne disparaîtra pas de la loi un seul iota ou un seul trait de lettre, jusqu'à ce que tout soit arrivé. » (Matthieu 5:17-18) La Loi, selon la bible, est née dans l'esprit de Dieu bien avant qu'il ait mis le pied sur notre terre.

Dans tous les cas, comment les souffrances temporelles de Jésus peuvent-elles être comparées aux souffrances de la race humaine tout entière ? Jésus a-t-il connu les douleurs de l'enfantement ? Les milliards de femmes qui accouchent sont plus susceptibles de donner la vie et des valeurs à l'humanité que quelques heures de souffrance auto-imposée sur la croix. La courte vie de Jésus est difficilement comparable aux souffrances des braves hérétiques persécutés pour avoir critiqué le christianisme, ou aux supplices des « sorcières » brûlées vives, noyées ou pendues par les fidèles de la bible (citant à qui mieux mieux l'Exode 22:18 « Tu ne laisseras point vivre la magicienne »). Pas plus que l'on ne peut comparer l'unique jour de tortures soi-disant endurées par Jésus à l'Holocauste, au génocide des Indiens d'Amérique ou à la douleur des victimes de l'Inquisition. Sa contribution au monde est difficilement comparable aux efforts, aux sacrifices et à la discipline de ces individus brillants qui se sont consacrés à la science et à la médecine. Ce n'est pas parce que Jésus était un Pouvoir Supérieur que ses souffrances présumées ont plus de valeurs que les vôtres ou les miennes.

Pourquoi les croyants font-ils d'un pouvoir « supérieur » la condition nécessaire d'un pouvoir moral ? Comment savent-ils qu'il n'y a pas de salut hors de cela ? Si vous regardez la nature, vous voyez qu'il y a peu de crimes dans le règne végétal. Est-ce un crime quand un aigle tue une souris ? L'immoralité, le crime, la méchanceté et la cruauté sont le privilège des formes de vie « supérieures ». Les chimpanzés et les autres primates peuvent parfois avoir des comportements que l'on peut juger méchants mais ce sont des animaux « supérieurs ». « Supérieur » ne veut pas dire « meilleur » — cela veut peut-être dire plus complexe, plus conscient ou plus culturel, ou « plus comme nous les humains ». S'il y avait un Pouvoir Supérieur, ne devrions-nous pas nous méfier davantage des mobiles de ses actions ? Un Pouvoir Supérieur peut créer un Crime Supérieur. Peut-être serait-il plus profitable pour nous de révérer des Pouvoirs Inférieurs de l'univers. Peut-être que cela nous rendrait plus moraux de nous rappeler que nous sommes des animaux vivant dans un environnement naturel, que nous faisons simplement partie de la nature et que nous ne sommes pas différents ou supérieurs.

Pour faire simple, j'utilise « morale » et « éthique » indifféremment dans ce livre, bien que techniquement ce ne soient pas les mêmes mots. De mon point de vue, l'éthique est l'étude des comportements et de leurs valeurs, tandis que la morale est l'ensemble des valeurs que se choisit une culture particulière. L'éthique étudie les principes, la morale les règles. De façon simpliste, alors que l'éthique *se demande* ce qui est bon ou mauvais, la morale *l'établit*. Les deux mots sont souvent confondus. Par exemple, si vous descendez tout nu dans la rue à côté d'une école, la plupart des cultures diront que vous êtes immoral, bien que cela ne soit pas à proprement parler contraire à l'éthique. Tuer une personne sans véritable raison est à la fois contraire à la morale et à l'éthique. Insulter un prophète peut être contraire à la morale dans certains groupes religieux mais, hors de ce cadre, cela n'a rien de contraire à l'éthique.

Pour moi, l'expression « relativisme moral » renvoie aux différences des us et coutumes, tandis que le « relativisme éthique » renvoie aux différentes façons d'évaluer un acte selon les situations. Je sais que certains penseurs utilisent le relativisme éthique pour désigner le relativisme moral et je veux que la différence soit claire. Je ne suis pas partisan du relativisme moral, mais du relativisme éthique. Le relativisme moral signifie qu'une même action dans un même contexte peut être juste pour une culture et mauvaise pour une autre. Le relativisme éthique (pour moi en tout cas) signifie que la même action peut être juste dans un contexte et mauvaise dans un autre. Pour moi, le relativisme éthique n'est autre que l'éthique situationnelle. Dans ce livre, mon usage informel des termes traite « moral » et « éthique » comme des synonymes. Il n'est peut-être pas « bien » de critiquer Jésus ou Dieu, dans la mesure où je peux blesser des gens, mais ce n'est pas contraire à l'éthique — et comme je considère que morale et éthique sont plus ou moins synonymes, je dirais même que je ne considère pas qu'il soit immoral de critiquer la religion. En fait, si nous pensons être moraux (ou éthiques), nous ne devrions pas nous empêcher de critiquer les enseignements et les pratiques religieuses qui sont nuisibles.

« Comment un athée explique-t-il l'existence de valeurs morales objectives ? » Voilà une question que j'entends souvent. « Si vous ne croyez pas en Dieu, comment fondez-vous la morale ? » Pour moi, la réponse est évidente : les athées fondent la morale dans la nature. Avons-nous une autre solution ?

La majorité des athées pensent que les valeurs morales sont réelles, mais « réel » ne signifie pas « objectif ». Elles ne peuvent pas l'être. Une valeur n'est pas un « objet », c'est une fonction de l'esprit (qui est lui-même une fonction). Être objectif, c'est exister indépendamment d'un esprit. L'expression « valeur objective » est donc un oxymore : c'est l'existence dans l'esprit de quelque chose d'indépendant à l'esprit.

La plupart des athées pensent que les valeurs, même si elles ne sont pas des choses objectives en elles-mêmes, peuvent être justifiées objectivement en étant mises en relation avec le monde réel. Nos actions ont des conséquences et ces conséquences peuvent être mesurées de façon objective.

Bien que la plupart des athées reconnaissent l'importance de la morale, ils n'admettent pas que la morale existe dans l'univers — que c'est un objet cosmique à découvrir. Le mot « morale » n'est que le nom d'un concept qui existe seulement dans nos esprits. Si nos esprits n'existaient pas, la morale n'existerait pas non plus.

Il n'y a pas de grand mystère à cela. La morale c'est simplement agir avec l'intention de faire le moins de mal possible. Puisque le mal est naturel, l'éviter est un exercice matériel. Les organismes souffrent quand ils se heurtent à leur environnement et à d'autres organismes. En tant qu'animaux rationnels doués d'une certaine capacité à anticiper le futur, les humains ont plus ou moins le choix sur le cours de choses. Si nous essayons de minimiser les dommages et d'améliorer la qualité de la vie, nous sommes moraux. Si nous ne le faisons pas, nous sommes immoraux ou amoraux, selon notre intention. Même si nous faisons des erreurs, nous pouvons toujours être moraux ou éthiques dans la mesure où nous avions vraiment l'intention de faire le moins de mal possible. Et le meilleur moyen d'éviter les erreurs est de se renseigner autant que possible sur les conséquences probables de nos actions. Pour être moraux, les athées ont accès aux outils simples que sont la raison et la bienveillance. Ils n'ont pas de guide cosmique ou de code pour diriger leurs actions.

Bien sûr, parce qu'elles concernent l'humanité, certaines actions peuvent être uniformément bonnes ou mauvaises. Sans les Dix Commandements, la race humaine n'aurait-elle jamais pu concevoir qu'il était problématique de tuer d'autres personnes ? Les interdits sur l'homicide et le vol existaient des millénaires avant l'histoire de Moïse descendant du Sinaï.

Pour être moral, il faut savoir ce qui a des conséquences néfastes et ce qui permet de les éviter. Cela implique de s'intéresser à la nature — en particulier à la nature humaine : qui nous sommes, ce dont nous avons besoin, où nous vivons, comment nous fonctionnons et ce qui explique nos réactions.

Pourquoi dois-je bien traiter mon prochain ? Parce que nous sommes tous liés. Nous faisons partie de la même espèce, nous sommes génétiquement liés. Quand j'étudie mes semblables et moi-même, ainsi que les autres espèces avec lesquelles nous sommes en relation, je m'aperçois que, quand quelqu'un est blessant, ma famille naturelle souffre. Par nature, ceux d'entre nous qui sont sains d'esprit reculent devant la souffrance et souhaitent l'abréger.

Bien sûr, nous agissons souvent de façon positive pour mettre fin à la souffrance des autres. C'est la compassion. Bien que je ne pense pas que cela soit un « impératif moral » ou un « impératif compassionnel » — vous pouvez être moral si vous êtes passif mais ne causez aucun tort —, je pense que la plupart des êtres humains normalement constitués auront de l'empathie pour la souffrance des autres et auront naturellement envie de leur tendre la main. Les athées montreront peut-être plus facilement de la compassion que les croyants parce qu'ils ne sont pas aveuglés par :

- le fatalisme : « que la volonté de Dieu soit faite » ;
- le pessimisme : « nous méritons de souffrir » ;
- le salut : « la mort n'est pas la fin » ;
- la rétribution : « la justice se fera dans l'autre monde » ;
- la magie : « priez pour obtenir de l'aide » ;
- la guerre sainte : « tuez au nom de Dieu » ;
- le pardon : « je ne serai pas responsable de mes erreurs » ;
- la gloire : « souffrir avec le Christ est un honneur ».

Puisque les athées n'ont qu'une seule vie, chaque décision est cruciale et ils se rendent responsables de leurs actions sur le moment même.

Pourtant, regardez comment se comportent les théistes les plus influents dans le monde réel : « Vous avez toujours les pauvres avec vous » a dit Jésus qui n'a jamais levé le petit doigt pour éradiquer la pauvreté, préférant utiliser pour lui des baumes précieux plutôt que de les vendre pour nourrir les pauvres (Matthieu 26:6-11). « Il est beau que les pauvres acceptent leur sort, qu'ils partagent la passion du Christ », a ajouté Mère Teresa. « Je pense que la souffrance des pauvres gens sert beaucoup au monde. » Et voilà pour la compassion religieuse !

Jefferson a peut-être tort de dire que la compassion est un instinct, parce qu'il semble que beaucoup de gens n'en disposent pas — elle semble optionnelle. Ou peut-être avait-il raison, et le « gène de la compassion » (pour simplifier à l'extrême) varie selon les gens comme toutes les autres caractéristiques humaines (poids, taille, intelligence, don musical, etc.) et certains d'entre nous ont plus d'instinct que les autres. Mais il est heureux que nous soyons suffisamment nombreux à aimer la vie pour la protéger de ceux qui n'ont pas de considération pour elle. Nous disposons de lois, de la justice et de la défense. Nous encourageons les actes bienveillants et éthiques grâce à une éducation morale et à la pensée critique. Et bien qu'il n'y ait pas d'impératif moral cosmique, tous ceux d'entre nous qui estiment la vie et veulent être moraux — qu'ils soient athées ou croyants — peuvent choisir d'encourager activement les autres à agir comme nous et à exprimer leurs sentiments innés d'altruisme et de compassion.

Après tout, la compassion est la caractéristique des êtres humains. Quand quelqu'un commet un acte horrible, que disons-nous ? « C'est inhumain ! » Nous pensons que l'attitude « humaine » naturelle est non-violente et pacifique. Nous ne sommes pas des créatures corrompues et mauvaises. Quelques-uns d'entre nous sont proches de la « sainteté » (j'emprunte le mot) et d'autres sont du côté opposé, celui de la maladie mentale, avec les sociopathes et les criminels. Mais la plupart d'entre nous se retrouvent dans le ventre mou de la morale et de la compassion.

Beaucoup de croyants, y compris chrétiens, qui ont obligation « d'amener toute pensée captive à l'obéissance du Christ », ont tendance à mépriser les facultés de raisonnement humain. Avides d'absolu, ils perçoivent le relativisme — c'est-à-dire le fait de juger les actions en fonction du contexte — comme quelque chose de dangereux alors que c'est pourtant la seule façon d'agir moralement.

Les théistes ont peur que les gens pensent par eux-mêmes ; les athées ont peur qu'ils ne le fassent pas.

Quand les théistes plaident en faveur des « droits naturels » ils citent souvent Locke, Jefferson, Paine et les autres penseurs du siècle des Lumières. Il est particulièrement significatif qu'ils ne citent pratiquement jamais la bible. Nulle part dans les écritures il n'est reconnu que chaque individu a le « droit inaliénable » au respect et à la justice, ou que « Nous, Peuple » sommes capables de nous gouverner nous-mêmes. Il n'y a pas de démocratie dans le « verbe divin ». Dans la bible, les humains sont des « vers », des « pécheurs » méritant la damnation et des « esclaves » qui doivent se soumettre humblement aux rois, qu'ils soient célestes ou terrestres.

Privilégiant « le consentement des gouvernés » à l'autorité d'un souverain, la Déclaration d'Indépendance est insolemment anti-biblique. Nous, les Américains, nous sommes un peuple rebelle qui s'est battu pendant la Guerre d'Indépendance pour se débarrasser du Roi d'Angleterre. Puis nous avons créé une Constitution sans dieu, la première mentionnant la séparation de l'Église et de l'État.

Mais beaucoup de chrétiens américains ne voient pas les choses de cette manière : « Si Jefferson avait été influencé par Darwin plutôt que par Locke », écrit Clifford Goldstein, éditeur du *Liberty Magazine*, de l'Église adventiste du septième jour, « on aurait trouvé que les positions de Joseph Staline sur la liberté religieuse étaient progressistes. » Dans un « univers darwinien » soutient Goldstein, la vérité repose « sur un fondement aussi fantaisiste que l'électorat ou n'importe quel despote au pouvoir ».

Ah bon ? Et comment se porte la vérité dans un « univers théiste » où le despote s'appelle Jéhovah ? Nous avons vu dans le chapitre précédent la terrible immoralité du Dieu de la bible et de son fils Jésus. Le Dieu de la Bible a massacré des sociétés entières pour avoir offensé sa vanité. « Heureux qui saisit tes enfants, Et les écrase sur le roc ! » (Psaumes 137:9) Il menace ceux qui n'ont pas la bonne religion de fendre le ventre de leurs femmes enceintes et d'écraser leurs petits enfants (Osée 13:16). Il a aussi envoyé des ours pour attaquer les quarante-deux enfants qui se sont moqués d'un prophète (2 Rois 2:23-24), il a puni les enfants innocents de la quatrième génération (Exode 20:5), a exclu les handicapés (Lévitique 21:18-19) et a promis que les pères et les fils se mangeraient entre eux (Ezéchiel 5:10), entre autres actes répugnants. Dans l'univers théiste, la morale est coupée de la réalité et elle se réduit à flatter le souverain.

Si, par exemple, un samedi vous remarquiez qu'un homme ramasse du bois pour chauffer sa famille, que devriez-vous faire en tant que chrétien censé « se rappeler le sabbat »? Selon Nombres 15:32-36 vous devez le lapider! N'est-ce pas incongru?

Jésus a intégré l'esclavage à ses paraboles comme si c'était la chose la plus naturelle du monde, avertissant seulement les maîtres que certains esclaves doivent être battus moins sévèrement que d'autres (Luc 12:46-47). La secte Heaven's Gate, comme Origène, a suivi le conseil de Jésus: « Car il y a des eunuques qui le sont dès le ventre de leur mère; il y en a qui le sont devenus par les hommes; et il y en a qui se sont rendus tels eux-mêmes, à cause du royaume des cieux. Que celui qui peut comprendre comprenne. » (Matthieu 19:12) Est-ce un bon conseil?

Il y a bien sûr quelques bonnes leçons dans la bible mais est-ce que le jardin plein de mauvaises herbes est toujours aussi beau? Jefferson pensait que quelques-unes des paroles de Jésus étaient insultantes mais il discernait de bons enseignements que « l'on pouvait aisément distinguer comme des diamants sur un tas de fumier » (Lettre à John Adams, octobre 1983).

Goldstein a tort. Si Jefferson avait été influencé par Jéhovah plutôt que par Locke, on aurait trouvé progressistes les opinions d'Adolph Hitler sur la liberté religieuse! Hitler a déformé le darwinisme à des fins politiques, donnant un cadre « social » à une théorie qui ne l'était pas. Mais ce n'était pas le darwinisme qui a donné au théiste Hitler ses bases morales: « Je suis convaincu que je suis l'agent de notre Créateur. En luttant contre les juifs, j'accomplis l'œuvre de l'Éternel. » *(Mein Kampf)* Hitler a désigné Jésus comme sa source d'inspiration. Lors d'une célébration nazie de Noël 1926, il s'était vanté: « Le Christ était le plus grand combattant contre l'ennemi mondial, les juifs… L'œuvre qu'avait commencée le Christ, moi — Adolf Hitler — je la terminerai. » Le créationniste qu'était Hitler partageait cet appétit sanguinaire avec le pompeux Dieu biblique à l'image duquel il pensait avoir été créé.

Il n'y a aucun intérêt à dire que les « droits naturels » ont leur source hors de la nature. Les gens qui trouvent des « absolus moraux » dans la révélation d'une divinité n'ont jamais été d'accord sur ce que ceux-ci étaient. Prenez n'importe lequel des problèmes moraux qui se posent aujourd'hui — peine de mort, avortement, recherche cellulaire, suicide médicalement assisté, droits des femmes, divorce, droits des homosexuels, sévices corporels, droits des animaux, esclavage, pacifisme, écologie, contraception, surpopulation, séparation de l'Église et de l'État — et vous constaterez que les chrétiens, convaincus du bien-fondé de la bible, ne sont jamais d'accord.

Si la bible nous donne des conseils moraux absolus, alors où sont-ils ? Pourquoi est-ce que des croyants sincères ne sont pas d'accord sur ces questions importantes ? Il est évident que la bible n'est pas un bon guide moral et que le dieu tyrannique de la mythologie évangélique nous conduit à une impasse.

Quand Jefferson a écrit sur le « Créateur » dans la Déclaration d'Indépendance, il ne parlait pas du dieu chrétien. En tant que déiste, il voyait le « Créateur » comme un être beaucoup moins personnel que la divinité biblique. Le dieu du déisme ressemble plus à la « nature » qu'à « Jéhovah ».

Quand Jefferson a affirmé que tous les peuples étaient « dotés par le Créateur de certains droits inaliénables », il pouvait ne pas entendre « doté » au sens où un souverain offre une récompense pouvant être refusé. Quand on « dote », on peut « dé-doter ». Mais si un droit est inaliénable, il ne peut être retiré ou enlevé, pas même en principe. Doter des « droits inaliénable » est un oxymore.

Les droits de l'homme, s'ils sont inaliénables, n'ont pas pu être accordés — pas par un gouvernement, une société ou un dieu. Revendiquer un « droit naturel », c'est revendiquer une liberté, un privilège ou un pouvoir que vous possédez par nature (cela n'empêche pas que vous deviez convaincre les autres de vous reconnaître ce droit). Les droits naturels, s'ils existent, sont en effet inaliénables — et dans ce cas, ils ne peuvent avoir été « dotés ». Ils sont à nous, un point c'est tout.

Jefferson voulait dire de façon figurée que, puisque nous sommes « dotés par la nature » de besoins humains élémentaires, nous sommes en droit d'attendre de la société qu'elle respecte notre aspiration à la vie, au bonheur et à la poursuite du bonheur.

Les chrétiens pensent que nous devrions bien traiter les autres parce que nous sommes tous créés à « l'image de Dieu ». C'est ce qui nous confère notre valeur selon eux.

Mais ils n'expliquent pas pourquoi. Pourquoi l'image d'un dieu conférerait une valeur plus grande que toute autre image ? Pourquoi cela donne-t-il une quelconque valeur d'ailleurs ? Et enfin, que signifie « l'image de Dieu » ?

« Dieu est Esprit » a dit Jésus, mais qu'est-ce que cela veut dire ? Le mot « esprit » n'a jamais été défini, si ce n'est dans des termes qui désignent ce qui n'est pas : immatériel, intangible, non-corporel, surnaturel. Personne n'a jamais pu décrire ce qu'est un esprit. Jefferson a dit : « Parler d'existences immatérielles, ce n'est parler de rien. Dire que l'âme humaine, les anges, Dieu, sont immatériels, revient à dire qu'ils ne sont rien ou encore qu'il n'y a ni Dieu, ni anges, ni âme. Je ne peux pas raisonner autrement. » (Lettre à John Adams, août 1820) Cela ne veut pas dire que Jefferson était athée. Il concevait Dieu comme un être matériel, ou comme la nature elle-même, ce qui est cohérent dans une perspective déiste.

Comme « dieu » n'a jamais été défini, ou encore moins prouvé, son « image » ne peut pas être la matière d'un autre objet. En revanche, « nature » a un sens. Le darwinisme démontre que tous les organismes vivants sont le résultat de l'évolution naturelle. Nous avons été façonnés par les lois de la nature.

Cette révélation ne peut manquer de vous impressionner si on vous a appris qu'il y avait quelque chose qui clochait dans la nature, qu'il était honteux de n'être qu'un animal dans un royaume dégradé par rapport à un hypothétique royaume surnaturel. De nombreux théistes montrent un certain zèle à dénigrer systématiquement la nature. Le « pur hasard » de l'évolution, disent-ils, est une force brute incapable de produire des créatures aussi « nobles » que les êtres humains.

Mais l'évolution, ce n'est pas le « pur hasard ». C'est un dessein qui intègre le hasard — pas un dessein intelligent, mais un dessein déterminé par les lois de la nature, par le nombre limité d'interactions mathématiquement possibles entre des atomes et des molécules et leurs combinaisons génétiques. C'est le plan par extinction, par disqualification automatique des organismes inadaptés dans un environnement en mutation, par conservation des éléments les « plus forts ». Le hasard des mutations génétiques est la force de l'évolution, c'est ce qui fournit les meilleures chances de survie.

C'est fascinant. Au lieu de spéculer sur l'existence d'un « créateur » inconnu, nous pouvons simplement nous pencher sur notre origine. L'évolution montre que la complexité peut naître de la simplicité. Le créationnisme ne peut pas. Le créationnisme essaie d'expliquer la complexité par une complexité plus grande, ne faisant que substituer à un mystère un autre mystère. Si la complexité fonctionnelle exige un concepteur, alors comment rendre compte de la complexité fonctionnelle de l'esprit de ce concepteur ?

Le concept éclairant de Darwin est empirique, nous pouvons le vérifier, le prouver, il est applicable aux créatures qui occupent la planète physique. Il nous montre ce que nous sommes vraiment. Nous ne sommes pas au-dessus de la nature. Nous ne faisons pas uniquement partie de la nature. Nous *sommes* la nature. Nous sommes des créatures naturelles dans un environnement naturel. Au cours du processus étonnamment désordonné, douloureusement imprévisible, mi-aléatoire, mi-déterminé de l'évolution naturelle, la vie est devenue ce qu'elle est : imparfaite mais farouchement résistante.

Et c'est ce qui fait la valeur de la vie : elle ne devait pas être. Elle est délicate. Elle est éphémère. Elle est vibrante et vulnérable. Elle est déchirante. Nous pouvons la perdre.

Nous allons la perdre.

Mais nous existons. Nous sommes des animaux intelligents et sociaux et nous pouvons prendre soin de nos vies, aussi courtes soient-elles. Pourquoi l'éternité serait-elle meilleure que la temporalité, ou le surnaturel plus noble que le naturel ? La rareté n'augmente-t-elle pas la valeur des choses ? Dieu est une idée, pas une créature naturelle. Pourquoi son « image » aurait-elle plus de valeur que notre « nature » ? De quel droit une existence immatérielle — un fantôme dans le ciel — peut-Il nous dire à nous, créatures naturelles, ce qui a ou non de la valeur ?

Si nous sommes créés conformément à une image inconnue, alors nous n'avons aucune idée de ce que nous sommes. Mais si nous sommes façonnés à « l'image de la nature », nous savons qui nous sommes et nous pouvons aller plus loin encore dans cette connaissance. C'est dans notre terrain de jeu, cette Terre sur laquelle nous nous trouvons, que nous pouvons mener notre enquête, étudier et continuer à améliorer nos conditions de vie sur cette planète. Ce n'est pas la foi qui a éradiqué la variole. Ce n'est pas la contemplation de « l'image de dieu » qui guérira le cancer ou le SIDA.

La science nous a donné beaucoup. Est-ce le cas de la théologie ?

La théologie nous a offert l'enfer.

On considère que la menace de la damnation est une incitation à la moralité, mais ce n'est qu'une parodie de morale. Les humanistes pensent que nous devons faire le bien au nom du bien, pas dans l'espoir égoïste d'obtenir des récompenses individuelles ou d'échapper au châtiment. Tout système idéologique faisant valoir sa pensée par la violence est une faillite morale. (Les atroces fours de Hitler étaient au moins relativement rapides. Les tourments promis par Jésus sont « un feu qui ne s'éteint point ».) Tout individu croyant en l'enfer n'est pas moral au fond.

Si la seule façon de vous forcer à être bon avec autrui c'est de vous menacer de l'enfer, cela montre la faible estime que vous avez de vous-même. Si la seule façon de vous inciter à être bon avec autrui c'est de vous promettre le ciel, cela montre la faible estime que vous avez des autres.

Les athées vous diront : « Sois bon, pour l'amour du bien ! »

XIII

Les contradictions de la bible

« Ce ne sont pas ces passages de la bible que je ne comprends pas qui me gênent, ce sont les passages que je comprends. »

Mark Twain

Paul a dit « Dieu n'est pas l'auteur de la confusion » (I Corinthiens 14:33) et pourtant aucun livre n'a créé autant de confusion que la bible. Il y a des centaines de confessions et de sectes, qui s'appuient toutes sur « les écritures révélées » pour établir leurs doctrines contradictoires. Pourquoi cela ? Pourquoi les traductions diffèrent-elles ? Pourquoi les théologiens érudits divergent-ils sur les significations grecques ou hébraïques ? Pourquoi cet embrouillamini ? Paul écrit dans la première épître aux Corinthiens 14:8 : « Et si la trompette rend un son confus, qui se préparera au combat ? De même vous, si par la langue vous ne donnez pas une parole distincte, comment saura-t-on ce que vous dites ? Car vous parlerez en l'air. » Exactement ! Paul aurait dû mettre en pratique ses prêches car, depuis deux millénaires, la bible émet un son plutôt confus.

Le problème ne vient pas de la limitation des facultés humaines. Le problème vient de la bible elle-même. Les gens qui ne sont pas victimes du parti pris théologique peuvent constater que la bible contient des centaines d'incohérences. Est-ce que cela doit nous étonner qu'un tel méli-mélo littéraire et moral pris au sérieux soit la source de tant de discorde ? Voici un bref aperçu des contradictions bibliques.

Devons-nous tuer?

Faut-il croire:

Exode 20:13 « Tu ne tueras point. »

Lévitique 24:17 « Celui qui frappera un homme mortellement sera puni de mort. »

ou bien:

Exode 32:27 « Ainsi parle l'Éternel, le Dieu d'Israël: Que chacun de vous mette son épée au côté; (...) et que chacun tue son frère, son parent. »

I Samuel 6:19 « Et le peuple fut dans la désolation, parce que l'Éternel l'avait frappé d'une grande plaie. »

I Samuel 15:2,3,7,8: « Ainsi parle l'Éternel des armées: (...) Va maintenant, frappe Amalek, et dévouez par interdit tout ce qui lui appartient; tu ne l'épargneras point, et tu feras mourir hommes et femmes, enfants et nourrissons, bœufs et brebis, chameaux et ânes (...) Saül battit Amalek (...) et il dévoua par interdit tout le peuple en le passant au fil de l'épée. »

Nombres 15:36 « Toute l'assemblée le fit sortir du camp et le lapida, et il mourut, comme l'Éternel l'avait ordonné à Moïse. » (Il s'agit d'un israélite et non d'un infidèle.)

Osée 13:16 « Samarie sera punie, parce qu'elle s'est révoltée contre son Dieu. Ils tomberont par l'épée; Leurs petits enfants seront écrasés, Et l'on fendra le ventre de leurs femmes enceintes. »

Psaumes 137:9 « Heureux qui saisit tes enfants, Et les écrase sur le roc! »

Au chapitre 11, j'ai déjà discuté plus longuement l'objection selon laquelle les Dix Commandements interdisent seulement le meurtre.

Devons-nous mentir?

Faut-il croire:

Exode 20:16 « Tu ne porteras point de faux témoignages. »

Proverbes 12:22 « Les lèvres fausses sont en horreur à l'Éternel, Mais ceux qui agissent avec vérité lui sont agréables. »

ou bien :

I Rois 22:23 « Et maintenant, voici, l'Éternel a mis un esprit de mensonge dans la bouche de tous tes prophètes qui sont là. Et l'Éternel a prononcé du mal contre toi. »

II Thessaloniciens « Aussi Dieu leur envoie une puissance d'égarement, pour qu'ils croient au mensonge. »

Comparez aussi Josué 2:4-6 et Jacques 2:25 qui racontent comment une prostituée a été louée pour avoir menti. (Je ne pense pas que mentir soit toujours condamnable, et la bible non plus.)

Devons-nous voler ?

Faut-il croire :

Exode 20:15 « Tu ne voleras point. »

Lévitique 19:13 « Tu n'opprimeras point ton prochain, et tu ne raviras rien par violence. »

ou bien :

Exode 3:22 « Et vous dépouillerez les Égyptiens. »

Exode 12:35-36 « Et ils dépouillèrent les Égyptiens. »

Luc 19:29-34 « [Jésus] envoya deux de ses disciples, en disant : Allez au village qui est en face ; quand vous y serez entrés, vous trouverez un ânon attaché, sur lequel aucun homme ne s'est jamais assis ; détachez-le, et amenez-le. Si quelqu'un vous demande : Pourquoi le détachez-vous ? Vous lui répondrez : Le Seigneur en a besoin. [...] Comme ils détachaient l'ânon, ses maîtres leur dirent : Pourquoi détachez-vous l'ânon ? Ils répondirent : Le Seigneur en a besoin. »

Quand j'étais petit, on m'a appris que prendre quelque chose à quelqu'un sans sa permission, c'était du vol.

Devons-nous observer le sabbat ?

Faut-il croire :

Exode 20:8 « Souviens-toi du jour du repos, pour le sanctifier. »

Exode 31:15 « Celui qui fera quelque ouvrage le jour du sabbat sera puni de mort. »

Nombres 15:32-36 : « Comme les enfants d'Israël étaient dans le désert, on trouva un homme qui ramassait du bois le jour du sabbat [...]. Toute l'assemblée le fit sortir du camp et le lapida, et il mourut, comme l'Éternel l'avait ordonné à Moïse. »

ou bien :

Esaïe 1:13 « J'ai en horreur l'encens, les nouvelles lunes, les sabbats et les assemblées ; Je ne puis voir le crime s'associer aux solennités. »

Jean 5:16 « C'est pourquoi les Juifs poursuivaient Jésus, parce qu'il faisait ces choses le jour du sabbat. »

Colossiens 2:16 « Que personne donc ne vous juge au sujet du manger ou du boire, ou au sujet d'une fête, d'une nouvelle lune, ou des sabbats. »

Devons-nous faire des images taillées ?

Faut-il croire :

Exode 20:4 « Tu ne te feras point d'image taillée, ni de représentation quelconque des choses qui sont... dans les cieux... sur la terre. »

Lévitique 26:1 « Vous ne vous ferez point d'idoles, vous ne vous élèverez ni image taillée ni statue, et vous ne placerez dans votre pays aucune pierre ornée de figures. »

Deutéronome 27:15 : « Maudit soit l'homme qui fait une image taillée ou une image en fonte. »

ou bien :

Exode 25:18 « Tu feras deux chérubins d'or, tu les feras d'or battu, aux deux extrémités du propitiatoire. »

I Rois 7:15-16, 23-25 « Il [Salomon] fit les deux colonnes d'airain. [...] Il fondit deux chapiteaux d'airain [...]. Il fit la mer de fonte [...]. Elle était posée sur douze bœufs [...] etc. »

Sommes-nous sauvés par nos œuvres ?

Faut-il croire :

Éphésiens 2:8, 9 « Car c'est par la grâce que vous êtes sauvés, par le moyen de la foi [...]. Ce n'est point par les œuvres. »

Romains 3:20-28 « Car nul ne sera justifié devant lui par les œuvres de la loi, puisque c'est par la loi que vient la connaissance du péché. »

Galates 2:16 « Ce n'est pas par les œuvres de la loi que l'homme est justifié, mais par la foi en Jésus Christ. »

ou bien:

Jacques 2:24 « Vous voyez que l'homme est justifié par les œuvres, et non par la foi seulement. »

Matthieu 19:16-21 « Et voici, un homme s'approcha, et dit à Jésus: Maître, que dois-je faire de bon pour avoir la vie éternelle? Il lui répondit: [...] observe les commandements [...]. Le jeune homme lui dit: J'ai observé toutes ces choses; que me manque-t-il encore? Jésus lui dit: Si tu veux être parfait, va, vends ce que tu possèdes, donne-le aux pauvres, et tu auras un trésor dans le ciel. »

La réponse la plus courante à cet argument est « nous sommes sauvés *à la fois* par la foi et par les œuvres ». Mais Paul a dit « pas par les œuvres ».

Les bonnes actions doivent-elles être vues?

Faut-il croire:

Matthieu 5:16 « Que votre lumière luise ainsi devant les hommes, afin qu'ils voient vos bonnes œuvres. »

I Pierre 2:12 « Ayez au milieu des païens une bonne conduite, afin que [...] ils remarquent vos bonnes œuvres, et glorifient Dieu, au jour où il les visitera. »

ou bien:

Matthieu 6:1-4 « Gardez-vous de pratiquer votre justice devant les hommes, pour en être vu [...] afin que ton aumône se fasse en secret. »

Matthieu 23:3-5 « N'agissez pas selon leurs œuvres [celles des Pharisiens] [...]. Ils font toutes leurs actions pour être vus des hommes. »

Devons-nous avoir des esclaves ?

Faut-il croire :

Lévitique 25:45-46 « Vous pourrez aussi en [des esclaves] acheter auprès des enfants des étrangers qui demeureront chez vous, et de leurs familles qu'ils engendreront dans votre pays ; et ils seront votre propriété […] vous les garderez comme esclaves à perpétuité. »

Genèse 9:25 « Et il [Noé] dit : Maudit soit Canaan ! qu'il soit l'esclave des esclaves de ses frères ! »

Exode 21:2-7 « Si tu achètes un esclave hébreu, il servira six années ; mais la septième, il sortira libre, sans rien payer. […] Si un homme vend sa fille pour être esclave, elle ne sortira point comme sortent les esclaves. »

Joël 3:8 « Je vendrai vos fils et vos filles aux enfants de Juda, Et ils les vendront aux Sabéens, nation lointaine ; Car l'Éternel a parlé. »

Luc 12:47-48 « Le serviteur qui, ayant connu la volonté de son maître, n'a rien préparé et n'a pas agi selon sa volonté, sera battu d'un grand nombre de coups. Mais celui qui, ne l'ayant pas connue, a fait des choses dignes de châtiment, sera battu de peu de coups. »

Colossiens 3:22 « Serviteurs, obéissez en toutes choses à vos maîtres. »

ou bien :

Esaïe 58:6 « Dénoue les liens de la servitude, Renvoie libres les opprimés, Et que l'on rompe toute espèce de joug. »

Matthieu 23:10 « Ne vous faites pas appeler maîtres ; car un seul est votre Maître, le Christ. »

Les versets de la bible en faveur de l'esclavage ont souvent été cités par les églises sudistes pendant la guerre de Sécession et étaient utilisés par certains théologiens dans l'Église réformée néerlandaise pour justifier l'apartheid en Afrique du Sud. Il y a encore beaucoup d'autres versets esclavagistes que nous n'avons pas cités ici.

Dieu est-il versatile ?

Faut-il croire :

Malachie 3:6 « Car je suis l'Éternel, je ne change pas. »

Nombres 23:19 « Dieu n'est point un homme pour mentir, Ni fils d'un homme pour se repentir. »

Ezéchiel 24:14 « Moi, l'Éternel, j'ai parlé ; cela arrivera, et je l'exécuterai ; je ne reculerai pas, et je n'aurai ni pitié ni repentir. »

Jacques 1:17 « Le Père des lumières, chez lequel il n'y a ni changement ni ombre de variation. »

ou bien :

Exode 32:14 « Et l'Éternel se repentit du mal qu'il avait déclaré vouloir faire à son peuple. »

Genèse 6:6,7 « L'Éternel se repentit d'avoir fait l'homme sur la terre, et il fut affligé en son cœur. Et l'Éternel dit : J'exterminerai de la face de la terre l'homme que j'ai créé [...] car je me repens de l'avoir fait. »

Jonas 3:10 « Alors Dieu se repentit du mal qu'il avait résolu de leur faire, et il ne le fit pas. »

Voir également 2 Rois 20:1-7, Nombres 16:20-35, Nombres 16:44-50.

Voir Genèse 18:23-33, lorsque Abraham fait changer Dieu d'avis, obtenant qu'il abaisse de cinquante à dix le nombre de justes pour que le carnage soit évité. (Un Dieu omniscient aurait dû savoir qu'il jouait avec les espoirs d'Abraham puisqu'il détruisit quand même toute la ville.)

Dieu connaît-il le futur ?

Faut-il croire :

Esaïe 46:10 « J'annonce dès le commencement ce qui doit arriver, Et longtemps d'avance ce qui n'est pas encore accompli. »

ou bien :

Genèse 22:12 [Dieu parlant à Abraham sur le point de sacrifier son fils Isaac] « N'avance pas ta main sur l'enfant, et ne lui fais rien ; car je sais maintenant que tu crains Dieu, et que tu ne m'as pas refusé ton fils, ton unique. »

Quand Dieu dit qu'il « sait maintenant » cela veut dire qu'il ne savait pas avant. Cela contredit également I Chroniques 28:9 « Car l'Éternel sonde tous les cœurs et pénètre tous les desseins et toutes les pensées. »

Sommes-nous punis pour les péchés de nos parents?

Faut-il croire:

Exode 20:5 « Car moi, l'Éternel, ton Dieu, je suis un Dieu jaloux, qui punis l'iniquité des pères sur les enfants jusqu'à la troisième et la quatrième génération de ceux qui me haïssent. » (Répété dans le Deutéronome 5:9.)

Exode 34:6-7 « L'Éternel, l'Éternel, Dieu miséricordieux et compatissant, lent à la colère, riche en bonté et en fidélité, qui conserve son amour jusqu'à mille générations, qui pardonne l'iniquité, la rébellion et le péché, mais qui ne tient point le coupable pour innocent, et qui punit l'iniquité des pères sur les enfants et sur les enfants des enfants jusqu'à la troisième et à la quatrième génération! »

I Corinthiens 15:22 « Et comme tous meurent en Adam. »

ou bien:

Ezéchiel 18:20 « Le fils ne portera pas l'iniquité de son père, et le père ne portera pas l'iniquité de son fils. »

Deutéronome 24:16 « On ne fera point mourir les pères pour les enfants, et l'on ne fera point mourir les enfants pour les pères; on fera mourir chacun pour son péché. »

À qui est-ce la faute si Moïse n'a pas pu pénétrer en Terre Promise?

Faut-il croire:

Deutéronome 32:48-52 [Dieu disant à Moïse que c'était sa faute et celle d'Aaron] « C'est parce que vous avez péché contre moi au milieu des enfants d'Israël, près des eaux de Meriba [...] et que vous ne m'avez point sanctifié au milieu des enfants d'Israël. »

Nombres 27:12-13 [Dieu à Moïse]: « Parce que vous avez été rebelles à mon ordre. »

ou bien :

Deutéronome 1:37 [Moïse parlant au peuple, se déchargeant de la faute] : « L'Éternel s'irrita aussi contre moi, à cause de vous. » (Voir aussi Deutéronome 3:26 et 4:20-22.)

Dieu est-il bon ou mauvais ?

Faut-il croire :

Psaumes 145:9 « L'Éternel est bon envers tous. »

Deutéronome 32:4 « C'est un Dieu fidèle et sans iniquité, Il est juste et droit. »

ou bien :

Esaïe 45:7 « Je donne la prospérité, et je crée l'adversité ; Moi, l'Éternel, je fais toutes ces choses. »

Lamentations 3:38 « N'est-ce pas de la volonté du Très Haut que viennent les maux et les biens ? »

Jérémie 18.11 « Ainsi parle l'Éternel : Voici, je prépare contre vous un malheur, Je médite un projet contre vous. »

Ezéchiel 20:25-26 « Je leur donnai aussi des préceptes qui n'étaient pas bons, et des ordonnances par lesquelles ils ne pouvaient vivre. Je les souillai par leurs offrandes, quand ils faisaient passer par le feu tous leurs premiers-nés ; je voulus ainsi les punir, et leur faire connaître que je suis l'Éternel. »

Dans Esaïe 45:7, où Dieu dit « je donne la prospérité et je crée l'adversité », nous pouvons remarquer que, selon les versions, le mot *ra*, « mal », est plus ou moins édulcoré — même si cette version fait aussi de Dieu un fauteur de trouble. Toutefois, le mot *ra* signifie véritablement « mal moral ». Il est utilisé dans la Genèse 3, dans le récit moral le plus important de toute la bible, l'histoire de la chute de la race humaine : « mais Dieu sait que, le jour où vous en mangerez, vos yeux s'ouvriront, et que vous serez comme des dieux, connaissant le bien et le mal [...]. Voici, l'homme est devenu comme l'un de nous, pour la connaissance du bien et du mal. » (Genèse 3:5,22) Le mot « créer » est par ailleurs *bara* qui est utilisé dans le tout premier verset de la bible.

Dieu tente-t-il les gens ?

Faut-il croire :

Jacques 1:13 « Que personne, lorsqu'il est tenté, ne dise : C'est Dieu qui me tente. Car Dieu ne peut être tenté par le mal, et il ne tente lui-même personne. »

ou bien :

Genèse 22:1 « Après ces choses, Dieu tenta Abraham. »[1]

Dieu est-il pacifique ?

Faut-il croire :

Romains 15:33 « Le Dieu de la paix. »

Esaïe 2:4 « [...] de leurs glaives ils forgeront des hoyaux, Et de leurs lances des serpes : Une nation ne tirera plus l'épée contre une autre, Et l'on n'apprendra plus la guerre. »

ou bien :

Exode 15:3 « L'Éternel est un vaillant guerrier. »

Joël 3:9-10 « Préparez la guerre ! Réveillez les héros ! Qu'ils s'approchent, qu'ils montent, Tous les hommes de guerre ! De vos hoyaux forgez des épées, Et de vos serpes des lances ! Que le faible dise : Je suis fort ! »

Qui était le sacrificateur dans l'histoire de David et du pain ?

Faut-il croire :

I Samuel 21:1-6 « David se rendit à Nob, vers le sacrificateur Achimélec [...]. Alors le sacrificateur lui donna du pain consacré, car il n'y avait là d'autre pain que du pain de proposition, qu'on avait ôté de devant l'Éternel pour le remplacer par du pain chaud au moment où on l'avait pris. »

ou bien :

1. Dans la version française de Louis Segond, on trouve « mis à l'épreuve », comme dans la plupart des traductions. Nous traduisons ici directement de l'anglais. Ndt.

Marc 2:26 : « comment il [David] entra dans la maison de Dieu, du temps du souverain sacrificateur Abiathar, et mangea les pains de proposition, qu'il n'est permis qu'aux sacrificateurs de manger, et en donna même à ceux qui étaient avec lui ! »

Certains apologistes disent que « du temps du souverain sacrificateur Abiathar » (un prêtre venu après David) est métaphorique. Si cette objection est valide, alors il n'y a aucune contradiction possible dans toute la bible. Nous pouvons dire que c'est une métaphore chaque fois que nous n'aimons pas ce que le texte dit réellement.

Quand est né Jésus ?

Plus de quatre ans avant EC selon Matthieu 2:1 « Jésus étant né à Bethléem en Judée, au temps du roi Hérode… » (Le roi Hérode est mort en 4 avant EC.)

ou bien :

Après 6 de notre ère commune selon Luc 2:1-4 « En ce temps-là parut un édit de César Auguste, ordonnant un recensement de toute la terre. Ce premier recensement eut lieu pendant que Quirinius était gouverneur de Syrie. Tous allaient se faire inscrire, chacun dans sa ville. Joseph aussi monta de la Galilée, de la ville de Nazareth, pour se rendre en Judée, dans la ville de David, appelée Bethléem… » (Quirinius est devenu gouverneur en 6 EC.)

Pour une analyse plus détaillée, reportez-vous à l'ouvrage *The Date of the Nativity in Luke*, par Richard Carrier (www.infidels.org/library/modern/richard_carrier/quirinius.html).

Jésus était-il pacifique ?

Faut-il croire :

Jean 14:27 « Je vous laisse la paix, je vous donne ma paix. »

Actes 10:36 « Il a envoyé la parole aux fils d'Israël, en leur annonçant la paix par Jésus Christ, qui est le Seigneur de tous. »

Luc 2:14 « […] paix sur la terre parmi les hommes qu'il agrée ! »

ou bien:

Matthieu 10:34 « Ne croyez pas que je sois venu apporter la paix sur la terre; je ne suis pas venu apporter la paix, mais l'épée. Car je suis venu mettre la division entre l'homme et son père, entre la fille et sa mère, entre la belle-fille et sa belle-mère; et l'homme aura pour ennemis les gens de sa maison. »

Luc 22:36 « Et il leur dit: Maintenant [...] que celui qui n'a point d'épée vende son vêtement et achète une épée. »

Jésus était-il digne de confiance?

Faut-il croire:

Jean 8:14 « Quoique je rende témoignage de moi-même, mon témoignage est vrai. »

ou bien:

Jean 5:31 « Si c'est moi qui rends témoignage de moi-même, mon témoignage n'est pas vrai. »

Le terme « témoignage » est la traduction dans ces deux versets du même mot grec *martyria*.

Devons-nous insulter les gens?

Faut-il croire:

Matthieu 5:22 « que celui qui lui [à son frère] dira: Insensé! mérite d'être puni par le feu de la géhenne. » [Jésus]

ou bien:

Matthieu 23:17 « Insensés et aveugles! » [Jésus]

Psaumes 14:1 « L'insensé dit en son cœur: Il n'y a point de Dieu! »

Quelqu'un a-t-il déjà vu Dieu?

Faut-il croire:

Jean 1:18 « Personne n'a jamais vu Dieu. »

Exode 33:20 « L'Éternel dit: Tu ne pourras pas voir ma face, car l'homme ne peut me voir et vivre. »

Jean 6:46 « C'est que nul n'a vu le Père, sinon celui qui vient de Dieu ; celui-là [Jésus] a vu le Père. »

Première épître de Jean 4:12 « Personne n'a jamais vu Dieu. »

ou bien :

Genèse 32:30 « car j'ai vu Dieu face à face ».

Exode 33:11 « L'Éternel parlait avec Moïse face à face, comme un homme parle à son ami. »

Esaïe 6:1 « L'année de la mort du roi Ozias, je vis le Seigneur assis sur un trône très élevé, et les pans de sa robe remplissaient le temple. »

Job 42:5 « Mon oreille avait entendu parler de toi ; mais maintenant mon œil t'a vu. »

Combien y a-t-il de dieux ?

Faut-il croire :

Deutéronome 6:4 « L'Éternel, notre Dieu, est le seul Éternel. »

ou bien :

Genèse 1:26 « Puis Dieu dit : Faisons l'homme à notre image, selon notre ressemblance. »

Genèse 3:22 « L'Éternel Dieu dit : Voici, l'homme est devenu comme l'un de nous, pour la connaissance du bien et du mal. »

Première épître de Jean 5:7 « Car il y en a trois qui rendent témoignage : l'Esprit, l'eau et le sang, et les trois sont d'accord. »

Cela n'avance à rien de dire que « nous » est le « nous » de majesté. Un tel usage implique d'inclure toutes les autorités sous le commandement d'un roi. Cela n'avance à rien non plus d'invoquer la Trinité parce que cette idée est encore plus contradictoire que le problème qu'elle est censée résoudre. (D'ailleurs, le texte des épîtres de Jean n'apparaît dans aucun manuscrit grec. Il a été ajouté bien plus tard par l'église catholique dans la Vulgate[2].)

---

2. Cf. Bart Ehrman, *La construction de Jésus - Aux sources de la religion chrétienne*, H&O, 2010. Ndé.

Sommes-nous tous pécheurs ?

Faut-il croire :

Romains 3:23 « Car tous ont péché et sont privés de la gloire de Dieu. »

Romains 3:10 « Selon qu'il est écrit : Il n'y a point de juste, Pas même un seul. »

Psaumes 14:3 « Tous sont égarés, tous sont pervertis ; Il n'en est aucun qui fasse le bien, Pas même un seul. »

ou bien :

Job 1:1 « Il y avait [...] un homme qui s'appelait Job. Et cet homme était intègre et droit... »

Genèse 7:1 « L'Éternel dit à Noé : Entre dans l'arche, toi et toute ta maison ; car je t'ai vu juste devant moi parmi cette génération. »

Luc 1:6 « Tous deux étaient justes devant Dieu, observant d'une manière irréprochable tous les commandements et toutes les ordonnances du Seigneur. »

Quel âge avait Joachin quand il est devenu roi ?

Faut-il croire :

II Rois 24:8 « Joachin avait dix-huit ans lorsqu'il devint roi, et il régna trois mois à Jérusalem. »

ou bien :

II Chroniques 36:9 « Joachin avait huit ans lorsqu'il devint roi, et il régna trois mois et dix jours à Jérusalem. »

Quel âge avait Achazia quand il a commencé à régner ?

Faut-il croire :

II Rois 8:26 « Achazia avait vingt-deux ans lorsqu'il devint roi, et il régna un an à Jérusalem. »

ou bien :

II Chroniques 22:2 « Achazia avait quarante-deux ans lorsqu'il devint roi, et il régna un an à Jérusalem. »

Tous les spécialistes, y compris inerrantistes, reconnaissent que les deux exemples que je viens de donner sont bien des incohérences dans les documents que nous possédons, mais certains disent que c'est sans doute une erreur de copiste et pas une contradiction du texte original. (Un morceau du papyrus déchiré ou un scribe myope.) Bien sûr, nous n'avons pas les « originaux » (dans l'hypothèse où ils auraient été écrits et pas transmis oralement) donc il n'y a aucun moyen de prouver cette commode affirmation. Nous pourrions également objecter qu'une divinité omnipotente, omnisciente et toute-bienveillante aurait dû s'assurer que son message soit délivré de façon moins aléatoire. Bien que la New International Version ait changé le texte du deuxième livre des Chroniques, en remplaçant « quarante-deux » par « vingt-deux », sans doute pour éviter une contradiction trop visible, ils sont suffisamment honnêtes pour mettre une note « En hébreu, quarante-deux ».

Devons-nous prêter serment ?

Faut-il croire :

Nombres 30:2 « Lorsqu'un homme fera un vœu à l'Éternel, ou un serment pour se lier par un engagement, il ne violera point sa parole, il agira selon tout ce qui est sorti de sa bouche. »

Genèse 21:22-24, 31 « Jure-moi maintenant ici, par le nom de Dieu, que tu ne tromperas ni moi [...]. Abraham dit : Je le jurerai [...]. C'est pourquoi on appelle ce lieu Beer Schéba [puits du serment] ; car c'est là qu'ils jurèrent l'un et l'autre. »

Hébreux 6:13-17 « Lorsque Dieu fit la promesse à Abraham, ne pouvant jurer par un plus grand que lui, il jura par lui-même [...]. Or les hommes jurent par celui qui est plus grand qu'eux, et le serment est une garantie qui met fin à tous leurs différends. C'est pourquoi Dieu, voulant montrer avec plus d'évidence aux héritiers de la promesse l'immutabilité de sa résolution, intervint par un serment. »

Voir également Genèse 22:15-19, Genèse 31:53 et Juges 11:30-39.

ou bien :

Matthieu 5:34-37 « Mais moi, je vous dis de ne jurer aucunement, ni par le ciel [...] ni par la terre [...]. Ne jure pas non plus par ta tête [...]. Que votre parole soit oui, oui, non, non ; ce qu'on y ajoute vient du malin. »

Quand Jésus a-t-il été crucifié ?

Faut-il croire :

Marc 15:25 « C'était la troisième heure, quand ils le crucifièrent. »

ou bien :

Jean 19:14-15 « C'était la préparation de la Pâque, et environ la sixième heure. Pilate dit aux Juifs : Voici votre roi. Mais ils s'écrièrent : [...] crucifie-le ! »

C'est un argument *ad hoc* que de dire qu'il y avait alors deux façons de mesurer le temps. Jamais il n'a été prouvé que c'était vraiment le cas.

Devons-nous obéir à la loi ?

Faut-il croire :

Première épître de Pierre 2:13 « Soyez soumis [...] à toute autorité établie parmi les hommes, soit au roi comme souverain, soit aux gouverneurs... »

Matthieu 22:21 « Rendez donc à César ce qui est à César, et à Dieu ce qui est à Dieu. »

Voir aussi l'épître aux Romains 13:1,7 et Titus 3:1.

ou bien :

Actes 5:29 « Pierre et les apôtres répondirent : Il faut obéir à Dieu plutôt qu'aux hommes. »

Combien d'animaux y avait-il sur l'arche de Noé ?

Faut-il croire :

Genèse 6:19 « De tout ce qui vit, de toute chair, tu feras entrer dans l'arche deux de chaque espèce, pour les conserver en vie avec toi : il y aura un mâle et une femelle. »

Genèse 7:8-9 « D'entre les animaux purs et les animaux qui ne sont pas purs, les oiseaux et tout ce qui se meut sur la terre, il entra dans l'arche auprès de Noé, deux à deux, un mâle et une femelle, comme Dieu l'avait ordonné à Noé. »

Genèse 7:15 « Ils entrèrent dans l'arche auprès de Noé, deux à deux, de toute chair ayant souffle de vie. »

ou bien:

Genèse 7:2 « Tu prendras auprès de toi sept couples de tous les animaux purs, le mâle et sa femelle; une paire des animaux qui ne sont pas purs, le mâle et sa femelle. »

L'homme et la femme ont-ils été créés égaux?

Faut-il croire:

Genèse 1:27 « Dieu créa l'homme à son image, il le créa à l'image de Dieu, il créa l'homme et la femme. »

ou bien:

Genèse 2:18, 23 « L'Éternel Dieu dit: Il n'est pas bon que l'homme soit seul; je lui ferai une aide semblable à lui. [...] Et l'homme dit: Voici cette fois celle qui est os de mes os et chair de ma chair! on l'appellera femme, parce qu'elle a été prise de l'homme. »

Les arbres ont-ils été créés avant les hommes?

Faut-il croire:

Genèse 1:12-31 « La terre produisit de la verdure, de l'herbe portant de la semence selon son espèce, et des arbres donnant du fruit et ayant en eux leur semence selon leur espèce [...]. Ainsi, il y eut un soir, et il y eut un matin: ce fut le troisième jour [...]. Puis Dieu dit: Faisons l'homme à notre image [...]. Ainsi, il y eut un soir, et il y eut un matin: ce fut le sixième jour. »

ou bien:

Genèse 2:5-9 « Lorsque l'Éternel Dieu fit une terre et des cieux, aucun arbuste des champs n'était encore sur la terre, et aucune herbe des champs ne germait encore : car l'Éternel Dieu n'avait pas fait pleuvoir sur la terre, et il n'y avait point d'homme pour cultiver le sol. [...] L'Éternel Dieu forma l'homme de la poussière de la terre [...]. Puis l'Éternel Dieu planta un jardin en Éden, du côté de l'orient, et il y mit l'homme qu'il avait formé. L'Éternel Dieu fit pousser du sol des arbres de toute espèce, agréables à voir et bons à manger. »

Combien Salomon avait-il d'étables ?

Faut-il croire :

I Rois 4:26 « Salomon avait quarante mille crèches pour les chevaux destinés à ses chars, et douze mille cavaliers. »

ou bien :

II Chroniques 9:25 « Salomon avait quatre mille crèches pour les chevaux destinés à ses chars, et douze mille cavaliers. »

Les compagnons de Paul ont-ils entendu une voix ?

Faut-il croire :

Actes 9:27 « Les hommes qui l'accompagnaient demeurèrent stupéfaits ; ils entendaient bien la voix, mais ils ne voyaient personne. »

ou bien :

Actes 22:9 « Ceux qui étaient avec moi virent bien la lumière, mais ils n'entendirent pas la voix de celui qui parlait. »

Cf. chapitre 14 pour une analyse plus approfondie de cette contradiction.

Dieu est-il tout-puissant ?

Faut-il croire :

Jérémie 32:27 « Voici, je suis l'Éternel, le Dieu de toute chair. Y a-t-il rien qui soit étonnant de ma part ? »

Matthieu 19:26 « Jésus les regarda, et leur dit : Aux hommes cela est impossible, mais à Dieu tout est possible. »

ou bien :

Juges 1:19 « L'Éternel fut avec Juda ; et Juda se rendit maître de la montagne, mais il ne put chasser les habitants de la plaine, parce qu'ils avaient des chars de fer. »

Dieu vit-il dans la lumière ?

Faut-il croire :

I Timothée « le roi des rois, et le Seigneur des seigneurs, qui seul possède l'immortalité, qui habite une lumière inaccessible, que nul homme n'a vu ni ne peut voir… »

Jacques 1:17 « du Père des lumières, chez lequel il n'y a ni changement ni ombre de variation. »

Jean 12:35 « Jésus leur dit : […] celui qui marche dans les ténèbres ne sait où il va. »

Job 18:18 « Il [le méchant] est poussé de la lumière dans les ténèbres, Il est chassé du monde. »

Daniel 2:22 « Il [Dieu] révèle ce qui est profond et caché, il connaît ce qui est dans les ténèbres, et la lumière demeure avec lui. »

Voir aussi Psaumes 143:3, II Corinthiens 6:14 et Hébreux 12:18-22.

ou bien :

I Rois 8:12 « Alors Salomon dit : L'Éternel veut habiter dans l'obscurité ! » (Répété dans II Chroniques 6:1.)

II Samuel 22:12 « Il faisait des ténèbres une tente autour de lui, Il était enveloppé d'amas d'eaux et de sombres nuages. »

Psaumes 18:12 « Il faisait des ténèbres sa retraite, sa tente autour de lui, Il était enveloppé des eaux obscures et de sombres nuages. »

Psaumes 97:1-2 « L'Éternel règne : que la terre soit dans l'allégresse, […] Les nuages et l'obscurité l'environnent. »

Dieu accepte-t-il les sacrifices humains ?

Faut-il croire :

Deutéronome 12:31 « Tu n'agiras pas ainsi à l'égard de l'Éternel, ton Dieu ; car elles servaient leurs dieux en faisant toutes les abominations qui sont odieuses à l'Éternel, et même elles brûlaient au feu leurs fils et leurs filles en l'honneur de leurs dieux. »

ou bien :

Genèse 22:2 « Dieu dit : Prends ton fils, ton unique, celui que tu aimes, Isaac ; va-t'en au pays de Morija, et là offre-le en holocauste sur l'une des montagnes que je te dirai. »

Exode 22:29 « Tu ne différeras point de m'offrir les prémices de ta moisson et de ta vendange. Tu me donneras le premier-né de tes fils. »

Juges 11:30-39 « Jephthé fit un voeu à l'Éternel, et dit : Si tu livres entre mes mains les fils d'Ammon, quiconque sortira des portes de ma maison au-devant de moi, à mon heureux retour de chez les fils d'Ammon, sera consacré à l'Éternel, et je l'offrirai en holocauste. Jephthé marcha contre les fils d'Ammon, et l'Éternel les livra entre ses mains [...]. Jephthé retourna dans sa maison à Mitspa. Et voici, sa fille sortit au-devant de lui avec des tambourins et des danses [...]. Au bout des deux mois, elle revint vers son père, et il accomplit sur elle le voeu qu'il avait fait. »

II Samuel 21:8-14 « Mais le roi prit les deux fils que Ritspa [...] et les cinq fils de Mérab [...] et il les livra entre les mains des Gabaonites, qui les pendirent sur la montagne, devant l'Éternel. Tous les sept périrent ensemble ; ils furent mis à mort dans les premiers jours de la moisson [...]. Après cela, Dieu fut apaisé envers le pays. »

Hébreux 10:10-12 « C'est en vertu de cette volonté que nous sommes sanctifiés, par l'offrande du corps de Jésus Christ [...] lui, après avoir offert un seul sacrifice pour les péchés, s'est assis pour toujours à la droite de Dieu. »

I Corinthiens 5:7 « ...car Christ, notre Pâque, a été immolé ».

Qui était le père de Joseph ?

Faut-il croire :

Matthieu 1:16 « Jacob engendra Joseph, l'époux de Marie, de laquelle est né Jésus, qui est appelé Christ. »

ou bien :

Luc 3:23 « Jésus avait environ trente ans lorsqu'il commença son ministère, étant, comme on le croyait, fils de Joseph, fils d'Héli. »

La liste ci-dessus n'est qu'une petite partie des centaines d'incohérences que l'on trouve dans la bible et qui ont été répertoriées par les spécialistes. Reportez-vous aux chapitres 15 et 16 pour ce qui concerne les incohérences sur la naissance et la résurrection de Jésus. Toutes ces contradictions ont été minutieusement examinées, y compris dans le texte original quand c'était nécessaire. Bien qu'il soit toujours important de prendre en compte la langue originelle, pourquoi cela serait-il nécessaire avec « le verbe de Dieu » ? Une divinité respectable aurait dû rendre son message fondamental immanquablement compréhensible à tous, en tous lieux, à toutes époques, dans toutes les langues. Personne ne devrait avoir à apprendre une langue morte pour comprendre le message de Dieu, et surtout pas une langue source de tant de désaccords chez les érudits. Si la traduction anglaise est floue ou imprécise, alors Dieu a échoué à se faire comprendre des anglophones. Un vrai fondamentaliste devrait considérer que la version anglaise de la bible est tout aussi infaillible que le texte original. (Certains fondamentalistes affirment que la version King James est parfaite. Un prêtre aurait même dit : « Si la version King James était bonne pour l'apôtre Paul, alors elle l'est pour moi aussi. »)

Dans l'examen de ces contradictions, il faut garder à l'esprit que certaines traductions modernes ont déformé de façon malhonnête le sens des mots pour faire disparaître les incohérences. (Voir le chapitre 14 pour un exemple particulier.) J'utilise la version King James, non pas parce que je pense que c'est la meilleure traduction anglaise, mais parce qu'elle est plutôt honnête en rendant compte des contradictions — plus honnête que des traductions plus tardives qui essaient de les camoufler. C'est une bonne idée de consulter plusieurs versions pour les comparer, surtout si vous ne lisez ni le grec ni l'hébreu.

Pourquoi devrions-nous être surpris que la bible soit contradictoire ? Prenez n'importe quel journal et vous trouverez des contradictions. Vous en trouverez probablement dans ce livre et c'est pourtant la même personne qui a écrit tous les chapitres. (Bien sûr, je ne me réclame pas d'une inspiration divine.) La bible a été écrite sur plus de cent ans par une douzaine d'auteurs différents ne se connaissant pas les uns les autres, et à des époques différentes. C'étaient des êtres humains. Les êtres humains se trompent. La bible contient certaines vérités mais aucune personne honnête ne peut dire qu'elle est un livre parfait. Si l'on ajoute à cela les exagérations, les inexactitudes scientifiques, les emprunts aux sources païennes, la preuve de certains bricolages approximatifs et de passages clairement absurdes, destinés à l'époque révolue d'un peuple superstitieux et primitif, ces contradictions soulignent le fait que la bible n'est pas une source fiable de vérité.

XIV

Comprendre les incohérences

Dans le neuvième chapitre des Actes, Luc raconte l'histoire de la conversion de Saul, disant que « les hommes qui l'accompagnaient demeurèrent stupéfaits ; ils *entendaient bien la voix,* mais ils ne voyaient personne » (Actes 9:7, c'est moi qui souligne). Dans le vingt-deuxième chapitre du même livre, Luc cite Paul racontant le même événement : « Ceux qui étaient avec moi virent bien la lumière, mais *ils n'entendirent pas la voix* de celui qui parlait. » (Actes 22:9, c'est encore moi qui souligne.) Il y a apparemment une contradiction ici : Luc dit « entendaient bien la voix » mais Paul dit « ils n'entendirent pas la voix ». Si la traduction est correcte, alors Luc s'est trompé.

Il y a deux approches parmi les défenseurs de la bible pour réduire cette contradiction. La première consiste à affirmer que « entendre » doit être traduit par « comprendre » dans Actes 22:9, ce qui signifierait que si les hommes ont entendu la voix, ils ne l'ont pas *entendue* (comprise). La deuxième consiste à dire que le mot « voix » devrait être traduit par « son » dans Actes 9:7, ce qui signifierait que les hommes ont entendu *quelque chose* mais qu'ils ne l'ont pas identifié comme une voix.

« Entendre » ou « comprendre » ?

Je suis pianiste professionnel. Même si j'utilise parfois des synthétiseurs dans les groupes de jazz, je préfère de loin le piano acoustique, surtout pour les solos. Rien n'égale la beauté des tons produits physiquement et résonnant dans la caisse en bois d'un piano. Les harmoniques se mêlent dans l'air d'une façon qui ne sera jamais restituée par un ordinateur.

Le mot acoustique vient du mot grec *akouo* qui veut dire « entendre ». Prononcé « ah-KOU-oh » par les Grecs aujourd'hui, le mot signifie entendre physiquement. C'est le mot utilisé dans Actes 9:7 et Actes 22:9. *Akouo* ne veut pas dire « comprendre ». Le grec du Nouveau Testament utilise d'autres mots pour « comprendre ». Le plus courant est *suniemi*, qui signifie « comprendre au sens d'assembler les choses ». (Le mot signifie « envoyer ensemble ».) Il y a aussi *noeo* formé à partir d'« esprit » ; *ginosko* qui signifie « connaître » ; et encore d'autres. Ces verbes sont associés à des substantifs : par exemple *sunesis* (« compréhension ») pour *suniemi*. Le mot *akouo* ne forme aucun substantif signifiant « compréhension ».

Cela ne veut pas dire cependant qu'« entendre » ne puisse parfois être traduit par « comprendre » dans certains cas spécifiques. C'est possible en français et en anglais dans les expressions du type « Je t'entends ». Nous utilisons également le verbe « voir » en ce sens : « Tu vois ce que je veux dire ? » Un mot ayant un sens physique peut parfois être utilisé de façon poétique pour désigner une opération mentale, mais on ne peut le faire qu'en s'appuyant sur le contexte et en conformité avec la grammaire. *Akouo* signifie « entendre » au sens littéral mais il peut parfois être perçu de façon figurée comme « comprendre », selon l'usage qui est fait du mot dans un contexte particulier.

Il n'y a qu'un seul passage dans la version King James où *akouo* est traduit par « comprendre »[1]. C'est dans la première épître aux Corinthiens 14:2 « En effet, celui qui parle en langue ne parle pas aux hommes, mais à Dieu, car personne ne le comprend *[akouo]*, et c'est en esprit qu'il dit des mystères. » La New International Version (NIV) le traduit ainsi : « en effet personne ne le comprend ; il prononce des mystères avec son esprit ». Il semble, dans ce contexte,

1. C'est également le cas dans la version française de Louis Segond que nous reproduisons ici. Ndt.

que « comprendre » peut être utilisé ici malgré un indiscutable sens physique parce qu'il y a une ambiguïté sur la façon dont peuvent être perçus physiquement des « mystères » prononcés par un « esprit ».

La version grecque d'Actes 22:9 est *ten de phonen ouk ekousan.* (« la voix qu'ils n'entendirent pas » *ekousan* est l'aoriste [passé] de *akouo* à la 3e personne du pluriel). La version King James et la NRSV (New Revised Standard Version) disent que les hommes n'ont pas « entendu » [*hear*] la voix, mais la NIV et la Living Bible (LB, qui est une paraphrase et pas une traduction), toutes deux éditées par des évangélistes disent que les hommes n'ont pas « compris » la voix, faisant disparaître ainsi la contradiction apparente. Sur quelles bases la NIV et la LB traduisent-elles de cette façon ? Le passage narratif n'est absolument pas poétique. En fait, dans Actes 9:7, qui raconte la même histoire, la NIV et la LB utilisent le verbe « entendre » [*hear*] pour rendre le verbe *akouo* complété par le même objet. Il n'y a rien dans les contextes de Actes 9:7 et Actes 22:9 qui permettent d'inférer une traduction poétique ou informelle de *akouo.*

Il y a peu de passages dans le Nouveau Testament où *akouo* (entendre) et *suniemi* (comprendre) sont associés et considérés comme des synonymes, mais la relation entre eux est explicite. Dans Matthieu 13:13, Jésus aurait dit « C'est pourquoi je leur parle en paraboles, parce qu'en voyant ils ne voient point, et qu'en entendant [*akouo*] ils n'entendent [*akouo*] ni ne comprennent [*suniemi*] ». Si la deuxième occurrence de *akouo* signifiait en soi « entendre », il n'aurait pas été nécessaire d'ajouter « ni ne comprennent ». Cela souligne l'insuffisance de la grammaire pour décider d'une traduction plus ou moins libre de *akouo.*

La NIV et la LB voudraient nous faire penser que les hommes de Paul ont « entendu » (Actes 9:7) mais n'ont pas « compris » (Actes 22:9) la voix. Mais « entendre » et « comprendre » sont systématiquement associés dans le Nouveau Testament comme deux mots de sens différents. Matthieu 13:23 dit : « Celui qui a reçu la semence dans la bonne terre, c'est celui qui entend [*akouo*] la parole et la comprend [*suniemi*]. » Matthieu 15:10 : « Entendre [*akouo*] et comprendre [*suniemi*]. » Marc 4:12 : « et qu'en entendant ils entendent [*akouo*] et ne comprennent point [*suniemi*]. » Notez que Marc n'a pas utilisé *ouk akouo* (ne pas entendre) quand il a voulu dire « ne pas comprendre ». Pour des constructions similaires, voir Matthieu 13:15, Matthieu 13:19, Marc 7:14, Luc 8:10, Actes 28:26-27 et Romains 15:21. Puisque cette association / dissociation des deux termes « entendre » et « comprendre » est aussi courante dans le Nouveau Testament grec, pourquoi Luc ne l'a-t-il pas utilisée pour clarifier son récit dans le passage qui nous occupe ?

Il n'y a rien dans Actes 22:9 — rien de grammatical, de contextuel ou d'explicite — qui indique que *akouo* doive être traduit par autre chose que par « entendre ». En réalité, les mêmes mots (et souvent la même expression : *ouk ekousan*) apparaissent tout au long du Nouveau Testament, mais jamais la NIV ni la LB ne traduisent les autres occurrences par « ne pas comprendre ». Regardons Matthieu 13:17 (NIV) : « Beaucoup de prophètes et de justes ont désiré voir ce que vous voyez, mais ne l'ont pas vu, et entendre ce que vous entendez, mais ne l'ont pas entendu (*ouk ekousan*) »[2] Si Actes 22:9 devait être traduit par « ne pas comprendre », pourquoi pas ce passage ? En fait, Matthieu 13:17 est un passage où justement *akouo* pourrait être traduit de façon tout à fait justifiée par « comprendre » (même si cela gâcherait la poésie du texte) mais la chance n'a pas été saisie, sans doute parce qu'il n'y avait pas besoin de camoufler une quelconque contradiction. Nous ne devons pas pour autant nous sentir autorisés à considérer que Luc a utilisé la même figure de style, parce que treize chapitres séparent Actes 9:7 et 22:9. Cela ne pourrait fonctionner que si les mots étaient étroitement rapprochés, dans le même passage ou dans la même phrase.

Regardez Marc 8:18 (NIV) : « Vous avez des yeux mais ne pouvez voir, des oreilles mais ne pouvez entendre[3]. » L'expression « ne pouvez » est la traduction de *ouk akouete* : « Vous n'entendez pas. » De même, si Actes 22:9 devait être traduit par « ne pas comprendre », alors pourquoi n'est-ce pas le cas ici ? Nous trouvons

---

2. Nous traduisons à partir de la version anglaise. Ndt.
3. Idem.

d'autres exemples, dans Jean 5:37 : « Vous n'avez ni entendu sa voix, ni vu sa forme » ; Romains 10:18 « Est-ce qu'ils n'ont pas entendu *[ouk ekousan]* (comme dans Actes 22:9) ? » (Voir aussi Marc 6:11, Luc 10:24, Luc 16:31, Jean 10:8, Actes 9:12 et Romains 15:21.) Pourquoi est-ce que la NIV n'est pas cohérente ? Pourquoi utilise-t-elle « comprendre » *uniquement* dans Actes 22:9 ?

Si Luc voulait que Actes 22:9 signifie « ne pas comprendre », il aurait dû le dire, soit explicitement, soit par le contexte. S'il avait voulu faire ressortir la différence entre les deux mots, pourquoi n'a-t-il pas associé *akouo* et *suniemi* comme c'est le cas dans tout le Nouveau Testament ?

« Voix » ou « son » ?

Un jour, j'ai parlé de cette contradiction en Arizona, dans un débat radiophonique contre James White, un soi-disant apologiste chrétien. White a tout de suite rétorqué que *phone* (« voix », prononcée « pho-NEE » en grec moderne) est à des cas différents dans les deux versets, ce qui signifie qu'il doit être compris différemment : « voix » dans un cas, « son » dans l'autre. Il a raison à propos des cas différents, mais il a tort sur la signification générale. Un helléniste ayant une connaissance moins superficielle de la langue n'aurait jamais utilisé cet argument.

Actes 9:7 dit *tes phones* et Actes 22:9 *ten phonen* pour « la voix ». Le premier est au génitif et le deuxième à l'accusatif. Bien que la version King James et la NRSV utilisent également « voix » dans les deux versets, la NIV et la LB évangélistes traduisent *phones* par « son » dans Actes 9:7 et *phonen* par « voix » dans Actes 22:9. Ils semblent suggérer que le cas modifie la signification lexicale de « voix ». Un certain nombre d'apologistes chrétiens, comme Gleason Archer, ont utilisé cet argument. À tort. Dans ce cas, le génitif ne change absolument pas la signification du mot.

Dans beaucoup de langues flexionnelles comme le grec, le cas des noms (la déclinaison) varie selon le verbe qu'ils complètent. Certains verbes ont en même temps des objets directs à l'accusatif et à d'autres cas. C'est ce qui se passe avec *akouo* qui peut être complété par un nom à l'accusatif ou au génitif, sans que le sens en soit modifié. Si les apologistes ont raison et que le génitif change le sens, cela créerait une douzaine d'autres contradictions ailleurs dans le Nouveau Testament, où l'utilisation d'une telle flexion est monnaie courante.

Par exemple, les auteurs de Matthieu et de Luc racontent la parabole de l'homme sage ayant construit sa maison sur du roc. Matthieu 7:24 cite Jésus : « C'est pourquoi, quiconque entend ces paroles *[tous logous]* que je dis et les met en pratique, sera semblable à un homme prudent qui a bâti sa maison sur le roc. » Luc 6:47, racontant la même histoire, cite également Jésus : « Je vous montrerai à qui est semblable tout homme qui vient à moi, entend mes paroles *[ton logon]*, et les met en pratique. » Les auteurs rapportent le même discours, donc il ne peut avoir deux significations différentes, mais ils utilisent deux cas différents pour le complément de *akouo*. Matthieu a utilisé l'accusatif et Luc le génitif. Ce n'est pas une contradiction. C'est une petite inexactitude sur la déclinaison qu'a utilisée Jésus quand il a prononcé ce discours (dans l'hypothèse bien sûr où il s'exprimait en grec, dans l'hypothèse bien sûr où il s'exprimait tout court), mais il n'y a pas d'incohérence. Matthieu et Luc, qui reconstruisent la scène de mémoire (ou bien à partir de notes, de souvenirs de quelqu'un d'autre ou bien en traduisant depuis l'araméen) peuvent bien avoir une petite marge de manœuvre concernant le choix des déclinaisons. Le grec du Nouveau Testament autorise une telle liberté. Il est évident que les cas accusatif et génitif renvoient exactement au même sens du mot *akouo*.

Nous pouvons trouver un autre exemple dans le récit que font Matthieu et Marc de l'apparition de Jésus devant le sacrificateur. Matthieu 26:65 cite ce dernier : « Voici, vous venez d'entendre son blasphème [*blasphemian*]. » Marc raconte la même histoire (Marc 14:64) et cite également le sacrificateur : « Vous avez entendu le blasphème [*blasphemias*]. » L'auteur de Matthieu utilise l'accusatif pour le complément de *akouo* et l'auteur de Marc le génitif. À nouveau, il n'y a pas de contradiction — ce n'est que de l'imprécision par rapport aux mots exacts qu'a prononcés le prêtre. Il est sans doute possible que l'un de ces auteurs se soit trompé, mais comme l'usage des cas est souple, les traducteurs n'ont même pas besoin d'être charitables. Ils peuvent simplement supposer qu'il n'y a pas là d'incohérence.

Encore plus proche de notre passage, il y a l'histoire de la conversion de Saül lui-même. Elle est racontée trois fois (Actes 9:4, Actes 22:7 et Actes 26:14). Actes 9:4 : « Il tomba par terre, et il entendit une voix [*phonen*] qui lui disait: Saul, Saul, pourquoi me persécutes-tu ? » Actes 22:7 : « Je tombai par terre, et j'entendis une voix [*phones*] qui me disait: Saul, Saul, pourquoi me persécutes-tu ? » Actes 26:14 : « Nous tombâmes tous par terre, et j'entendis une voix [*phonen*] qui me disait en langue hébraïque: Saul, Saul, pourquoi me persécutes-tu ? » Remarquez les cas différents. Paul lui-même, racontant la *même* histoire, utilise deux cas différents. Il est impossible qu'ils aient des sens différents. En fait, la NIV et la LB sont d'accord sur ce point, puisqu'elles traduisent le génitif et l'accusatif par « voix » dans les trois occurrences. Si les apologistes ont raison de dire que la différence de cas renvoie à des significations différentes dans Actes 9:7 et dans Actes 22:9, les exemples ci-dessus montrent que Paul se contredit lui-même. Les apologistes se tirent donc une balle dans le pied.

Il y a cependant des passages où *phone* peut raisonnablement être traduit par « son » mais c'est le contexte qui le détermine plus que le cas. *Phone* est utilisé cent quarante fois dans le Nouveau Testament. Il est traduit par « voix » cent trente et une fois dans la version King James. Les neuf autres occurrences sont traduites par « son » ou « bruit » mais, dans tous ces cas, le sens est clairement figuré et il renvoie à quelque chose qui n'est pas une personne: « le bruit [*phone*] du tonnerre », « le son [*phone*] du vent », « d'ailes », etc. Notez que si la version King James traduit Apocalypse 6:1 par « le son du tonnerre » (*phone* au datif), la NRSV, la NIV et la LB utilisent « voix ». Alors qu'il y avait ici une justification poétique pour « son », et que le cas n'était pas l'accusatif, ces versions ont gardé « voix ». Je pense que l'expression littérale « voix du tonnerre », tournure intéressante, respecte plus l'intention poétique de l'auteur que « son du tonnerre ». Ni le tonnerre, ni le vent n'ont vraiment de « voix ». Mais dans Actes 9:7, il n'y a pas de contexte poétique comme celui-là. En fait, Luc fait un détour pour insister sur le fait que c'était une *personne* : « entendant une voix, mais ne voyant *personne* » (c'est moi qui souligne). Si les compagnons de Paul ont pensé qu'ils entendaient un bruit impersonnel comme le tonnerre ou le vent, il n'aurait pas été nécessaire d'ajouter « ne voyant personne ».

Pourquoi est-ce que la NIV et la LB utilisent « son » dans Actes 9:7 au lieu de « voix » ? Il n'y a aucune raison linguistique ou contextuelle. Il semble que ces traducteurs évangélistes aient simplement voulu camoufler une incohérence. Les traducteurs de la NIV et de la LB ne peuvent pas se targuer d'avoir une connaissance nouvelle et plus perfectionnée du grec ancien. La NRSV a été publiée *après* la NIV et la LB et elle utilise le mot « voix » également. (D'après ce que j'en sais, la NRSV semble être la version la plus appréciée des spécialistes.)

Les motivations des traducteurs de la NIV et de la LB sont exposées dans la préface de chacun des ouvrages. La NIV, traduite par un groupe d'érudits évangélistes (mandatés par la National Association of Evangelicals) se présente en ces termes : « Nous faisons don de cette version de la bible à Celui au nom de qui et à la gloire duquel elle a été composée. Nous prions pour qu'elle facilite la compréhension des Saintes Écritures et qu'elle permette une meilleure connaissance de Jésus, Verbe qui s'est fait Chair, et dont les Écritures témoignent avec tant de fidélité. » S'il y a une contradiction dans le Nouveau Testament, alors il ne peut « témoigner avec fidélité » de rien du tout. L'équipe de la NIV a choisi avec un soin extrême ses spécialistes : « [Les] traducteurs ont été réunis par leur attachement à l'autorité et à l'infaillibilité de la bible, Parole de Dieu sous sa forme écrite. Ils croient qu'elle contient la réponse divine aux besoins les plus profonds de l'humanité, qu'elle répand la lumière sur notre chemin dans un monde de ténèbres, et qu'elle ouvre la voie à notre bien-être éternel. » Ce n'est pas le projet d'une équipe de spécialistes objectifs. C'est de l'évangélisme. S'il y a une contradiction dans la bible, les traducteurs de la NIV, qui ont admis leur attachement *a priori* à l'infaillibilité ne la verront pas !

(Certains sceptiques peuvent être tentés d'utiliser l'expression « N'est pire sourd que celui qui ne veut pas entendre ». Je ne m'abaisserai jamais à des manœuvres *ad hominem* de ce type.)

La Living Bible n'a pas la prétention d'être une traduction fidèle. Elle est une paraphrase du Dr Kenneth Taylor qui reconnaît dans sa préface : « quand le texte grec ou hébreu n'est pas clair, alors la théologie du traducteur est son guide, de même que son sens logique… La ligne théologique constante qui a orienté ce livre est une position évangéliste stricte. » L*a théologie du traducteur est son guide*. Dans Actes 9:7, il n'y a pas de problème de clarté : *phones* c'est « voix ». Mais si votre « théologie » exige que la bible ne contienne pas d'erreurs, alors une traduction très simple qui finit par devenir une contradiction devient « pas claire » et vous devez recourir à un petit tour de passe-passe pour réparer l'accroc dans votre théologie.

Que se passerait-il si une organisation athée ou sceptique devait traduire la bible, en réunissant une équipe de matérialistes acharnés, en excluant systématiquement les érudits conservateurs ou évangélistes, se targuant d'avoir une « position sceptique stricte », affirmant être « réunis dans leur attachement à la faillibilité de la bible » et annonçant leur « espoir que cette traduction conduirait ceux qui se fourvoient dans la foi à douter de la fiabilité des écritures » ? Les évangélistes hurleraient ! Comme devraient hurler les véritables spécialistes. De tels préjugés montrent clairement que l'objectivité de la chose est quelque peu faussée.

L'un des versets les plus appréciés des évangélistes est celui de l'Apocalypse 3:20 (je l'ai souvent utilisé dans mes prêches) lorsque Jésus dit : « Voici, je me tiens à la porte, et je frappe. Si quelqu'un entend ma voix *[phones]* et ouvre la porte, j'entrerai chez lui. » C'est le génitif qui est utilisé ici, comme dans Actes 9:7 et pourtant, la NIV utilise « voix » et la LB dit « entend mon appel ». Personne n'utilise « son ». Ces traducteurs évangélistes ne sont pas très cohérents. Ils n'invoquent l'argument *ad hoc* (et erroné) du cas génitif que lorsque cela les arrange.

Regardons les choses en face. Actes 9:7 et Actes 22:9 sont contradictoires. Les auteurs font des erreurs. Dans leur zèle missionnaire affiché, les traducteurs de la NIV et de la LB et les autres apologistes évangélistes ont bricolé de façon malhonnête le sens des écritures, en utilisant un argument bancal pour tromper le lecteur et déguiser une incohérence embarrassante dans le « livre saint ».

XV

Jésus a-t-il vraiment existé ?

Pendant toutes ces années où j'ai été un ministre chrétien, je n'ai jamais fait de sermon sur les preuves de l'existence historique de Jésus. Un tel sermon était inutile. J'ai officié devant de nombreuses congrégations en compagnie d'autres ministres, évangélistes et pasteurs, et aucun de nous n'a jamais évoqué la possibilité que Jésus soit une légende ou que son histoire relève plus du mythe que de l'histoire. Bien entendu nous savions qu'il y avait des universitaires sceptiques mais nous rejetions ces charlatans athées.

Au cours de mes quatre années d'étude au College Azusa Pacific, j'ai suivi plusieurs cours sur la bible — un cours entier sur les épîtres aux Romains, un autre cours très utile sur les livres de la sagesse hébreux et d'autres — mais on ne m'a jamais proposé qu'un seul cours sur l'apologétique chrétienne. Il s'intitulait « Preuves chrétiennes » et je trouvais alors que c'était le moins utile de toute ma scolarité. Pas parce que c'était un mauvais cours, mais parce qu'il me semblait tellement peu nécessaire. Il apportait des réponses à une question que personne ne posait. Puisque je préférais l'évangélisme à la théorie, je trouvais la chose peu intéressante, plutôt convaincante (bien que ma foi n'ait pas besoin d'une telle confirmation) et surtout hors sujet. Le cours n'allait pas très loin dans l'étude des sources. Nous récitions les listes des premiers historiens et nous lisions des passages des pères de l'Église, pour les oublier aussitôt. Je m'imaginais que les savants chrétiens avaient déjà fait le travail et que notre foi reposait sur des bases historiques solides, que si un jour j'en avais besoin, je pourrais me reporter à un livre faisant état de toutes les preuves. Je n'en ai jamais eu besoin.

Mais quand je suis devenu libre-penseur, j'ai décidé de rechercher ce fameux livre et j'ai été surpris par ce que j'ai découvert — ou plutôt par ce que je n'ai pas découvert. Je suis maintenant convaincu que l'histoire de Jésus est une combinaison de mythe et de légende, mélangée à un petit peu d'histoire bien réelle mais sans lien avec Jésus. Voici ce que j'ai découvert :

1 - Il n'y a pas de sources extérieures confirmant les histoires du Nouveau Testament.
2 - Les histoires du Nouveau Testament comportent des contradictions internes.
3 - Il y a des explications naturelles à l'invention de la légende de Jésus.
4 - Le récit des miracles porte atteinte à l'historicité du récit.

Le Jésus historique n'est pas le Jésus du Nouveau Testament. Un grand nombre de savants[1] et d'auteurs, que l'on appelle officieusement « mythistes », affirment que Jésus n'a pas existé du tout. D'autres pensent qu'un messie autoproclamé, nommé Yeshua, aurait existé (parmi tant d'autres) et que le Nouveau Testament s'inspire librement de son histoire. Mais, même dans cette hypothèse, le dernier groupe considère que la caricature de ce Jésus faiseur de miracles et ressuscité dans les Évangiles est une légende, un personnage littéraire produit par des générations de croyants. La plupart des croyants, qui ne croient qu'au Jésus des Évangiles, assimilent légende et mythe. Les Évangiles, écrits des dizaines d'années après les faits, sont un doux mélange de faits et de fiction — fiction historique — et bien que la proportion varie selon les spécialistes, aucun historien qui se respecte ne considère qu'ils sont vrais à cent pour cent.

Qu'elle soit un mythe ou une légende, la vie de Jésus n'est pas vérifiée. Dans tout le Ier siècle, pas un mot sur Jésus n'apparaît en

1. Parmi lesquels John Allegro, G.A. Wells, Michael Martin (qui s'appuie sur la théorie de Wells), Timothy Freke et Peter Gandy (*The Jesus Mysteries*), Robert Price (*Deconstruting Jesus*), Frank Zindler (*The Jesus The Jews Never Knew*), Earl Doherty (*The Jesus Puzzle*) et d'autres.

dehors du Nouveau Testament, alors que de nombreux documents de première main décrivent précisément l'empire romain de cette époque, y compris les lieux où Jésus est censé avoir prêché.

Beaucoup d'auteurs chrétiens affirment cependant qu'il y a abondance de témoignages historiques de l'existence de Jésus. De prime abord, le nombre de preuves semble accablant. Quand on regarde hors du Nouveau Testament, de nombreux textes apologétiques comprennent de longues listes de noms et de documents qui disent confirmer l'histoire de Jésus : Josèphe, Suétone, Pline, Tacite, Thallus, Mara Bar-Serapion, Lucien, Phlégon, Tertullien, Justin le Martyr, Clément de Rome, Ignace, Polycarpe, Clément d'Alexandrie, Hippolyte, Origène, Cyprien et d'autres. Si vous ne faites que parcourir cette liste, vous pourriez dire : « Voilà qui règle la question ! »

Mais un examen plus attentif vous permettra de rayer la plupart des noms. Et si vous grattez sous la surface, vous pouvez tous les écarter. Certains sont des pères de l'Église, écrivant entre le IIe et le IVe siècle et sont donc trop tardifs. Par ailleurs, le fait qu'ils soient des ecclésiastiques met en doute leur objectivité. Ces faits ne m'importaient pas quand j'étais évangéliste, pas plus qu'ils ne tirent la sonnette d'alarme chez le croyant lambda se plongeant dans la lecture des « preuves » chrétiennes.

La liste cependant comprend des noms de non-croyants — juifs et romains qui sont moins susceptibles d'être partiaux — donc cela voudrait dire qu'il n'y a pas trop de doutes à avoir sur ces confirmations historiques de Jésus. Pourtant, on évoque rarement le fait qu'aucun de ces récits ne date de l'époque de Jésus ni même de la génération suivante. Jésus est censé avoir vécu entre l'an 4 EC et l'an 30 EC mais aucune source contemporaine, qu'elles soient juives ou romaines, d'auteurs croyants ou non, ne mentionne son existence. La toute première confirmation extra-biblique est un petit paragraphe chez Flavius Josèphe, dans les années 90 EC, c'est-à-dire plus de soixante ans après la mort supposée de Jésus. Mais c'est encore un faux. L'absence de corroborations contemporaines ne prouve pas qu'il n'ait pas existé bien sûr, mais cela jette toutefois un grand doute sur l'historicité d'un homme qui est censé avoir eu un impact majeur sur le monde. Quelqu'un aurait dû en entendre parler.

Les premières années de la République romaine sont extrêmement bien documentées. Philon d'Alexandrie est l'un des auteurs ayant vécu au temps de Jésus. John E. Remsburg dans *The Christ* écrit à son propos :

« Philon est né avant le début de l'ère chrétienne, et il a vécu longtemps après ce que l'on considère comme la date de la mort du Christ. Il a écrit sur les Juifs pendant toute la période où Jésus est censé avoir existé. Il vivait dans ou près de Jérusalem lorsque la naissance miraculeuse du Christ et le massacre d'Hérode ont eu lieu. Il était là lorsque le Christ a fait son entrée triomphale dans Jérusalem. Il était là lors de la crucifixion et des événements qui s'en sont ensuivis : tremblement de terre, obscurité surnaturelle, résurrection des morts — lorsque le Christ lui-même s'est dressé d'entre les morts et qu'il est monté au ciel en présence de nombreux témoins. Ces événements merveilleux qui auraient dû remplir le monde de stupeur s'ils avaient vraiment eu lieu lui étaient inconnus. C'est Philon qui a développé la doctrine du Logos ou du Verbe, et alors que le Verbe qui s'est fait chair habitait dans son propre pays et qu'il s'est révélé à un grand nombre en faisant montre de ses pouvoirs divins, Philon ne l'a pas vu. »

On peut considérer Philon comme le reporter d'investigation de son époque. Il était sur place pendant le Ier siècle, il parlait à des gens qui auraient dû se rappeler ou au moins avoir entendu parler de ces histoires, il observait, prenait des notes, se documentait. Pas une seule fois il n'a évoqué Jésus.

Il y avait un autre historien, Juste de Tibériade, natif de Galilée, terre natale de Jésus. Il a écrit l'histoire de l'époque à laquelle Jésus est censé avoir vécu. Cette histoire est maintenant perdue mais un érudit chrétien du IXe siècle, Photius, l'a lu et a écrit ces mots : « Il [Juste] ne fait pas la moindre remarque sur l'apparition du Christ, sur les choses qui lui sont arrivées, ou sur les merveilles qu'il a accomplies. » Notons que Photius suppose que Juste est passé à côté de Jésus alors qu'il est tout à fait possible qu'il n'y ait jamais rien eu du tout.

Flavius Josèphe

Quand j'ai eu 19 ans, mon père m'a offert les œuvres complètes de Flavius Josèphe. Dès qu'il est question de preuves solides en dehors de la bible, c'est cette source historique qui est le plus souvent utilisée par les apologistes chrétiens. À l'exception du Nouveau Testament, Josèphe offre la seule confirmation possible de l'histoire de Jésus depuis le Ier siècle.

Au premier coup d'œil, Josèphe semble être la réponse rêvée pour les apologistes. C'était un juif messianique, pas un chrétien, donc il ne pouvait être accusé de parti pris. Il n'a pas consacré beaucoup de temps ni de place à l'histoire de Jésus, ce qui montre qu'il se contentait de rapporter des faits et qu'il ne faisait pas œuvre de propagande comme les auteurs des Évangiles. Bien qu'il soit né en 37 EC et qu'il n'ait jamais été un contemporain de Jésus, il a vécu si peu de temps après qu'on peut légitimement le considérer comme une source fiable de deuxième main. Josèphe était un historien romain très estimé et cité à de nombreuses reprises. Il est mort peu après l'an 100. Ses deux œuvres majeures sont *Les Antiquités judaïques* et *La guerre des Juifs contre les Romains.*

Les Antiquités ont été écrites peu après 90 EC. Elles commencent ainsi : « Au commencement Dieu créa le ciel et la terre » et établissent péniblement un parallèle entre l'Ancien Testament et l'histoire jusqu'à l'époque de Flavius Josèphe sur laquelle l'auteur peut donner une foule de détails fastidieux sur la vie des Juifs sous la République romaine. Au livre 18, chapitre 3, nous trouvons ce paragraphe :

« Vers le même temps vint Jésus, homme sage, si toutefois il faut l'appeler un homme. Car il était un faiseur de miracles et le maître des hommes qui reçoivent avec joie la vérité. Et il attira à lui beaucoup de Juifs et beaucoup de Grecs. C'était le Christ. Et lorsque sur la dénonciation de nos premiers citoyens, Pilate l'eut condamné à la crucifixion, ceux qui l'avaient d'abord chéri ne cessèrent pas de le faire, car il leur apparut trois jours après avoir ressuscité, alors que les prophètes divins avaient annoncé cela et mille autres merveilles à son sujet. Et le groupe appelé d'après lui celui des Chrétiens n'a pas encore disparu[2]. »

Ce texte semble donner effectivement la confirmation historique de l'existence de Jésus. Mais est-il authentique ? Beaucoup d'érudits, y compris fondamentalistes, reconnaissent que quelques passages au moins de ce paragraphe ne peuvent pas être authentiques. Beaucoup sont convaincus que le paragraphe entier est une interpolation insérée par des chrétiens à une époque plus tardive. Il y a au moins sept raisons à cela :

1. Le paragraphe n'apparaît pas dans des copies plus anciennes des œuvres de Josèphe. Par exemple, il n'apparaît pas dans la version qu'en donne Origène au IIe siècle, dans le *Contre Celsum*, où Origène défend férocement le christianisme contre les positions hérétiques de Celse. Origène cite librement Josèphe pour prouver sa thèse mais il n'utilise pas une seule fois ce paragraphe, qui aurait été une carte maîtresse dans son argumentation.

En fait, le paragraphe de Josèphe sur Jésus n'apparaît nulle part avant le IVe siècle, à l'époque de Constantin. L'évêque Eusèbe, proche de l'empereur, a contribué à définir la version orthodoxe du christianisme et, pour autant que l'on sache, il est le premier à avoir cité ce paragraphe de Josèphe. Eusèbe a écrit quelque part que les historiens pouvaient forger des fictions, que c'était un « remède » acceptable — ce qui a poussé l'historien Jacob Burckhardt a appeler Eusèbe de Césarée « le premier historien profondément malhonnête de l'Antiquité ».

Que ce fameux paragraphe ait surgi à point nommé dans l'histoire — à une époque où les interpolations et les révisions étaient monnaie courante et où l'empereur s'était donné pour tâche de démolir le christianisme gnostique et d'instituer le christianisme littéral — rend ce passage extrêmement suspect. De nombreux érudits pensent qu'Eusèbe a forgé et a interpolé le paragraphe où Jésus

---

2. Traduction de René Harmand in *Œuvres complètes* trad. en français sous la dir. de Théodore Reinach, trad. de René Harmand ; révisée et annotée par S. Reinach et J. Weill E. Leroux, 1900-1932. Publications de la Société des études juives. Ndt.

apparaît comme par magie dans l'œuvre de Josèphe, plus de deux siècles après qu'elle a été écrite.

2. Josèphe n'aurait pas pu appeler Jésus « le Christ » ou « la vérité ». Celui qui a écrit ces mots était forcément un chrétien fervent. Josèphe était un juif messianique et, s'il avait cru que Jésus était le messie tant attendu (le Christ), il lui aurait certainement consacré plus de quelques lignes en passant. Josèphe ne s'est jamais converti au christianisme. Origène rapporte que Josèphe « ne croyait pas que Jésus était le Christ ».

3. Le passage est hors contexte. Le livre 18 (« Contenant l'intervalle de 32 ans depuis le bannissement d'Archélaüs jusqu'au départ de Babylone ») commence avec l'impôt romain sous Quirinius en 6 EC et parle de plusieurs sectes juives de l'époque, y compris les Esséniens et les Disciples de Judas de Galilée, à laquelle il consacre trois fois plus de place qu'à Jésus. Il traite de la construction de plusieurs villes par Hérode, de la succession des prêtres et des gouverneurs, etc. Le chapitre 3 commence par la sédition contre Pilate, qui avait prévu de massacrer tous les Juifs avant de changer d'avis. Ensuite est raconté comment Pilate a utilisé le trésor sacré pour amener de l'eau à Jérusalem, comment les Juifs ont protesté, comment Pilate a envoyé des espions armés parmi les Juifs et le massacre qui s'ensuivit. Puis, au milieu du récit de ces troubles, il y a ce paragraphe étrangement calme sur Jésus, suivi immédiatement par : « Vers le même temps un autre trouble grave agita les Juifs... » Josèphe, juif orthodoxe, n'aurait certainement pas considéré l'histoire chrétienne comme « un trouble grave ». S'il pensait vraiment que Jésus était « le Christ », il aurait considéré cette histoire comme une victoire glorieuse. Il n'y a qu'un chrétien (comme Eusèbe) pour penser que Jésus est une tragédie juive. Le paragraphe trois peut être sans peine ôté du chapitre. D'ailleurs, il est beaucoup plus fluide sans.

4. L'expression « n'a pas encore disparu » montre qu'il s'agit d'une interpolation. Il n'y avait pas de « groupes de chrétiens » à l'époque de Flavius Josèphe. Le christianisme n'a vraiment pris son essor qu'au IIe siècle.

5. Josèphe ne semble pas en savoir très long sur Jésus, à l'exception de ce qui est écrit dans ce paragraphe et d'une référence indirecte à Jacques, le « frère de Jésus » (voir ci-dessous). Il ne fait pas référence aux évangiles connus aujourd'hui comme ceux de Matthieu, Marc, Luc et Jean, ni aux écrits ou aux missions de Paul : si ces histoires avaient circulé à son époque, il aurait dû en avoir connaissance et les utiliser comme sources. Tout comme les écrits de Paul, le compte rendu de Josèphe ne mentionne pas les enseignements ou les miracles de Jésus, alors qu'il détaille précisément les singeries d'autres prophètes. Il ne mentionne ni le tremblement de terre, ni l'éclipse lors de la crucifixion, qui auraient dû être universellement connus dans cette région s'ils avaient vraiment eu lieu. Il n'ajoute rien aux récits des Évangiles et il n'affirme rien qui ne fasse déjà partie des croyances des chrétiens au IVe ou au Ve siècles. Dans toute l'œuvre volumineuse de Josèphe, il n'y a pas une seule référence au christianisme en dehors de ce paragraphe. Il raconte beaucoup plus de choses sur Jean Baptiste que sur Jésus. Il fait la liste des activités d'autres messies autoproclamés, parmi lesquels Judas de Galilée, Thaddée le magicien et le messie juif d'Égypte, mais il est muet sur la vie de celui qui est censé avoir apporté la réponse à ses espoirs messianiques.

6. Le paragraphe dit que les « prophètes divins » avaient annoncé la vie de Jésus, mais Josèphe oublie de mentionner qui étaient ces prophètes. À aucun autre moment, Josèphe ne fait le lien avec les prédictions sur la vie de Jésus. Si Jésus avait vraiment réalisé une prophétie divine, comme le croient les chrétiens (et comme on l'a fait dire à Josèphe), il était suffisamment érudit pour en apporter la preuve.

7. Le langage hyperbolique du paragraphe est tout à fait étrange de la part d'un historien aussi minutieux : « ...alors que les prophètes divins avaient annoncé cela et mille autres merveilles à son sujet... » Cela ressemble plus à de la propagande sectaire — en d'autres termes, cela ressemble plus au Nouveau Testament — qu'à un compte rendu objectif. Cela ne ressemble en tout cas pas du tout au style de Josèphe.

Les chrétiens devraient être prudents lorsqu'ils citent Josèphe comme preuve historique de l'existence de Jésus. Si nous enlevons le paragraphe fabriqué, comme nous devrions le faire, l'œuvre de Josèphe devient une preuve *contre* l'historicité de Jésus. Certains érudits chrétiens sont suffisamment honnêtes cependant pour reconnaître ces problèmes — comment pourraient-ils les ignorer ? — et pour dire qu'il y a bien eu interpolation, insistant cependant sur le fait que le passage peut être dé-falsifier et que l'on peut restituer le compte rendu original de Josèphe, celui qui aurait été modifié par la suite par Eusèbe. Ce n'est pas la bible après tout. Si nous ôtons les expressions suspectes « il était le Christ », « n'a pas encore disparu » et « mille autres merveilles » etc. nous sommes toujours en présence d'une confirmation brute de l'existence de Jésus selon ces savants. Mais il faut savoir où on arrête l'élimination des termes.

Comment les chrétiens peuvent prouver que c'est seulement en partie et pas entièrement que ce paragraphe a été frauduleusement ajouté aux *Antiquités* ? Et même s'ils le pouvaient, de quoi est-ce la preuve ? Plutôt que de confirmer la fiabilité des documents antiques, cela ne montre-t-il pas plutôt que les premiers chrétiens étaient prompts à falsifier les sources ? Si vous reconnaissez que les croyants avaient une propension à trafiquer les preuves, comment pouvez-vous être sûrs qu'ils n'ont pas posé leurs sales pattes sur le Nouveau Testament ? Ceux qui essaient de sauver Flavius Josèphe ainsi se tirent une balle dans le pied. La bible *a bien été* trafiquée et l'argument qui sauve l'un condamne l'autre.

Il y a encore un passage dans les *Antiquités* qui mentionne Jésus en passant. C'est au livre 20, chapitre 9 :

« Comme Anan était tel et qu'il croyait avoir une occasion favorable parce que Festus était mort et Albinus encore en route, il réunit un sanhédrin, traduisit devant lui Jacques, frère de Jésus appelé le Christ, et certains autres, en les accusant d'avoir transgressé la loi, et il les fit lapider. »

C'est un peu léger, et même les savants chrétiens considèrent largement qu'il s'agit d'un texte altéré. La lapidation de Jacques n'est pas mentionnée dans les Actes. Hégésippe, un Juif chrétien, en

170 EC, a écrit une histoire de l'Église disant que Jacques, frère de Jésus, a été tué dans une émeute et pas condamné à mort. Clément confirme ce fait (cité par Eusèbe). La majorité des érudits sont d'accord pour dire qu'il s'agit ici d'un autre Jacques, sans doute le même qui est mentionné par Paul dans les Actes pour avoir fondé une secte à Jérusalem. Au lieu de renforcer le christianisme, cette interpolation du « frère de Jésus » entre en contradiction avec l'histoire. À nouveau, si Josèphe pensait vraiment que Jésus était « le Christ », son évocation aurait été sans doute plus détaillée que cette mention rapide au détour d'une autre histoire.

Josèphe était natif de Judée et un contemporain des Apôtres. Il a été gouverneur de Galilée, province dans laquelle Jésus est censé avoir vécu et prêché. « Il a traversé la province de part en part, écrit Remsburg, et il a visité les endroits où, une génération à peine avant lui, le Christ avait accompli ses miracles. Il vivait à Cana, la ville dans laquelle il est dit que Jésus a fait son premier miracle. Il mentionne tous les personnages célèbres de Palestine et décrit tous les événements importants qui y ont eu lieu pendant les soixante-dix premières années de l'ère chrétienne. Mais le Christ n'était pas assez important et ses actes étaient trop anodins pour mériter une seule ligne de la part de cet auteur. »

À partir du IIe siècle

Après Josèphe, il y a d'autres auteurs qui mentionnent le christianisme, mais même si nous sommes sûrs que leurs écrits sont authentiques, ils sont trop tardifs pour faire office de confirmation au même titre qu'un témoin du Ier siècle. Suétone a écrit *Les Douze Césars* autour de l'année 112 EC et il mentionne que Claude « chassa de la ville les Juifs qui se soulevaient sans cesse à l'instigation d'un certain Chrestus » et qu'à son époque Néron « livra aux supplices les chrétiens, race adonnée à une superstition nouvelle et coupable… » Notons que nulle part le nom de Jésus n'est mentionné. Il est peu probable que le christianisme se soit répandu jusqu'à Rome sous le règne de Claude, ni que les chrétiens aient été assez nombreux pour créer une révolte. Chrestus ne signifie pas Christ. C'était un nom commun signifiant « bon », utilisé à la fois pour les esclaves et les citoyens, qui apparaît plus de quatre-vingts fois dans des inscriptions latines.

Même si c'est une coquille de la part de Suétone qui aurait dû écrire Christus (Christ), il aurait très bien pu faire référence aux juifs de Rome qui attendaient un messie, sans que celui-ci soit pour autant Jésus de Nazareth. Ç'aurait pu être n'importe qui, peut-être un juif romain. Il n'y a que les croyants zélés qui en concluent que c'est une preuve de l'existence de Jésus. Nulle part dans les écrits de Suétone n'est mentionné Jésus de Nazareth. Même s'il l'avait fait, son histoire n'aurait pas été fiable pour autant. Il a aussi rapporté par exemple que César Auguste s'est élevé vers le ciel à sa mort, événement que bien peu de spécialistes modernes considèrent comme un fait historique.

En 112 EC, Pline le Jeune a dit « les chrétiens chantaient un hymne au Christ leur dieu… » C'est tout. Dans tous les écrits de Pline, on ne trouve qu'une toute petite référence, et même pas au Christ, mais aux chrétiens. À nouveau, on note l'absence du nom de Jésus. Christ peut renvoyer à n'importe lequel des messies découverts par les juifs. Le récit de Pline peut difficilement être vu comme une preuve historique puisqu'il se contente de rapporter ce en quoi croyaient les autres peuples. Même si la phrase désigne bien des fidèles de Jésus, personne ne nie que le christianisme existait à cette époque. Au mieux, Pline peut être utile pour documenter l'histoire du mouvement religieux, mais pas pour prouver l'historicité de Jésus.

Peu de temps après 117 EC, l'historien romain Tacite a écrit dans ses *Annales* (Livre 15, chapitre 44) : « Pour apaiser ces rumeurs, il [Néron] offrit d'autres coupables, et fit souffrir les tortures les plus raffinées à une classe d'hommes détestés pour leurs abominations et que le vulgaire appelait chrétiens. Ce nom leur vient de Christ, qui, sous Tibère, fut livré au supplice par le procurateur Ponce Pilate. Réprimée un instant, cette exécrable superstition se débordait de nouveau, non seulement dans la Judée, où elle avait sa source, mais dans Rome même, où tout ce que le monde enferme d'infamies et d'horreurs afflue et trouve des partisans. On saisit d'abord ceux qui avouaient leur secte ; et, sur leurs révélations, une infinité d'autres, qui furent bien moins convaincus d'incendie que de haine pour le genre humain. »

Dans ce passage, Tacite dit que les premiers chrétiens étaient « détestés pour leurs abominations » et associés aux « infamies et aux horreurs ». Ce n'est pas un portrait très flatteur. Même s'il était juste, il ne dit rien sur Jésus de Nazareth. Tacite ne déclare pas avoir une connaissance directe du christianisme. Il ne fait que répéter les lieux communs sur les chrétiens. (Pour faire un parallèle moderne, ce serait comme si un historien du XXe siècle rapportait que les Mormons croient que Joseph Smith a reçu la visite de l'ange Moroni. Ce serait loin d'être une preuve historique, même si les événements dont il serait question sont très proches dans le temps.) Il n'y a aucune preuve historique que Néron ait persécuté les chrétiens. Néron a bien persécuté les juifs et peut-être Tacite a-t-il confondu les deux. Il n'y avait sans doute pas une « infinité » de chrétiens à Rome en 60 EC et le terme « chrétien » n'était pas en usage au Ier siècle. Soit Tacite déforme l'histoire à cause de l'éloignement dans le temps, soit il répète un mythe sans vérifier ses sources. Les historiens sont généralement unanimes : Néron n'a pas brûlé Rome. Tacite ferait donc une erreur en disant qu'il avait besoin d'un bouc émissaire. Personne au IIe siècle n'a jamais cité ce passage, tandis qu'en revanche il apparaît mot pour mot dans les écrits d'un autre auteur, Sulpice Sévère, au IVe siècle, où il est mélangé à d'autres mythes. Le passage est par conséquent hautement suspect et n'ajoute en tout cas pas de preuves à l'existence historique de Jésus.

Au IXe siècle, un auteur byzantin, Georges le Syncelle, a cité un historien chrétien du IIIe siècle nommé Julius Africanus qui a lui-même cité un auteur inconnu, Thallus, à propos de l'obscurité au jour de la crucifixion : « Thallus, dans le livre trois de son histoire, appelle cette obscurité éclipse du soleil, selon moi à tort. » Toutes les œuvres d'Africanus sont perdues, il n'y a donc aucun moyen de vérifier cette citation ou d'examiner son contexte. Nous n'avons aucune idée de qui était Thallus ou de l'époque à laquelle il a écrit.

Eusèbe de Césarée (IVe siècle) mentionne une histoire de Thallus en trois volumes terminées autour de 112 EC, suggérant que Thallus était presque un contemporain de Jésus. (En réalité, le manuscrit est endommagé et « Thallus » est une hypothèse faite à partir de « –allos Samaritanos ». Comme le mot *allos* en grec peut vouloir dire « l'autre », nous pouvons supposer que le texte voulait simplement dire « l'autre Samaritain ».) Il n'y a pas de preuve historique établissant cette éclipse le jour de la crucifixion de Jésus. Si Africanus doutait de cette éclipse, c'est parce que la Pâques a lieu aux environs de la pleine lune et qu'une éclipse solaire eût été impossible à cette période de l'année. (Même les premiers sceptiques savaient qu'il y a pleine lune lorsque la lune est de l'autre côté de la Terre par rapport au soleil et qu'il est alors impossible qu'elle s'intercale entre la Terre et le soleil pour masquer celui-ci et produire une éclipse solaire.)

Il y a un fragment d'une lettre personnelle d'un Syrien nommé Mara Bar-Serapion à son fils emprisonné, dont la date est incertaine (IIe ou IIIe siècle) qui dit que les Juifs de cette époque ont tué leur « sage roi ». Cependant, le Nouveau Testament rapporte que ce sont les Romains et non les Juifs qui ont tué Jésus. Les Juifs ont tué d'autres « prophètes », par exemple le Maître essénien de la Justice. Si c'est vraiment le récit d'un événement historique et non pas la transmission du folklore, il peut tout à fait faire référence à quelqu'un d'autre. C'est une preuve très insuffisante de l'existence de Jésus de Nazareth et pourtant elle apparaît dans la liste des preuves avancées par les érudits.

Un satiriste du IIe siècle, Lucien, a écrit que le fondement de la secte chrétienne était un « homme qui avait été crucifié en Palestine » mais c'est encore une preuve historique insuffisante. Il ne fait que répéter ce à quoi croyaient les chrétiens du IIe siècle. Lucien ne mentionne pas le nom de Jésus. Cette référence est par ailleurs trop tardive pour être considérée comme une preuve historique et puisque Lucien ne se considérait pas lui-même comme un historien, suivons son exemple.

Toutes ces « confirmations » de l'existence de Jésus sont au mieux des ouï-dire de croyances imputées à d'autres. Elles seraient sans effet devant un tribunal. Ce serait comme le témoin d'un meurtre qui dirait : « Je n'ai pas vu l'acte en lui-même, mais j'ai lu une lettre de quelqu'un qui est maintenant mort et selon qui, on sait, d'après une source plutôt fiable, que quelqu'un croyait que le coupable du crime avait le même nom ou un nom très semblable. »

Fonds de tiroir

Outre Josèphe, Suétone, Tacite et les autres, il y a une foule d'autres preuves, hautement discutables, mises en avant par les chrétiens. Parmi elles, il y a Tertullien (197 EC), Phlégon (date inconnue), Justin le Martyre (environ 150 EC) et des fragments du Talmud (du IIe au Ve siècles) qui mentionnent Jésus pour essayer de discréditer le christianisme et censés par conséquent montrer que même les ennemis de Jésus ne mettent pas son existence en doute. Bien que toutes ces positions tardives soient très légères, certains chrétiens tiennent à les faire figurer de façon ostentatoire dans la liste des preuves, sans les examiner très profondément, dans leurs livres apologétiques. Les ministres peuvent tranquillement agiter ces « confirmations historiques » sans craindre que leurs congrégations ne prennent le temps de vérifier leur authenticité.

J'inclus ici une autre tentative stupide — le *Volume Archko* — non pas qu'il soit jamais apparu au cours de l'un de mes débats ou qu'il ait été utilisé par des apologistes chrétiens sérieux, mais parce qu'il montre jusqu'où certains croyants sont prêts à aller pour « prouver » le christianisme et jusqu'où va la crédulité des croyants qui sont prêts à avaler de telles sottises. Et ces derniers sont des croyants modernes, qui sont censés être mieux informés que les auteurs antiques.

Un chrétien m'a un jour envoyé un exemple du *Volume Archko*. Ce « témoignage oculaire » est censé rapporter des récits authentiques et directs de la vie de Jésus datant du Ier siècle. Il comprend des lettres de Ponce Pilate à Rome, de brillants dialogues entre des bergers qui sont allés rendre visite à Jésus après avoir été réveillés par des anges, etc., etc. Le langage fleuri inspiré de la version King James rend sa lecture divertissante mais aucun érudit ne considère que le livre est authentique. Il a été écrit au XIXe siècle par un voyageur de commerce qui dit avoir traduit des manuscrits originaux trouvés dans les sous-sols du Vatican. Les « traductions » ont été envoyées depuis l'étranger par feuillets, après que le paiement de chacun ait été reçu. Personne n'a jamais vu les originaux.

Dans *Evidence That Demands a Verdict*, Josh McDowell avance un argument très courant parmi les apologistes : « Il y a plus de 5 300 manuscrits grecs connus à ce jour pour le Nouveau Testament. Ajoutez à cela les 10 000 versions de la Vulgate et les 9 300 versions antérieures (MSS) et vous avez plus de 24 000 copies manuscrites du Nouveau Testament existant aujourd'hui. Aucun autre document antique n'atteint un tel chiffre. En comparaison, l'*Iliade* d'Homère arrive seconde avec seulement 643 manuscrits encore intacts. » Voyez-vous comme il accumule les chiffres ? Que viennent faire les 10 000 copies de la Vulgate latine avec les manuscrits grecs originaux ? Peut-être que cette information fait applaudir les croyants de contentement mais elle est inutile. Quel rapport entre le nombre de copies et l'authenticité du texte ?

Si on imprimait un million de copies de ce livre, est-ce qu'il en serait plus véridique ? Considère-t-on que les faits « historiques » racontés dans l'*Iliade* sont fiables ? Il y a actuellement des centaines de millions de copies du Coran, de formes et de langues différentes. Le seul nombre de copies le rend-il plus fiable qu'une seule inscription sur un sarcophage égyptien ? Cet argument n'est que de la poudre aux yeux. Nous ne disposons actuellement d'aucun manuscrit original (autographe) de la bible, donc nous sommes d'accord que nous travaillons sur des copies de copies. Des critiques pourront dire que certaines traductions actuelles du Nouveau Testament sont fondées sur une transcription assez précise des variantes à partir des toutes premières formes de certains documents grecs, mais qu'est-ce que cela a à voir avec l'authenticité, la fiabilité ou la véridicité ? Et pourquoi y a-t-il des variantes ? Oui, certains scribes font parfois des erreurs négligeables de copie, mais très peu de croyants savent les différences qu'il y a d'un manuscrit à l'autre. Bart Ehrman, dans *Misquoting Jesus*, nous rappelle qu'il y a plus de variantes parmi les manuscrits anciens qu'il n'y a de mots dans le Nouveau Testament.

Un autre argument avancé par Josh Mc Dowell et consorts est le petit intervalle de temps qui sépare les événements ou leur récit original et les premières copies dont nous disposons. Homère a rédigé l'*Iliade* en 900 av. EC mais notre première copie date de 400 av. EC — 500 ans. Aristote a écrit entre 384 et 322 avant EC et les premières copies de son œuvre datent de 1100 EC — un saut de 1 400 ans. En revanche, le Nouveau Testament a été écrit (selon Mc Dowell) entre 40 et 100 EC et la première copie date de 125 EC, à peine 25 ans plus tard. En réalité, la première copie ne date pas de 125 EC — c'est le premier fragment, quelques versets de l'évangile selon Jean qui date de cette époque. Il n'y a aucun moyen de vérifier d'après ces quelques versets, si le reste de l'évangile de Jean ou le reste du Nouveau Testament est vraiment fiable. La plupart des copies de manuscrit dont nous disposons apparaissent un millénaire plus tard. L'affirmation de McDowell est donc trompeuse.

Tout cela a son importance si l'on s'intéresse à la fiabilité du *texte* lui-même. Un intervalle de temps plus court permet moins de déformations et de variantes. (Dans ce cas, pourquoi y a-t-il autant de variantes s'il s'est écoulé si peu de temps ?) Mais même si l'intervalle de temps était extrêmement bref, il n'a aucun rapport avec la fiabilité du *contenu*. Si on devait considérer la fiabilité du Nouveau Testament sur ce critère, alors il faudrait faire de même avec le *Livre de Mormon*, qui est censé avoir été écrit (copié par Joseph Smith) en 1823 et publié pour la première fois en 1830, seulement sept ans après. En plus du texte de Joseph Smith, il y a des témoignages signés de plus de onze témoins qui affirment avoir vu les tablettes d'or sur lesquelles l'ange Moroni a écrit le *Livre de Mormon*. Nous sommes plus près de l'Histoire avec l'origine du mormonisme qu'avec l'origine du christianisme. Il y a des millions de copies du *Livre de Mormon* et l'Église de Jésus Christ des saints du dernier jour est florissante (avec des millions de membres et des millions de dollars d'actifs) ce qui prouve son authenticité. Bien que la majorité des spécialistes (qu'ils soient pour ou contre) admettent que l'édition actuelle du *Livre de Mormon* est une copie fiable de la version de 1830, très peu d'érudits chrétiens pensent qu'elle est historiquement valable.

Pas la vérité des évangiles

Si nous nous en tenons au Nouveau Testament (nous n'avons pas le choix), que pouvons-nous savoir sur le Jésus historique ? Bien que les quatre Évangiles — Matthieu, Marc, Luc et Jean — aient été placés dans cet ordre, ils ne sont pas les premiers à avoir été écrits et ils n'ont même pas été écrits dans cet ordre. Les premiers écrits sur Jésus sont ceux de Paul qui n'a pas rédigé ses épîtres avant environ 55 EC. Étrangement, Paul, qui n'a jamais rencontré Jésus, mentionne très peu la vie du Jésus historique. Si Jésus avait été une vraie personne, sans doute que Paul, son plus grand fan, aurait parlé de l'homme qu'il était. Le Jésus dont parle Paul est un Christ désincarné et spirituel, qui parle depuis les cieux, et pas un homme historique en chair et en os. Paul ne parle jamais des parents de Jésus ni de la naissance de la vierge ni de Bethléem. Il ne mentionne jamais Nazareth et il ne fait jamais référence à Jésus comme le « Fils de l'Homme » (appellation courante dans les Évangiles). Il évite de raconter les faits ou les miracles de Jésus (à l'exception notable du rituel de la Cène), il ne place aucune des activités historiques de Jésus dans un lieu ni un temps donnés, il ne fait référence à aucun des douze apôtres de façon nominale, il oublie le procès et ne réussit pas à situer géographiquement la crucifixion. Paul cite rarement Jésus et c'est plutôt étrange puisqu'il utilise bien d'autres moyens de persuasion pour faire valoir son discours. Il y a plusieurs endroits dans les prêches de Paul où il aurait été bienvenu de citer les enseignements de Jésus mais il semble les ignorer. Il va même à l'encontre de ceux-ci sur la question du divorce (I Corinthiens 7:10) qu'il interdit à tous alors que Jésus fait des exceptions. Jésus baptise « au nom du Père, du Fils et du Saint-Esprit » tandis que Paul et ses disciples baptisent au nom de Jésus seulement — ce qui est parfaitement cohérent si le concept de la trinité s'est développé plus tard. Paul ne dit jamais qu'il a rencontré Jésus avant sa résurrection. En réalité, la plus belle contradiction de la bible apparaît dans les deux récits différents qui sont faits de la première rencontre de Paul avec le Christ désincarné (cf. chapitre 14).

Le « silence de Paul » est l'un des problèmes épineux auxquels sont confrontés les défenseurs du Jésus historique. Le Christ dans les écrits de Paul est un personnage différent du Jésus des Évangiles. Paul n'ajoute pas la moindre documentation historique à son histoire. Même la prétendue confirmation de la résurrection dans la première épître aux Corinthiens 15:3-8 contredit les Évangiles puisqu'elle dit que Jésus a d'abord été vu par « Cephas [Pierre] puis par les douze » (cf. chapitre 16).

Les Évangiles n'ont pas été écrits avant 70 EC, très probablement pendant les années 90 EC. Tous ont la prétention d'être des biographies de Jésus. Personne ne sait qui a écrit ces livres, les noms ayant été ajoutés plus tard par commodité. L'auteur de Matthieu par exemple parle de Matthieu à la troisième personne. Ni Marc, ni Luc n'apparaissent dans la liste des disciples de Jésus et nous n'avons aucun moyen de savoir comment ils ont obtenu leurs informations. Le consensus général est que Marc a été écrit en premier (d'après une version antérieure « proto-Marc » maintenant perdue, qui montre que même le premier des Évangiles contient des informations de seconde main) et que les auteurs de Matthieu et de Luc ont emprunté des éléments à cette première version, en la modifiant. Matthieu, Marc et Luc sont communément appelés « Évangiles synoptiques » parce qu'ils partagent des matériaux communs. L'auteur de Jean semble avoir écrit isolément et le Jésus qu'il dépeint dans son histoire est différent. L'évangile selon Jean a très peu de choses en commun avec les trois autres, et quand il croise les autres, c'est souvent pour les contredire.

Nous pouvons inférer très peu de chose sur le Jésus historique à partir des Évangiles. Sa date de naissance est inconnue. En réalité, l'année de naissance de Jésus *ne peut pas* être connue. L'auteur de Matthieu dit que Jésus est né « au temps du roi Hérode ». Hérode est mort en 4 avant EC. Luc dit que Jésus est né « pendant que Quirinius était gouverneur de Syrie ». Quirinius est devenu gouverneur de Syrie en 6 EC. Il y a une distance de neuf ans. (Il n'y avait pas d'année zéro.) Luc dit que Jésus est né pendant un recensement romain et il est vrai qu'il y a eu un recensement en 6 EC. Cela aurait eu lieu quand Jésus avait au moins neuf ans selon Matthieu. Il n'y a aucune trace d'un recensement plus tôt sous le règne d'Auguste ; la Palestine ne faisait pas partie de l'Empire romain avant 6 EC. Peut-être Matthieu avait raison, peut-être était-ce Luc, mais les deux ne peuvent avoir raison en même temps.

Matthieu raconte qu'Hérode a massacré tous les premiers-nés du pays pour exécuter Jésus. Aucun historien, à aucune époque, n'a mentionné ce prétendu génocide, événement qui, s'il avait eu lieu, aurait attiré l'attention. Aucun des autres auteurs bibliques ne l'évoque.

Les généalogies de Jésus sont un exemple particulièrement embarrassant (pour les croyants) du manque de rigueur historique des auteurs évangéliques. Matthieu donne une liste de vingt-huit noms depuis David jusqu'à Joseph. Luc donne une généalogie inversée de quarante-trois noms depuis Joseph jusqu'à David. Ils veulent tous deux prouver que Jésus est de sang royal, sans toutefois expliquer pourquoi la généalogie de Joseph est importante s'il n'est pas le père de Jésus : Jésus est le fils de la Vierge Marie et du Saint Fantôme (j'aimerais bien voir le génome de l'ADN du Saint-Esprit). La lignée de Matthieu part du fils de David, Salomon, celle de Luc part du fils de David, Nathan. Les deux généalogies ne peuvent pas arriver à la même personne.

La lignée décrite par Matthieu est la suivante : David, Salomon, onze autres noms, Josias, Jéchonias, Salathiel, Zorobabel, Abiud, six autres noms, Matthan, Jacob et Joseph. La lignée de Luc est la suivante : David, Nathan, dix-sept autres noms (aucun de ceux de la liste de Matthieu), Melchi, Neri, Salathiel, Zorobabel, Rhesa, quinze autres noms (aucun de ceux de Matthieu), Matthat, Heli et Joseph.

Certains défenseurs du christianisme affirment qu'il n'y a là aucune contradiction puisque la lignée de Matthieu est celle de Joseph et la lignée de Luc celle de Marie, même si un rapide coup d'œil suffit pour voir qu'ils parlent tous les deux de Joseph. Pas de problème, disent les apologistes : Luc dit Joseph, mais en réalité il voulait dire Marie. Puisque Joseph était le père légal de Jésus, et comme les généalogies juives sont patrilinéaires, il est tout à fait logique de dire que Heli (qu'ils ont choisi pour père de Marie) avait un fils nommé Joseph qui avait un fils nommé Jésus. Croyez-le ou non, beaucoup de chrétiens peuvent dire ces absurdités en vous regardant droit dans les yeux. Qu'importe, ils ne trouveront pas la moindre preuve pour étayer leurs affirmations.

Il y a un problème insurmontable toutefois : les deux généalogies s'entrecroisent. Non seulement elles commencent avec David et finissent avec Joseph, mais en outre elles ont deux noms en commun : Salathiel et Zorobabel, tous deux de l'époque de la captivité babylonienne. Si Matthieu et Luc présentaient deux généalogies distinctes, comme le disent les apologistes, il ne devrait pas y avoir d'intersections. Dans une dernière tentative désespérée, certains apologistes très inventifs ont émis l'hypothèse que la grand-mère de Salathiel avait pu avoir deux maris et que ses fils, Jéchoniah et Neri, représentent deux lignées paternelles différentes, mais ce n'est que pure spéculation.

Les deux généalogies sont de longueurs différentes. On aurait pu supposer que quelque anomalie dans les gènes de Nathan faisait que les hommes de sa lignée enfantaient à un âge deux fois plus jeune (en moyenne) que les hommes de la lignée de Salomon.

La lignée de Matthieu omet quatre noms de la généalogie de l'Ancien Testament (entre Joram et Jotham). Cela fait sens lorsque l'on se rend compte que Matthieu essaie de faire entrer toute la liste dans des groupes égaux de quatorze noms. (Pour les Hébreux, sept est le chiffre le plus sacré.) Il laisse tomber exactement le bon nombre de noms pour que cela rentre. Certains ont objecté qu'il était courant de sauter des générations et que cela ne rendait pas sa généalogie incorrecte. Un arrière-grand-père est tout autant un ancêtre qu'un grand-père. Ça pourrait être vrai, si Matthieu n'affirmait pas explicitement qu'il y avait quatorze générations exactement : « Il y a donc en tout quatorze générations depuis Abraham jusqu'à David, quatorze générations depuis David jusqu'à la déportation à Babylone, et quatorze générations depuis la déportation à Babylone jusqu'au Christ. » (Matthieu 1:17) Matthieu est pris en flagrant délit de bricolage. Sa crédibilité d'historien est sévèrement entamée.

Il y a un autre problème : Luc part de Nathan pour établir la généalogie de Jésus et ce n'est pas la lignée royale. D'ailleurs, la lignée de Matthieu n'est elle-même plus royale après Jéchonias, puisqu'une prophétie divine dit de lui que « nul de ses descendants ne réussira à s'asseoir sur le trône de David et à régner sur Juda » (Jérémie 22:30). Même si la lignée de Luc arrive vraiment à Marie, Luc dit que Marie était une cousine d'Elisabeth, qui était de la tribu de Lévi et donc pas de la branche royale.

(Certains chrétiens tentent alors de dire que « cousine » peut aussi être traduit par « paysanne », ou que c'est le même usage que font les croyants qui s'appellent entre eux « frère » ou « sœur ». Mais c'est trop commode.)

Comme Jésus n'était pas le fils de Joseph et que Jésus lui-même semble nier son ascendance royale (Matthieu 22:41-46), c'est toute la généalogie qui est inutile. Au lieu d'ancrer Jésus dans l'histoire, elle prête le flanc aux critiques en fabriquant ouvertement du mythe. Les auteurs des évangiles voulaient faire de leur héros l'égal des sauveurs des autres religions : un roi né d'une vierge.

Le tout premier évangile écrit était celui de Marc. Matthieu et Luc s'en sont inspirés en l'aménageant en fonction de leurs propres besoins. Tous les spécialistes reconnaissent que les douze derniers versets de Marc sont hautement suspects dans les traductions modernes. La majorité pense qu'ils ne font pas partie de la bible. Les plus anciens manuscrits de Marc finissent juste après que la femme a découvert la tombe vide. Cela veut dire que, dans la première biographie, sur laquelle les autres se fondent, il n'y a rien après la résurrection, pas d'apparition, pas d'ascension de Jésus. Conscient du problème, un copiste chrétien a ajouté bien après les versets 9 à 20. Les récits des évangiles peuvent n'être pas considérés comme des documents historiques, mais s'ils l'étaient, ils nous diraient que la plus ancienne biographie de Jésus ne parle pas de résurrection ! Ils nous diraient que les évangiles ont été rédigés, adaptés et altérés ultérieurement pour coller avec la théologie sectaire de leurs auteurs.

Il est vrai que les auteurs des évangiles eux-mêmes admettent qu'ils font œuvre de propagande : « Jésus a fait encore, en présence de ses disciples, beaucoup d'autres miracles, qui ne sont pas écrits dans ce livre. Mais ces choses ont été écrites afin que vous croyiez que Jésus est le Christ, le Fils de Dieu, et qu'en croyant vous ayez la vie en son nom. » (Jean 20:30-31) Cela ne ressemble pas vraiment à du reportage. Ce verset tire la sonnette d'alarme : ce que nous lisons doit être pris avec distance.

Comment est né le mythe ?

Si Jésus est un mythe ou une légende, comment l'histoire a-t-elle commencé ? Comment se fait-il que des millions de chrétiens dans le monde depuis deux millénaires suivent cette histoire si elle n'est pas vraie ? Une idée n'a pas besoin d'être vraie pour être crue, et l'on pourrait poser la même question pour tout autre mythe : le Père Noël, Guillaume Tell ou Zeus. Cependant, il n'est pas non plus absurde de demander aux sceptiques de proposer une alternative à l'historicité.

Il y a un grand nombre d'explications plausibles qui attribuent une origine naturelle au mythe de Jésus, bien qu'aucune d'elles ne puisse être prouvée avec certitude. Les non-croyants ne sont pas d'accord, mais ont-ils besoin de l'être ? Certains sceptiques pensent que Jésus n'a jamais existé du tout et que le mythe est né au terme d'un processus littéraire. D'autres sceptiques nient l'existence du personnage de Jésus tel qu'il est représenté dans le Nouveau Testament, mais pensent qu'une personnalité a pu exister au Ier siècle à partir de laquelle il a été créé. D'autres croient que Jésus a vraiment existé et que certains passages du Nouveau Testament sont justes, bien que les miracles et l'affirmation de la divinité soient le fruit de réaménagements ultérieurs de l'histoire originale. Enfin, d'autres affirment que tous les récits du Nouveau Testament sont vrais, mais que les miracles peuvent avoir des explications naturelles. (Cette position n'est pas uniquement le fait d'athées. Beaucoup de chrétiens libéraux, comme Paul Tillich, ont « dé-mythologisé » le Nouveau Testament.)

Aucune de ces positions ne peut être prouvée, pas plus que la position orthodoxe. Ce qu'elles tendent à prouver, c'est qu'il est irrationnel de tirer des conclusions surnaturelles alors que des alternatives naturelles plausibles existent.

1. L'une de ces positions, celle de J.M. Robertson et d'autres, suggère que le mythe de Jésus est inspiré d'une histoire de la littérature talmudique sur le fils illégitime d'une femme nommée Myriam (Marie) et d'un soldat romain nommé Pandera, ou parfois Joseph Pandera. Dans *Christianisme et mythologie*, Robertson écrit : « ...nous avons des raisons de soupçonner que le mouvement est véritablement né avec le Jésus Ben Pandera du Talmud, qui a été lapidé ou pendu à un arbre, pour blasphème et hérésie, à la veille de Pâques pendant le règne d'Alexandre Jannée (106-79 avant EC). » Le Dr Low, hébraïste réputé, pense pour sa part que Jésus est le fondateur de la secte des Esséniens, dont la ressemblance avec les premiers chrétiens légendaires a fait couler tant d'encre.

2. Selon d'autres, le mythe de Jésus s'est développé à partir du culte pré-chrétien de Josué. Certains suggèrent que l'histoire de l'échange entre Jésus et Barabbas (dont le nom veut dire « fils du père ») a été inspirée par des dissensions entre deux factions de cette secte. Origène mentionne un « Jésus Barabbas ». Le nom « Jésus » est l'équivalent grec de « Josué » (« Yehoshoua » en hébreu). Dans Marc 9:38 les disciples de Jésus voient un autre homme chasser des démons au nom de Jésus (Josué). La Sibylle identifie Jésus et Josué en regardant fixement le soleil.

3. D'autres spécialistes suggèrent que l'histoire de Jésus n'est qu'un patchwork fantaisiste de religions diverses. Les parallèles avec la mythologie païenne peuvent être faits avec presque tous les épisodes du Nouveau Testament : la Cène, le reniement de Pierre, le rêve de la femme de Pilate, la couronne d'épines, le vinaigre et le coq lors de la crucifixion, l'inscription sarcastique sur la croix, la Passion, le procès, Pilate se lavant les mains, le chemin de croix, le dialogue des deux larrons sur la croix, etc. Il y a eu beaucoup d'autres dieux solaires crucifiés avant Jésus. Il y a eu la crucifixion d'Antigonus, le « Roi des Juifs », et de Cyrus, une figure messianique. Prométhée et Héraclès ont porté des couronnes dérisoires et

dans certaines versions, Prométhée a été exécuté par crucifixion. Des prisonniers babyloniens ont été habillés en rois pendant cinq jours, puis dénudés et fouettés avant d'être crucifiés.

Attis était un Homme-Dieu né d'une vierge, adoré entre le 22 et le 27 mars (équinoxe du printemps) et pendu à un pin. Il s'est échappé, a fui, est descendu dans une grotte, est mort, s'est relevé et a été ensuite appelé « Père Dieu ». Le dieu grec Dionysos était un demi-dieu appelé « Fils de Zeus ». Il a été tué, enterré, il est descendu en enfer, est revenu d'entre les morts pour s'asseoir à droite de son père. Sa tombe vide à Delphes a longtemps été préservée et adorée par des fidèles. Le dieu égyptien Osiris, deux millénaires plus tôt, a été tué par Seth, a ressuscité et est devenu le dieu des enfers. Il y a une histoire à propos d'un Simon le Cyrénéen, dieu solaire, qui a porté des colonnes jusqu'à sa mort. (À comparer avec Simon de Cyrène qui a porté la croix dans le Nouveau Testament.) Avant Jésus, il y avait beaucoup de mythes autour de l'ascension. Adonis et Attis ont aussi souffert avant de mourir et de ressusciter. Comme Enoch, Elie, Krishna, Héraclès, Dionysos et plus tard Marie.

Mithra était un dieu persan né d'une vierge. En 307 EC (juste avant que Constantin n'institutionnalise le christianisme), l'empereur romain a officiellement désigné Mithra comme le « Protecteur de l'Empire ». L'historienne Barbara Walker rappelle cette histoire :

« Mithra est né le 25 décembre… date qui a finalement été choisie au IVe siècle par les chrétiens comme date de la naissance du Christ. Certains disent que Mithra est le fruit d'une union incestueuse entre le dieu du soleil et sa propre mère… D'autres disent que la mère de Mithra était une vierge mortelle. D'autres encore disent que Mithra n'avait pas de mère, mais était né miraculeusement d'une Roche femelle, la *petra genetrix*, fécondée par l'éclair phallique du Père Divin.

« La naissance de Mithra a eu lieu en présence de bergers et de Mages qui lui ont apporté des présents dans la grotte sacrée de la Roche. Mithra a accompli les miracles habituels : réveiller les morts, guérir les malades, rendre la vue aux aveugles et guérir les paralytiques, chasser les démons. Comme Pierre, fils de la *petra*, il portait les clés du royaume des cieux… Son triomphe et son ascension au ciel étaient fêtés à l'équinoxe du printemps (Pâques)…

» Avant de retourner au Ciel, Mithra a célébré son Dernier Repas avec ses douze disciples, qui représentaient les douze signes du zodiaque. En mémoire de ce moment, ses fidèles prenaient un repas sacramentel pendant lequel ils mangeaient du pain marqué avec une croix. C'était l'un des sept sacrements mithraïques, qui ont servi de modèle aux sacrements chrétiens. On l'appelait *mizd*, en latin *missa* et en français *messe*. L'image de Mithra fut enterrée dans une tombe en pierre… on l'enleva et on dit qu'il vécut à nouveau.

» Comme le christianisme primitif, le mithraïsme était une religion ascétique et anti-femmes. Son clergé ne comprenait que des hommes célibataires…

» Ce qui a commencé dans l'eau terminait dans le feu, selon l'eschatologie mithraïque. La grande bataille entre les forces de la lumière et des ténèbres aux Derniers Jours détruirait la terre avec ses troubles et ses feux. Les vertueux… seraient sauvés. Les méchants… jetés en enfer. La notion chrétienne de salvation était presque entièrement un héritage de l'eschatologie perse, adoptée par les ermites sémites et les adorateurs du soleil comme les esséniens, ainsi que par les militaires romains à qui convenaient la discipline rigide et la farouche imagerie guerrière du culte de Mithra.

» Après un contact prolongé avec le mithraïsme, les chrétiens ont commencé à se décrire eux aussi comme des soldats du Christ ; […] à célébrer leurs fêtes le dimanche, jour du soleil, plutôt que le samedi, jour du sabbat juif […] ; comme les mithraïstes, les chrétiens pratiquaient le baptême pour s'élever parmi les sphères planétaires après la mort et atteindre le ciel le plus haut, tandis que les méchants (non baptisés) seraient précipités dans les ténèbres. » (*The Woman's Encyclopedy of Myths et Secrets*, p. 663-665.)

Le nom « Marie » est très courant parmi les mères de dieux : Myrrha la Syrienne, Maïa, grecque et hindoue, dérivent de la racine « Ma » pour « mère ». Les expressions « Verbe de Dieu » et « Agneau de Dieu » sont sans doute liées, suite à une confusion entre des mots similaires dans des langues différentes. Le mot grec « logos », signifiant « parole », était à l'origine utilisé par les gnostiques et traduit par « imerah » en hébreu. Le mot « immera » en araméen signifie « agneau ». Il n'est pas difficile de voir comment les Juifs, vivant au carrefour de tant de cultures et de langues différentes, ont pu être influencés par des idées religieuses concurrentes.

Le christianisme semble avoir été coulé dans le même moule que la mythologie païenne et les premiers chrétiens le reconnaissaient. Dans le débat l'opposant à des païens autour de 150 de notre ère, Justin le Martyre disait : « Quand nous disons que le Verbe, qui est né le premier de Dieu, a été conçu sans union sexuelle, et que Jésus Christ notre sauveur est mort sur la croix puis a ressuscité avant de s'élever vers le ciel, nous ne proposons rien de bien différent de vos croyances à propos de ceux que vous pensez être les fils de Jupiter (Zeus). »

Au IVe siècle, un érudit chrétien nommé Fermicus a tenté d'établir l'unicité du christianisme, mais il était sans cesse confronté à des précédents païens à l'histoire de Jésus. On rapporte qu'il s'est exclamé : « Habet Diabolus Christos sous ! » (« Le Diable a *ses* Christs ! ») Si les premiers chrétiens, qui étaient plus proches des événements que nous ne le serons jamais, disaient que l'histoire de Jésus n'a « rien de bien différent » du paganisme, est-ce que des sceptiques modernes peuvent être blâmés parce qu'ils ont les mêmes soupçons ?

4. W. B. Smith pense qu'il y avait un culte de Jésus gnostique pré-chrétien. On connaît un vieux papyrus sur lequel sont inscrits ces mots : « J'adjure au nom du Dieu des Hébreux, Jésus. » *The Jesus Mysteries: Was the Original Jesus a Pagan God?* démontre de façon très convaincante que les chrétiens étaient à l'origine des gnostiques et que l'histoire de Jésus a été inventée par des juifs hellénistiques d'Alexandrie. Elle serait d'abord apparue sous la forme d'un mystère, ses auteurs s'étant inspirés des cultes initiatiques d'Osiris et de Dionysos, et n'était pas destinée à recevoir une interprétation littérale. La pièce mettait en scène un homme-dieu mis à mort et revenant à la vie. Ce n'est qu'après Constantin, au IVe siècle, une fois le gnosticisme supprimé et décrétée une lecture littérale de l'histoire que la vie de Jésus est soudain devenue « historique ».

5. G. A. Wells est un autre savant qui pense que Jésus n'a jamais existé. Lui et d'autres voient Jésus comme la personnification de la « sagesse » de l'Ancien Testament. Les manuscrits de la Mer Morte contiennent des commentaires esséniens sur la littérature de sagesse de l'Ancien Testament et Wells a trouvé de nombreux parallèles avec la vie de Jésus. Le livre des Proverbes décrit la « Sagesse » et sa création par Dieu, avant la terre et le ciel. La Sagesse intervient dans la création et conduit les hommes vers la vérité. La Sagesse est le gouverneur et le soutien de l'univers. La Sagesse vient vivre parmi les hommes et leur fait des présents. La plupart des gens rejettent la Sagesse et elle retourne au ciel. L'idée de l'homme juste selon Salomon est celle d'un homme persécuté et condamné à une mort honteuse, mais à qui Dieu donne ensuite une vie éternelle, le comptant parmi les « fils de Dieu », lui donnant une couronne et le nom de « serviteur de l'Éternel ». Il est méprisé et rejeté. Dans *The Jesus of History and Myth*, R. J. Hoffman écrit : « En somme, la méditation sur la Sagesse et sur la littérature juive aurait pu pousser les premiers chrétiens à supposer qu'un rédempteur aurait existé et serait mort crucifié, la plus honteuse des morts, avant d'être exalté à la droite de Dieu. »

6. Randall Helms dans son article « Fiction dans les Évangiles » dans *Jesus in History and Myth* présente une autre opinion. Helms remarque qu'il y a beaucoup de parallèles entre l'Ancien et le Nouveau Testament. Il appelle cela « fiction autoréflexive ». Tout se passe comme si les Juifs plaçaient leurs histoires dans des modèles schématiques. Il donne comme exemple la comparaison entre l'éducation du fils de la veuve de Nain dans Luc 7:11-16 et celle du fils de la veuve de Zarephath dans I Rois 17. Non seulement le sujet est identique, mais en outre la structure du conte est presque la même. Il y a d'autres exemples : les histoires de tempêtes dans les Psaumes et la tempête de Jonas dans Marc 4:37-41, l'histoire d'Elie multipliant la nourriture et celle de Jésus. Les Juifs du Ier siècle se contentent de réécrire de vieilles histoires. Cette position en soi ne rend pas complètement compte du mythe de Jésus dans son entier mais montre comment les parallèles littéraires ont pu jouer un rôle dans l'élaboration de la fable.

7. John Allegro a émis l'hypothèse que le personnage de Jésus a été élaboré d'après le Maître de Justice essénien, crucifié en 88 avant notre ère. Il a écrit que les manuscrits de la Mer Morte prouvent que les Esséniens ont interprété l'Ancien Testament de façon à le faire correspondre à leur propre messie. Allegro dit : « Quand Josephus parle de la révérence des Esséniens pour leur "Législateur" [...], nous pouvons raisonnablement supposer qu'il parle de leur Maître "Josué / Jésus" des Derniers Jours. Au Ier siècle pourtant, il semble qu'on lui ait accordé un statut semi-divin, et que son rôle de Messie, ou de Christ, ait été pleinement apprécié. » (*The Dead Sea Scrolls and the Christian Myth*)

8. Nous avons un exemple des nombreuses tentatives naturalistes pour expliquer les miracles dans la « théorie de la pâmoison » trouvée dans *The Passover Plot* du Dr Hugh J. Schonfield. C'est l'idée que l'histoire de la résurrection est en soi historiquement juste mais que le personnage de Jésus s'est juste évanoui, qu'on l'a laissé pour mort et qu'il a repris ses esprits plus tard.

D'après moi, certaines de ces explications s'avèrent tout aussi difficiles à croire que les récits de miracles eux-mêmes. Mais elles sont cependant des hypothèses viables qui montrent que, même si ces documents sont entièrement dignes de confiance, l'histoire elle-même peut être expliquée autrement. S'il est possible qu'une partie de l'histoire ait été mal comprise ou exagérée, pourquoi le reste serait-il juste ?

Une science historique prudente exige de suspendre toute lecture littérale, tant que toutes les explications naturelles pour un conte scandaleux n'ont pas été complètement écartées, et de ne pas considérer comme vérité historique ce qui peut très bien n'être qu'un mythe de plus.

Les miracles sont-ils historiques ?

Au cours d'un débat à l'Université du Northern Iowa, j'ai demandé à mon adversaire : « Pensez-vous qu'un âne ait parlé un langage humain ? »

— Oui, je le pense, a-t-il répondu.

— Hier, j'ai visité un zoo, ai-je continué, et un âne m'a dit dans un espagnol impeccable “Alá es el único Dios verdadero”. Est-ce que vous le croyez ?

— Non, a-t-il répondu sans hésitation.

— Comment pouvez-vous doutez aussi vite de mon histoire et me critiquer parce que je fais de même avec la vôtre ?

— Parce que je crois ce que Jésus me dit et pas ce que vous me dites. »

En d'autres termes, les miracles sont vrais quand la bible le dit, mais ils ne sont pas vrais s'ils apparaissent ailleurs. Quand on s'interroge sur les récits de miracle du Nouveau Testament, on aboutit à tout coup sur un raisonnement circulaire.

La présence d'histoires miraculeuses dans le Nouveau Testament rend la légende hautement suspecte. Mais il est important de comprendre ce que disent les sceptiques sur les miracles. Les sceptiques ne disent pas que les récits de miracle doivent être *a priori* écartés. Après tout, il pourrait y avoir des explications futures pour ces histoires, qui parlent peut-être de choses que nous ne comprenons pas encore dans la nature.

Ce que disent les sceptiques, c'est que si un miracle est défini comme la violation, la suspension ou la dérogation aux lois naturelles, alors les miracles ne peuvent pas être *historiques*. De toutes les sciences légitimes, l'histoire est la plus sujette à caution. L'histoire, dans le meilleur des cas, ne produit qu'une vérité approximative. Pour que l'histoire ait une force quelconque, elle doit suivre un principe strict : les lois naturelles sont stables dans le temps.

Sans l'affirmation de la régularité naturelle, on ne peut pas faire d'histoire. Il n'y aurait pas de critère pour écarter les histoires fantastiques. Tous les souvenirs seraient vérité littérale.

Par conséquent, si un miracle survient, il couperait l'herbe sous le pied de l'histoire. Le fondement même de la méthode historique devrait être repensé. Vous pouvez avoir soit des miracles, soit de l'histoire, mais pas les deux.

Cependant, si un miracle est défini comme un événement « très improbable » ou « merveilleux », alors il est compatible avec l'histoire, mais à une condition : des affirmations outrancières réclament des preuves outrancières. (Cela ne veut pas dire que nous avons besoin d'un miracle pour prouver un miracle. Cela veut dire que nous avons besoin de *plus* de preuves pour une affirmation incroyable que pour une affirmation plus crédible.) Un sceptique qui ne refuse pas la possibilité de récits fidèles de miracles dans les Évangiles doit néanmoins la réduire à une probabilité très faible.

Puisque le Nouveau Testament contient de nombreuses histoires de faits qui sont soit outranciers (comme la résurrection de centaines de corps le Vendredi Saint), soit carrément impossibles, nous pouvons considérer que cette histoire est plus mythique qu'historique.

Conclusion

Que ce soit par ignorance ou par méfiance envers le savoir académique, des prédicateurs comme Pat Robertson continuent d'agiter leur liste de « preuves » chrétiennes. La majorité des spécialistes de la bible, y compris beaucoup de chrétiens non fondamentalistes, reconnaissent que ces justifications sont très faibles. Dans *The Quest of the Historical Jesus*, Albert Schweitzer écrit : « Il n'y a rien de plus négatif que les résultats de l'étude critique de la vie de Jésus [...]. Le Jésus historique restera un étranger et une énigme pour notre époque... »

En résumé : 1) il n'y a pas de confirmation historique de l'existence de Jésus en dehors du Nouveau Testament ; 2) les récits du Nouveau Testament se contredisent entre eux ; 3) il y a bien d'autres explications plausibles de l'origine de ce mythe et nous ne sommes donc pas obligés pas de déformer ou de détruire notre vision naturelle du monde ; 4) les récits miraculeux rendent l'histoire éminemment suspecte. (Dans le prochain chapitre je discuterai un autre argument contre l'historicité : la preuve du développement légendaire.)

Les histoires des Évangiles ne sont pas plus historiques que ne sont scientifiques les récits de la Genèse. Elles sont pleines d'exagérations, de miracles et de propagande assumée. Elles ont été écrites à une époque où les mythes étaient forgés, élaborés, altérés, modifiés, pour un public susceptible de croire ces fables. Elles sont de la même étoffe que toutes les autres religions et fables de cette époque. Si l'on prend tout cela en compte, il est tout à fait rationnel de conclure que le Jésus du Nouveau Testament est un mythe.

XVI

Jésus s'est-il vraiment levé d'entre les morts ?

Pendant les dix-neuf années où j'ai prêché, la résurrection de Jésus était la clé de voûte de mon ministère. À chaque Pâques, j'ai répété l'avertissement de l'Apôtre Paul : « Et si Christ n'est pas ressuscité, votre foi est vaine, vous êtes encore dans vos péchés. » (I Corinthiens 15:17) J'ai écrit un spectacle musical pour Pâques qui a eu un grand succès *Sa toison était blanche comme neige* avec cette joyeuse proclamation finale : « Chantez Hosanna ! Le Christ est ressuscité ! Le Fils s'est élevé pour rayonner sur moi ! »

Mais je ne crois plus à tout cela. De nombreux spécialistes de la bible[1] et des prêtres — y compris un tiers du clergé de l'Église d'Angleterre[2] — rejette l'idée que Jésus est physiquement revenu à la vie. Tout comme trente pour cent des chrétiens américains « nés à nouveau » ![3] Pourquoi donc ? Quand l'Évangile de Jean décrit Jésus après sa mort sur un bateau de pêche avec ses camarades et que l'auteur de Matthieu nous le montre en train de faire un petit discours d'encouragement à son équipe au sommet d'une montagne deux jours après sa mort, on ne peut pas douter que les croyants originels étaient convaincus qu'il était physiquement sorti du tombeau, pas vrai ?

Il y avait beaucoup de raisons de douter de cette affirmation, mais, aujourd'hui, les savants critiques disent tous que cette histoire

1. Y compris le Westar Institute, Santa Rosa, California, qui comprend plus de soixante-dix experts et publie un grand nombre d'articles et d'ouvrages.
2. *The Daily Telegraph*, Londres, 31 juillet 2002.
3. « Americans' Bible Knowledge Is in the Ballpark, But Often Off Base » 12 juillet 2000, Barna Research Group.

est une « légende ». Pendant les soixante ou soixante-dix années qu'il a fallues pour composer les évangiles, l'histoire originale a connu une période d'expansion où a commencé à se développer l'idée toute simple que Jésus, comme Grand-Mère, était « mort et monté au ciel ». Cela a fini par devenir cette narration fantastique, produite par la génération suivante de croyants, où sont apparus tremblements de terre, anges, éclipses, corps ressuscités et ascensions spectaculaires de corps parmi les nuages.

Les tout premiers chrétiens croyaient dans la résurrection « spirituelle » de Jésus. L'histoire est devenue avec le temps une résurrection « corporelle ».

Comme nous l'avons vu dans le chapitre précédent, le Jésus de l'histoire n'est pas le Jésus du Nouveau Testament. Certains érudits croient que l'histoire n'est pas entièrement un mythe, et d'autres que c'est une légende qui s'est développée dans le temps à partir de quelques éléments clés. Ce chapitre veut montrer que la résurrection au moins est une partie légendaire de l'histoire de Jésus. Une histoire peut être à la fois mythe et légende, parce que tout ce dont vous avez besoin pour lancer une légende, c'est une *croyance* en un fait historique, qu'elle soit justifiée ou non. Mais la plupart des croyants, et surtout les fondamentalistes inerrantistes, ne voient pas la différence qu'il y entre affirmer que l'histoire de Jésus est un mythe de bout en bout et affirmer qu'elle est une légende fondée sur des faits avérés. Dans les deux cas, le Nouveau Testament perd sa crédibilité.

Avant de discuter plus en détail l'hypothèse de la légende, examinons rapidement d'autres arguments sceptiques.

L'histoire peut-elle prouver un miracle ?

Si la résurrection a eu lieu, c'était un miracle. Le philosophe Antony Flew, dans un débat sur la résurrection en 1985[4], a fait

4. *Did Jesus Rise From the Dead? The Resurrection Debate*, Gary Habermas et Antony Flew, ed. Terry L. Miethe, Harper & Row, 1987. Les remarques de Flew s'inspiraient de la *Première Enquête* de David Hume.

remarquer que l'histoire n'était pas le bon outil pour prouver les récits de miracle. (Il importe peu que Flew, athée dans un premier temps, soit devenu déiste par la suite. Cela n'a pas changé sa position sur les miracles ou sur la résurrection de Jésus.) « Le cœur du problème, disait Flew, c'est le critère avec lequel nous devons évaluer le témoignage historique, et les suppositions générales qui nous autorisent à interpréter les miettes du passé comme preuves historiques sont telles qu'elles éliminent d'emblée la possibilité d'établir sur des bases purement historiques qu'un événement vraiment miraculeux a eu lieu. »

Lorsque nous examinons les objets du passé, les historiens partent du principe que la nature agissait alors comme aujourd'hui ; sinon, tout est possible. Le patriote américain Thomas Paine, dans *Le Siècle de la Raison*, a demandé : « Est-il plus probable que la nature ait dévié de son cours ou qu'un homme ait menti ? Nous n'avons jamais vu, à notre époque, la nature dévier de son cours ; mais nous avons de bonnes raisons de croire que des millions de mensonges ont été racontés à la même époque ; par conséquent, il y a une chance sur un million pour que celui qui rapporte le miracle ne soit pas un menteur. »

C'est un fait historique, un fait commun, que les êtres humains exagèrent, se trompent et ont une mauvaise mémoire des événements. Les humains font également de pieux mensonges. La plupart des fidèles d'une religion le constatent lorsqu'ils examinent les affirmations des *autres* religions.

La figure d'un messie revenant à la vie — apparaissant et disparaissant dans les airs — est une histoire fantastique selon les critères de tout le monde et c'est ce qui en *fait* un miracle. Si c'était l'usage que les morts sortent de leurs tombes et retournent travailler, une résurrection aurait peu de valeur et ne prouverait pas l'immensité du pouvoir de Dieu. C'est l'impossibilité ou l'improbabilité qui fait le miracle.

Et c'est ce qui l'exclut de la sphère historique.

L'histoire est limitée ; elle ne peut confirmer les événements que pour autant qu'ils sont conformes à la régularité naturelle. Ce n'est pas un préjugé anti-surnaturel contre les miracles, comme l'affirment parfois les croyants. Les miracles peuvent avoir eu lieu, mais pour *savoir* qu'ils ont eu lieu, nous avons besoin d'autres outils de connaissance. Pourtant, hormis la foi (qui n'est pas une science), l'histoire est le seul outil à la disposition des chrétiens qui veulent défendre la résurrection de Jésus.

Examiner un miracle au regard de l'histoire, c'est comme chercher une planète avec un microscope.

David Hume écrit : « Aucun témoignage n'est suffisant pour établir un miracle à moins que le témoignage soit d'un genre tel que sa fausseté serait plus miraculeuse que le fait qu'il veut établir. »[5] Je citerai une fois de plus Carl Sagan : « Des affirmations extraordinaires réclament des preuves extraordinaires. » C'est exactement ce dont nous ne disposons pas avec la résurrection de Jésus.

Les protestants et les catholiques semblent n'avoir aucun mal à appliquer aux miracles de l'islam ou à la visite « historique » de l'ange Moroni un sain scepticisme. Pourquoi les chrétiens ne font-ils pas de même avec leurs affirmations incroyables ? Pourquoi quelqu'un qui n'était pas présent serait-il plus enclin à croire que Thomas, qui vivait à cette époque, ou que les autres disciples qui « tinrent ces discours pour des rêveries, et ils ne crurent pas ces femmes » (Luc 24.11) lorsqu'ils écoutèrent les femmes revenues du tombeau.

Thomas Paine remarque que tout dans la bible n'est qu'*ouï-dire*. Par exemple, le message au tombeau (si jamais il a eu lieu) a pris ce chemin avant d'arriver jusqu'à nous : Dieu, ange(s), Marie, disciples, auteurs des évangiles, copistes et traducteurs. (Les évangiles sont tous anonymes et nous n'avons pas les versions originales.) Si l'histoire ne peut prouver un miracle, alors des on-dit de deuxième main ne le peuvent pas non plus.

Au mieux (ou au pire), cela ne doit pas nous convaincre que la résurrection est disqualifiée, mais que la croyance en la résurrection n'est pas rationnellement justifiée. L'incompatibilité des miracles avec la méthode historique est convaincante, surtout aux yeux de ceux qui ne sont pas pleinement dévoués *a priori* à la vérité des

5. *Enquête sur l'entendement humain*, section X « Des miracles ».

écritures religieuses, mais nous avons besoin de plus pour dire avec assurance que la résurrection corporelle n'a pas eu lieu.

Explications naturalistes

Certains critiques ont proposé des explications naturalistes pour le tombeau trouvé vide dans le Nouveau Testament. Peut-être Jésus n'est-il pas vraiment mort sur la croix ; il s'est juste évanoui et s'est réveillé plus tard — la « théorie de la pâmoison »[6]. Peut-être les disciples ont-ils eu une hallucination. (Eux et « cinq cents » autres selon Paul.) Ou bien peut-être que Marie est entrée dans la mauvaise tombe, l'a trouvée vide et a confondu le « jeune homme » avec un ange. Peut-être que le corps a été volé — la « théorie du complot ». Cette théorie peut s'enorgueillir d'une ébauche de preuve biblique puisque les seuls témoins visuels (les soldats romains) disent que c'est exactement ce qui s'est passé (Matthieu 28:11-15). Peut-être le corps de Jésus n'a-t-il été conservé que temporairement dans la tombe de Joseph d'Arimathie (possiblement avec les deux larrons) puis enterré à nouveau dans une fosse commune, ce qui était le lot des condamnés à mort.[7] Ou peut-être que quelqu'un d'autre, Thomas par exemple, a été crucifié à la place de Jésus.[8]

Ces hypothèses ont plusieurs degrés de probabilité. Selon moi, aucune ne semble très plausible, mais elles sont *au moins* aussi crédibles que l'histoire de ce corps revenant à la vie, et elles concordent avec les faits bibliques.

---

6. Voir par exemple *The Passover Plot: A New Interpretation of the Life and Death of Jesus*, par Hugh Schonfield.
7. Voir « Historical Evidence and the Empty Tomb Story: A Reply to William Lane Craig » par Jeffery Jay Lowder, 2001. www.infidels.org/library/modern/jeff_lowder/empty.html.
8. « Thomas » et « Didyme » signifient tous deux « jumeau ». Les premiers chrétiens croyaient que Jésus avait un frère jumeau. Cf. *The Jesus Mysteries: Was the « Original Jesus » a Pagan God?* par Timothy Freke et Peter Gandy, pages 117-118. Contre les premiers chrétiens et certains érudits modernes qui concluent que Thomas a été crucifié à la place de Jésus, les auteurs disent que non, « les Gnostiques ont inventé la tradition du frère jumeau de Jésus comme une allégorie de l'ancienne doctrine du Daemon / eidolon ».

« Pourquoi vouloir écarter le surnaturel ? », demandent parfois les croyants. Je réponds que je ne l'ai pas écarté : je lui accorde simplement la plus faible probabilité parmi toutes les autres possibilités. Je pourrais leur demander de même : « Pourquoi vouloir écarter le naturel ? »

Le problème de certaines explications naturelles est qu'elles donnent trop de crédit au texte. Elles exigent parfois autant de foi que l'interprétation orthodoxe. Combiné avec l'objection historique et les arguments mythicistes, le grand nombre d'alternatives naturelles plausibles ne peut que donner de l'assurance aux sceptiques, mais cela ne suffit toutefois pas à réfuter *de façon positive* la résurrection corporelle de Jésus.

Incohérences internes

La résurrection de Jésus est l'une des quelques histoires racontées à plusieurs reprises dans la bible — plus de cinq fois — et elle constitue donc un exemple de choix pour vérifier l'affirmation orthodoxe de l'inerrance et de l'infaillibilité des écritures. Quand on compare les récits, il apparaît qu'ils ne concordent pas. Un bon moyen de le prouver est de lancer ce défi aux chrétiens : dites-moi ce qui s'est passé à Pâques. À ce stade, je ne demande pas encore de preuves. Avant de pouvoir vérifier la vérité des événements, il faut être d'accord sur lesdits événements. Ma demande est simple : je veux que les chrétiens me racontent exactement ce qui s'est passé le jour où leur dogme le plus important est né. Les croyants devraient se précipiter sur ce défi, puisque sans résurrection, il n'y a pas de christianisme. Paul a écrit : « Et si Christ n'est pas ressuscité, notre prédication est donc vaine, et votre foi aussi est vaine. Il se trouve même que nous sommes de faux témoins à l'égard de Dieu, puisque nous avons témoigné contre Dieu qu'il a ressuscité Christ, tandis qu'il ne l'aurait pas ressuscité, si les morts ne ressuscitent point. » (I Corinthiens 15:14-15)

Les conditions de ce défi sont simples et raisonnables. Dans chacun des quatre évangiles, commencez la lecture au matin de Pâques jusqu'à la fin du livre : Matthieu 28, Marc 16, Luc 24 et Jean 20-21. Lisez aussi les Actes 1:3-12 et la brève version qu'en donne Paul dans I Corinthiens 15:3-8. Ces 165 versets peuvent être lus en plusieurs temps. Alors, sans omettre un seul détail de ces récits distincts, écrivez un récit simple et chronologique des événements qui ont eu lieu entre la résurrection et l'ascension : ce qui s'est passé en premier, puis en deuxième, etc. ; qui a dit quoi et quand ; où tout cela a eu lieu.

Le récit ne doit pas présenter une image parfaite — il suffit de produire au moins un récit plausible de tous ces faits. *La seule condition à remplir, toutefois, est de n'omettre aucun détail biblique.* Bien sûr, les mots doivent être traduits avec précision et l'ordre des événements doit suivre l'ordre biblique. Entendu ?

Beaucoup d'histoires de la bible ne sont répétées qu'une ou deux fois, et elles sont donc difficiles à confirmer. L'auteur de Matthieu par exemple est le seul à raconter qu'au jour de la crucifixion les morts se sont levés de leurs tombes et se sont promenés dans Jérusalem au vu et au su de tout le monde — un événement assez extraordinaire pour n'avoir pas échappé à la sagacité des autres auteurs des évangiles ou aux historiens de cette époque. Mais si le silence des autres auteurs affaiblit la crédibilité de cette histoire — parce que s'ils l'avaient répétée, les croyants auraient certainement clamé haut et fort l'existence de ces confirmations — il ne prouve pas qu'elle n'a pas eu lieu. L'invalidation résulte des contradictions.

Thomas Paine a abordé le problème il y a deux cents ans dans *Le Siècle de la Raison*, en découvrant des dizaines d'incohérences dans le Nouveau Testament : « Je veux établir au préalable cette position inattaquable : premièrement, la concordance de toutes les parties d'une histoire ne prouve pas que cette histoire est vraie, parce que les parties peuvent concorder mais l'ensemble être faux ; deuxièmement le désaccord de toutes les parties de l'histoire prouve que l'ensemble ne peut être vrai. »

J'ai essayé de résoudre les incohérences moi-même et j'ai échoué. Le premier problème auquel j'ai été confronté se trouve dans Matthieu 28:2, après que les deux femmes sont arrivées au tombeau : « Et voici, il y eut un grand tremblement de terre ; car un ange du

Seigneur descendit du ciel, vint rouler la pierre, et s'assit dessus. » (Ignorons le fait qu'aucun autre auteur ne mentionne ce « grand tremblement de terre ».) Selon cette version, les femmes étaient présentes lorsque la pierre a été roulée. Pourtant, l'évangile selon Marc dit que cela a eu lieu *avant* qu'elles n'arrivent : « Elles disaient entre elles : Qui nous roulera la pierre loin de l'entrée du sépulcre ? Et, levant les yeux, elles aperçurent que la pierre, qui était très grande, avait été roulée. » Luc écrit : « Elles trouvèrent que la pierre avait été roulée de devant le sépulcre. » Jean va dans son sens. Pas de tremblement de terre, pas de pierre qui roule. C'est un vote à trois contre un : Matthieu perd. (Ou alors les trois autres ont tort.) L'événement n'a pas pu avoir lieu à la fois avant et après leur arrivée. Certains défenseurs de la bible affirment que Matthieu 28:2 doit être compris au passé simple et qu'il raconte ce qui s'est passé avant que les femmes n'arrivent. Mais l'ensemble du passage est à l'aoriste (passé) et se lit, en contexte, comme un simple compte rendu chronologique. Matthieu 28:2 commence ainsi : « Et voici » et non pas « Alors, voici ». Si ce verset peut être aussi facilement déplacé, qu'est-ce qui nous empêche de placer le déluge avant l'arche ou la crucifixion avant la nativité ?

Un autre problème de taille est la première apparition de Jésus à ses disciples après la résurrection : selon Matthieu, elle a lieu sur une montagne en Galilée (et pas à Jérusalem comme le croient la plupart des chrétiens) comme l'a prédit l'ange assis sur la pierre à l'entrée de la tombe : « et allez promptement dire à ses disciples qu'il est ressuscité des morts. Et voici, il vous précède en Galilée : c'est là que vous le verrez. » Cela devrait être de la plus haute importance, puisque c'est *le* message de Dieu envoyé par ses anges au tombeau. Jésus l'avait prédit lui-même soixante heures plus tôt, au cours de la Cène (Matthieu 26:32). Après avoir reçu le message des anges, « Les onze disciples allèrent en Galilée, sur la montagne que Jésus leur avait désignée. Quand ils le virent, ils se prosternèrent devant lui. Mais certains eurent des doutes. » (Matthieu 28:16-17) À première vue, et en contexte, il est clair que pour Matthieu c'était là la *première* apparition. Sinon, si Jésus avait été vu auparavant, pourquoi certains auraient-ils eu des doutes ? Marc est d'accord avec Matthieu pour ce qui est de la teneur du message de l'ange mais le récit de la première apparition est différent. Luc et Jean rapportent des messages complètement différents et contredisent par la suite radicalement le récit de Matthieu. Luc place la première apparition sur la route d'Emmaüs puis dans une pièce à Jérusalem. Jean dit qu'elle a eu lieu plus tard, un soir dans une maison, sans Thomas. Ces messages, ces endroits et ces déplacements sont impossibles à concilier.

Les croyants utilisent parfois l'analogie des cinq hommes aveugles examinant un éléphant, qui en donnent tous une définition différente : tronc d'arbre (patte), corde (queue), tuyau (trompe), mur (flanc) et tissu (oreille). Les gens qui utilisent cet argument oublient que chacun des cinq aveugles avait *tort* : un éléphant n'est ni un arbre ni une corde. Vous pouvez mettre ensemble les cinq éléments pour arriver à un ensemble non-contradictoire de l'animal tout entier. Cela n'a pas été fait avec la résurrection.

Les apologistes comparent parfois les variantes de la résurrection aux différents récits que donnent les témoins d'accidents. Si un témoin dit que le véhicule était vert et que l'autre dit qu'il était bleu, cela peut être mis sur le compte d'une différence de point de vue, de luminosité, de perception ou de vocabulaire. Ce qui est important, disent les apologistes, c'est qu'ils sont d'accord sur la trame de l'histoire : il y a eu un accident (il *y a eu* résurrection). Je ne suis pas un fondamentaliste inerrantiste. Je n'exige pas des évangélistes qu'ils aient été des experts ou des témoins infaillibles. (Aucun d'eux n'affirme avoir assisté directement à la résurrection.) Mais que se passerait-il si un témoin affirmait que l'accident a eu lieu à Chicago et qu'un autre disait qu'il a eu lieu à Milwaukee ? L'un de ces témoins a de sérieux problèmes avec la vérité.

Luc dit que la première apparition après la résurrection a eu lieu à Jérusalem, mais Matthieu dit qu'elle a eu lieu en Galilée, *entre 100 et 150 km plus loin* ! Est-ce qu'ils auraient pu effectuer ces 150 km ce jour-là ? Se traîner jusqu'en Galilée pour la première apparition et revenir à Jérusalem pour l'heure du dîner ? On n'évoque nulle part des chevaux, mais même douze purs-sangs lancés à bride abattue dans le pays mettraient au moins cinq heures pour effectuer le trajet sans s'arrêter. Et dans ce scénario fou, Jésus aurait-il pu trouver le temps de faire une petite balade du côté d'Emmaüs et accepter « vers le soir » une invitation à dîner ? Il y a vraiment quelque chose qui ne va pas.

Ce n'est que la pointe émergée de l'iceberg. Bien sûr, aucune de ces contradictions ne prouve que la résurrection n'a *pas* eu lieu, mais elles jettent un doute considérable sur l'infaillibilité de ceux qui sont censés la rapporter. Certains d'entre eux se sont trompés. Peut-être se sont-ils tous trompés.

Je dis aux chrétiens : soit vous me racontez exactement ce qui s'est passé le dimanche de Pâques, soit nous pouvons ranger le mythe de Jésus aux côtés de celui d'Eostre (Ishtar, Astarte), cette déesse païenne qui a donné son nom à la fête pascale anglo-saxonne (« Easter »).

Invariantes variations

KJV : King James Version ; NRSV : New Revised Standard Version ; NIV : New International Version.

- **À quel moment les femmes sont-elles allées au tombeau ?**
  Matthieu : « à l'aube du premier jour de la semaine » (28:1)
  Marc : « très tôt le matin… au lever du soleil » (16:2 KJV) ; « au lever du soleil » (NRSV) ; « juste après le lever du soleil » (NIV)
  Luc : « très tôt le matin » (24:1 KJV) ; « à l'aube » (NRSV)
  Jean : « comme il faisait encore obscur » (20:1)

- **Qui étaient les femmes ?**
  Matthieu : Marie de Magdala et l'autre Marie (28:1)
  Marc : Marie de Magdala, la mère de Jacques et Salomé (16:1)
  Luc : Marie de Magdala, Jeanne et Marie, mère de Jacques (24:10)
  Jean : Marie de Magdala (20:1)

- **Que venaient-elles faire ?**
  Matthieu : voir le tombeau (28:1)
  Marc : elles avaient déjà vu le tombeau (15:47) elles apportaient des épices (16:1)

Luc : elles avaient déjà vu le tombeau (23:55) elles apportaient des épices (24:1)
Jean : on avait déjà mis des épices dans le linceul quand elles sont arrivées (19:39-40)

- **Le tombeau était-il ouvert quand elles sont arrivées ?**
  Matthieu : non (28:2)
  Marc : oui (16:4)
  Luc : oui (24:2)
  Jean : oui (20:1)

- **Qui était dans le tombeau quand elles sont arrivées ?**
  Matthieu : un ange (28:2-7)
  Marc : un jeune homme (16:5)
  Luc : deux hommes (24:4)
  Jean : deux anges (20:12)

- **Où étaient les messagers ?**
  Matthieu : l'ange était assis sur la pierre (28:2)
  Marc : le jeune homme était assis à l'intérieur, sur la droite (16:5)
  Luc : les deux hommes étaient debout à l'intérieur (24:4)
  Jean : les deux anges étaient assis à chaque bout du lit (20:12)

- **Qu'ont dit les messagers ?**
  Matthieu : « Pour vous, ne craignez pas ; car je sais que vous cherchez Jésus qui a été crucifié. Il n'est point ici ; il est ressuscité, comme il l'avait dit. Venez, voyez le lieu où il était couché, et allez promptement dire à ses disciples qu'il est ressuscité des morts. Et voici, il vous précède en Galilée : c'est là que vous le verrez. Voici, je vous l'ai dit. » (28:5-7)
  Marc : « Ne vous épouvantez pas ; vous cherchez Jésus de Nazareth, qui a été crucifié ; il est ressuscité, il n'est point ici ; voici le lieu où on l'avait mis. Mais allez dire à ses disciples et à Pierre qu'il vous précède en Galilée : c'est là que vous le verrez, comme il vous l'a dit. » (16:6-7)
  Luc : « Pourquoi cherchez-vous parmi les morts celui qui est vivant ? Il n'est point ici, mais il est ressuscité. Souvenez-vous de

quelle manière il vous a parlé, lorsqu'il était encore en Galilée, et qu'il disait : Il faut que le Fils de l'homme soit livré entre les mains des pécheurs, qu'il soit crucifié, et qu'il ressuscite le troisième jour. » (24:5-7)
Jean : « Femme, pourquoi pleures-tu ? » (20:13)

• **Les femmes ont-elles raconté ce qui s'était passé ?**
Matthieu : oui (28:8)
Marc : non, « elles ne dirent rien à personne, à cause de leur effroi » (16:8)
Luc : oui, « À leur retour du sépulcre, elles annoncèrent toutes ces choses aux onze, et à tous les autres » (24:9, 22-24)
Jean : oui (20:18)

• **Quand Marie est revenue du tombeau, savait-elle que Jésus était ressuscité ?**
Matthieu : oui (28:7-8)
Marc : oui (16:10-11[9])
Luc : oui (24:6-9, 23)
Jean : non (20:2)

• **Quand Marie a-t-elle vu Jésus pour la première fois ?**
Matthieu : avant de retourner voir les disciples (28:9)
Marc : avant de retourner voir les disciples (16:9, 10)
Jean : après avoir vu les disciples (20:2, 14)

• **Est-ce qu'on pouvait toucher Jésus après la résurrection ?**
Matthieu : oui (28:9)
Jean : non (20:17) et oui (20:27)

• **Après les femmes, à qui Jésus est-il apparu en premier ?**
Matthieu : à onze disciples (28:16)

---

9. Les versets de Marc 16:9-20 sont cités ici pour ceux qui croient que la conclusion de l'évangile de Marc est authentique. Même s'ils ne le sont pas, ils présentent néanmoins une histoire contradictoire écrite par la personne qui les a ajoutés, vraisemblablement un chrétien.

Marc : à deux disciples dans la campagne, puis à onze disciples (16:12, 14)
Luc : à deux disciples à Emmaüs, puis à onze (24:13, 36)
Jean : dix disciples (Judas et Thomas étaient absents) (20:19, 24)
Paul : d'abord à Cephas (Pierre), puis aux douze (Douze ? Judas était mort.) (I Corinthiens 15:5)

• **Où Jésus est-il apparu la première fois à ses disciples ?**
Matthieu : sur une montagne en Galilée (100-150 km plus loin) (28:16-17)
Marc : dans la campagne pour deux d'entre eux, puis « pendant qu'ils étaient à table » aux onze (16:12, 14)
Luc : à Emmaüs (à une dizaine de kilomètres) le soir, à Jérusalem dans une maison plus tard cette même nuit (24:31, 36)
Jean : dans une maison, le soir (20:19)

• **Les disciples ont-ils cru les deux hommes ?**
Marc : non (16:13)
Luc : oui (24:34 — c'est le groupe qui parle dans ce passage, pas les deux)

• **Que s'est-il passé lors de la première apparition ?**
Matthieu : les disciples se sont prosternés, certains ont douté « Allez, faites de toutes les nations des disciples. » (28:17-20)
Marc : Jésus les réprimande en disant « Allez par tout le monde et prêchez la bonne nouvelle » (16:14-19)
Luc : Christ venu incognito, se volatilise, matérialisation dans l'air, réprimande, dîner (24:13-51)
Jean : passe à travers une porte solide, disciples contents, Jésus les bénit, pas de réprimande (21:19-23)

• **Jésus est-il resté sur terre plus d'une journée ?**
Matthieu : non (16:19) Comparez avec 16:14 et Jean 20:19 pour montrer que tout cela a eu lieu un dimanche.
Luc : non (24:50-52) Tout a eu lieu un dimanche.

Jean : oui, au moins huit jours (20:26, 21:1-22)
Actes : oui, au moins quarante jours (1:3)

• **Où a eu lieu l'ascension ?**
Matthieu : pas d'ascension. Le livre se termine sur la montagne en Galilée.
Marc : dans ou près de Jérusalem, après le dîner (16:19)
Luc : à Béthanie, très près de Jérusalem, après le dîner (24:50-51)
Jean : pas d'ascension.
Paul : pas d'ascension.
Actes : ascension sur le Mont des Oliviers (1:9-12)

Les critiques athées ne sont pas les seuls à soulever ces problèmes. Les érudits chrétiens admettent que les histoires sont contradictoires. Culver H. Nelson : « Quelle que soit la lecture que l'on fait de ces textes, il devient évident que tous ces éléments se contredisent les uns les autres de façon flagrante. Qu'importe le zèle du lecteur, il n'y a absolument aucun moyen d'harmoniser les différents récits des activités post-mortem de Jésus. »[10]

A. E Harvey : « Tous les Évangiles, qui étaient au coude à coude dans leurs récits du procès et de l'exécution, divergent nettement sur les circonstances de la Résurrection. Il est impossible de faire concorder leurs récits dans une seule structure cohérente. »[11]

Thomas Sheehan renchérit : « En dépit de nos efforts, les récits évangéliques des actions de Jésus après sa mort ne peuvent être en réalité harmonisés dans une chronologie pascale cohérente. »[12]

Les érudits religieux indépendants (même s'ils sont avant tout chrétiens) du Westar Institute, qui rassemble plus de soixante-dix experts de la bible en possession d'un doctorat ou équivalent, arrivent à cette conclusion : « Les cinq évangiles qui relatent les apparitions

---

10. Culver H. Nelson a été le prêtre fondateur de l'Église des Béatitudes à Phoenix dans l'Arizona.
11. *New English Bible Companion to the New Testament*, Oxford University Press, 1988.
12. *The First Coming: How the Kingdom of God Became Christianity*, par Thomas Sheehan, Random House, 1986, p. 97.

(Matthieu, Luc, Jean, Pierre, l'épître aux Hébreux) divergent quand ils ne réécrivent pas tout simplement l'évangile selon Marc ; leurs récits ne peuvent être réconciliés. Nous manquons de preuves historiques irréfutables. »[13]

J'ai mis des croyants au défi de me produire un récit simple, chronologique, non-contradictoire des événements qui ont eu lieu entre le dimanche de Pâques et le jour de l'ascension, sans omettre un seul détail biblique. Certains ont essayé mais aucun n'a réussi à fournir un récit cohérent, sans faire de contresens ni réarranger de façon drastique les passages gênants. Certains ont produit des récits plutôt « harmonieux » (sans se demander apparemment pourquoi l'œuvre d'une divinité parfaite devait être harmonisée) mais aucun n'a rempli la condition qui était de raconter simplement l'histoire.

Légende

C. S. Lewis et l'apologiste chrétien Josh McDowell donnent trois possibilités et nous exhortent à considérer que Jésus était : « Menteur, Malade Mental ou Maître »[14]. Mais ils ignorent complètement une quatrième option : légende. Si le personnage de Jésus est une création littéraire — partielle ou totale — alors ce sont d'autres personnes qui ont inventé les mots qu'on lui prête et il serait extrêmement simpliste de les prendre pour argent comptant.

Une légende commence avec une histoire simple (vraie ou fausse) qui est embellie et exagérée au fil des années. Quand nous regardons les documents qui parlent de la résurrection de Jésus, nous constatons que les premiers récits sont très simples, que les réécritures sont déjà plus complexes et que les récits les plus tardifs sont tout bonnement fantastiques. En d'autres termes, cela a tout l'air d'être une légende.

---

13. *The Acts of Jesus : What Did Jesus Really Do ?* par Robert W. Funk et The Jesus Seminar, Polebridge Press, 1998.
14. *Mere Christianity* par C. S. Lewis (1943, MacMillan) et *More Than A Carpenter* par Josh McDowell (1987, Tyndale House).

Les textes qui parlent de la résurrection[15] sont en général datés ainsi : Paul : 50-55 (I Cor. 15:3-8), Marc : 70 (Marc 16), Matthieu : 80 (Matthieu 28), Luc : 85 (Luc 24), Épître de Pierre : 85-90 (Fragment), Jean : 95 (Jean 20-21). Cette datation fait l'objet d'un consensus parmi la plupart des érudits, et notamment ceux du Westar Institute. Certains érudits plus conservateurs préfèrent les dater plus tôt, et d'autres les ont placés plus tard, mais cela ne change pas *l'ordre* des écrits[16], qui en réalité importe plus que les dates réelles si l'on veut examiner le développement de la légende. Les variations de date changent la forme de la courbe de croissance mais ne remettent pas en cause son existence.

J'ai fait une liste des choses que je tiens pour « extraordinaires » (naturelles et surnaturelles) dans les histoires entre le moment de la crucifixion et celui de l'ascension de Jésus. Elle comprend : le tremblement de terre, les anges, les pierres roulées, les corps morts émergeant des tombes de Jérusalem (« Halloween »[17]), Jésus apparaissant dans les airs (vous le voyez) et disparaissant (vous ne le voyez plus), le miracle de « l'histoire des poissons » (Jean 21:1-14), la sortie extravagante et peu canonique de la tombe de Pierre (voir ci-dessous), le Jésus géant et sa tête dans les nuages, la croix parlante et l'ascension d'un corps dans le ciel.

Peut-être d'autres personnes donneraient-elles une liste sensiblement différente, mais je suis presque sûr que nous y retrouverions beaucoup de ces éléments. Je ne considère pas que les événements surprenants soient extraordinaires. Par exemple, voir un homme que l'on pensait mort est en effet surprenant, mais pas extraordinaire. Il n'est pas non plus extraordinaire d'avoir une vision d'une

15. Elle était aussi présente dans un livre maintenant perdu, l'évangile des Hébreux, probablement écrit au milieu du IIe siècle. Nous trouvons quelques citations de ce livre dans les écrits des autres. Jérôme a cité le récit de l'apparition. Comme il ne s'agit pas d'un récit complet, nous ne pouvons pas le comparer aux autres.

16. Sauf peut-être pour Pierre, qui peut avoir été écrit après Jean.

17. Matthieu 27:52-53 : « les sépulcres s'ouvrirent, et plusieurs corps des saints qui étaient morts ressuscitèrent. Étant sortis des sépulcres, après la résurrection de Jésus, ils entrèrent dans la ville sainte, et apparurent à un grand nombre de personnes. »

personne morte ou censée être morte. (Mon père a entendu la voix de ma mère longtemps après sa mort, et même si elle semblait plutôt réelle et « sinistre », il savait très bien qu'elle n'existait que dans son esprit. Après quelques temps, ces hallucinations ont cessé. Ce n'est pas extraordinaire.) Puis j'ai fait le compte des événements extraordinaires qui apparaissent dans chacun des récits de résurrection. Dans l'ordre dans lequel ont été écrits les récits : il y en a zéro chez Paul, un chez Marc, quatre chez Matthieu, cinq chez Luc, six chez Pierre et au moins six chez Jean. (Jean écrit : « Jésus a fait encore, en présence de ses disciples, beaucoup d'autres miracles, qui ne sont pas écrits dans ce livre. » 20:30) Si on insère ces données dans un graphique, on obtient une courbe croissante en fonction du temps. La dernière résurrection est la plus extraordinaire et il est donc clair que l'histoire, au moins dans ses différents récits, a évolué et a grossi avec le temps.

Plus en détail, nous pouvons compter le nombre de messagers au tombeau, qui grandit aussi avec le temps, tout comme l'affirmation qu'il s'agit d'anges. Paul : 0 anges. Marc : un jeune homme assis. Matthieu : un ange assis. Luc : deux hommes debout. Pierre : deux hommes / anges marchant. Jean : deux anges assis. D'autres éléments entrent dans ce modèle. Les apparitions corporelles sont absentes des deux premiers récits, mais surgissent dans les quatre derniers, à partir de 80 EC. L'ascension corporelle est absente des trois premières histoires, mais apparaît dans les trois dernières à partir de l'année 85 EC. Cette inflation de détail est la marque de fabrique de la légende.

L'erreur que font la plupart des chrétiens modernes est de voir l'année 30 EC avec les lunettes déformantes des années 80-100 EC, plus d'un demi-siècle plus tard. Ils superposent de façon anachronique les récits extraordinaires des derniers évangiles aux vues plus simples des premiers chrétiens, en faisant semblant de croire que tous les chrétiens croyaient exactement la même chose tout au long du Ier siècle.

Paul (an 55 EC)

Peut-on dire que Paul n'a raconté aucun événement extraordinaire ? Est-ce que son récit ne parle pas d'un tombeau vide et des apparitions d'un homme mort ? Voici ce que Paul écrit dans I Corinthiens 15:3-8 vers 55 EC, dans ce qui est le tout premier récit de la résurrection :

> Je vous ai enseigné avant tout, comme je l'avais aussi reçu,
> que Christ est mort pour nos péchés,
> selon les Écritures ;
> qu'il a été enseveli, [*etaphe*]
> et qu'il est ressuscité [*egeiro*] le troisième jour,
> selon les Écritures ;
> et qu'il est apparu [*ophthe*] à Céphas, [Pierre]
> puis aux douze.
> Ensuite, il est apparu à plus de cinq cents frères à la fois,
> dont la plupart sont encore vivants,
> et dont quelques-uns sont morts.
> Ensuite, il est apparu à Jacques,
> puis à tous les apôtres.
> Après eux tous, il m'est aussi apparu à moi,
> comme à l'avorton.

C'est une formule ou un hymne, dans le style poétique que Paul affirme avoir « reçu » d'un croyant récitant une tradition orale antérieure. Il a rédigé la fin évidemment. Il est possible que ce passage soit apparu quelques années seulement après la mort de Jésus. Notons que Paul ne l'appelle pas « Jésus » ici. Ce qui ne manque pas d'intérêt, c'est que l'un des arguments des apologistes pour prouver l'authenticité du Nouveau Testament, c'est de dire qu'il a été écrit dans un style narratif simple, à la différence des autres mythes et légendes écrits dans un style poétique — et pourtant, le tout premier récit de la résurrection est écrit dans un style poétique et légendaire.

Cette épître aux Corinthiens a été écrite au moins un quart de siècle après les événements décrits, à l'intention de peuples très éloignés — Corinthe est à environ 2 400 km de Jérusalem. Aucun des lecteurs n'aurait été en mesure de confirmer l'histoire, puisque la plupart n'étaient même pas nés au moment de la mort de Jésus. Ils étaient obligés de croire Paul lorsqu'il disait que « cinq cents frères » avaient vu Jésus vivant. Qui étaient ces cinq cents anonymes et pourquoi n'ont-ils rien écrit? Est-ce que ce chiffre rond n'est pas suspect d'ailleurs? Et pourquoi Jésus n'est-il apparu à personne en dehors de la foule des croyants? Dans tous les cas, les écrits de Paul ne fournissent pas d'arguments en faveur de la résurrection corporelle, mais en faveur de la légende.

Tout d'abord, remarquez comme ce premier récit de la résurrection est simple. Aucun message angélique, aucune femme en deuil, pas de tremblement de terre, pas de miracles et pas d'ascension spectaculaire dans les nuages. Pas de tombeau vide non plus. Le mot « enseveli » est la traduction de l'ambigu *etaphe* qui veut simplement dire « mettre dans une tombe » (*taphos*). Le *taphos* pouvait très bien être une fosse commune (là où allaient le plus souvent les condamnés à mort) ou un sépulcre en pierre (comme celui de Joseph d'Arimathie) : il faut remarquer que ce passage n'utilise pas le mot « sépulcre » (*mnemeion*) qui apparaît pour la première fois dans le récit ultérieur de Marc. Comme Paul ne mentionne pas de tombe, nous pouvons difficilement conclure qu'il pensait à un « tombeau vide ». Ceux qui pensent qu'il parlait d'une tombe relisent cet hymne à la lumière de l'évangile de Marc.

Ce passage ne mentionne pas non plus de résurrection. Le mot grec *[egeiro]* signifie « se réveiller » ou « reprendre ses esprits ». Paul n'a pas utilisé le mot résurrection (*anastasis, anistemi*) ici, alors qu'il le connaissait certainement. *Egeiro* est utilisé tout au long du Nouveau Testament avec un sens beaucoup plus simple : « c'est l'heure de vous réveiller [*egeiro*] enfin du sommeil » (Romains 13:11) qui ne s'adresse pas à des cadavres. « Réveille-toi [*egeiro*], toi qui dors, Relève-toi [*anistemi*] d'entre les morts, Et Christ t'éclairera » (Éphésiens 5:14) qui s'adresse également à des personnes bien en vie. De toute évidence, Paul entend donc quelque chose de non physique dans ce passage, même s'il utilise « ressusciter » en association avec *egeiro* (avant de se lever, il faut se réveiller). Matthieu utilise *egeiro* ainsi : « Et voici, il s'éleva sur la mer une si grande tempête que la barque était couverte par les flots. Et lui, il dormait. Les disciples s'étant approchés le réveillèrent, et dirent: Seigneur, sauve-nous, nous périssons! » (Matthieu 8:24-25) Personne ne pense que Jésus est ressuscité dans ce bateau.

Quelle qu'ait été la croyance de Paul, il n'a pas dit que le corps de Jésus était revenu à la vie et était sorti de sa tombe. Il est tout à fait cohérent dans la théologie chrétienne de penser que c'est l'*esprit* et non le *corps* de Jésus qui s'est réveillé, tout comme les chrétiens d'aujourd'hui pensent que l'*esprit* de Grand-Père est allé au ciel alors que son corps pourrit dans une tombe. En réalité, quelques versets plus loin, Paul le confirme: « la chair et le sang ne peuvent hériter le royaume de Dieu » (I Corinthiens 15:50). Le corps physique n'a aucune importance dans la théologie chrétienne.

Mais qu'en est-il des apparitions mentionnées par Paul? Est-ce qu'elles n'impliquent pas un corps ressuscité? En fait, le mot « apparut » dans ce passage est tout aussi ambigu et n'implique pas de présence physique. Le mot *ophthe*, à partir du verbe *horao*, est utilisé à la fois pour la vue physique et pour les visions spirituelles. Par exemple: « Pendant la nuit, Paul eut une vision [*ophthe*]: un Macédonien lui apparut. [...] Après cette vision [*horama*] de Paul, nous cherchâmes aussitôt à nous rendre en Macédoine... »[18] (Actes 16:9-19) Personne ne pense une seule seconde que ce Macédonien soit « apparu » physiquement à Paul.

Paul cite Pierre dans sa liste des « apparitions » du Christ et pourtant, dans la Transfiguration telle qu'elle est décrite par Matthieu, nous trouvons le même mot d'une « apparition » non physique pour désigner ce qu'a vu Pierre: « Six jours après, Jésus prit avec lui Pierre, Jacques, et Jean, son frère, et il les conduisit à l'écart sur une haute montagne. Il fut transfiguré devant eux; son visage resplendit comme le soleil, et ses vêtements devinrent blancs comme la lumière. Et voici, Moïse et Élie leur apparurent [*ophthe*], s'entretenant avec lui. » (Matthieu 17:1-3) Moïse et Elie apparaissent-ils *physiquement* à Pierre? Devons-nous commencer à chercher leurs tombes vides? C'est évidemment une apparition d'ordre *spirituel.*

18. *Horama* vient du même verbe que *ophthe.*

En outre, à en croire Marc et Matthieu, le premier témoin des apparitions de Jésus selon Paul est un menteur invétéré. Devant un tribunal, la crédibilité de Pierre serait sérieusement mise à mal puisqu'il a nié à plusieurs reprises connaître Jésus quelques jours plus tôt, après avoir promis à celui-ci qu'il serait loyal (Matthieu 26:69-75). Paul lui-même ne rechignait pas à mentir un peu si cela pouvait aider à diffuser son message : « Que Dieu, au contraire, soit reconnu pour vrai, et tout homme pour menteur [...]. Et si, par mon mensonge, la vérité de Dieu éclate davantage pour sa gloire, pourquoi suis-je moi-même encore jugé comme pécheur ? » (Romains 3:4,7)

Paul, ayant besoin d'affirmer son autorité auprès de ses lecteurs, glisse dans la liste que le Christ lui est apparu à lui aussi, donc si nous regardons de plus près la description de cette apparition, nous voyons clairement ce qu'il a voulu dire. Paul dit avoir rencontré Jésus sur la route de Damas, mais Jésus n'est pas apparu *physiquement* à Paul à cet endroit-là. Il est tombé de son cheval et a été aveuglé. (Je sais qu'il n'y a pas de cheval dans l'histoire mais pour une raison obscure je n'imagine pas la scène sans un cheval — parfait exemple de création légendaire !) Comment est-ce que Jésus aurait pu apparaître physiquement à un aveugle ? Les compagnons de Paul disent qu'ils n'ont vu personne mais qu'ils ont juste entendu une voix (Actes 9:7) ou qu'ils n'ont pas entendu de voix (Actes 22:9). Il faut choisir.[19] Cette « apparition » à Paul est censée avoir eu lieu des années après l'ascension de Jésus, ce qui soulève une bonne question : où était donc Jésus pendant tout ce temps ? Son corps physique traînait-il dans les nuages, voletant au-dessus de la route de Damas ? S'est-il fait coupé les cheveux ? De quoi s'est-il nourri ? Comment s'est-il lavé ?

Il est clair que Paul n'a pas serré la main de Jésus et pourtant, il insère cette « apparition » dans la liste de I Corinthiens 15. Paul développe ailleurs sa rencontre : « car je ne l'ai ni reçu ni appris d'un homme, mais [...] lorsqu'il plut à celui qui m'avait mis à part dès le sein de ma mère [...] de révéler en moi son Fils, afin que je l'annonçasse parmi les païens, aussitôt, je ne consultai ni la chair ni le

19. Voir chapitre 14 : « Comprendre les incohérences ».

sang » (Galates 1:12-16). Remarquez qu'il ne dit pas « j'ai rencontré Jésus physiquement » ou « j'ai vu Jésus ». Il dit que Dieu a révélé « en moi son Fils ». C'était une expérience intérieure et pas une rencontre face-à-face. C'est exactement ainsi que les chrétiens modernes parlent de leur « relation personnelle » avec Jésus.

Toutes les « apparitions » dans I Corinthiens 15:3-8 doivent être vues comme des « expériences spirituelles » et psychologiques et non comme des rencontres physiologiques avec un corps ressuscité. Si elles avaient vraiment eu lieu, elles auraient été peu communes mais pas extraordinaires. Les hallucinations, rêveries et chimères sont monnaie courante dans la plupart des religions. Dans Paul, nous n'avons pas de tombe vide, pas de résurrection et pas d'apparition physique.

Marc (an 70 EC)

Environ quinze ans plus tard, c'est dans Marc, le premier évangéliste, qu'apparaît le deuxième récit de la résurrection, quarante ans après les événements. Presque tous les adultes qui vivaient en 30 EC étaient déjà morts[20]. Personne ne sait qui a écrit l'évangile de Marc — les évangiles sont tous anonymes et leurs noms leur ont été attribués bien plus tard, autour de l'année 180 EC[21]. L'auteur, quel qu'il soit, de Marc écrit d'un point de vue historique, puisqu'il appartient à la deuxième génération de croyants et qu'il n'est donc pas un témoin visuel.

Son récit de la résurrection (16:1-8) ne fait que huit versets. Les douze versets suivants n'apparaissent que dans certaines traductions

20. *Regional Model Life Tables and Stable Populations*, A. Coale et P. Demeny, deuxième éd., 1983. Cet ouvrage représente de façon statistique l'espérance de vie dans les pays du tiers-monde à la fin du XIXe siècle et au début du XXe, où les conditions de vie étaient comparables à celle de la Rome antique. Merci à Richard Carrier pour cette information.

21. Bien que les noms aient été assignés librement au début ou au milieu du IIe siècle, Irénée les a définitivement formalisés en 180.

(avec l'histoire du serpent et du poisson) et sont un ajout plus tardif (preuve que les réarrangements chrétiens ont commencé très tôt).

L'histoire de Marc est plus développée que celle de Paul, mais elle reste très simple, plutôt imprécise même. Si nous considérons que le jeune homme au sépulcre « vêtu d'une robe blanche » est un ange, alors nous avons un événement extraordinaire. Un seul.

Il n'y a pas de tremblements de terre ou d'apparitions après la mort, pas plus qu'il n'y a d'ascension. En réalité, il n'y a pas de *croyance* en la résurrection, pas de prêche d'un Christ monté au ciel. Le livre se termine avec la fuite des femmes : « ...et elles ne dirent rien à personne, à cause de leur effroi », une fin plutôt faible si l'on considère l'impact qu'était censé avoir l'événement.

Notez que le jeune homme dit « il s'est relevé [*egeiro*] ». Comme Paul, il évite le mot « ressusciter ». Ces mots peuvent être prononcés en présence de dépouilles mortelles, comme c'est souvent le cas aux enterrements.

Matthieu (an 80 EC)

Dans Matthieu, un demi-siècle après les événements, nous avons enfin quelques-unes des histoires fantastiques qu'affectionnent particulièrement les chrétiens modernes. Le tremblement de terre, la pierre roulée et « l'histoire d'Halloween » (cf. note 17) apparaissent pour la première (et la seule) fois. On a aussi un ange authentique et des apparitions post-mortem.

Luc (an 85 EC)

Matthieu et Luc s'inspirent plus ou moins de Marc, mais chacun ajoute son petit grain de sel. Dans Luc, nous trouvons le « vous le voyez, vous ne le voyez plus » avec les apparitions / disparitions de Jésus et son ascension corporelle. Nous avons aussi deux anges, si nous considérons que les deux hommes « en habits resplendissants » sont des anges.

Évangile de Pierre (an 85 EC)

C'est un fragment d'un évangile non canonique, attribué à Simon Pierre (ce qui veut dire qu'il a été composé par un autre chrétien inventif) qui commence au milieu de ce qui semble être un récit de la résurrection. La datation est controversée, mais il a certainement été composé après les années 80 de notre ère.

Une foule venue de Jérusalem a visité la tombe scellée le jour du sabbat. Au matin de Pâques, les soldats ont constaté la résurrection après que la pierre a roulé d'elle-même pour découvrir l'entrée (pas de tremblement de terre). Dans une incroyable lumière, deux jeunes hommes sont descendus du ciel et sont entrés dans la tombe, puis les deux hommes dont les têtes atteignaient le ciel ont porté un troisième homme, plus grand encore, suivi d'une croix. Une voix dans le ciel a demandé : « As-tu annoncé la nouvelle à ceux qui dorment ? » La croix a répondu « Oui ». Puis quelqu'un est entré dans la tombe. Ensuite, les femmes ont trouvé un jeune homme à l'intérieur qui leur a dit quelque chose de semblable à ce qui est dit dans Marc. « Alors les femmes, épouvantées, s'enfuirent. » C'est complètement fantastique.

Évangile de Jean (années 90-95 EC)

Le dernier des Évangiles canoniques se distingue des autres par son style et son contenu, raison pour laquelle les Évangiles de Marc, Matthieu et Luc sont appelés les « évangiles synoptiques » et pas celui de Jean. (Peut-être pouvons-nous appeler ce dernier « évangile myope ». La myopie affecte la vision de loin.) L'histoire de la résurrection telle qu'elle est racontée par Jean contient de vrais anges, des apparitions corporelles (y compris un « et maintenant vous le voyez » et une matérialisation à travers des portes fermées), l'histoire des poissons et l'ascension. À ce stade, la légende est devenue… légendaire.

L'auteur anonyme finit son évangile en disant : « Jésus a fait encore beaucoup d'autres choses ; si on les écrivait en détail, je ne pense pas que le monde même pût contenir les livres qu'on écrirait. » (Jean 21:25) Jean exagère évidemment mais cela n'est pas surprenant par rapport au programme qu'il s'est fixé: « Jésus a fait encore, en présence de ses disciples, beaucoup d'autres miracles, qui ne sont pas écrits dans ce livre. Mais ces choses ont été écrites afin que vous croyiez que Jésus est le Christ, le Fils de Dieu, et qu'en croyant vous ayez la vie en son nom. » (Jean 20:30-31) Ce n'est pas l'œuvre d'un historien; c'est de la propagande écrite « afin que vous croyiez ». Des auteurs dans le genre de celui-là doivent être pris avec des pincettes.

Les disciples sont-ils morts pour avoir menti?

Souvent, nous entendons dire que la résurrection a *forcément* eu lieu: les disciples étaient tellement sûrs d'eux qu'ils ont enduré la torture et la mort pour leur foi (bien qu'il n'y ait pas de preuve datant du Ier siècle pour ces allégations). Mais considérons un instant cette affirmation. Les évangiles ont été écrits entre 70 et 100 de notre ère. Les auteurs n'étaient certainement pas Matthieu, Marc, Luc ou Jean mais imaginons (pour le plaisir d'argumenter) qu'ils étaient de jeunes hommes qui connaissaient Jésus et avaient 20 ou 25 ans au moment de sa mort. (Matthieu le percepteur d'impôts et Luc le médecin étaient peut-être plus vieux.) L'espérance de vie à cette époque était de 45 ans[22], donc des gens d'une soixantaine d'années étaient des *vieillards*. (Comme récemment, dans le recensement américain de 1900, les gens de plus de 55 ans étaient considérés comme des « personnes âgées ».) Marc aurait eu 65 ans, Matthieu au moins 70, Luc au moins 75 et Jean près de 90 quand ils ont pris la plume.

Comment ces disciples ont-ils réussi à échapper à cette supposée persécution et aux tortures puis à vivre suffisamment longtemps pour écrire ces livres? D'ordinaire, être un martyre ne multiplie pas par deux vos chances de survie. Il serait plus logique de penser que ces textes anonymes ont été composés par la génération suivante de croyants. Ils n'étaient pas des témoins visuels.

22. Voir note 20.

Pourquoi tant de gens croient à la résurrection ?

Dans toute question ouverte, il faut discuter de ce que nous savons et de ce que nous ne savons pas. Nous savons que les légendes pieuses et les mythes tenaces naissent facilement et naturellement. Nous ne savons pas si les morts sortent de leurs tombes. Nous savons que la mémoire humaine est défaillante. Nous ne savons pas si les anges existent.

Certains chrétiens affirment que la période qui sépare les événements et leur compte rendu écrit était trop courte pour que se développe une légende ; pourtant, nous savons que ce n'est pas vrai. En 1981, la légende de l'apparition de la Vierge à Medjugorge s'est répandue dans toute la Yougoslavie en *deux jours* seulement, corroborée par les témoignages de vrais témoins qui sont toujours en vie aujourd'hui. Des pèlerins du monde entier ont visité l'endroit presque immédiatement, certains affirmant qu'ils ont été guéris là-bas. Pourtant, très peu de protestants croient cette histoire. Devons-nous nous mettre à la recherche de la tombe vide de Marie ?

La légende d'Elian Gonzales, le jeune réfugié cubain qui a été secouru au large de la Floride en 1999, est devenue un culte organisé en quelques semaines à peine. Certains ont dit qu'il s'agissait du « Messie cubain » qui devait libérer son peuple opprimé par le Diable Castro, des gens ont dit avoir vu la Vierge Marie dans le centre de Miami et d'autres ont raconté que l'enfant avait été protégé par des anges et des dauphins (des poissons-dauphins en réalité)[23]. Les histoires extraordinaires du XIXe siècle sur le fondateur mormon Joseph Smith ont été acceptées comme parole d'évangile quelques années plus tard.

Il y avait largement le temps pour que la légende de la résurrection Jésus se développe.

Nous savons que les gens voient régulièrement leurs proches décédés en rêve ou en vision. Ma propre grand-mère m'a juré qu'elle voyait régulièrement mon grand-père entrer dans la maison,

23. Pour consulter une source, voir « The 'Elian Gonzales' Religious Mouvement » sur www.religiousintolerance.org/elian.htm

lui sourire en lui faisant signe, et qu'il était souvent en compagnies d'amis morts eux aussi qui s'amusaient à ouvrir et fermer les placards. Aurais-je dû aller creuser la tombe de mon grand-père pour vérifier que c'était le chagrin qui la faisait rêver ? Cela aurait-il changé quelque chose ?

Cependant, certains chrétiens soutiennent que c'est exactement ce qui se serait passé si l'histoire de Jésus était fausse. Si la tombe n'avait pas été vide, des détracteurs auraient pu facilement faire taire les rumeurs en produisant le corps. Cela suppose que ces gens y aient accordé suffisamment d'importance pour faire ainsi — ils ne l'ont pas fait lorsque Hérode a entendu des rumeurs disant que Jean Baptiste avait ressuscité (Matthieu 14:1-2). C'était un crime de piller les tombes et qui aurait su où il fallait chercher ? (Les premiers chrétiens n'ont jamais voué de culte à la tombe vide de Jésus, ce qui prouve à nouveau qu'elle n'a pas existé.) De même, il s'est passé au moins sept semaines entre la mise au tombeau et la première fois qu'a été prêchée la résurrection à Pentecôte. Entre-temps, n'importe qui aurait pu avoir intérêt à étouffer l'histoire, deux ou trois mois seraient passés — et qu'arrive-t-il à une dépouille laissée deux ou trois mois sous ce climat ? Le corps de Lazare « sent déjà » alors que cela ne fait que quatre jours (Jean 11:17, 39). Si quelqu'un avait eu le cran de localiser et de creuser en toute illégalité pour déterrer le corps en décomposition de Jésus et le promener dans les rues de la ville, les disciples auraient-ils reconnu dans un squelette méconnaissable leur Seigneur et Sauveur ? Je ne crois pas, pas plus que ma grand-mère n'aurait reconnu qu'elle se trompait.

Au cours de l'un de mes débats, Greg Boyd a avancé l'argument que la résurrection *devait* avoir eu lieu, sans quoi nous ne pourrions pas expliquer la naissance et l'incroyable expansion de l'Église chrétienne. Il n'y a pas de fumée sans feu, a-t-il insisté. Mais cet argument peut aussi bien être appliqué à la « fumée » d'une autre religion, par exemple l'islam, puisque des millions de braves gens croient que Mahomet, qui était analphabète, a miraculeusement écrit le Coran.

Nous pouvons l'appliquer à la « fumée » du mormonisme, puisque des millions d'individus intelligents et moraux croient que l'ange Moroni a donné des tablettes en or à Joseph Smith où était inscrit *Le Livre de Mormon.* « Pourquoi ceux qui ne sont pas mormons ont-ils des difficultés à croire cette histoire ? demande Robert J. Miller. Après tout, elle n'est pas plus improbable que des dizaines d'autres histoires de la bible (par exemple, Jonas et la baleine) auxquelles croient beaucoup de chrétiens sans aucune difficulté. La différence ne tient pas au contenu des histoires elles-mêmes, mais bien plutôt au fait que celui qui les considère fait ou non partie de la religion à laquelle elles se rapportent. Pour le dire de façon un peu cruelle peut-être, les histoires de *nos* miracles sont faciles à croire parce qu'elles sont vraies ; les histoires de miracles *des autres* sont difficiles à croire parce qu'elles sont tirées par les cheveux et factices. »[24]

Cela peut s'appliquer à l'Église de l'Unification, aux Témoins de Jéhovah et à bien d'autres mouvements religieux très populaires. Si la fumée prouve qu'il y a du feu, alors ont-ils tous raison ?

Que s'est-il passé ?

Si l'histoire n'est pas vraie, comment est-elle née ? Nous ne le savons pas vraiment mais nous pouvons deviner quelques éléments, en nous appuyant sur ce que nous savons des autres religions et de ce que nous savons sur la nature humaine.

Partant du principe que le Nouveau Testament est plutôt digne de confiance dans l'ensemble, Robert Price propose un scénario rationnel. C'est l'état d'esprit de Pierre qui en est la clé. Les disciples attendaient de Jésus qu'il établisse son royaume sur terre et cela ne s'est pas produit. Il a été tué. Rien ne s'est passé comme prévu et cela a créé une dissonance cognitive. Pierre, qui avait promis loyauté à Jésus, avant de le renier publiquement quelques heures avant la crucifixion, a dû se sentir très mal. (Le jour suivant le « Vendredi Saint » est appelé « Samedi Noir », jour où les disciples étaient endeuillés, encore sous le choc.)

---

24. *The Jesus Seminar and its Critics,* Robert J. Miller, Polebridge Press, 1999, p. 134.

Imaginez que vous ayez une terrible dispute avec votre épouse ou votre amant, au cours de laquelle vous dites des choses désagréables que vous regrettez par la suite, mais que la personne meure avant que vous ayez eu le temps de vous excuser et de vous réconcilier. Imaginez votre état d'esprit : chagrin, regret, choc, embarras, tristesse et un désir désespéré de ramener cette personne à la vie et d'arranger les choses. C'est ce qu'a dû ressentir Pierre.

Comme il croyait en Dieu et à la survie de l'âme, Pierre a prié Jésus : « Je suis désolé. Pardonne-moi. » (Ou quelque chose dans ce goût-là.) Puis Pierre a reçu une réponse : « Je suis là. Je te pardonne. » (Idem.) Alors Pierre, triomphant, est allé le raconter à ses amis : « J'ai parlé avec Jésus ! Il n'est pas mort ! Il me pardonne ! » Ses amis disent : « Pierre a parlé avec Jésus ? Pierre a vu Jésus ? Il est vivant ! C'était un royaume *spirituel* ! » (Ou quelque chose dans ce goût-là.) Paul peut alors faire figurer Pierre à la tête de la liste des personnes à qui le Christ est « apparu ».

Nous n'avons pas besoin de savoir exactement ce qui s'est passé, mais seulement que des choses de ce genre peuvent arriver. Prenez par exemple les Millérites du XIXe siècle qui sont devenus Adventistes du Septième Jour après que le monde n'a pas pris fin comme ils l'avaient prédit. Ou les Témoins de Jéhovah dont l'église a réussi à rebondir après les prophéties ratées de Charles Russell et de Joseph Rutherford disant que la fin du monde était pour 1914. Oups, en fait ils voulaient dire 1925. (Ils ont été assez inventifs et ont dit que Jésus était en fait revenu sur terre « spirituellement ».) Après la mort au XXIe siècle de Ruffon Jeffs, le Prophète de l'Église fondamentaliste de Jésus Christ des saints des derniers jours, qui était censé ressusciter, son fils Warren Jeffs a déclaré que son père avait en fait ressuscité « spirituellement » et qu'il dirigeait maintenant l'église depuis une autre dimension. Warren a ensuite récupéré les nombreuses jeunes épouses de son père, celles qui ne s'étaient pas déjà enfuies. (Cf. *Stolen Innocence* d'Elissa Wall.)

Robert Price va plus loin : « Quand un groupe a tout misé sur une croyance religieuse et "brûlé ses vaisseaux" pour finalement voir cette croyance infirmée par les événements, la désillusion peut être trop difficile à supporter. Ils s'en sortent rapidement avec une explication rationalisante, dont la recevabilité est renforcée par les encouragements mutuels des membres du groupe. Dans l'optique d'augmenter encore la plausibilité de leur croyance menacée, ils peuvent entreprendre un nouvel effort massif de prosélytisme. Plus ils arriveront à convaincre de gens, plus leur croyance semblera vraie. En dernière analyse, une infirmation radicale de leurs croyances est sans doute ce qui permet à de nombreux mouvements religieux de décoller. »[25]

Il y a eu bien d'autres scénarios tout aussi plausibles pour expliquer l'origine de la légende, mais nous n'avons pas besoin de tous les décrire. Le fait qu'ils existent montre que l'historicité de la résurrection corporelle de Jésus ne peut être considérée comme acquise.

L'idée de la légende est respectueuse

L'idée de légende respecte l'humanité des premiers chrétiens. Nous savons que la race humaine possède une grande propension à inventer, croire et répéter des mensonges. Pourquoi donc les premiers chrétiens auraient-ils été différents ? N'étaient-ils pas avant tout des gens comme les autres ? Ne faisaient-ils jamais d'erreurs ? Étaient-ils des surhommes pour résister constamment aux tentations de l'exagération et de la rhétorique ? Avaient-ils une mémoire infaillible ? Étant donné les divergences entre les différents récits, pourquoi ne pas traiter ces premiers croyants comme nous-mêmes, non comme des personnages de dessin animé mais comme des êtres humains, avec des peurs, des désirs et des limites humaines ? Le fait que ma grand-mère ait eu des hallucinations n'a pas entamé le moins du monde l'amour ou le respect que je lui portais.

L'idée de légende respecte aussi la méthode historique. Nous ne sommes pas obligés de nous débarrasser de la régularité naturelle qui fait que l'histoire fonctionne. Nous pouvons prendre les récits du

25. *Beyond Born Again*, par Robert M. Price. Section II — The Evangelical Apologists : Are They Reliable ? Chapter 6 : « Guarding an Empty Tomb. » (www.infidels.org/library/modern/robert_price/beyond_born_again/chap6.html) Voir aussi *When Prophecy Fails : A Social and Psychological Study*, par Leon Festinger, HarperCollins College Div, 1964.

Nouveau Testament comme la narration de ce en quoi les gens *croyaient* sincèrement sans que cela soit vrai pour autant. Nous pouvons poser la question : « Croyez-vous tout ce que vous lisez ? »

L'idée de légende respecte la théologie. Si le corps de Jésus s'était élevé parmi les nuages physiques, alors nous sommes en présence d'un Dieu régnant sur une terre plate et limitée dans l'espace, assis sur un trône de taille humaine et disposant d'une droite et d'une gauche. Si Jésus avait lévité physiquement dans le ciel, où est son corps à présent ? N'a-t-il pas besoin d'aller chez le coiffeur de temps en temps ? Si l'on voit la résurrection corporelle comme l'enjolivement de la légende, alors les croyants sont libres de considérer leur dieu comme un être spirituel infini, incommensurable, non défini avec des dimensions humaines comme le sont les dieux païens.

Les spécialistes de la bible concluent ainsi : « En nous appuyant sur un examen minutieux de tous les récits de la résurrection, nous avons décidé que la résurrection de Jésus n'avait pas été perçue dans un premier temps en relation avec le devenir de son corps. Le corps de Jésus s'est probablement décomposé, comme tous les corps. La résurrection n'est pas un événement qui a eu lieu le premier dimanche de Pâques ; ce n'était pas un événement qu'on aurait pu enregistrer avec une caméra… Nous en concluons donc qu'il n'est pas nécessaire pour les chrétiens de croire en la véracité littérale des différents récits des apparitions ultérieures de Jésus. »[26]

En fin de compte, l'idée de légende respecte la liberté de croire ou de ne pas croire. Si on nous prouvait que la résurrection de Jésus était un fait historique avéré, alors nous n'aurions pas le choix, il n'y aurait plus de place pour la foi. Vous ne pouvez pas avoir la liberté de croire, si vous n'avez pas la liberté de ne pas croire.

26. *The Act of Jesus: What Did Jesus Really Do?* par Robert W. Funk et The Jesus Seminar, Polebridge Press, 1998, p. 533.

Quatrième partie

La vie est belle !

XVII

Allons à Washington

> *« Quand une religion est bonne, j'imagine qu'elle peut se perpétuer elle-même ; et quand elle n'arrive plus à se perpétuer, et que Dieu ne se soucie plus de le faire, que ses docteurs sont obligés d'appeler les pouvoirs civils à l'aide, c'est un signe, je le crains, qu'elle est devenue une mauvaise religion. »*
>
> Benjamin Franklin

Pendant la campagne présidentielle de 2000, Georges W. Bush s'est rendu à Milwaukee et a fait une séance de photos à la Faith Works, une organisation confessionnelle financée par l'État et hébergée dans un couvent. Il a promis que s'il devenait président des programmes comme celui-là recevraient encore plus d'aides publiques. Il a donné sa parole qu'il « mettrait tout le monde sur un pied d'égalité », en autorisant ouvertement les organisations religieuses avec des programmes religieux à postuler aux aides publiques destinées aux services sociaux.

Bien sûr, beaucoup de groupes religieux recevaient déjà de larges sommes d'argent public. Avant le Welfare Reform Act cependant ces groupes étaient obligés de créer une branche « laïque » avec deux comptabilités bien distinctes. S'ils acceptaient de décrocher leurs croix et leurs symboles religieux et de ne pas prêcher ni de faire de prosélytisme, ils pouvaient utiliser l'argent des impôts pour nourrir les pauvres, loger les sans-abri et d'autres actions sociales utiles. À la Freedom From Religion Foundation, cette disposition nous dérange parce que l'argent que ces organisations religieuses non imposables devraient utiliser pour les services sociaux peut être employé pour le culte. Mais nous n'avions jamais intenté d'action en justice pour ces subventions parce que le gouvernement nous aurait répliqué que cet argent a été alloué à des programmes purement laïques et que les organisations religieuses l'utilisait à des fins « laïques ».

Alors que beaucoup de personnes et d'organisations religieuses ont vraiment fait du bon travail, utilisant leur foi comme vecteur de charité, on ignore souvent le fait que si le crédit en revient aux églises, l'addition, elle, va au contribuable. Des groupes comme le Catholic Charities USA, les Lutherian Social Services et les Jewish Social Services ont assuré des activités de bénévolat pendant des décennies sans faire apparemment de prosélytisme (non sans quelques scandales occasionnels, comme lorsqu'une enquête a révélé que le Catholic Charities obtenait gratuitement du gouvernement les céréales excédentaires pour les revendre aux victimes des famines.)

Georges W. Bush a modifié cet équilibre. Il a fait de ces timides prestations « charitables » une administration fédérale pléthorique fondée sur la foi. Son « plan religieux » a supprimé la frontière entre l'Église et l'État, encourageant tous les groupes religieux à demander l'argent fédéral sans avoir besoin de constituer des organisations distinctes ni de faire semblant d'être laïques. L'un de ses premiers gestes, en tant que président, a été de fonder le Bureau des Initiatives Religieuses et Associatives au sein de la Maison Blanche et de placer à sa tête John DiIulio. Les bureaux d'autres ministères ont suivi. Depuis 2001, des centaines d'« œuvres de charité » religieuses ont éclos, toutes attirées par les perspectives financières. Beaucoup n'avaient aucun antécédent à leur actif. Des millions de dollars ont été librement alloués à des organisations religieuses non dissimulées qui en appelaient ouvertement à la foi pour accomplir leurs missions. Pour beaucoup de ces groupes, les actions sociales passent après leur mission première qui est de sauver des âmes et de diffuser les évangiles. Bien trop souvent les prestations de services sociaux ne sont qu'un prétexte pour faire du prosélytisme auprès des étudiants, des prisonniers, des patients et d'autres personnes dans le besoin.

Faith Works était une organisation explicitement chrétienne dont le but était de « ramener les sans-abri toxicomanes vers le Christ ». Elle s'occupait de détenus tout juste sortis de prison et essayait ostensiblement de les aider à rétablir le contact avec le monde extérieur et de leur trouver du travail. C'est un but louable mais les seuls outils de la Faith Works étaient la prière, l'étude de la bible et la fréquentation de l'église, dans l'espoir que les participants y rencontre d'éventuels employeurs. Elle n'avait aucun conseiller qualifié ; en fait, la Faith Works n'avait aucune réussite à son actif dans le Milwaukee. Le seul argument en faveur de l'efficacité de cette organisation était son caractère religieux. Le gouverneur républicain du Wisconsin, Tommy Thompson, a détourné des centaines de milliers de dollars provenant de fonds « discrétionnaires » pour lancer la Faith Works — des fonds qui avaient été attribués par l'état via le programme fédéral d'Assistance Temporaire pour les Familles dans le besoin. La Faith Works n'a pas ouvert ses portes avant d'avoir reçu d'énormes sommes provenant de l'argent des impôts. Lorsque nous avons découvert ce programme, grâce à la campagne de soutien de Bush, nous avons intenté une action en justice.

Dans cette affaire, j'étais plaignant en ma qualité de contribuable, aux côtés d'Annie Laurie et d'Anne Gaylor, comme membres de la Freedom From Religion Foundation. Le gouverneur Thompson, un catholique, était scandalisé que nous nous attaquions à ce programme — tout particulièrement depuis qu'il avait le soutien du président Bush. Il a juré de nous résister coûte que coûte. Mais le procureur général du Wisconsin, James Doyle (un démocrate qui allait devenir gouverneur par la suite) lui a déconseillé de s'opposer à nous. Comme Doyle l'a souligné, il est anticonstitutionnel d'utiliser l'argent public pour des ministères religieux privés. Le gouverneur a ignoré le conseil de son procureur général et a dépensé beaucoup d'argent en avocats pour représenter l'état dans cette affaire. Thompson avait réagi à l'identique dans deux autres procès intentés par la Fondation : les affaires « Vendredi Saint » et « Marriage Savers ». Dans les deux cas, il a perdu. Doyle avait raison : dès que l'on accorde de l'argent public, la responsabilité publique entre en jeu. Faith

Works, une organisation religieuse privée, n'était responsable ni devant le gouvernement, ni devant la société.

Quand nous avons commencé à nous engager dans le procès de la Faith Works, il est vite devenu évident que la partie allait être facile. En grattant un peu sous la surface, nous avons découvert que cette association véreuse prenait l'argent public à des fins uniquement sectaires. Même si la Faith Works a ensuite affirmé que l'argent public était bien distingué de l'argent provenant de donations privées et qu'il était réservé à la partie « laïque » de ses œuvres, le juge a percé leur stratagème à jour.

Un nombre ridicule de personnes avait « bénéficié » de ce programme coûteux et il était presque impossible d'obtenir des chiffres de la Faith Works pour mesurer son efficacité. Le groupe n'avait aucun moyen de différencier les fonds ou le programme. L'argent est fongible. Tout allait à l'amélioration de la mission évangélique. Nous avons obtenu un jugement ferme de la part de la cour fédérale. Comme notre victoire avait fait tarir sa principale source de revenus, la Faith Works a fini par se retirer des affaires. Sans l'argent des impôts, elle n'était rien.

Notre procès contre la Faith Works a été la première victoire dans notre combat contre le programme religieux de Georges W. Bush. Depuis lors, la Freedom From Religion Foundation a pris la tête dans ce domaine, intentant et gagnant plus de procès que n'importe lequel des groupes militant pour la séparation de l'Église et de l'État dans le pays.

Une autre affaire mémorable fut celle intentée contre les MentorKids USA de Phoenix dans l'Arizona, une branche du Prison Fellowship fondé par Chuck Colson, anciennement impliqué dans le Watergate. Son but déclaré est de guider les enfants des détenus, ce qui semble plutôt raisonnable. Qui n'aurait pas envie d'aider ces enfants dans le besoin ? Mais il s'avère que les activités obligatoires comprenaient la lecture de la bible, la prière et le prosélytisme. L'organisme utilisait l'argent public pour amener ces enfants et leurs familles vers Jésus Christ. Les MentorKids n'employaient comme mentors que des chrétiens évangéliques pratiquants qui devaient signer une déclaration de mission fondamentaliste. Un catholique nous a contactés, se plaignant parce que sa candidature pour devenir mentor dans le groupe avait été refusée parce qu'il ne pouvait pas en bonne conscience signer cette profession de foi déclarant qu'il prenait au pied de la lettre le texte de la Genèse et les six jours de la Création. « Même le pape sait que la terre est vieille de plus de 6000 ans ! » a-t-il dit.

Nous avons gagné facilement cette affaire. Non seulement la subvention pour les MentorKids n'a pas été renouvelée mais, pour la première fois, des fonds qui avaient été promis à une œuvre de charité religieuse n'ont pas été versés. De façon exaspérante, en réponse à l'une de nos déclarations, un procureur des États-Unis a écrit que c'était le rôle de groupes de surveillance comme le nôtre de garder à l'œil « le plan religieux ».

Pourquoi n'y a-t-il pas de suivi gouvernemental qui vérifie l'utilisation faite de l'argent public par ces organisations et ces églises ? Sans doute parce que l'on considère que si, elles sont religieuses, elles sont bonnes. Nous devrions simplement faire confiance aux groupes religieux pour être honnêtes et responsables. Il est plutôt ironique que ce soit la séparation entre l'Église et l'État qui alimente la réticence du gouvernement à se mêler des affaires des groupes religieux privés. En réalité, aucune église ni aucune école religieuse dans le pays n'est responsable aux yeux du public. Les églises ne paient pas d'impôts et ne remplissent aucun formulaire IRS 990 — tandis que toutes les autres associations à but non lucratif, y compris la Freedom From Religion Foundation, sont obligées de fournir ces formulaires au gouvernement pour le suivi de l'argent alloué. (Ces formulaires annuels 990 sont barbants et prennent beaucoup de temps. On sait où va chaque centime. Les dossiers sont mis à la disposition du public pour que vous puissiez savoir ce qui est fait avec l'argent que vous avez donné à une association non lucrative. La Freedom From Religion Foundation a été très bien notée pendant plusieurs années consécutives par Charity Navigator, qui surveille et analyse les formulaires 990.)

Les groupes religieux veulent le beurre et l'argent du beurre. Ils veulent l'argent public — qui comprend une partie de *mes* impôts — mais ils ne veulent pas être tenus pour responsable devant le public. Mais ils *devraient* l'être. Pourquoi ne le veulent-ils pas ? Vous rendez-vous compte des abus potentiels que permet un tel système ? Bien sûr, beaucoup de groupes religieux sont honnêtes — quelques-uns d'entre eux refusent même de prendre l'argent public — mais beaucoup ne le sont pas, comme le prouvent les procès comme les nôtres.

En 2004, nous avions gagné des procès de ce type dans le Montana, en Arizona, en Alaska et dans le Minnesota et nous avions des affaires en cours dans d'autres états. Nous commencions à nous demander pourquoi revenait à des petites organisations comme la nôtre le fardeau de surveiller ces groupes religieux. N'était-ce pas là le travail du gouvernement ? Pourquoi devions-nous nous démener dans tout le pays pour essayer d'éteindre ces incendies ? Pourquoi devrait-il y avoir des incendies ?

Nous avions d'abord espéré que nos victoires constitueraient des leçons pour Bush et son administration et que cela les empêcherait d'envoyer l'argent des impôts dans des organisations religieuses. Mais le programme religieux du président n'a fait que se renforcer et s'agrandir, demandant toujours plus d'argent.

Comme les vers plats dont les têtes peuvent repousser à l'infini ou les personnages de jeu vidéo qui ne meurent jamais, les bureaux religieux ont commencé à apparaître un peu partout dans les différents secteurs fédéraux des administrations. Éducation, Santé et Services à la personne (dirigés pendant un moment par l'ancien gouverneur Tommy Thompson), Logement et Développement Urbain, Travail, Justice, Agriculture, Développement International, Sécurité Intérieure, Commerce, Petite Entreprise et Anciens Combattants, tous avaient un bureau religieux. Ils sont également apparus dans beaucoup de bureaux de gouverneurs et même dans les mairies. Encouragés par la recherche active de fonds de l'administration Bush, ils brassaient des millions de dollars.

Les bureaux religieux de la Maison Blanche et du Cabinet ne distribuent pas d'argent, mais ils fournissent des services aux organisations religieuses et financent un grand nombre de conférences et d'ateliers, dont certains sont décrits par la presse comme l'équivalent des offices religieux du renouveau, avec prière et musique chrétienne. Notre gouvernement invite activement les organisations religieuses aux conférences financées par l'État, en offrant même un « repas gratuit », en les encourageant à demander des subventions et en leur apprenant comment remplir les critères. Bush a annoncé aux groupes religieux que le gouvernement avait un tas d'argent et il leur a appris à se le procurer. Nous pensons que c'est anticonstitutionnel. Notre gouvernement laïque ne devrait pas promouvoir ou établir la religion.

Nous ne nous opposons pas à la liberté des groupes privés et non imposables d'organiser leur culte. Ils ont parfaitement le droit de faire de la publicité, d'appeler des soutiens, de lever des fonds et d'essayer de gagner le respect qui attirera des donations à leur mission — mais ils devraient le faire avec des fonds privés, pas avec l'argent des impôts qui appartient à chacun de nous. Ils devraient se débrouiller pour obtenir de l'argent sans que le gouvernement ne les prenne par la main. C'est ce que devrait signifier la séparation de l'Église et de l'État. Aucun de nous ne devrait être obligé de soutenir la religion de quelqu'un d'autre. En fait, si j'étais à la tête d'une œuvre de charité religieuse, je serais gêné de reconnaître que mon dieu n'est pas assez grand pour pourvoir à mes besoins ou pour diriger mes activités. Si ma religion était inefficace au point que je sois obligé d'aller réclamer de l'argent aux caisses publiques, ce serait un véritable aveu d'échec ou, au mieux, d'incompétence, comme le suggérait Benjamin Franklin dans la citation qui ouvre ce chapitre.

En 2004, après une série de victoires, nous avons décidé de frapper encore plus fort. Nous avons poursuivi la Maison Blanche elle-même. Nous pensions que le président avait tort d'utiliser abusivement un bureau laïque pour promouvoir activement la religion. Anne, Annie Laurie et moi, en tant que contribuables et représentants de la Fondation, rejoints par la Freedom From Religion Foundation (qui représentait tous les contribuables), avons intenté une action en justice pour protester contre la formation d'une bureaucratie religieuse interne au sein du Bureau Exécutif (les bureaux religieux à la Maison Blanche et au Cabinet). Le consciencieux procureur du Madison, Rich Bolton, qui est maintenant devenu l'expert national des affaires d'œuvres religieuses, nous représentait. À cette époque, Jim Towey était devenu le nouveau « tsar des œuvres caritatives » de la Maison Blanche. (DiIulio avait démissionné, pour motif d'insatisfaction avec le programme.)

Le juge fédéral a très vite débouté notre affaire, pas à cause du fond, mais à cause de notre « intérêt à agir ». Il a décrété que nous, les contribuables, n'avions pas le droit de contester la création de bureaux fédéraux religieux. Il est vrai que les contribuables n'ont d'ordinaire pas ce droit. Je ne peux pas poursuivre le vice-président sous prétexte qu'il achète une certaine marque de photocopieurs, ou le président parce qu'il choisit d'envahir un pays et pas un autre. Mais la Cour Suprême, dans l'affaire *Flast contre Cohen* (1968) avait ménagé une petite exception pour les violations de la Clause d'établissement du Premier Amendement (« Le Congrès ne fera aucune loi pour conférer un statut institutionnel à une religion… ») lorsqu'elles impliquent les activités financées par le Congrès relevant de la clause Impôts et Dépenses du Congrès. Nous étions convaincus que le précédent Flast nous donnait le droit de les poursuivre. Comment les citoyens pourraient-ils autrement s'attaquer à ce genre de violations ? Si nous n'avions pas « l'intérêt à agir », alors personne ne l'avait. Est-ce que c'était juste ?

Le juge a répliqué que le précédent Flast ne s'appliquait qu'à l'argent que le Congrès allouait spécifiquement au pouvoir exécutif, pas aux dollars discrétionnaires que le président utilise. Si le Congrès demande au gouvernement de dépenser l'argent pour la religion, alors les Américains peuvent contester cette décision. Sinon, il n'y a pas de « connexion » de contribuables, pas de préjudice, pas d'affaire. Un tel raisonnement ménage la possibilité pour le président — et en particulier pour un président théocratique ou impérialiste — de violer allègrement la Constitution. En fait, Bush a bien essayé d'obtenir les fonds du Congrès pour son programme religieux et il a échoué (de manière générale). Il a donc simplement court-circuité le Congrès, en créant ce programme et en lui allouant de l'argent.

Nous avons fait appel auprès de la Septième Cour d'Appel de Chicago. À notre grande satisfaction, une commission de juges a fait annuler la décision du juge fédéral. Richard Posner, un juge plutôt conservateur, a déclaré que le président ne devait pas être exempté du contrôle judiciaire sur les questions religieuses. Il écrit : « Imaginez que le Secrétaire de la Sécurité Intérieure, qui peut utiliser une partie de son budget sans demander de comptes, décide de construire une mosquée et de rémunérer un imam pour qu'il y prêche parce que le Secrétaire penserait que des aides financières fédérales accordées à l'islam permettraient de prévenir le terrorisme islamiste sur le sol américain... Ce serait trop paradoxal de ne reconnaître l'intérêt à plaider du contribuable que dans les cas où la violation de la clause de l'établissement serait aussi minime et de la refuser dans des cas plus sérieux. »

Nous avons apprécié cette décision — c'est toujours agréable de gagner — et nous nous sommes préparés à retourner devant la cour fédérale pour que cette affaire soit jugée sur le fond. Mais cela n'a pas plu au gouvernement des États-Unis. Il a exigé de la Cour Suprême qu'elle fasse annuler la décision de la cour d'appel. En janvier 2006, deux semaines à peine après cette décision, on a nommé un républicain de l'aile droite, partisan de Bush, Samuel Alito à la place de Sandra Day O'Connor à la Cour Suprême. À cette époque, Jay Hein était devenu le nouveau chef du bureau religieux et des actions sociales de la Maison Blanche. On a donc appelé l'affaire : *Hein contre Freedom From Religion Foundation.* La Cour Suprême américaine ne s'occupe pas de beaucoup d'affaire et nous ne voulions pas qu'elle s'empare de la nôtre. Nous étions en train de gagner.

En décembre 2006, la Cour suprême a annoncé qu'elle entendrait l'appel du gouvernement. Les juges ne pouvaient se charger de l'affaire que si au moins quatre d'entre eux le décidaient. Certains spécialistes ont pensé que la Cour suprême avait accepté de prendre l'affaire afin de mettre fin au conflit de jurisprudence existant entre les juridictions inférieures sur le cas présent (comme certains des juges des Cours d'appels l'avaient recommandé) mais d'autres étaient convaincus qu'elle n'agissait ainsi que pour nous tenir à l'écart. Annie Laurie était consternée. Un rapide calcul mental lui a permis de compter quatre votes sûrs. J'espérais qu'Anthony Kennedy retournerait sa veste et nous donnerait la victoire à 5 contre 4. Nous avions plus de six mois à attendre avant de savoir l'issue du vote.

Nous nous sommes rendus à Washington D.C. pour assister aux débats devant la Cour Suprême en février 2007. Rich Bolton s'est présenté devant la Cour représentée par Maître Andy Pincus, avocat au barreau, qui a proposé de plaider à titre bénévole et qui avait préparé sa présentation avec l'aide des étudiants en droit de Yale. Il est vrai que c'était assez excitant d'être plaignants à la Cour Suprême dans une affaire de cette importance. Même si c'était plutôt ésotérique dans la mesure où, en réalité, on parlait plus du problème de l'intérêt à agir que de la plainte concernant le Premier Amendement elle-même, le contentieux était suivi de très près par les groupes de droits civiques de tout le pays. Nous savions qu'une victoire serait un signal fort envoyé à la Maison Blanche, lui signifiant qu'elle n'était pas à l'abri d'une condamnation pour les activités religieuses prises en charge par le gouvernement. Mais nous savions que nous pouvions perdre et que cela aurait sans doute pour résultat de rendre les choses pires encore. Les juges pouvaient simplement annuler la décision de la cour d'appel et nous dénier le droit de porter plainte dans cette affaire, en disant qu'il n'y avait pas de financement du Congrès. La cour pouvait également aller plus loin et fermer complètement la porte, en annulant le précédent Flast. Nous étions tous très inquiets devant ces possibilités.

Les principaux titres de la presse écrite étaient de notre côté. Le 28 février, jour des présentations, le *New York Times* a donné son avis : « L'administration Bush soulève le problème de l'intérêt à agir pour essayer d'empêcher la cour de s'intéresser au problème du Premier Amendement… Les vices de procédures comme celui-là peuvent avoir un énorme impact sur l'exercice de la justice s'ils permettent de fermer la porte des tribunaux aux gens qui veulent faire entendre des plaintes légitimes. La Cour Suprême a dit clairement que les contribuables peuvent contester l'aide qu'apporte le gouvernement à la religion. Les juges devraient confirmer la décision du juge Posner pour que l'on se penche enfin sur la véritable question : le gouvernement Bush a-t-il violé la Constitution ? »

Beaucoup d'associations pour les droits civiques et la séparation de l'Église et de l'État ont rempli des mémoires en notre faveur, notamment la American Civil Liberties Union, Americans United for the Separation of Church and State, the Baptist Joint Convention for Religious Liberty, People for the American Way, the Anti-Defamation League, Center for Free Inquiry / Center for Secular Humanism, American Atheists, American Jewish Congress & American Jewish Committee, et un groupe d'éminents « spécialistes d'histoire et de droit » a donné un compte rendu détaillé de l'histoire des divisions religieuses et des intolérances qui ont conduit aux clauses religieuses du Premier Amendement. Les mémoires de la cour des États-Unis comprenaient en particulier celui de Roy Moore, « Ten Commandments Judge », qui a été refusé et un autre de l'école de droit du télévangéliste Pat Robertson. (Les mémoires et les articles des médias peuvent être consultés sur le site de la Freedom From Religion Foundation www.ffrf.org)

Pendant les présentations, nous avons eu la surprise d'entendre le Juge Antonin Scalia interrompre le Conseiller auprès du Ministre de la Justice pour lui demander pourquoi une même action du Bureau Exécutif serait anticonstitutionnelle *avec* les crédits du Congrès et constitutionnelle *sans.* J'ai pensé « Bonne question ! » mais nous nous sommes ensuite aperçus que Scalia voulait empêcher *tous* les contribuables de poursuivre le gouvernement pour les violations de la clause de l'établissement des religions. Le juge Clarence Thomas et lui voulaient annuler le précédent Flast. D'autres questions portaient sur des problèmes mineurs, par exemple la question du nombre « constitutionnel » de petits pains financés par l'argent public lors des conférences religieuses. Si le président avait l'intention de promouvoir la religion, peu importait *combien* d'argent était dépensé — même « un centime » était trop selon James Madison.

Notre affaire était la seule à être traitée ce jour-là. Après les présentations, c'était plutôt amusant de descendre les larges marches de la Cour Suprême. ABC News nous a filmés Annie Laurie et moi devant les micros et les caméras des médias nationaux. Cela nous a fait une telle publicité que le nombre de visites sur notre site a explosé et que notre serveur et des douzaines d'autres ont été saturés. (Désolés les gars !) La Freedom From Religion Foundation a enregistré 800 nouveaux membres en deux semaines seulement !

Le 25 juin, jour de mon anniversaire, nous avons appris que nous avions perdu l'affaire, par un vote à 5 contre 4. Annie Laurie avait raison (c'est souvent le cas). Trois juges — Roberts, Kennedy et Alito — ont insisté sur le fait que Flast ne nous donnait pas le droit d'intenter ce procès, uniquement parce que Bush avait utilisé des fonds discrétionnaires. Leurs trois votes combinés à ceux de Scalia et de Thomas, qui brûlaient d'annuler Flast, mettaient un terme à notre affaire. Nous n'avons pas pu nous empêcher de remarquer que les cinq juges qui avaient pris cette décision étaient tous des catholiques pratiquants et conservateurs. Nous avons maintenant une majorité conservatrice à la Cour suprême qui a fait allégeance au Vatican. Le *Los Angeles Times* a déclaré le lendemain : « L'équivalent de deux générations de sens commun a été balayé d'un revers de main quand la cour a décidé à la majorité que les contribuables étaient fondés à attaquer le Congrès pour de telles dépenses mais pas le président si c'est lui qui finance les programmes. Le raisonnement de la cour n'a satisfait personne et a eu pour résultat de diviser les juges: le président suivi de deux collègues ont été rejoints dans leur position, comme par hasard, par les deux membres les plus conservateurs de la cour. Le plus grand groupe de juges parlant d'une seule voix a fait pourtant entendre une voix dissonante, celle des juges David H. Souter, John Paul Stevens, Ruth Bader Ginsburg et Stephen G. Breyer. »

Le juge Souter, qui exprimait une opinion contraire, a écrit: « Voilà, à la majorité, la cour a décrété que le précédent Flast ne s'applique pas, mais un examen de cette décision à la lumière de la suggestion que ces contribuables ont encore moins d'intérêts dans l'issue de ce procès que ceux de Flast serait vain: la majorité ne tire pas cette conclusion et ne pouvait pas le faire. Au lieu de cela, la décision finale ferme la porte aux contribuables parce que le bureau exécutif, et pas le bureau législatif, leur a porté préjudice. Je ne vois aucune raison de faire cette distinction, ni dans le raisonnement, ni dans la jurisprudence, et pour cette raison, je m'y oppose. »

Le vote du juge O'Connor est celui qui a fait pencher la balance. C'était la première affaire du juge Samuel Alito qui portait sur la religion et beaucoup attendaient de voir quelle allait être l'attitude de la nouvelle cour. Le remplacement de O'Connor par Alito — l'un des derniers héritages de la présidence de Bush — a changé la donne, donnant durablement à la cour une mauvaise orientation. (La seule chose à mettre au bénéfice de Kennedy c'est qu'il a refusé de suivre Scalia et Thomas pour annuler Flast.)

Puisque la décision dans le procès *Hein contre la Freedom From Religion Foundation* n'avait porté que sur l'intérêt à agir et pas sur le fond de la plainte, cet échec ne voulait pas dire que l'action du président Bush était constitutionnelle. Cela ne voulait pas dire que nous devions arrêter de contester les violations du Premier Amendement. Cela ne veut pas dire non plus qu'aucun de nous ne peut contester *cette* violation en particulier. Aucun contribuable américain, qu'il soit ou non religieux, n'a le droit de contester, pour des raisons purement fiscales, une allocation discrétionnaire même si elle viole la clause de l'établissement des religions par le pouvoir exécutif. Le droit religieux a gagné bien plus que ce à quoi il aspirait. À l'avenir, si un président veut utiliser des fonds pour insulter le christianisme (aussi improbable que cela puisse paraître), la décision *Hein* empêchera tout contribuable, fût-il baptiste, méthodiste ou catholique, de l'arrêter en tant que contribuable. Le verrou a sauté. Peu après la décision du 25 juin, la Freedom From Religion Foundation a dû abandonner à contrecœur un gros procès contre une « enveloppe pour Dieu » à la prison de femmes de Grant au Nouveau Mexique. Le juge avait indiqué que si nous perdions l'affaire *Hein,* il rejetterait notre plainte, donc nous nous sommes retirés. Nous reviendrions sur cette violation avec une accusation encore plus solide.

Il y a au moins trois façons de continuer à lutter contre le programme religieux. D'abord, si nous pouvons faire la preuve des relations entre ce programme et les fonds publics, alors l'intérêt à agir est justifié. (Nous avons en effet montré dans notre mémoire à la Cour Suprême que le Congrès a débattu et voté pendant des années les fonds alloués au plan religieux que nous contestions, mais la Cour était contre nous.) Deuxièmement, nous pouvons porter plainte en tant que victime — pas en tant que contribuable mais comme une personne ayant été personnellement affectée par le programme lui-même. Troisièmement, notre solution préférée : le Congrès peut mettre un terme à cette fuite anticonstitutionnelle de fonds. Même l'opinion majoritaire reconnaissait que le Congrès pouvait « rapidement intervenir » s'il le voulait.

Un gouvernement laïque est ce que nous pouvons souhaiter de mieux au monde. Il y a suffisamment de conflits sociaux sur cette planète sans que nous y ajoutions la division religieuse. Dans une société démocratique et égalitaire, nous devrions avoir la liberté de nous opposer aux opinions religieuses, ce qui veut aussi dire que nous pouvons demander des comptes à notre gouvernement à ce sujet. Le gouvernement doit absolument rester neutre sur tous les plans. Notre travail pour maintenir la séparation de l'Église et de l'État est crucial pour préserver la tolérance et la paix, c'est la seule façon d'avoir « un paradis sur terre ». C'est une mission certainement plus utile que celle dont je m'étais chargé pendant dix-neuf ans : essayer de pousser les gens à entrer dans un paradis imaginaire.

XVIII

Aventures athées

En février 2008, j'étais sur la côte brésilienne à Cabo Branco, je regardais l'océan Atlantique en direction de l'Afrique. J'avais été invité à présenter l'athéisme lors de la conférence annuelle Nova Consciênca, un énorme « anti-Carnaval » multiculturel et multiconfessionnel en faveur de la tolérance, qui avait lieu dans la ville de Campina Grande. Après cinq jours de rencontres, je voulais tout particulièrement visiter Cabo Branco, le point le plus à l'est des Amériques. Quelques-uns de mes nouveaux amis m'avaient conduit là-bas et je me tenais debout, face à l'est, les bras tendus, tournant le dos au continent américain. Je peux maintenant dire que j'ai porté l'athéisme jusqu'aux confins de la terre.

Une année plus tôt, j'étais exactement de l'autre côté de l'océan, en Afrique, près de Kribi au Cameroun, à l'endroit où Cabo Branco se rattachait à l'Afrique 150 millions d'années plus tôt. Je m'étais dressé sur le continent africain, les bras tendus, face à l'ouest, contemplant l'océan formé par la dorsale médio-atlantique. Les points géographiques ne sont pas exactement sur la même ligne Est-Ouest, parce que les continents ont dérivé chacun sur un axe Sud-Ouest, Nord-Est. (J'ai pu voir une « preuve » de la dérive des continents l'année suivante, lorsque j'ai constaté que Cabo Branco était cinq centimètres plus loin et que j'ai trouvé l'autre moitié d'un rocher que j'avais repéré en Afrique. Je plaisante bien sûr !)

Je me tenais là, moi, un mammifère de taille moyenne sur une planète en rotation, dans un milieu en évolution, m'orientant grâce à la perception physique du lieu et de la géographie, sachant exactement combien de temps il avait fallu pour en arriver là, et je souriais à mon ancien moi fondamentaliste qui croyait que le monde avait tout au plus 10 000 ans.

Quand j'étais enfant, à l'école du dimanche, je mettais mes centimes dans une tirelire pour aider les missionnaires dans leurs périples au cœur de « l'Afrique noire et profonde » pour convertir les pauvres âmes perdues à Jésus. Je m'étais demandé comment ça devait être de faire quelque chose d'aussi grandiose et exotique, d'être aussi complètement dévoué au Christ. Cinquante ans plus tard, j'ai dû effectuer mon premier voyage en Afrique, mais pas comme missionnaire chrétien. Cependant, si partir en mission signifie répandre la « bonne nouvelle », alors c'est exactement ce que j'ai fait.

L'association de libre-pensée du Cameroun m'avait invité pour une conférence à la première rencontre internationale d'Afrique francophone pour les non-croyants et les humanistes. Je n'ai pas vu de « pauvres âmes perdues » sur le continent. J'ai vu un peuple submergé par les religions : protestants, catholiques, musulmans et croyances tribales locales. J'ai vu une nation de travailleurs courageux, même si cela ne m'a pas empêché de me faire voler par la police lors d'une course en taxi (70 dollars pour financer les bières de la gendarmerie, c'est peu cher payé pour une si bonne anecdote). Et alors que le niveau de vie est bien plus bas qu'aux États-Unis, que la corruption est partout, j'ai vu très peu de mendiants et de misère. (Je leur ai dit que la seule différence que je voyais entre l'Afrique et les États-Unis c'est que chez nous on camouflait mieux la corruption.) J'ai rencontré quelques étudiants libres-penseurs extraordinaires et d'autres non-croyants éclairés qui m'ont dit que la dernière chose dont avait besoin leur continent c'était de religion ! C'est encourageant de voir que la liberté de conscience est chérie partout dans le monde. En ce qui me concerne, c'était une vraie aventure de jouer un petit rôle dans la diffusion de l'athéisme en Afrique.

Il y a la même dynamique religieuse au Brésil. Bien que 90 % de la population se dise catholique, en réalité la plupart des gens pratiquent un syncrétisme de religions afro-brésiliennes mélangées au christianisme, au pentecôtisme, à l'islam, au bouddhisme, à l'hindouisme et à bien d'autres confessions. Ils n'ont pas besoin de missionnaires en plus. Ils ont besoin de libre-pensée. Ils ont besoin de possibilités économiques justes. J'ai pu voir que, même si les Brésiliens se battent pour manger à leur faim, ils ont toujours assez d'argent pour le carnaval, la loterie, la bière et l'église. (Il se trouve que « bière » et « église » riment en portugais : *cerveja* et *igreja*. Cela ferait une bonne chanson !) Si on les débarrassait de l'église pour commencer, cela augmenterait au moins de dix pour cents le salaire de tout le monde.

Tandis que j'étais à Cabo Branco en train de contempler l'immensité bleue de l'Atlantique et de méditer sur la tectonique des plaques, mon esprit a naturellement dérivé vers le souvenir de ma visite en Islande deux ans auparavant, où j'avais assisté à une rencontre athée / humaniste. L'Islande s'est formée — et continue à se former — à partir de la lave rejetée par la dorsale médio-atlantique au fur et à mesure de la séparation des plaques. La moitié de l'Islande est sur la plaque nord-américaine et l'autre moitié sur la plaque eurasienne. Une petite partie des visiteurs athées et humanistes s'est rendue à l'endroit exact où, selon les Islandais, passe la dorsale, et où divergent les plaques à l'est et à l'ouest de la vallée de Thingvellir. À cet endroit, l'Althing, l'un des plus vieux parlements du monde, un gouvernement païen, a été créé en 930. Annie Laurie et moi avions rejoint un groupe de conférenciers venus du monde entier à Reykjavik, la capitale la plus au nord du monde. C'était la première fois que nous visitions le pays et la première fois que Richard Dawkins et Julia Sweeney voyaient l'Islande. C'était un grand moment de pouvoir visiter cette terre exotique et variée et de rencontrer ses habitants si intelligents : nous étions tous bouche bée devant ses paysages étranges et magnifiques. Nous nous sommes rendus au sommet de Godafoss, une chute d'eau où les païens ont dû jeter leurs dieux taillés dans le bois en 1 000 lorsque les envahisseurs chrétiens venus de Norvège leur ont proposé cette alternative : se convertir ou mourir. (Je me demande si cela a eu lieu un jeudi, le jour où nous honorons encore leur dieu Thor[1].) Si j'avais eu une croix en bois et une statuette de la Vierge Marie, je

1. En anglais, jeudi se dit « Thursday », « jour de Thor ». Ndt.

pense que je les aurais aussi jetées dans l'eau. Naturellement, je me suis mis debout à cet endroit, les bras grand ouverts et j'ai dit : « Je consacre cette terre au nom de la raison. » Le plus grand plaisir du voyage fut de rencontrer les athées et humanistes islandais et d'apprendre que le fondamentalisme est presque inexistant dans cette culture qui descend d'ancêtres vikings païens. Il faisait glacial pour le pique-nique athée annuel de juillet, mais c'était vraiment un bon moment !

En tant que représentant de la Freedom From Religion Foundation, j'ai effectué d'autres voyages « missionnaires » sur le continent américain — même si la plupart des gens que je rencontre sont déjà des libres-penseurs qui officient dans leur région. Je ne suis pas le Grand Prophète américain accordant sa bénédiction de loin. Je suis un collègue et un pair, qui se joint à d'autres personnes éclairées pour apporter la raison, la science et l'humanisme à une planète submergée par la foi.

Lors d'un voyage mémorable, j'ai été invité à représenter l'athéisme en 2005 à la World Religions Conference à Kitchener en Ontario. J'avais dit aux organisateurs que ç'aurait été un plaisir de participer mais que l'athéisme n'était pas une religion. Ils ont donc modifié le programme en « World Religions and Philosophies » pour me faire plaisir. Je trouve ça fantastique que l'athéisme commence à être reconnu comme une opinion légitime, que les athées ne soient plus automatiquement considérés comme des êtres mauvais et immoraux et que nous puissions tous nous asseoir de temps en temps à la même table.

Encore récemment, dans les années 1960 et 1970, les athées ne faisaient même pas partie du tissu social. Il fallait être religieux — n'importe quelle religion convenait, même complètement fantaisiste — pour être considéré comme une personne responsable.

Des notables locaux et des centaines de participants, y compris des libres-penseurs faisant partie de l'association humaniste locale, ont assisté à l'énorme conférence de Kitchener. J'étais assis sur scène aux côtés de sikhs, de musulmans, de catholiques, de juifs, de bouddhistes et de religieux amérindiens. Aucun de nous n'était d'accord bien sûr, mais tout s'est déroulé de façon civile, dans un esprit de tolérance et de compréhension. Nous cherchions des points d'entente et de compromis.

Aux États-Unis, l'appartenance religieuse qui connaît la croissance la plus rapide est « non-croyants ». Aujourd'hui, pour toute une génération de jeunes gens, l'expression « communiste impie » fait partie de l'histoire ancienne. Les Américains entre 15 et 30 ans sont le groupe démographique le moins croyant du pays, 30 % d'entre eux affirment être non-croyants. Je trouve très gratifiant de faire des conférences sur les campus des universités. Je suis souvent invité par des associations laïques d'étudiants pour participer à des débats, à des lectures ou des concerts.

Les étudiants qui décident de diriger des groupes de libre-pensée (athées, agnostiques, humanistes, sceptiques) sont les plus brillants. Dans la mesure où les étudiants sont très occupés, et souvent très pauvres, et que l'engagement dans des activités militantes est laissé à l'appréciation de chacun, il faut qu'ils soient très motivés pour aller se compliquer la vie avec le militantisme. Je demande souvent aux dirigeants pourquoi ils ont formé leur groupe et, d'ordinaire, ils disent que c'est pour rencontrer des non-croyants dans les mêmes dispositions d'esprit et parce qu'ils veulent « se défendre ». Les groupes religieux étudiants sont souvent très agressifs et très désagréables, et les étudiants non-croyants veulent contrer leur prosélytisme en faisant l'éloge de la raison, de la science et de la valeur de la morale humaine par rapport à la foi, la superstition et l'orthodoxie. J'ai connu quelques-uns des meilleurs moments de ma vie *après* ces rencontres universitaires, alors que nous partions manger une pizza ensemble pour continuer le débat. J'ai beaucoup appris au contact de ces étudiants brillants aux extraordinaires qualités humaines. Beaucoup d'entre eux se consacrent à des études poussées en science, en histoire, en philosophie, en linguistique et en droit, et j'ai pu profiter de leur intelligence et de leur enthousiasme. Le futur de la libre-pensée s'annonce radieux.

À Dublin, j'ai appris des étudiants de l'University College que la jeune génération des Irlandais se sentait complètement différente des générations précédentes, comme leurs parents l'étaient par rapport à leurs grands-parents mais de façon encore plus forte. Ils essaient de rattraper leur retard par rapport à une Europe laïque. Les jeunes Irlandais se sentent mal à l'aise à cause de leur histoire faite de dissensions religieuses et d'intolérance. Certains citaient les scandales de pédophilie chez les prêtres qui ont contribué à affaiblir le respect de la religion et à discréditer l'influence de l'église dans le pays. Il s'est avéré qu'environ la moitié des étudiants qui participait à ce débat de 2007 étaient athées et ils n'ont donc pas été choqués par ma franchise. Mais ils ont voulu savoir : « Êtes-vous un athée catholique ou protestant ? » (Richard Dawkins m'a dit par la suite que c'était une vieille blague mais c'était la première fois que je l'entendais.)

Il se passe quelque chose de remarquable aux États-Unis. Le nombre d'associations étudiantes laïques connaît une augmentation rapide. Je me rappelle qu'il y a 15 ou 20 ans, nous ne comptions qu'une douzaine de groupes. Aujourd'hui, il y en a des centaines. La Freedom From Religion Foundation collabore avec la Secular Student Alliance (SSA) sur un projet commun pour les campus universitaires, et la SSA recrute activement de nouveaux membres. C'est encourageant. Si nous arrivons à détourner ne serait-ce qu'un seul jeune esprit de la prêtrise et si nous arrivons à le convaincre de ne pas gâcher son temps et son argent avec la religion, alors nous aurons contribué à améliorer le monde.

Nous avons suffisamment souffert de la force terrible de discorde des croyances. Notre planète a besoin d'une ablation de la foi.

J'ai renoncé à la religion et j'ai retrouvé la musique. Le chef d'orchestre athée, David Randolph, membre permanent de la Freedom From Religion Foundation, écrit dans son livre *This is Music* que la musique religieuse n'existe pas. La musique c'est la musique et ce sont les paroles qui la rendent « athée » ou « religieuse ». Depuis que je suis athée, j'ai écrit un grand nombre de chansons humanistes que j'aime beaucoup jouer en public. J'ai aussi découvert l'histoire incroyable de la musique athée : la chanson populaire de Tom Lehrer « Vatican Rag », la balade traditionnelle anglaise « The Vicar of Bray » et la réponse d'Irving Berlin à la censure « Pack Up Your Sins and Go To the Devil in Hades ». Il y a quelques années, en entrant dans le Conway Hall à Londres, j'ai eu le plaisir de voir écrit « Dan Barker, chanteur athée ».

Mais l'œuvre à laquelle je suis le plus fier d'avoir participé a été *Tunes'n Toons* avec Steve Benson. Steve est le caricaturiste satirique de l'*Arizona Republic*, vainqueur du Prix Pulitzer, ancien mormon et petit-fils d'Ezra Taft Benson qui a été le président de l'Église mormone et le Secrétaire d'État à l'Agriculture sous Dwight Eisenhower. Quand Steve a publiquement rompu avec le mormonisme au début des années 1990, cela a beaucoup dérangé sa famille et son Église. Depuis cette époque, cet ancien artiste conservateur s'est transformé (il est « né à nouveau »!) et il est devenu l'un des caricaturistes politiques syndiqués les plus drôles et les plus acérés du pays. (Son rédacteur en chef se plaint : « Un dessin, et ce sont des centaines de coups de fils. »)

Steve et moi faisons un petit spectacle sur les questions religieuses traitées dans l'actualité : lui dessine et moi je compose des chansons. C'est l'un des projets les plus audacieux sur lesquels j'ai jamais travaillé et l'un des plus gratifiants aussi. Nous avons maintenant presque quatre heures de matière, mais nous devons retravailler chaque spectacle avec de nouveaux dessins. Le tout ne devra faire que 60 à 90 minutes. Nous travaillons fébrilement jusqu'à la dernière minute, ajoutant de nouveaux dialogues (comme « Les télévangélistes en font-ils davantage que les laïques ? ») et des chansons (comme « Godless America, the Land That We Love »[2]) avant de monter sur scène et nous adaptons systématiquement nos représentations au contexte. Nous avons joué à Las Vegas, dans le District of Columbia, Californie, Washington, Texas, Wisconsin et d'autres états, mais le spectacle le plus grisant a été celui de Salt Lake City où nous avons donné la version mormone. La première fois que nous avons présenté le spectacle en Utah, nous l'avons fait devant un parterre d'ex-Mos (anciens Mormons) pendant la Semaine Générale de Conférences de l'Église Mormone. C'est là que nous avons eu « l'inspiration » au dernier moment pour écrire « Salt Lake City Blues ».

L'« évangélisme » athée ne se fait pas uniquement en présence d'un public. Après le spectacle de Salt Lake City, alors que nous

2. « Amérique impie, terre que nous aimons ». Ndt.

retournions vers Phoenix, Steve et moi nous sommes arrêtés au nord de l'Arizona. Je suis entré dans une boutique tenue par un Navajo, Bobby, qui vendait des bijoux :

« Moi aussi je suis amérindien, j'ai dit. Tribu Lenape. Indien delaware. »

Bobby a acquiescé de la tête.

En montrant un étalage de colliers en argent, je lui ai demandé : « Pourquoi vendez-vous des croix chrétiennes ?

— Les gens les achètent, a-t-il répondu.

— Mais n'avez-vous vraiment aucune fierté ? j'ai demandé. Les envahisseurs européens nous ont pris notre terre, nos bisons, notre histoire, notre liberté et apparemment notre dignité puisque nous avons embrassé la religion de nos oppresseurs. »

Je croyais que j'avais marqué des points, jusqu'à ce qu'il me dise : « Ils nous ont donné l'espoir. » Oui. Il espérait que des touristes achèteraient ses articles. Des touristes vivant sur une terre volée.

« Donc vous êtes chrétien.

— Je suis mormon, a-t-il répondu doucement.

— Mormon ? » Steve s'est avancé vers nous et j'ai haussé le ton. « Voici quelqu'un dont vous devriez faire la connaissance.

— J'étais mormon, a dit Steve. Maintenant je suis athée. Mon grand-père était président de l'Église mormone.

— La religion mormone a été une bénédiction pour notre peuple, a dit Bobby.

— Mais elle est avilissante, dit Steve. *Le Livre de Mormon* dit que les Indiens sont les descendants des mauvais Lamanites, qui ont été condamnés à avoir la peau foncée pour avoir désobéi à Dieu. »

Bobby a levé les yeux vers le visage pâle de Steve.

— Qu'est-ce que tu en penses ? a demandé Steve.

— Que nous l'avons mérité, a répondu Bobby.

Je n'en croyais pas mes oreilles.

« *Le Livre de Mormon* dit que les Indiens deviendront “blancs et merveilleux” s'ils se convertissent, a continué Steve.

— Mais c'est vrai, a dit Bobby, affirmant qu'une fois convertis les Indiens s'éclaircissaient. Ma peau va changer de couleur.

— Non ce n'est pas vrai, a répondu Steve.

— En tout cas, l'église a fait beaucoup pour moi, a répliqué Bobby, parce que j'étais un vagabond avant. »

Nous avons encouragé Bobby à lire vraiment *Le Livre des Mormons* et la bible, à se renseigner sur l'histoire de sa religion et sur l'oppression du christianisme. Pour ne pas être en reste, j'ai acheté l'un de ses colliers, mais évidemment sans croix. Même si c'était triste de voir comment Bobby se dénigrait lui-même, ce moment est resté gravé dans notre mémoire. Steve avait été missionnaire au Japon (où il essayait de convertir les bouddhistes au mormonisme) et j'avais été missionnaire au Mexique (où j'essayais de convertir les catholiques au protestantisme) et nous nous retrouvions tous deux à essayer de racheter nos torts en apportant la bonne nouvelle de l'athéisme à la pauvre Amérique.

Pour entrer en contact avec un public plus large, la Freedom From Religion Foundation a lancé une émission radio hebdomadaire, *Freethought Radio* avec « des prises d'opinions, des actualités et des interviews plutôt irrévérencieuses ». Cela a commencé en avril 2006 sur The Mic 92.1, une station radio progressiste hébergée à Madison dans le Wisconsin. C'est une émission hebdomadaire d'une heure, présentée par Annie Laurie et moi-même et produite par Brian Turany (avec l'aide de l'ancien membre de la FFRF Lynn Lau). En octobre 2007, c'est devenu une émission nationale sur Air America Radio et elle est diffusée les week-ends sur des radios partenaires dans tous les États-Unis. Les auditeurs du monde entier peuvent également la podcaster. Notre premier invité a été Ernie Harburg, fils du célèbre parolier Yip Harburg, un noncroyant qui a écrit « Somwhere, Over the Rainbow ». Depuis, nous avons l'immense plaisir de recevoir des agitateurs agnostiques et athées, des militants de la séparation de l'Église et de l'État, des activistes de tout le pays et du monde entier. Nous avons interviewé Ron Reagan qui nous a expliqué comment il avait su qu'il était athée dans son enfance alors que ses parents Ronald et Nancy Reagan l'emmenaient régulièrement à l'école du dimanche. Nous avons reçu le biologiste Richard Dawkins juste avant la parution de son énorme succès de librairie *Pour en finir avec Dieu*, puis un an après pour fêter avec lui le succès de son livre.

Nous avons parlé avec Sam Harris de *The End of Faith* et avec Daniel Dennett de *Breaking the Spell.* Il a été particulièrement stimulant de discuter avec des auteurs aussi lumineux que Steven Pinker (*The Blank Slate*), Susan Jacoby (*Freethinkers* et *The Age of American Unreason*), le mathématicien John Allen Paulos (*Innumeracy* et *Irreligion*) et Matthew Chapman (arrière-petit-fils de Charles Darwin, qui a écrit *40 Days and 40 Nights* à propos du procès du « dessein intelligent » de Douvre en Pennsylvanie).

Nous avons aussi discuté avec l'auteur et chroniqueuse de *The Nation* Katha Pollitt (*Learning to Drive*), Scott Dikkers de *The Onion*, l'activiste et scientifique Eugenie C. Scott du National Center for Science Education, les enfants de l'auteur Philip Pullman (la semaine où le film *La Boussole d'or* était sorti), le procureur et plaignant Michael Newdow dans l'affaire du serment d'allégeance et l'actrice / comique Julia Sweeney (dont la pièce et le film hilarants, *Letting Go of God*, sont très émouvants et, pour lui emprunter une expression, « infernalement géniaux »).

Nous avons eu aussi comme invités: Christopher Hitchens, auteur de *Dieu n'est pas grand* (un autre grand succès de librairie athée), le sénateur du Nebraska Ernie Chambers, les militants pour la séparation de l'Église et de l'État Ellery Schempp et Jim Mc Collum, Emily Lyons victime d'un attentat pro-life dans une clinique (elle est maintenant presque aveugle et a encore des morceaux de métal dans le corps), la correspondante de la NBC Betty Rollin, le dessinateur satirique Steve Benson, l'actrice athée Janeane Garofalo, le Prix Nobel Paul D. Boyer âgé de 90 ans et le chef d'orchestre du Carnegie Hall David Randolph âgé lui de 93 ans (tous deux membres permanents de la FFRF), l'auteur scientifique Robert Sapolsky (*Primate's Memoir*), le rédacteur de *The Progressive* Matt Rothschild, le journaliste William Lobdell (auteur de *Losing My Religion: How I Lost My Faith Reporting in America*), la journaliste scientifique du *New York Times* Natalie Angier (auteur de *The Canon*), l'auteur Ann Druyan (veuve de Carl Sagan et co-auteur de *Contact, Comet* et *Shadows of Forgotten Ancestors),* l'auteur de *Kingdom Coming* Michelle Goldberg, le poète et spécialiste de Darwin Philip Appleman, les auteurs féministes Ellie Smeal, Robin Morgan, Barbara G. Walker, la compositrice féministe Kristin Lems, les sceptiques Michael Shermer et l'« Incroyable » James Randi, et des douzaines d'autres militants et auteurs nationaux et locaux tous plus passionnants les uns que les autres.

Nous avons interviewé la fondatrice de la FFRF Anne Nicol Gaylor, qui dirige bénévolement le Women's Medical Fund, la plus vieille œuvre de charité américaine militant pour l'avortement. Le Fond a aidé des centaines de femmes dans le besoin à exercer leur droit constitutionnel. (Qui a dit que les athées ne faisaient pas de bonnes actions ?) Au lieu de prêcher la religion, je fais maintenant un sermon radiophonique appelé « Chaire Païenne » dans lequel j'analyse la bible et les événements quotidiens d'un point de vue de libre-penseur. Il y a d'autres sections de Freethought Radio : « Alerte théocratique », « Posez la question à un athée » et « Almanach de la libre-pensée » dans lequel nous présentons les biographies de libres-penseurs célèbres de l'histoire. Nous parlons également des poursuites en cours dans les affaires Église / État et nous passons de la musique contemporaine inspirée de la libre-pensée.

Nous avons rencontré beaucoup des invités de *Freethought Radio* en personne, puisque beaucoup d'entre eux ont donné des conférences lors des rencontres annuelles de la Freedom From Religion Foundation, où les athées et les agnostiques de tout le pays se retrouvent dans un esprit de camaraderie. En ce qui me concerne, la plus belle aventure de l'athéisme c'est d'avoir rencontré ces activistes intelligents et si humains. L'auteur Oliver Sacks, qui se décrit lui-même comme un « vieil athée juif » a donné sa première conférence sur le rejet de la religion lors des rencontres de 2005 en Floride. Nous avons aussi fait la connaissance du prix Nobel de physique Steven Weinberg, de la correspondante de la Maison Blanche Helen Thomas, de l'auteur Taslima Nasrin (elle fait l'objet d'une fatwa la condamnant à mort), l'éthicien Peter Singer (il est amusant que le plus grand éthicien du monde soit athée), le dessinateur politique Edward Sorel, le caricaturiste Don Addis, le procureur Alan Dershowitz et bien d'autres penseurs et agitateurs fascinants.

Pour moi, rencontrer ces gens en personne c'était comme dîner avec la reine d'Angleterre. Quand j'ai emmené Oliver Sacks déjeuner à Orlando avant sa conférence, il m'a montré les notes de son dernier livre sur la musique (qui allait s'intituler *Musicophilia: Tales of Music and the Brain*). C'est une personne charmante, qui pose des yeux d'enfant sur les merveilles de l'univers et sur les étranges subtilités du cerveau humain, et il a toujours sur lui le tableau périodique des éléments. Il est un peu sourd et nous étions dans un restaurant assez bruyant, ce qui a créé une drôle de situation. Je lui demandais ce qu'il pensait de l'hypothèse que la musique résulte du besoin qu'a le cerveau de percevoir les sons vocaliques. Il s'est arrêté et m'a regardé comme si j'étais fou. Puis il a ri et a dit: « Oh, je croyais que vous aviez dit "sons gastriques" ! » (En effet, j'ai déjà entendu ce genre de musique.)

Par la suite, Annie Laurie et moi avons eu le plaisir d'accompagner deux fois Oliver Sacks à Carnegie Hall pour écouter David Randolph diriger le Chœur Sainte Cecilia (un ensemble parfaitement laïque, comme nous l'a rappelé David) dans des pièces de Mendelssohn, Orff et Verdi. Se retrouver à écouter le *Requiem* de Verdi à Carnegie Hall au premier balcon, aux côtés de la femme de David, Mildred, 93 ans, c'était vraiment une triple chance pour un libre-penseur: l'athée David Randolph dirigeait l'athée Giuseppe Verdi dans la salle baptisée en l'honneur du libre-penseur Andrew Carnegie. David Randolph est d'ailleurs le plus vieux chef d'orchestre à avoir exercé à Carnegie Hall. Il détient également le record du monde pour le nombre de représentations du *Messie* de Haendel: plus de 170 fois avec orchestre et chœurs. (N'est-ce pas un athée tolérant ?)

Cette représentation de Verdi a eu lieu le 2 mai 2008. Le matin suivant, nous prenions un avion à destination de Los Angeles et nous arrivions juste à temps pour enfiler notre « costume » pour le mariage de Julia Sweeney et Michael Blum. Quel spectacle ! (Ils auraient dû faire payer l'entrée.) Julia, absolument magnifique (*rien à voir* avec son personnage de Pat l'Androgyne dans le Saturday Night Live), et Michael ont été mariés par le Père Guido Sarducci (l'acteur Don Novello) qui utilisait le menu de l'hôtel et Wikipédia comme sources de référence et n'a cité qu'une seule fois la bible pour critiquer la façon dont Jésus avait accompli le miracle de l'eau et du vin (il l'appelait « le miracle frivole »).

La culture athée et agnostique est encore tellement peu diffusée qu'il est encore possible d'approcher toutes ces personnalités de la libre-pensée. En tant que vice-président de la FFRF, j'ai eu la chance de faire beaucoup de présentations lors de nos conventions annuelles. Cela a été pour moi un immense plaisir de remettre le prix du « Non-habit de l'empereur » à Julia Sweeney, Chrisopher Hitchens, Steven Weinberg, Steven Pinker, Robert Sapolsky, Oliver Sacks, Alan Dershowitz, Peter Singer et à d'autres grands noms.

J'ai été interviewé par la correspondante de la NBC News et auteur Betty Rollin à Lake Hypatia (où elle a déclaré que l'Alabama était « un état pourri ») pour l'émission TV *Religion & Ethics News Weekly*.

Deena Rosenberg (auteur de *Fascinating Rhythm: The Collaboration of George and Ira Gershwin*) m'a emmené déjeuner au Bowery Bar à New York avec son mari Ernie Harburg qui a saisi la note en disant: « Laisse donc "Somwhere, Over the Rainbow" régler l'addition. »

Nous avons déjeuné avec Richard Dawkins avant son Cours Magistral à l'Université du Wisconsin, une conférence qui a été très vite « complète », comme un concert de rock, avec des gens venant réclamer des tickets jusqu'au dernier moment. (D'ailleurs, la Fondation Richard Dawkins vend des badges avec la lettre écarlate « A » et j'en porte toujours un, où que j'aille. Jusque-là, je n'ai rencontré qu'une seule personne qui faisait de même: Richard Dawkins. Qui veut être le suivant?)

L'athéisme ne connaît ni hiérarchie, ni clergé, ni élus qui sont plus « sacrés » que d'autres. Les membres de la Fondation sont aussi importants que les conférenciers et les invités. Nous faisons tous partie de la même espèce et nous nous efforçons d'utiliser nos talents individuels pour améliorer le monde, à notre façon. Les gens les plus courageux sont pour la plupart ceux qui doivent rester anonymes, les habitants des petites villes qui décident de protester contre la violation du principe de séparation de l'Église et de l'État, ceux dont les familles encourent des représailles si les gens superstitieux de leur comté venaient à apprendre leur véritable identité. C'est vrai en particulier de cette famille courageuse qui s'est opposée à ce que les cours sur la bible aient lieu dans les écoles publiques de Rhea County dans le Tennessee. Les enfants eux-mêmes ne savaient pas que c'étaient leurs parents qui avaient porté plainte! Quand la FFRF s'est emparée du dossier et s'est portée plaignante aux côtés de cette famille, le juge de Chattanooga leur a accordé une protection fédérale parce que beaucoup de chrétiens conservateurs de Dayton (ville célèbre pour le procès Scopes de 1925) exigeaient de connaître leur identité et les menaçaient de les expulser de la ville. Ils ont pu déposer plainte sous le nom de « John Doe », « Jane Doe » et « Enfant Doe 1 », etc.

Ça a été une véritable aventure pour moi que de me rendre là-bas pour rencontrer secrètement le père et discuter avec lui de ce procès. J'ai senti simultanément sa peur palpable des bigots de sa ville et son désir intense de préserver le principe de séparation de la religion et du gouvernement. Même si cela a été une longue bataille — les administrations de l'école et du comté ne voulaient pas bouger d'un pouce — nous avons gagné cette affaire assez facilement. Notre affaire (que nous avons surnommé « Scopes II ») a mis fin à cette anomalie qui durait depuis plus de cinquante ans: les étudiants du Bryan College, un institut fondamentaliste (un héritage de William Jennings Bryan, le procureur créationniste qui s'était opposé à Clarence Darrow lors du procès Scopes) venaient régulièrement dans les écoles publiques pendant les heures de cours pour enseigner la bible aux élèves de CM2. À ce jour, personne (hormis les procureurs qui sont tenus au secret par la loi fédérale) ne connaît l'identité de cette famille, qui ne désire aucune reconnaissance publique. Ce sont ces personnes intelligentes et morales du milieu ouvrier qui sont mes véritables héros. Ils sont bien plus courageux que tous les chrétiens que j'aie jamais connus.

Rencontrer d'anciens membres du clergé, comme moi, qui sont devenus athées ou agnostiques est un autre genre d'aventures. Richard Hewetson, un prêtre dont l'évêque savait qu'il était gay lorsqu'il l'a ordonné, dit qu'il est rentré dans les ordres parce qu'il croyait alors que l'église était le meilleur moyen d'aider les gens. Richard, qui est l'un des hommes les plus drôles que je connaisse, dit que la deuxième raison est qu'il allait pouvoir fréquenter des hommes habillés en robe. Il a quitté la prêtrise parce qu'il ne pouvait plus « faire semblant de croire aux enseignements et aux pratiques de l'Église ». Il est aujourd'hui à la retraite et vit à San Francisco, grâce à une pension de l'église, travaillant comme volontaire pour des associations progressistes et s'exprimant en tant qu'athée : il est enfin libre d'aider les gens sans le brouillard de la superstition.

Patrick Maguire était un prêtre catholique. Lui et moi avons été invités sur le plateau du *Sally Jessy Raphael Show*, pour parler de nos déconversions respectives. Il ressemblait à s'y méprendre à un prêtre irlandais, avec son enthousiasme et sa pointe d'accent. « J'ai compris que, dans les origines du christianisme, il n'y avait rien d'extraordinaire à propos du catholicisme, a-t-il dit. Ils avaient pris beaucoup de choses aux autres religions (comme le mithraïsme), y compris le titre « Père ». Ces religions croyaient en un Dieu né d'une femme, très souvent vierge… Pour ces raisons, et pour bien d'autres encore, j'en suis arrivé à la conclusion que je ne pouvais plus croire. » Il a abandonné la prêtrise et la foi, tandis que son frère, Daniel, a quitté la prêtrise mais est resté un croyant libéral, enseignant à l'université catholique.

Patrick est très vite tombé amoureux d'une femme, mais ils ont décidé d'attendre cinq ans avant de se marier. « C'était une raison plutôt idiote mais je ne voulais pas que mes collègues pensent que j'étais parti pour autre chose que pour ma conviction profonde, ce qui est stupide, vraiment. » Quand ils se sont finalement mariés, sa femme est tombée malade et elle est morte tragiquement quelques mois plus tard. « Est-ce que ça valait le coup ? » s'est-il demandé. La religion lui avait refusé ces quelques années de bonheur. Patrick a enseigné la philosophie dans une université de Californie, où on lui a un jour demandé de faire une prière athée pour le diplôme.

Jim O'Brien est un autre prêtre catholique qui a compris trop tard ce à quoi il croyait vraiment. Il donnait un cours à des jeunes filles au lycée et une boîte avec des questions circulait dans la classe. Il a tiré la carte qui posait la question : « Croyez-vous en Dieu ? » Les filles se sont mises à rire parce que c'était une question incongrue pour un prêtre. « J'ai ri aussi », raconte Jim. « Mais je n'avais pas de réponse. En fait, je n'arrivais pas à penser à une réponse. La classe est devenue très très calme. J'étais toujours silencieux mais une petite voix dans ma tête me disait, effrayante: "c'en est fini de toi". »

Delos McKown était un prédicateur baptiste qui avait quitté le ministère pour devenir chef du département de philosophie de l'Université d'Auburn. La lecture de *Illusion of Immortality* de Corliss Lamont a eu une profonde influence sur sa pensée. Charles French est un autre ministre baptiste qui était plus intéressé par le « social » dans les « Évangiles sociaux » que par les « Évangiles ». Il a donc quitté l'église et la foi en continuant à œuvrer pour l'amélioration des conditions sociales.

Ed Wilson était un prêtre de l'Église Adventiste du Septième Jour qui a abandonné la religion et qui est maintenant agnostique: « J'en suis arrivé à penser que la doctrine d'auto-dénigrement est l'un des enseignements les plus dangereux du christianisme. Se dégrader soi-même dans l'exaltation de Jésus... L'enseignement "Je ne suis rien, le Christ est tout" est une approche abrutissante de la vie qui a sans doute mutilé la psyché de millions de personnes. L'humilité mesurée est saine, mais l'auto-dénigrement qui est l'un des piliers du christianisme est malsaine. »[3]

Farrell Till était ministre de l'Église du Christ et missionnaire; il a fait l'erreur d'étudier trop attentivement la bible. « Une fois que ma foi dans l'infaillibilité de la bible a été ébranlée, écrit-il, j'ai pu voir l'absurdité qu'il y avait à essayer de justifier la conduite méprisable du Dieu hébreu. Après avoir franchi cette ligne, j'étais allé trop loin pour pouvoir faire marche arrière. » Adrian Swindler (quel nom génial pour un prêtre![4]) était lui aussi un ministre de l'Église du Christ qui a vu la lumière et délaissé la foi.

Hector Avalos était un enfant prédicateur qui était devenu tellement obsédé par la bible qu'il s'était plongé dans l'étude de l'hébreu. Il est le premier Américain mexicain à avoir obtenu un doctorat en langues bibliques à Harvard. J'ai prêché dans le passé à Nogales, au Mexique, où Hector est né et il n'est pas impossible qu'il ait été l'un des petits enfants qui venaient m'écouter jouer de

3. Cf. Wendell Watters, *Mortelle religion - Du caractère pathogène de la doctrine chrétienne*, H&O, 2011.
4. En anglais « swindler » veut dire « escroc ». Ndt.

l'accordéon et prêcher lorsque j'étais adolescent. Il connaissait aussi les chansons de Manuel Bonilla que j'avais produites pour l'Espagne. Maintenant, Hector et moi sourions quand nous comparons nos notes préparatoires pour nos anciens prêches (dans les deux langues). Il est actuellement professeur d'études religieuses et enseigne la bible en tant qu'athée, à l'Université de l'Iowa. Il est aussi l'auteur de *Fighting Words : The Origins of Religious Violence* et *The End of Biblical Studies*. C'est l'un des experts dont je m'inspire le plus souvent pour ce qui est des questions bibliques.

Mitch Modisett était un prêtre méthodiste qui a lu plus de théologiens libéraux qu'il n'était raisonnable pour la survie de sa foi. « J'ai compris que je ne pouvais pas continuer à vivre en expliquant aux gens que je ne croyais vraiment pas à toutes les choses auxquelles ils voulaient que je croie. Je ne voulais plus décevoir les gens. »

Thomas Vernon était un ministre baptiste qui avait perdu sa foi mais qui avait essayé de rester en chaire. « Mon désenchantement vis-à-vis de la religion institutionnelle était le résultat de difficultés plus morales qu'intellectuelles », dit-il en faisant référence à l'immoralité de l'Église. Par la suite, il est devenu professeur de philosophie à l'université d'Arkansas.

Tom Reed était un prêtre catholique du Mississipi qui a compris que l'église entravait les droits civiques. Il a donc quitté la prêtrise pour travailler dans le social. Bob Semes, un ancien prêtre de l'Église épiscopale a quitté le clergé et a fondé le Centre Jefferson à Ashland, dans l'Oregon, pour promouvoir la raison et la science contre la foi et l'orthodoxie.

Lee Salisbury, un ancien ministre pentecôtiste et un missionnaire, travaille à présent avec les Minnesota Atheists comme expert biblique. Paul Heffron est un ancien prêtre congrégationaliste de l'Église unie du Christ, maintenant athée, qui joue du piano jazz dans la région de Minneapolis (et nous aimons beaucoup comparer nos compositions). Richard Pope a été ordonné prêtre par l'Alliance de l'Église évangélique et a passé treize ans dans l'équipe de Young Life Campaign. Il est maintenant athée et déclare : « J'ai passé toutes ces années à vivre et à prêcher un mensonge et je ne le savais pas. »

Levi Fragell, ancien ministre fondamentaliste, est maintenant un athée déclaré qui travaille avec le Human-Etisk Forbund, les Humanistes Norvégiens. Maureen Hart était une sœur catholique mais elle a perdu la foi lorsqu'elle a travaillé comme infirmière dans un hôpital psychiatrique. Elle a compris qu'un dieu qui permettait des souffrances absurdes comme celles-là ne pouvaient exister. Le rabbin Sherwin Wine a abandonné la foi mais pas la culture judaïque et, en tant qu'athée, il a fondé la Société pour le Judaïsme Humaniste, une association absolument non-théiste.

J'ai parlé récemment avec un ancien imam qui avait quitté son pays pour s'installer au Royaume Uni, qui m'a demandé de ne pas révéler son nom (il craint moins pour lui-même que pour sa famille). Il dit que ce qui l'a poussé vers l'athéisme c'est d'apprendre les mensonges, l'hypocrisie et les manipulations de la traduction du Coran. Nous avons parlé au téléphone du livre qu'il était en train d'écrire. « Quand j'ai quitté l'islam, dit-il, je suis devenu plus humain. Avant, je me préoccupais plus de ce que les gens pensaient de moi parce que j'étais un chef religieux, mais maintenant je veux juste être une personne ordinaire, et ne plus regarder les autres comme des infidèles qu'il faut sauver. » Il semblait très soulagé de pouvoir parler amicalement avec un ancien ecclésiastique d'une religion qu'il considérait comme ennemie dans le passé. « Quand vous creusez un peu, vous vous rendez compte que l'islam est une religion très fragile. » C'est peut-être pour ça qu'elle a besoin d'être renforcée par toutes ces manifestations de fanatisme.

Je connais beaucoup d'anciens membres du clergé qui sont un bel échantillon des différentes convictions religieuses, depuis les conservateurs jusqu'aux libéraux, des pentecôtistes aux pasteurs traditionnels, mais leurs histoires sont trop nombreuses. En 2007, j'ai reçu plusieurs e-mails d'un ministre mennonite qui avait perdu la foi et avait dit à ses supérieurs qu'il voulait quitter la chaire. Mais ils lui ont demandé de rester au moins jusqu'à la fin de l'année (pour qu'ils lui trouvent un remplaçant!). C'était une torture pour cet homme. Il essayait de prêcher tout en restant athée — je sais ce que c'est — sans parler de « Dieu ». En revanche, il parlait de « l'amour » et de « l'entraide », comptant les semaines qui le séparaient de sa libération. J'ai aussi été contacté par une femme de pasteur qui a abandonné la foi et dont le mari semble sur le point de la suivre. Je lui ai dit que je m'associais à eux dans cette situation difficile et que cela les aiderait peut-être de savoir que je ne prierai pas pour eux.

Bien sûr, il y a maintenant plus de vingt ans que je suis à la FFRF. Quand j'ai rencontré la fondatrice de la Fondation, Anne Gaylor, j'ai su que j'étais en présence d'un bon génie. Je ne pouvais pas savoir que j'allais finir par travailler avec Anne et sa fille Annie Laurie à essayer de préserver la séparation de l'Église et de l'État et d'éduquer le public aux opinions non-théistes.

Au cours des vingt dernières années, nous avons connu beaucoup d'aventures et nous avons travaillé dur pour essayer de contrer le vacarme grandissant des droits religieux en Amérique. Les moments les plus forts ont sans doute été ces poursuites engagées pour protéger le principe de séparation entre l'Église et l'État. Quand nous gagnons ces procès — et c'est souvent le cas — c'est le paradis sur terre !

Parmi nos récentes avancées, nous avons initié une campagne Wake Up America en 2006 en plaçant des panneaux le long des routes avec des slogans « Attention au dogme », « Imaginez un monde sans religion » pour avoir au moins un panneau dans chaque état (ou presque, puisqu'Hawaï interdit ces panneaux).

Chaque année, nous installons un symbole pour célébrer le solstice d'hiver athée devant le gouvernement du Wisconsin, pour protester contre les messages religieux sur les propriétés de l'État. Anne Gaylor a inscrit ce message : « En ce temps du solstice d'hiver, que la raison prévale. Il n'y a pas de dieux, pas de diables, pas d'anges, pas de paradis ni d'enfer. Il n'y a que notre monde naturel. La religion n'est qu'un mythe ou une superstition qui endurcit les cœurs et enchaîne les esprits. »

Nous soutenons aussi chaque année des concours d'éloquence étudiants, un premier pour le lycée et l'autre pour les étudiants d'université, en octroyant des récompenses financières. Notre bureau de l'Alabama organise chaque année un week-end du 4 juillet pour les libres-penseurs au Freethought Hall à Lake Hypatia (qui peut se vanter d'avoir le seul monument aux morts athée, en l'honneur des militaires non-croyants).

Nous décernons le prix du « Non-habit de l'Empereur » aux figures publiques qui parlent sans tabous de la religion. Le prix du « Libre-penseur de l'année » est décerné aux gens qui ont contribué activement à la reconnaissance de la séparation de l'Église et de l'État. Le prix de « l'Étudiant activiste » parle de lui-même. Le prix de « l'Héroïne de la libre-pensée » récompense les contributions des femmes pour faire respecter la séparation de l'Église et de l'État, et le prix du « Parlez librement » va aux membres des médias qui n'ont pas peur de critiquer la religion.

C'est le rôle d'un père de donner des conseils à ses enfants et j'ai donc répété deux choses à mes enfants pendant toutes ces années. La première c'est : « Si tu arrêtes d'apprendre, tu arrêtes de vivre. » La deuxième c'est : « Profite de la vie. » Je peux me vanter d'avoir des enfants formidables et leur père applique les conseils qu'il leur donne. Depuis que je suis athée, j'ai tellement *appris* et j'ai profité de la vie beaucoup plus que quand j'étais un croyant aux prises avec l'orthodoxie. La vie est une aventure formidable !

XIX

Questions de vie et de mort

Il était 5 h 30, un lundi matin, le 1er mai 1989, quand j'ai entendu un grand bruit. Je dormais ou je somnolais plutôt, c'était cette heure où le temps n'existe plus, où vous éteignez le réveil pour fermer les yeux juste quelques secondes et soudain une heure est passée. J'ai sans doute cligné des yeux en me demandant « Qu'est-ce que c'est ? ». Nous vivions alors dans un petit immeuble de quatre appartements et nous entendions souvent des bruits étouffés en provenance de chez nos voisins. Je me suis doucement rendormi.

Annie Laurie était enceinte, elle entamait son huitième mois et nous étions impatients à l'idée d'avoir un bébé dans les semaines qui allaient arriver. Elle s'inquiétait parce que rien n'était prêt dans l'appartement — pas de lit de bébé, pas de décorations dans la petite chambre qui lui était destinée. Nous suivions des cours prénataux, nous faisions des listes de noms, ne sachant pas si ç'allait être un garçon ou une fille. Sa grossesse se déroulait bien. Elle continuait à aller au travail et à mener une vie normale, tout en prenant quelques précautions bien sûr. Deux semaines auparavant, elle avait passé un examen et le seul problème que le médecin avait décelé, cétait sa tension un peu élevée, qu'elle a attribuée à la tasse de café qu'elle avait bue ce matin-là. Deux jours avant, elle s'était présentée pour un autre examen mais son docteur était en train de procéder à un accouchement et on lui avait donné rendez-vous après le week-end du pont du 1er mai. Le dimanche, ses doigts et ses orteils semblaient avoir légèrement gonflé et, comme elle s'était plainte de maux de têtes, j'étais allé chercher du Tylenol à la pharmacie. Ce soir-là, elle m'avait demandé de lui masser le dos mais, après, je ne me suis pas rendu compte qu'elle passait une très mauvaise nuit ni qu'elle s'était levée très tôt le lundi matin, sentant que quelque chose n'allait vraiment pas.

Puis il s'est passé quelque chose d'étrange. Comme je me rendormais doucement après avoir entendu ce grand bruit, j'ai senti mes jambes marcher. Je ne pense pas que j'étais très réveillé quand je me suis retrouvé devant la salle de bain. J'ai poussé la porte et j'ai senti un corps coincé entre la porte et le mur. J'ai dû avoir une poussée d'adrénaline parce que c'était comme si le temps s'était arrêté. Annie Laurie s'était évanouie et elle était tombée contre le mur, sa tête et son cou coincés dans l'angle qu'il faisait avec la porte. Elle ne répondait pas, se convulsant violemment, et elle ne respirait plus. Je l'ai redressée et appuyée contre la baignoire pour qu'elle puisse tenir assise et elle a commencé à chercher l'air. Je savais qu'il fallait immédiatement appeler les secours mais le téléphone le plus proche était dans le salon et elle n'arrêtait pas de s'évanouir et de tomber au sol. Je l'ai redressée à nouveau et j'ai couru au téléphone. J'avais l'impression que tout était au ralenti mais je pense que j'allais à la vitesse de la lumière ! Je me suis précipité à nouveau vers la salle de bains, juste à temps pour récupérer Annie Laurie, toujours inconsciente, qui tremblait et hoquetait. Je me rappelle que je me disais : « Pense calmement. Ne fais pas l'idiot. Fais ce qu'il y a à faire. » J'étais si calme que je n'avais même pas besoin de me dire de ne pas paniquer.

Les secouristes sont arrivés quatre minutes plus tard (j'avais l'impression que c'était une heure) et ils ont dit qu'elle faisait une attaque. Ils l'ont emmenée d'urgence dans l'ambulance et ils m'ont dit de ne pas les suivre mais de me rendre à l'hôpital de mon côté. Même si je pensais que ma femme était peut-être en train de mourir, j'ai décidé de chercher d'abord son sac avec tous ses papiers avant de partir. J'ai aussi mis quelques habits dans un sac — des habits de rechange, une chemise de nuit, sa brosse à dent, des pantoufles, le livre qu'elle était en train de lire. Puis j'ai conduit doucement dans les rues désertes de Madison en ce petit matin, sans savoir ce qui m'attendait à l'hôpital.

Ils ne m'ont rien dit, sauf qu'elle était aux urgences. J'ai passé une heure à téléphoner à la famille et à remplir les papiers pour son admission, sans savoir combien de temps elle allait passer là-dedans. Ou si elle allait jamais en sortir. Quand j'ai eu la mère d'Annie Laurie au téléphone, elle m'a demandé : « Elle ne va pas mourir, hein ? » Je n'en savais rien — peut-être était-elle déjà morte — mais j'ai répondu : « Non, bien sûr que non. » Finalement, les docteurs sont sortis précipitamment des urgences en poussant son corps sur un chariot. Annie Laurie était à moitié consciente, se tordant de douleur. Ils m'ont dit qu'elle faisait une éclampsie. L'éclampsie (du grec « lumière ») est une complication grave de la grossesse due à de l'hypertension. La plupart des femmes connaissent une phase de pré-éclampsie pendant laquelle la maladie peut être détectée et empêcher ainsi la déclaration de la phase tonique. Chez Annie Laurie, c'était arrivé en un éclair. (Elle avait sans doute présenté des symptômes de pré-éclampsie dans les deux semaines précédentes mais ils étaient passés inaperçus.) Sans traitement, elle allait mourir.

Les docteurs m'ont demandé de les suivre à la maternité car l'unique remède à l'éclampsie était de déclencher l'accouchement. Annie Laurie était suffisamment consciente pour entendre que l'équipe médicale l'emmenait en salle de travail et elle a essayé de se lever de son lit en disant : « Non, c'est trop tôt ! » Nous avons croisé deux jeunes internes dans le couloir et l'un d'eux a laissé échapper : « Mince, un vrai accès pré-éclamptique », sur le ton de la surprise. L'autre interne a dit : « Non, ce n'est pas une pré-éclampsie. C'est une éclampsie tout court ! » Apparemment, c'est devenu une maladie plutôt rare dans notre pays. Même si, sur le moment, le détachement des internes devant notre urgence pouvait sembler un peu déplacé — « Mince, regarde, elle est en train de mourir ! » — j'imagine que nous pouvons nous féliciter d'avoir donné à nos futurs docteurs l'occasion d'observer directement une maladie rare.

Quand nous sommes arrivés en salle de travail, nous nous serions crus dans un film. Onze personnes, surgies de nulle part, ont débarqué avec des tubes, des appareils et des masques, entrant et sortant dans le plus grand calme, faisant leur travail de façon efficace. Il a fallu attendre presque une heure avant que l'état d'Annie Laurie soit stabilisé. Même si elle était à moitié consciente, Annie Laurie a trouvé la force de plaisanter : « C'est la fête du travail après tout ! » Je ne pouvais absolument rien faire, hormis m'asseoir et les regarder travailler tandis que la femme qui accouchait dans la salle d'à côté criait des horreurs à gorge déployée — comme disait Annie Laurie, il fallait bien que *quelqu'un* travaille ce jour-là.

Les parents d'Annie Laurie, Anne et Paul, ainsi que son frère jumeau Ian sont arrivés à l'hôpital. Les membres de la famille étaient autorisés à parler à Annie Laurie pendant quelques minutes. Ian m'a posé la même question : « Est-ce qu'elle va mourir ? » Cette fois j'ai répondu : « Je ne sais pas. Je ne crois pas. » L'ancien pédiatre d'Anne Laurie, le Dr Hania Ris, est arrivée elle aussi. C'était vraiment rassurant. C'était une amie proche de la famille et elle avait une excellente réputation comme médecin.

Annie Laurie est entrée en salle d'opération vers 9 heures du matin pour une césarienne d'urgence. Quand notre fille est née, trois femmes l'ont félicitée : deux médecins (le chirurgien et le docteur d'Annie Laurie) et le Dr Ris, qui avait été autorisée à assister à l'opération. Notre bébé pesait 1,3 kg. Toute petite !

Après l'opération, Annie Laurie s'est immédiatement mise à gonfler comme un bonhomme Michelin à cause de l'œdème, ce qui n'était pas très bon signe. Personne n'aurait pu reconnaître son visage gonflé. Elle n'avait même plus de coudes ! Elle risquait des complications post-opératoires et devait donc rester en soins intensifs pendant deux jours encore.

Notre bébé a été emmené directement à la section soins intensifs dans le service de néonatalogie (pour les prématurés) où elle a été placée en couveuse, intubée et placée sous une lampe solaire pour prévenir la jaunisse. Le règlement de l'hôpital voulait qu'on garde les prématurés au moins 24 heures en soins intensifs avant de les mettre dans le service normal. Je suis allé voir à quoi ressemblait notre fille et quand j'ai touché sa petite main, elle a saisi mon doigt et l'a serré très fort — pauvre petite chose. Elle ressemblait à un poulet à moitié cuit, avec une grosse tête de martien, mais elle était incroyablement belle.

Plus tard ce matin-là, j'ai appelé mes parents en Arizona pour leur raconter ce qui s'était passé et c'est à ce moment-là que je me suis effondré. Une fois la crise passée, mon cerveau était sorti du mode survie et laissait les émotions affluer. Je pouvais à peine parler à ma mère au téléphone.

Notre bébé allait très bien. Les docteurs et les infirmières n'étaient pas inquiets pour elle, même s'ils avaient découvert entre-temps qu'il y avait un problème. Pendant la césarienne, ils se sont rendu compte que le placenta était à moitié disjoint et que cela aurait certainement évolué en un décollement du placenta, qui empêche que le fœtus soit nourri correctement et survive. Notre fille était plus petite que prévu — elle n'aurait pas été bien grande de toute façon — mais ses poumons étaient beaucoup plus développés que la normale, parce qu'elle avait lutté pour son oxygène. Même si l'éclampsie a failli les tuer toutes les deux, finalement cela a peut-être sauvé la vie de notre fille.

Annie Laurie n'a pas vu l'enfant pendant plus d'un jour et elle avoue aujourd'hui que, même si nous la rassurions en permanence sur son état, elle était convaincue que notre fille avait de gros problèmes. Nous lui avons amené la couveuse le deuxième jour pour la rassurer. Annie Laurie était encore trop malade toutefois pour faire connaissance avec sa nouvelle fille. Le visage, le cou, la poitrine et les bras d'Annie Laurie étaient couverts de marques épouvantables. Notre bébé ne mesurait que 40 cm, avec sa grosse tête et ses membres maigrichons. Sa peau était rougie par la lampe solaire ; une aiguille était plantée sur son crâne. Annie Laurie n'était pas vraiment impressionnée mais elle a voulu nous faire plaisir et a laissé l'infirmière prendre une photo de cette mère énorme, complètement groggy, qui ressemblait encore plus à un alien que l'enfant famélique qu'elle venait de mettre au monde ! Cette photo est soigneusement cachée dans l'un des albums photos du bébé.

Annie Laurie était trop déboussolée quand le certificat de naissance a été prêt, et j'ai donc décidé de choisir moi-même un prénom. Nous aimions Elizabeth (à cause d'*Orgueil et Préjugés* et pas de la bible) et des variantes d'Anne (comme les noms de sa mère et de sa grand-mère) mais le dernier nom dont nous avions parlé était

Sabrina. J'ai donc supposé que notre fille voulait être appelée Sabrina puisqu'elle était née avant que nous ne changions d'avis. J'ai choisi son deuxième prénom dans le dialecte de ma tribu Lenape (les Indiens Delaware). « Delatah » signifie « pensée » et au lieu d'appeler notre enfant athée Marie ou Grâce, nous avions pensé à Sabrina Delata Gaylor. (Il était évident qu'elle allait prendre le nom d'Annie Laurie. Nous avions pensé à un nom combinant nos deux patronymes mais Sabrina Gaybar ne nous avait pas trop convaincus. Va savoir pourquoi.)

Annie Laurie aime dire qu'elle a perdu 15 kg en deux jours, mais cela montre juste la taille de son œdème post-natal. Sa tension variait tellement que les médecins ont ramené le « kit éclampsie ». Ce n'est que la cinquième ou sixième nuit à l'hôpital qu'elle a enfin bénéficié de la « suite néonatale » et qu'elle m'a demandé de rester dormir sur le canapé prévu pour les nouveaux pères. Elle était maintenant consciente qu'elle avait frôlé la mort et avait un peu peur du noir, terrifiée à l'idée de mourir seule.

Pendant toute cette expérience traumatique, pas un seul instant nous n'avons pensé à invoquer dieu. Nous n'avons pas prié, et l'idée ne nous est même jamais venue. Ce que nous avons appelé de nos vœux, c'est la meilleure assistance médicale du Middle West. La religion n'était pas uniquement la chose la plus éloignée de notre esprit, elle n'avait pour ainsi dire aucune existence. En fait, si un aumônier était rentré dans la chambre pendant qu'Annie Laurie récupérait, sa tension aurait sans doute explosé ! (Annie Laurie a été la première personne à écrire un essai sur les scandales de pédophilie dans le clergé.) Nous n'avons pas fait appel à une divinité surnaturelle, mais à l'amour et au soutien de notre communauté, tous ces amis et proches, pour la plupart non-croyants.

Annie Laurie est revenue à la maison dix jours plus tard, sans Sabrina. Avant que Sabrina ne rentre, nous avons pu organiser une petite fête en l'honneur du bébé. Cela se fait d'ordinaire avant mais elle avait été trop rapide. Sabrina a pu sortir environ deux semaines plus tard et elle pesait à peine 2 kg. Cette semaine-là, nous avons pris une photo de sa petite main à côté de la mienne sur le clavier du piano et sa main couvrait à peine une touche. C'était effrayant d'avoir une si petite créature dans la maison. Nous avons dû suivre des cours de réanimation à l'hôpital et nous nous rappelons nos passages à la maternité avec tous ces « monstres » (les bébés qui avaient un poids normal).

Le service de néonatalogie a suivi de près la croissance de Sabrina. Après un examen cognitif éreintant, à un an et demi, un médecin a déclaré que Sabrina était un « génie ». Son incroyable durée d'attention et de concentration dépassait largement la courbe qu'ils utilisaient d'ordinaire. Il n'était pas surprenant que ses facultés motrices globales soient légèrement en retard mais cela ne posait pas de problème. « Sabrina sautera quand elle en aura envie », nous ont rassurés les médecins. Bien qu'elle soit toujours plutôt petite, Sabrina a finalement rattrapé son retard. Aujourd'hui, elle est un poids plume de 40 kg et d'1,50 mètre, comme ma propre mère et cinq centimètres de moins qu'Annie Laurie. Elle est la quatrième génération de libres-penseurs (du côté de sa mère) et Sabrina, la « pensée », a brillamment fini son lycée et espère pouvoir étudier l'écriture créative à l'université.

Annie Laurie s'est sortie de cette épreuve sans trop de dommages. Elle ne se rappelle pas très bien de ses premiers jours à l'hôpital, ni de ce qu'elle a bien pu nous dire à ce moment-là. La dernière chose dont elle se rappelle, c'est de s'être senti mal dans la salle de bain, d'avoir essayé de m'appeler, sans pouvoir ni parler ni bouger, puis plus rien. Si je n'avais pas entendu ce grand bruit, elle serait morte et ç'aurait été son dernier souvenir. Quand je lui ai demandé ce que ça faisait de mourir, elle m'a dit : « Ce n'est pas très marrant. »

Woody Allen a dit : « Je n'ai pas peur de mourir. Je veux juste que cela ne m'arrive pas. » C'est presque arrivé à Annie Laurie donc vous imaginez bien que si elle avait eu le moindre penchant aux sentiments religieux, c'était le moment ou jamais de les exprimer. Il y *a* des athées même sous une pluie de bombes. Annie Laurie n'a jamais eu envie de prier même quand elle était au plus mal. Elle n'a pas invoqué de dieu au dernier moment, et pourquoi l'aurait-elle fait ? Elle n'a pas été élevée dans la religion. Des millions de braves gens vivent sans superstition.

Woody Allen a aussi dit : « Je ne crois pas à une vie après la mort, mais j'emporte quand même des habits de rechange. » Les non-croyants doivent affronter la mortalité comme les autres. Même si nous aimerions tous être en bonne santé et repousser la fin aussi longtemps que possible, nous savons qu'aucun d'entre nous ne s'en sortira. Les rationalistes n'aiment pas ça, mais ils acceptent de façon réaliste que la mort fasse partie de la vie. Aucun de nous ne serait en vie si les autres choses ne mourraient pas.

Les athées croient en une vie *avant* la mort. Avant que nous ne naissions, il s'est passé beaucoup de temps, peut-être une éternité, où nous n'existions pas et cela ne nous a pas perturbés plus que ça. Ce sera vrai aussi après notre mort. Qu'importe puisque nous sommes en vie maintenant. Ces corps vivants, qui respirent, souffrent, chantent et rient *valent* quelque chose en eux-mêmes. Puisqu'il n'y a pas de vie après la mort — comment cela pourrait être possible une fois que le corps et le cerveau n'existent plus ? —, nous devons profiter le plus possible de cette vie-là, avant qu'il ne soit trop tard. Imaginons que vous sachiez qu'il ne vous reste qu'une semaine à vivre. Comment passeriez-vous vos derniers jours ? Ignoreriez-vous votre famille et vos amis ? Passeriez-vous sans vous arrêter devant un parterre de tulipes ? Penseriez-vous que tout cela va de soi ? Si vous saviez que vous allez mourir pour de bon — comme le savent les athées — ; alors vous deviendriez sensible à chaque moment de joie, chaque moment de beauté tragique. « C'est la dernière fois que j'embrasse mon neveu », diriez-vous. « C'est le dernier automne où je vois la couleur des feuilles changer. » Vous vous arrêteriez pour observer, comme nous le faisons dans un jardin plein de fleurs, sachant que dans quelques jours ces plantes ne seront plus.

L'athéisme rehausse la beauté de la vie. Nous avons tendance à accorder une plus grande valeur aux choses quand nous savons qu'elles sont rares : l'or, les diamants, l'honnêteté. L'air que nous respirons est important mais nous en avons en quantité et gratuitement. (Nous ne le valorisons que lorsque nous sommes sous l'eau ou sur le Mont Everest.) La rareté et la brièveté de la vie augmentent sa valeur. Nous pleurons la mort des vieilles personnes mais nous pensons que c'est une perte bien plus grande quand il s'agit d'enfants. C'est le fait que nous allons mourir qui rend la vie précieuse.

Si la vie est éternelle, alors elle n'a pas beaucoup de valeur.

Si nous gâchons n'importe quel moment de nos précieuses vies dans l'espoir d'un au-delà, nous nous ôtons la vraie joie et la vraie valeur de notre présence ici-bas. Nos vies sont tout ce que nous avons et nous devrions profiter pleinement de chaque moment, de chaque fragile minute. Bertrand Russell a écrit : « Je crois que quand je vais mourir, je vais pourrir et rien de moi ne survivra. Je ne suis pas jeune et j'aime la vie. Mais je devrais me mépriser de trembler de peur à la pensée de mon annihilation. Le bonheur n'est pas moins vrai parce qu'il doit se terminer, pas plus que les pensées et l'amour ne perdent de leur valeur s'ils ne sont pas éternels. »

Même s'il y avait un « au-delà », pourquoi serait-il éternel ? (Gros titre : « Les scientifiques ont découvert l'au-delà, il dure six minutes. ») En tant qu'athée, je pense en effet qu'il y a un au-delà, il dure exactement le même temps que ma vie et je suis en train de le vivre en ce moment même. Dans ma « vie d'avant », qui a commencé sur cette plage déserte près de Santa Monica avant que l'ovule de ma mère ne soit fécondé, j'étais l'un de ces nombreux spermatozoïdes qui luttent pour survivre. Des millions de mes potentiels frères et sœurs nageaient et luttaient, dirigés par un instinct de survie qui n'était pas moins fort que le mien, et leur potentiel de vie n'était pas moindre que le mien. Mais de tous ces innombrables petits corps qui luttaient pour la récompense, c'est moi qui suis sorti du lot. J'ai atteint le but, l'« au-delà » de l'ovule. Mon corps, le sperme, est mort et a disparu, et c'est seulement l'information contenue dans l'ADN qui est « passée » de « l'autre côté » pour se fondre dans mon créateur. J'ai gagné le droit de continuer et pas les autres. J'ai pu me développer, naître, apprendre à marcher, aller à l'école, prendre des leçons de piano et manger du chocolat. J'ai gagné le droit de mourir. Beaucoup d'appelés, peu d'élus.

« Si nous ne pouvons espérer qu'il y ait une vie après la mort, quel est le but de la vie ? » s'entendent souvent dire les athées. Ma réponse est la suivante : il n'y a en effet pas de but à la vie. Il y a un but *dans* la vie. S'il y en avait un, cela amoindrirait la valeur de la vie. Cela ferait de nous les outils ou les esclaves des intentions d'un autre. Comme le marteau qui est accroché dans le garage, attendant que quelqu'un se serve de lui pour construire quelque chose, nous les humains aurions été conçus pour un plan de l'univers dans lequel nous ne sommes que des subordonnés. Notre valeur ne serait pas en nous-mêmes. Elle serait dans notre soumission à la volonté d'un créateur. Ce n'est que de l'esclavage ou de la dépendance infantile à une figure paternelle. Qui plus est, s'il y a un dieu, quel est le but de sa vie à lui ? Un vrai père ne veut pas que l'enfant reste soumis toute sa vie. Un vrai père attend de son enfant qu'il devienne un pair, qu'il se donne lui-même ses propres objectifs même s'ils sont en désaccord avec ceux de ses parents. Si j'élève un enfant pour qu'il dépende éternellement de moi pour trouver le sens des choses, alors je suis un parent incompétent.

Il n'y a pas de but dans la vie. La vie est en soi une récompense. Mais tant que nous devons résoudre ces problèmes, il y aura un but *dans* la vie. Tant qu'il y aura la faim, les maladies, la souffrance, les inégalités, l'oppression à éradiquer et le savoir et la beauté à créer, la vie aura un sens. Un étudiant a un jour demandé à Carl Sagan : « Quel sens reste-t-il, si tout ce que j'ai appris depuis que je suis enfant s'avère faux ? » Carl l'a regardé et lui a dit « Faites quelque chose qui ait du sens. »

Qui oserait dire que Elizabeth Cady Stanton, une non-croyante, n'avait pas de but dans la vie ? Elle s'est battue pendant cinquante ans pour le droit des femmes. Ou Margaret Sanger ? Beaucoup de ceux qui diabolisent Sanger choisissent quand même de pratiquer le contrôle des naissances, qui est devenu chose courante grâce à ses efforts inlassables et à son courage. Ou Bertrand Russell ? Ou n'importe lequel de ces non-croyants qui ont contribué à améliorer la vie en s'attaquant à des problèmes concrets. Si vous avez un problème à résoudre, vous aurez un but dans la vie.

Qu'ont donc en commun ces morceaux de musique ?

« Berceuse » de Brahms

« La sonate au clair de lune »

« Somwhere, Over the Rainbow »

« Pomp and circumstances »
« Do, Ré, Mi »
« Imagine »
« Over the Rivers and Through the Woods »
« It's Only a Paper Moon »
« Rhapsody in Blue »
« The Lark Ascending »
« Maple Leaf Rag »
« My Old Kentucky Home »
« Le Boléro » de Ravel
« Le Barbier de Séville »
Missa Solemnis
« Blue Moon »
« Scènes d'enfant »
« Le Requiem » de Verdi
« La symphonie fantastique »
« Appalachian Spring »
« God Bless America »
« There's no Business Like Show Business »
La 8e symphonie de Chostakovitch.
« Summertime »
« Old Man River »
« The Way You Look Tonight »
« Pierre et le Loup »
« Brother, Can You Spare a Dime ? »
« Send in the Clowns »
« Night and Day »
« Anything Goes »
Ainsi parlait Zarathustra
« Carmen » de Bizet.

Tous ont été composés (ou leurs paroles) par des athées ou des agnostiques. Oui, Irving Berlin qui a écrit « God Bless America » et « White Christmas » ne croyait pas en dieu et détestait Noël. Certains de ces compositeurs, comme Edward Elgar (« Pomp and Circumstances ») et Mozart ont d'abord été croyants avant de devenir sceptiques ou non-croyants. La liste ci-dessus comprend le travail de Yip Harburg (le parolier de « Over the Rainbow » et de « Paper Moon »), Ludwig von Beethoven, Maria Lydia Child (parolière de « Over the River »), George Gershwin, Ira Gershwin, Johannes Brahms, Ralph Vaughan Williams (athée qui a composé les hymnes pour l'*English Hymnal*), Maurice Ravel, Giaochino Rossini, Hector Berlioz, Robert Schumann, Georges Bizet, Richard Strauss, Sergei Prokoviev, Giuseppe Verdi (un enfant de chœur qui en grandissant a déclaré « Éloignez-vous des prêtres! »), Stephen Foster, Scott Joplin, Aaron Copland, Dmitri Chostakovitch, Jerome Kern, Cole Porter, Jay Gorney (compositeur de « Brother, Can You Spare a Dime ») et Stephen Sondheim. Il y a d'autres compositeurs non-croyants comme Fritz Delius, Niccolo Paganini, James Taylor et Björk. Qui oserait dire que ces gens n'avaient pas de but dans la vie ?[1]

La FFRF a établi une liste (constamment mise à jour) des centaines d'athées, d'agnostiques et de sceptiques qui ont apporté des contributions importantes au monde, qu'ils soient abolitionnistes, acteurs, artistes, athlètes, avocats, auteurs, militants pour les droits civiques, comiques, compositeurs, danseurs, directeurs, économistes, éducateurs, environnementalistes, explorateurs, féministes, historiens, humanistes, inventeurs, journalistes, juges, mathématiciens, metteurs en scène, philanthropes, philosophes, physiciens, poètes, politiciens, psychologues, réformateurs, révolutionnaires, savants et scientifiques[2].

En 2006, j'ai été invité dans l'émission nationale chrétienne *Total Living Network* avec le philosophe et auteur William Lane Craig pour un débat informel « Dieu en Amérique » sur le format du talk-show. C'est un bon débatteur, l'un des meilleurs. Après l'émission, il m'a donné un livret intitulé *God, Are You There? Five Reasons God Exists and Three Reasons It Makes a Difference* (« Dieu,

1. Pour plus d'informations sur ces artistes, je vous renvoie à mon article « It Ain't Necessarily So : Music's Debt to Nonbelievers » dans *Everything You Know About God is Wrong: The Disinformation Guide to Religion*, édité par Russ Kick, (2007, The Disinformation Company).
2. Voir http://ffrf.org/day/daybytopic.php

es-tu là ? Cinq raisons prouvant l'existence de Dieu. Trois raisons de son importance. ») (J'ai étudié l'un de ses « raisons » au chapitre 8.)

Dans ce livret, Craig écrit que croire en Dieu est important parce que : « Si Dieu n'existe pas, alors la vie est définitivement vide de sens. » Eh bien oui, William, la vie *est* vide de sens et nous ne voudrions pas qu'il en soit autrement si nous accordions une vraie valeur à la vie. Si vous êtes obligés de faire appel à cet artifice rhétorique et de convoquer la frustration du lecteur par rapport au réel, sa peur de la mortalité et son désir d'une chose « absolue », en supposant que ces fantasmes confèrent automatiquement une crédibilité ou une dignité à l'ensemble de la question, alors vous admettez que les preuves fondamentales de l'existence d'un Dieu ne sont pas assez fortes pour tenir toutes seules. Vous n'avez pas du tout besoin de raisons avec une logique comme celle-là. Vous pouvez simplement dire : « Je me sens trop peu important en n'étant qu'un mammifère mortel donc je vais croire en Dieu. »

La vérité est là. Ce que chacun de nous a envie de croire ne devrait pas entrer en ligne de compte. Le fait que la vie est *en fin de compte* vide de sens ne la rend pas *immédiatement* absurde.

« Mais mon expérience religieuse personnelle avec Dieu que j'aime et que je connais est tellement unique, disent certains croyants, que cela m'attriste pour vous, athées, qui n'avez rien de semblable. » Ah, vraiment ? Je joue du piano. Quand je joue avec les bons artistes au bon endroit, il se passe quelque chose de « magique » lorsque les musiciens qui entendent la beauté se regardent en souriant, sachant qu'ils sont en train de créer quelque chose de spécial et d'unique. Cela donne l'illusion de la transcendance, comme si « La Chanson » était là, au-dessus et autour de nous, nous enveloppant dans ce moment. Cette extase n'est pas là à tous les coups mais, quand cela se produit, nous savons que ce n'est qu'une illusion. Et peu importe. C'est une illusion qui vaut la peine d'être vécue. Imaginons que je vous dise : « Je vous plains vous, pauvres gens qui ne savez pas jouer de la musique, car vous ne savez pas ce que vous ratez. Je ne peux pas vous décrire ce qui se passe, et même si vous nous écoutiez vous ne pourriez pas comprendre ce qui se passe dans nos esprits à ce moment-là. C'est vraiment réel et vous devez nous croire sur parole. » Vous comprendriez que je vous parle d'une chose qui me concerne *moi* et pas vous, et le fait que vous ne puissiez connaître mon expérience intérieure ne menace pas votre être ou votre vision du monde. Que se passerait-il si je vous disais que la seule façon pour *vous* d'avoir un vrai *but* dans la vie était de vous mettre à apprendre le piano, d'étudier quatre heures par jour pendant vingt ans et d'apprendre le jazz, comme *moi* ? Vous penseriez que je me moque de vous ou que je suis sérieusement atteint.

Je ne nie pas que les expériences spirituelles soient réelles. Il y en a dans toutes les religions, partout dans le monde. Je nie en revanche qu'elles renvoient à quelque chose d'extérieur à l'esprit. J'ai eu beaucoup d'expériences religieuses et je peux encore les provoquer si je le veux. Même en étant athée, je peux « parler en langues » et « sentir la présence de Dieu ». C'est apaisant, réconfortant et étrangement « riche de sens ». Je suis sûr que les bouddhistes et les hindouistes ont ce genre d'expériences quand ils psalmodient. Quand j'étais chrétien bien sûr, j'interprétais ces sentiments, ma méditation sur le Christ et la glossolalie, comme la preuve directe de l'Esprit Saint. Même sans parler en langues, je sentais la présence de Jésus, mon ami imaginaire. Cela me semble plutôt stupide maintenant, puisqu'il n'y a pas de Dieu — et je ne parle en langues que de loin en loin pour vérifier que j'en suis toujours capable — mais c'est très révélateur du fonctionnement de l'esprit humain. Nous sommes très créatifs, inventifs et « mystiques ». La plupart d'entre nous le sont en tout cas. Il y a de nombreux athées et croyants qui n'ont jamais ressenti de telles choses. Je pense que, sur la courbe des prédispositions au « mysticisme », la majorité d'entre nous se place dans une moyenne et que moi je suis de l'autre côté de la courbe.

Je connais des athées qui écartent d'un revers de main les expériences religieuses, pensant qu'elles sont complètement inventées et ne sont que les artifices psychologiques d'un esprit peu sophistiqué. Mais ils se trompent. Les expériences religieuses sont vraies. Beaucoup d'entre nous font des rêves très réalistes. Imaginons que vous fassiez un horrible cauchemar : qu'un loup-garou se faufile par la fenêtre de votre chambre. Vous vous redressez en hurlant, réveillant le reste de la maisonnée. Vos mains transpirent, votre cœur bat la chamade et votre souffle est court. Personne ne nierait qu'il s'agit d'une véritable expérience. Ce cauchemar était un moment puissant, qui a eu des conséquences physiques. Si l'on ne se fie qu'à votre réaction, nous dirions qu'il vous est arrivé *quelque chose.*

Mais il n'y avait pas de loup-garou. Une fois que vous vous rendez compte que ce n'était qu'un rêve, vous vous détendez et vous rendormez. C'est ce qui se passe pour moi. Je me suis rendu compte que toutes ces expériences religieuses, je pouvais les reproduire quand je le désirais, qu'elles étaient dans ma tête. Mais bien sûr, pourquoi voudrais-je de ces expériences religieuses mensongères — et en particulier le cauchemar de l'enfer — quand je peux avoir quelque chose de bien plus beau en jouant du piano ?

Je joue souvent du piano dans de grands groupes en compagnie de musiciens venus d'horizons politiques, philosophiques et religieux divers. Beaucoup sont talentueux et ouverts d'esprit, mais il y a quelques fois des musiciens ultra-religieux et réactionnaires avec qui je n'aimerais pas partir en vacances. Pourtant quand nous commençons à jouer, nous oublions tout ça et nous formons un groupe, nous nous traitons les uns les autres avec respect et amitié, communiant dans l'harmonie que nous créons ensemble. En un sens, l'expérience intérieure de la musique est vraiment transcendante et elle peut tous nous rassembler dans un « langage universel » très humain. La religion divise ; l'art réunit. Si les pays du monde se rassemblaient tous pour faire de la musique, imaginez l'harmonie qui en résulterait. Le pasteur et auteur chrétien Greg Boyd m'a dit qu'il jouait de la batterie et qu'il aimerait beaucoup que nous jouions ensemble. Si je trouvais un bassiste juif, un flûtiste hindou, un percussionniste musulman, un guitariste vaudou et un chanteur bouddhiste, imaginez le résultat !

« S'il n'y a pas de Dieu, alors pourquoi autant de gens croient en Dieu ? » C'est une question qu'on me pose souvent. « Si en nous il y a ce trou en forme de dieu, cela ne veut-il pas dire que quelque chose en forme de dieu doit pouvoir le remplir ? » Il y a beaucoup d'hypothèses scientifiques sur l'origine des croyances religieuses. Certains pensent que la peur de la mort, le désir de sens, le besoin de structures morales pour la communauté, l'ambition de contrôler les masses et d'autres sentiments conscients contribuent à notre « nature » religieuse. Mais je pense que c'est un pas en arrière : pourquoi la religion opposée à autre chose ?

Les scientifiques considèrent maintenant que le cerveau est le résultat d'adaptations tout au long de l'évolution de notre espèce. Évidemment, de façon réductrice, on peut dire qu'on en revient toujours à la génétique, bien que cela ne nous dise pas grand-chose des individus, des tribus ou de la culture. Certains pensent que pourrait exister un « gène de Dieu » (ou un ensemble de gènes) qui aurait conféré un avantage pour la survie à nos ancêtres et qui n'est plus nécessaire aujourd'hui, mais que nous conservons en héritage, comme la chair de poule par exemple. (Nos ancêtres étaient des singes velus qui hérissaient leur fourrure pour conserver la chaleur ou pour sembler plus gros à ceux qui les attaquaient.) Si c'est vrai, nous devons toutefois nous demander pourquoi nous avons ce gène ou cet instinct plutôt qu'un autre[3].

Je ne peux pas répondre de façon définitive à cette question, puisque la science de l'origine de la religion et de la propension aux croyances continue ses recherches, mais je peux vous donner mes deux hypothèses préférées, chacune d'entre elles étant plausible (ou même les deux à la fois) et pouvant participer à une meilleure compréhension dans le futur. Peut-être y aura-t-il de meilleures réponses mais je présente ces hypothèses comme des exemples d'une position naturaliste et évolutionniste.

Je marchais dans les bois il y a quelques années quand j'ai vu un serpent sur le chemin. Je me suis arrêté et je l'ai regardé. Puis je me suis rapproché doucement pour me rendre compte que ce n'était pas un serpent mais une racine. Mais, même en le sachant, je l'ai prudemment enjambée. Pourquoi donc ? Pourquoi ai-je fait une telle erreur ? Je pense que c'est parce que mes ancêtres qui faisaient ce type d'erreur avaient plus de chances de survie que ses contemporains qui faisaient l'erreur inverse. Évidemment, être mordu par

3. Cf. Robert Buckman, *Les racines de la foi - Comment la biologie et la psychologie expliquent notre besoin de croire*, H&O, 2011. Ndé.

un serpent diminue les chances d'avoir une progéniture, donc la tendance à prendre les serpents pour des bâtons n'aurait pas été transmise aux générations suivantes comme la tendance à prendre les bâtons pour des serpents.

Certains scientifiques et philosophes comme Pascal Boyer appellent cela « détection d'agent ». Un agent est une personne, un animal, une créature, une intelligence ou quelque chose d'autre pourvu d'un esprit et d'objectifs propres. L'agent peut agir : il peut vouloir vous manger, vous défier, s'accoupler avec vous ou même vous soumettre. Vous vous en sortirez mieux si vous savez qu'il y a un agent que si vous ne le savez pas. C'est une stratégie de survie avantageuse pour approcher prudemment les agents ou pour les éviter. Les petits enfants se réveillent en pleine nuit en hurlant parce qu'ils croient qu'il y a un monstre qui va surgir de sous leur lit. C'est souvent une fausse alerte mais, dans l'ensemble, il vaut mieux avoir un enfant sensible à cela parce que le danger de la prédation était (est) réel. Même aujourd'hui, en sécurité dans nos maisons modernes, si nous sommes réveillés au milieu de la nuit par quelque chose qui gratte à la fenêtre, notre premier réflexe est-il de penser rationnellement qu'il s'agit d'une branche d'arbre ou bien de penser automatiquement au pire ? La peur est réelle, elle est enfouie dans nos instincts, formée par les gènes que nous avons hérités de nos ancêtres. Si vous marchez le long d'une allée sombre et que vous voyez une silhouette surgir en face de vous, n'allez-vous pas penser tout de suite que c'est une menace potentielle ? Comme la chair de poule qui se déclenche malgré nous, vous n'avez pas le choix. Nous sommes naturellement portés à nous protéger. C'est dans notre nature de voir des « agents » derrière les événements, même quand il n'y en a pas. Cela m'est arrivé l'hiver dernier : alors que je pelletais la neige dans l'allée, un soir, j'ai sursauté en voyant une personne à côté de moi. Il s'est avéré que cette « personne » était une grosse poubelle sur le trottoir. Ce sont des choses qui arrivent à tout le monde et nous ne pouvons rien y faire.

Quand nos ancêtres, porteurs de ces mêmes gènes, entendaient des grondements dans les nuages, ils ne pouvaient s'empêcher d'y voir un agent. Ils supposaient immédiatement qu'il y avait là derrière un énorme animal ou une personne, comme un père en colère — un agent très grand et très puissant — et ils l'ont appelé Zeus ou Thor. Quand ils ont vu des tremblements de terre et des éruptions volcaniques, ils « savaient » que c'était une mère puissante. (Pourquoi le ciel est-il masculin et la terre féminin ? Peut-être parce que la pluie « imprègne » le sol ?) L'environnement est empreint de « personnalité ». Les forces de la nature, les processus aléatoires de fertilisation, les phénomènes météorologiques, et tout ce fatras d'événements imprévisibles et effrayants étaient immédiatement attribués à des « agents » — dieux, diables, anges, démons, fantômes, sorcières, orixás. Ce n'est pas parce qu'il n'y avait aucune raison pratique ou immédiate, mais parce que nous avons hérité cette tendance à nous tromper pour de très bonnes raisons évolutionnaires. Ceux qui ne faisaient pas ces erreurs avaient moins de chance de survivre et de devenir nos ancêtres. Aujourd'hui, même si nous possédons toujours l'instinct de pécher par excès de prudence, nous savons que nous faisons erreur en réalité. (La plupart d'entre nous.)

Cependant, l'évolution a besoin de variété. Nous ne pouvons pas être tous identiques, sinon ce qui anéantirait l'un de nous anéantirait la race entière. C'est pourquoi nous avons la reproduction sexuée : chaque membre d'une fratrie est différent de ses parents et de ses frères et sœurs, pour augmenter les chances de survie d'une partie de notre progéniture, malgré toutes les malformations, tous les envahisseurs, tous les « actes de Dieu » que la nature nous envoie.

Des centaines de variations physiques et comportementales font de nous des êtres différents. Certains d'entre nous, par nature, vont avoir davantage tendance que d'autres à se réveiller au milieu de la nuit en hurlant. Certains d'entre nous sont plus susceptibles que d'autres de « détecter les agents » — d'être religieux. Dans mon cas, c'était automatique : Dieu existait sans nul doute possible. Dans le cas du père d'Annie Laurie, Paul Gaylor, c'était le contraire. Déjà enfant il savait que les enseignements religieux étaient factices. Au début, il a pensé que ses parents et la communauté faisaient semblant, puis il s'est dit qu'ils étaient tous fous. L'« Incroyable » James

Randi dit que c'était pareil pour lui : il n'a jamais cru, même enfant. La plupart d'entre nous se retrouvent vers le milieu de la courbe, tandis que d'autres sont plutôt d'un côté ou de l'autre. Cela veut dire que certains d'entre nous doivent travailler plus que d'autres pour surmonter leur tendance naturelle à présupposer une « présence » derrière les choses. Certaines personnes sont tellement extrêmes que si elles sont victimes de troubles psychiatriques elles peuvent penser qu'elles *sont* Dieu et alors il faut les enfermer.

L'autre hypothèse que je trouve séduisante est celle qu'avance Richard Dawkins. Elle me semble compléter la théorie de la détection d'agent. L'espèce humaine a évolué grâce à deux avantages contradictoires : une structure verticale et un gros cerveau. La station debout diminue l'ouverture pelvienne, rendant plus difficile de mettre au monde un être avec un crâne plus gros. Il résulte de cela que l'Homo sapiens naît prématurément par rapport aux autres mammifères, dont quelques-uns peuvent se lever et marcher dans la forêt quelques minutes à peine après leur naissance. Le nouveau-né humain n'est pas fini et il est dépendant de ses parents ou de sa communauté pendant au moins une année entière s'il veut avoir la moindre chance de survie. (Imaginez ce qui se passerait si on laissait un bébé d'un mois seul dans les bois.)

Pour la croissance et l'apprentissage du petit humain, il est crucial qu'il obéisse aux instructions de ses parents sans les remettre en question pendant ses jeunes années. Ce ne serait pas une bonne chose si un enfant disait : « Je suis très sceptique sur l'interdiction que vient de me donner Maman de ne pas traverser la rue. Je vais voir par moi-même. » Nos espèces n'auraient jamais pu se développer avec ce genre de comportements. Aucun de nous n'aurait vécu assez longtemps pour se reproduire à son tour. Dawkins suggère que la dépendance à la figure paternelle pendant l'enfance est profondément ancrée dans nos gènes, que c'est une stratégie de survie nécessaire pour les primates prématurés que nous sommes. Mais quand nous grandissons, nous finissons par devenir nous-mêmes des parents avec des instincts et un savoir qui nous sont propres et qui s'ajoutent au savoir qui nous a été transmis par les générations précédentes. Nous avons alors moins besoin de l'attention et de la protection des adultes. (Ce doit avoir été particulièrement vrai pendant les premiers temps de l'humanité, lorsque l'espérance de vie ne dépassait pas les 25-30 ans.) Pourtant, même dans ces conditions, la tendance à « obéir aux parents » et « à trouver réconfort auprès d'une mère ou d'un père » persiste, plus ou moins longtemps selon les individus. Beaucoup d'entre nous gardent ce besoin d'une figure paternelle même arrivés à l'âge adulte. Ce besoin est le résultat de notre prématurité et c'est une sorte de nostalgie des jours tranquilles de l'enfance, où nous n'avions pas besoin de penser par nous-mêmes.

Ajoutez à ce regret d'une enfance dépendante et protégée la faculté de détecter des agents dans la nature et l'atout évolutionnaire de la variété, et vous verrez que l'esprit humain possède une tendance à « entrer en contact » avec une figure maternelle ou paternelle extérieure. Comme nos parents mouraient plus jeunes dans le passé (à cause de la brièveté de l'espérance de vie) et que nous avions toujours besoin d'eux — de fait, nous rêvions de nos ancêtres morts — nous avons créé les dieux pour combler ce manque. La croyance en un dieu est une forme de retard du développement. À nouveau, il y a une grande variété d'intensité de ces tendances chez les êtres humains, certains étant plus religieux que d'autres. Mais si l'on ajoute cette tendance à la pression sociale et culturelle, il n'est pas difficile de voir pourquoi l'on embrasse et chérit tant les croyances. Se débarrasser de cet « agent paternel », cela fait partie de l'accès à la maturité. C'est le signe d'une bonne santé mentale et c'est le seul véritable moyen de grandir.

Le fait que nous possédions des gènes qui étaient adaptés pour la survie de nos ancêtres ne veut pas dire que nos instincts hérités sont naturellement « bons » pour nous aujourd'hui. Ils ne sont ni bons, ni mauvais ; il se trouve qu'ils étaient les plus adaptés et que c'est cela qui a fait que nous sommes ce que nous sommes aujourd'hui, que vous le vouliez ou non. Ce n'est pas parce que nous pouvons donner une explication de la religion conforme à la théorie de l'évolution que nous devons nous soumettre à notre nature superstitieuse. Nous pourrions dire de même de notre tendance au sexisme, au racisme et à la xénophobie, que nous essayons de combattre dans le monde moderne. L'évolution nous a donné le néocortex (siège du raisonnement) pour couronner nos instincts animaux ; nous pouvons donc maîtriser ces tendances. La violence est aussi une partie de notre héritage et n'importe lequel d'entre nous peut se montrer violent si on l'y pousse. (Certains ont moins besoin que d'autres d'être stimulés.) Nous avons toujours ces canines aiguisées que nous utilisions pour déchirer la chair vivante des autres créatures même si nous n'avons plus besoin de les utiliser à cette fin aujourd'hui. Nous avons maintenant un lobe frontal qui nous arrête et qui surveille nos instincts. En utilisant notre jugement, nous pouvons contenir le racisme, le sexisme et la violence. En utilisant la raison, nous pouvons nous élever au-dessus de la religion.

« L'athéisme n'est-il pas une autre religion ? » Non. L'athéisme n'a pas de credo, pas de rituels, pas de livre sacré, pas de code moral absolu, pas de mythe originel, pas d'espaces consacrés ou de sanctuaires. Il n'a pas de péchés, pas de jugement dernier, pas de mots interdits, pas de prière, de culte, de prophéties, de privilèges de caste ou de chefs « sacrés » oints. Les athées ne croient pas en un monde transcendant ou en une vie surnaturelle après la mort. Plus important encore, il n'y a pas d'orthodoxie athée. Nous ne sommes pas tous obligés de penser ou d'agir de la même façon. Autoriser les divergences d'opinion est sain. Le caricaturiste de *Montreal Gazette* Terry Mosher a fait un dessin avec la légende suivante : « Voilà un gros titre encore inédit : des agnostiques massacrent des athées ! »

« Et l'espoir ? Le salut ? Si l'athéisme n'est pas une religion, qu'attendent donc les athées ? Y a-t-il un salut athée ? » Dans beaucoup de traditions religieuses, le « salut » est une libération des dangers, des maladies et de la mort. Le danger peut provenir d'un occupant, ou bien des menaces morales que font peser les mauvais esprits et les diables. La maladie et la mort sont des menaces aussi bien physiques que spirituelles. Les athées, qui ont les mêmes désirs et les mêmes peurs que les autres, sont aussi concernés par cette libération, mais elle ne concerne que des maux *naturels*. Nous voyons arriver la délivrance dans le monde réel, si elle doit arriver, grâce aux efforts humains.

Parfois, nous n'avons pas besoin du tout d'être délivrés. Dans le Nouveau Testament, Jésus dit : « Ce ne sont pas ceux qui se portent bien qui ont besoin de médecin, mais les malades. » (Matthieu 9:12). Nous, les athées, considérons que nous sommes en pleine forme, merci. Nous ne sommes pas malades. Nous n'avons pas besoin de docteurs. Imaginez que l'on vous déclare coupable d'un crime atroce et qu'on vous condamne à la prison à perpétuité, mais que vous ayez la surprise d'apprendre votre libération au bout de quelques années. Ce « salut » serait certainement une expérience merveilleuse. Mais qu'est-ce qui vous ferait le plus plaisir : apprendre que vous avez été relâché parce que vous avez été gracié par le gouverneur ou parce que l'on a découvert que vous étiez innocent ? Qu'est-ce qui serait le mieux pour votre dignité ?

Nous, athées, sommes « sauvés » non parce que nous sommes exemptés d'un crime mais parce que nous sommes innocents au départ. Nous n'avons commis aucun « péché ». Le péché est un concept religieux et, dans certaines religions, le salut est la délivrance du « salaire du péché » — qui est la mort ou la damnation éternelle. Le péché est défini comme un « manquement » aux attentes ou à la sainteté de Dieu, ou bien comme une « offense » faite à Dieu ; il s'ensuit donc que, comme il n'y a pas de dieu, il n'y a pas de péché, et par conséquent pas de salut non plus. Auriez-vous du respect pour un médecin qui vous entaillerait au couteau pour pouvoir vous vendre un pansement ? Il n'y a que les gens qui se considèrent comme des pécheurs qui ont besoin de ce type de délivrance — c'est une solution religieuse apportée à un problème religieux.

Si le salut est le remède, l'athéisme est le traitement préventif.

Le médecin canadien Marian Sherman, athée reconnue de Victoria, en Colombie britannique, dans un article intitulé « What Makes An Atheist Tick? » (« Qu'est-ce qui motive les athées ? ») paru le 11 septembre 1965 dans le *Toronto Star Weekly* est ainsi citée :

« L'humanisme recherche le plus parfait développement de l'être humain… Les humanistes reconnaissent qu'il n'y a pas d'Être Suprême et ils abordent tous les aspects de la vie à partir de la science et de la raison. Notre point de vue n'est pas froidement clinique, parce que nous croyons que si les êtres humains s'aiment les uns les autres et utilisent leur extraordinaire faculté de parler, nous pouvons rendre ce monde meilleur. Mais il ne doit pas y avoir de dogme. »

Quand on la questionne sur la mort, le Dr Sherman réplique : « C'est la fin d'un organisme. Tout ce que nous pouvons espérer c'est d'avoir trouvé une forme de bonheur de notre vivant et de partir en ayant rendu le monde meilleur. »

Ceux qui ont une vision négative de la nature humaine cherchent de l'aide hors de l'humanité. Mais ceux qui en ont une vision positive — qui ont véritablement espoir — vont œuvrer pour le « salut » à l'intérieur de la race humaine, en utilisant les outils que sont la raison et la bienveillance.

Si vous voulez être une bonne personne, alors soyez bon.

Si le salut est la libération du péché, alors les athées sont déjà sauvés. Si le salut est la libération de l'oppression et de la maladie dans le monde réel, alors il y a encore du boulot. Dans cet effort continu pour un monde meilleur — pour une véritable paix sur terre — les athées et les humanistes sont heureux de travailler main dans la main avec les croyants qui appellent de leurs vœux un futur moins violent et plus tolérant.

TABLE DES MATIÈRES

Achevé d'imprimer en octobre 2011
par l'imprimerie Nørhaven à Viborg
pour le compte de H&O éditions
CS 00001 - 34270 Le Triadou
Tél. 04 67 58 14 73 - Fax 04 67 58 23 46
Email : heto1@wanadoo.fr
Internet : www.ho-editions.com

Dépôt légal : novembre 2011
Imprimé au Danemark.